Fuerza de voluntad

Barbara Taylor Bradford

Fuerza de voluntad

Círculo de Lectores

Dedico este libro con amor a la memoria de mis padres, Freda y Winston Taylor. Ella me legó el mejor de los regalos que una madre puede dar a una criatura: el deseo de superarse. Él me enseñó la fortaleza de corazón y a mantenerme firme.

También se lo dedico con todo amor a mi marido, Bob, cuyo cariño y apoyo han igualado el de mis padres.

PRÓLOGO

Audra, Christina y Kyle
(1978)

Audra Crowther, sentada en el sofá del salón del ático que su hija tenía en Manhattan, estaba tensa y apretaba las manos, una contra la otra, con tanta fuerza que los nudillos se le habían puesto blancos mientras miraba alternativamente a su hija Christina y a su nieta Kyle.

Las dos mujeres más jóvenes permanecían de pie en el centro de la habitación, con los rostros pálidos, y se miraban con ojos llameantes. Las palabras furibundas que acababan de intercambiar todavía resonaban en el aire cálido de la tarde.

Audra se sentía cada vez más inútil. Sabía que tratar de razonar con ellas sería una pérdida de tiempo, por lo menos en ese momento. Tanto Christina como Kyle estaban convencidas de tener razón y no había forma en el mundo de hacerlas cambiar de opinión, ni de lograr que ninguna comprendiera el punto de vista de la otra.

Hasta la ropa que usaban las diferenciaba y separaba: vaqueros y zapatillas en el caso de Kyle, cuya única concesión a la moda consistía en una camisa de batista blanca. Esto, junto con su rostro lavado y su pelo largo y suelto, le daba una apariencia extrañamente vulnerable e infantil. En cuanto a Christina, lucía un costoso vestido de seda natural y maravillosamente cortado, con una chaqueta haciendo juego; sin duda pertenecía a su propia línea de modelos exclusivos; el gris acerado de la seda contrastaba maravillosamente con su pelo castaño con reflejos dorados rojizos, así como también destacaban sus ojos de tono grisáceo que siempre habían sido su rasgo más sobresaliente. Christina tenía una estupenda figura delgada, iba impecablemente vestida y no representaba en absoluto sus cuarenta y siete años.

«Triunfante empresaria versus estudiante..., modelo elegante versus jovencita rebelde..., madre versus hija», pensó Audra conteniendo un suspiro. Bueno, no era la primera vez que una madre y una hija discutían, ése era un conflicto tan antiguo como el mundo.

De repente Kyle rompió el silencio, gritando:

–Y además, mamá, no teníais ningún derecho a arrastrar a la pobre abuela a este pandemónium, obligándola a viajar desde Inglaterra, sobre todo porque...

–¡Yo no fui! –respondió Christina–. Fue tu padre quien llamó por teléfono a mi...

–¡Sí, claro, por supuesto! Échale las culpas a papá –interrumpió Kyle con tono mordaz.

–Pero es cierto que fue tu padre quien llamó por teléfono a mi madre –protestó Christina, y se dirigió a Audra para que confirmara sus palabras–. ¿No es cierto, mamá?

–Es la pura verdad.

Kyle echó hacia atrás su negra cabellera, y después se metió las manos en los bolsillos de los vaqueros, con movimientos bruscos y desafiantes. Sus enormes ojos pardos, generalmente de expresión suave y dulce, continuaban reflejando su rebelión.

–Supongo que él creyó que necesitábamos una mediadora..., bueno no es así..., en esto no hay materia para una mediación... –Se interrumpió, volvió hacia Audra su cuerpo de largas piernas y le dedicó una leve sonrisa–. Perdón, abuela, no quise ser grosera contigo, pero no deberían haberte obligado a recorrer medio mundo simplemente porque mis padres acaban de descubrir que ya no pueden ejercer influencia sobre mí ni seguir manejándome. –Lanzó una dura carcajada–. ¿Sabes, abuela? El problema es que mis padres siguen tratándome como si fuese una niña. ¡Por amor de Dios! A juzgar por la manera ridícula en que están comportándose cualquiera pensaría que tengo nueve años en lugar de diecinueve.

Antes de que Audra tuviera oportunidad de hacer algún comentario sobre esa vehemente manifestación, Kyle se volvió de nuevo hacia Christina. Mientras seguía hablando, su voz se alzó hasta alcanzar una nota aguda:

–No hay nada que pueda hacerme cambiar de idea, mamá. Nada. Ni nadie. Ni siquiera la abuela. Pienso vivir mi vida exactamente como me dé la gana. Porque me pertenece a mí y a nadie más. Papá y tú podéis desheredarme y dejarme sin un centavo. Me importa un bledo. Conseguiré trabajo para mantenerme mientras estudio. ¡No necesito recibir ninguna ayuda de vosotros!

–Ni tu padre ni yo hemos dicho una sola palabra sobre la posibilidad de suspender la ayuda económica que te proporcionamos –exclamó Christina, furiosa ante el hecho de que Kyle llegara a sugerir siquiera esa posibilidad–. Tu problema es que eres incapaz de discutir este asunto con inteligencia. Y con calma. Te sales de tus casillas cada vez que intentamos mantener una conversación razonable contigo.

–¡Mira quién habla! ¡Yo diría que tú tampoco conservas la serenidad!

Christina, sintiéndose agraviada, apretó los labios con fuerza, pero trató de vencer la creciente exasperación que le producía su hija.

–Eso no es muy sorprendente, ¿verdad? –contestó en su tono más gélido–. He construido un enorme imperio, un negocio internacional de la moda que vale millones de dólares, y tú eres mi única hija, mi heredera. Siempre supuse que llegaría el día en que ocuparías mi lugar. Lo creíamos todos. Fuiste educada para ese fin..., ¡y ahora, de buenas a primeras, nos anuncias que no quieres tener nada que ver con la compañía! Estoy estupe...

–¡Por supuesto que no quiero! –gritó Kyle–. ¿Todavía no has conseguido meterte eso en la cabeza, mamá? ¡Hace días que te lo digo! ¡Tu estúpido imperio comercial me importa un bledo! ¡Por mí, que se vaya a la mierda, que se derrumbe! Es asunto tuyo, no mío.

Christina retrocedió y respiró hondo. La vehemencia y modos de Kyle la sorprendían tanto como sus palabras.

Audra, sobresaltada, trató de contener a su nieta.

–Tranquila, no pierdas los estribos, Kyle.

La joven comprendió enseguida que había ido demasiado lejos y se mordió los labios, avergonzada. En el cuello le aparecieron algunos manchones de un rojo intenso que se le corrieron a las juveniles mejillas. Dirigió una rápida mirada de soslayo a su abuela, pálida e inmóvil en el sofá. Notó la tristeza y la desilusión que se reflejaban en los cándidos ojos de Audra, y el suave reproche pintado en su rostro dulce. Se sintió sobrecogida por una sensación de desconcierto, mezclado con vergüenza. Reconoció haber quedado mal ante su abuela, a quien adoraba, y eso le resultó insoportable. Antes de seguir empeorando la situación, estalló en llanto y huyó dando un portazo.

Christina se quedó mirando la puerta, muda.

Estaba mortificada, furiosa y tan tensa que se le notaban los huesos de los hombros a través de la delgada seda de su chaqueta.

–¡No te parece increíble! –explotó, dando un paso hacia delante, decidida a marchar tras su hija.

–¡No la sigas! ¡Déjala que se vaya! –aconsejó Audra con tono firme mientras se levantaba y cruzaba rápidamente la habitación; luego, cogió a Christina por un brazo y la condujo de regreso al sofá.

Continuó hablando después de obligarla suavemente a sentarse a su lado.

–No tiene ningún sentido seguir con esta discusión. Lo único que conseguís es enfureceros, y te consta que siempre es difícil retractarse de lo que uno dice en un ataque de furia. Debes admitir que en este momento las dos estáis demasiado excitadas.

–Sí, creo que es cierto.

Christina se pasó una mano distraídamente por el pelo y después golpeó los almohadones, sintiéndose miserable y frustrada. Pero a los pocos instantes se puso en pie de un salto y empezó a pasearse sin parar frente a la chimenea.

Al verla, la preocupación de Audra se intensificó. Nunca había visto a Christina en ese estado: tan agitada, dando rienda suelta a su malhumor y habiendo llegado al límite de su paciencia. Por lo general, era una mujer que se dominaba, en cualquier circunstancia. Pero, claro, su mundo nunca se había visto amenazado como en ese momento, y Audra también sabía que las palabras de Kyle, sin duda pronunciadas en el calor de la discusión y sin verdadera malicia, habían resultado dolorosas para Christina.

Con el deseo de calmar lo mejor posible el sufrimiento de su hija, Audra se dirigió a ella en su tono de voz más tranquilizador:

–Kyle no quiso decir eso, Christie. Me refiero a eso de que le importaba un comino que tu empresa se desmoronara. Por supuesto que le importa, y además te quiere muchísimo.

–¡Bonito modo de demostrármelo! –gruñó Christina, sin mirar a su madre ni dejar de pasearse frente a la chimenea, con la mente todavía obnubilada por el dolor que su hija acababa de causarle.

Audra suspiró y comprendiéndolo todo, permaneció en silencio. Se apoyó contra el respaldo del sofá, en un extremo, esperando que Christina se tranquilizara, y aliviada de que por lo menos hubieran dejado de gritarse. En ese momento el silencio reinaba en el cuarto, sólo quebrado por el frufrú de la seda producido por el paseo de Christina, el tictac de un reloj que había entre los ventanales franceses y el ahogado murmullo del tránsito de Sutton Place que entraba por las ventanas abiertas de par en par en ese templado día de mediados de mayo. Miró hacia la soleada terraza donde resplandecían las plantas y las flores e incongruentemente se preguntó si allí prosperarían y florecerían las azaleas rosadas.

Después volvió a observar la habitación por la que dejó vagar su mirada. Durante una fracción de segundo, su ansiedad se diluyó ante la hermosura de la combinación de tonos pastel y de la belleza que la rodeaba..., que la envolvía..., de las obras de arte invalorables que colgaban de las paredes: dos Cézanne, un Gauguin..., las maravillosas antigüedades inglesas hechas en madera oscura y reluciente..., la escultura de bronce de Arp..., la profusión de flores en altos jarrones de cristal..., todo iluminado por lámparas hechas de antiguas piezas de porcelana china y con pantallas de seda.

«Qué gusto tan maravilloso tienen Christina y Alex», pensó experimentando hacia su hija y su yerno una explosión de orgullo maternal. Pero no la indujo a ese sentimiento simplemente la belleza que habían creado en esa habitación, sino lo que ellos dos eran como seres humanos, por todo lo que habían logrado durante su vida en común. Vivían una relación armoniosa y a lo largo de los años de su matrimonio se había ido fortaleciendo, cosa que Audra agradecía profundamente a la providencia.

Pensó en Alex Newman. Era un hombre dulce, una de las personas más bondadosas que había conocido en su vida. Con ella siempre se comportó igual que un hijo cariñoso. ¡Cómo le hubiera gustado que estuviera presente en ese momento! Casi seguro que no habría podido impedir la discusión entre su mujer y su hija, pero con su tacto y buen humor, y adorando a Christina como la adoraba, siempre ejercía sobre ella un efecto tranquilizador.

Audra volvió la cabeza para mirar el reloj. Para su desilusión, sólo eran las cinco menos diez y Alex nunca regresaba de su trabajo antes de las siete. Pero, por otra parte, tal vez ese día llegara más temprano, ya que a las ocho pensaban salir a cenar. Pero a menos que en las horas siguientes hubiera un cambio radical en el estado de ánimo de Kyle, la velada sería incomodísima.

En ese momento Christina habló como si estuviera perfectamente enterada de los pensamientos de su madre:

–A pesar de lo agradables que son y de lo que te quieren, mamá, no me hace demasiado feliz la idea de ir a cenar con Jack y Betsy Morgan. No, con Kyle en ese espantoso estado de ánimo la perspectiva no me hace nada feliz.

Christina por fin detuvo sus paseos y miró directamente a su madre, sonriendo con tristeza y con una expresión preocupada en sus ojos grises. Por primera vez notó el cansancio que reflejaba el rostro de Audra y se mordió los labios, frunciendo el entrecejo.

–Debes de estar exhausta después de un viaje tan largo en jet –exclamó–. ¡Qué egoístas hemos sido desde que llegaste ayer! ¡No te hemos dado oportunidad de recuperar el aliento! Será mejor que te vayas a descansar un rato antes de salir a cenar.

–No, todavía no, Christina. Estoy bien, te lo digo en serio –contestó Audra.

Christina cruzó la distancia que la separaba del sofá, se sentó junto a su madre y le tomó la mano. La apretó con fuerza, miró el rostro ajado de Audra y se sintió invadida por el profundo amor que le inspiraba. Meneó la cabeza y la observó con ternura.

–Los juicios de Kyle pueden ser erróneos en muchos sentidos, pero no hay duda de que tiene razón respecto a lo de haberte hecho realizar ese largo viaje inútilmente... –Se sintió invadida por una sensación de culpa. Su madre tenía setenta años, casi setenta y uno, y a esa altura de su vida no debían complicarla en problemas familiares. Ella y Alex debían ser capaces de manejar por su cuenta a esa hija recalcitrante que tenían. Irritada al pensar en lo ineptos que eran, Christina no pudo menos de exclamar:

–No hemos sido justos contigo al pedirte ayuda en nuestras dificultades cuando podrías haberte quedado cómodamente en tu casa trabajando en el jardín o haciendo tus viajecitos al mar..., llevando, en suma, una vida tranquila. ¡Debes de pensar que Alex y yo somos un par de imbéciles!

–No seas tonta –contestó Audra, apretando la mano tersa de Christina, tan distinta a la suya deformada por la artritis–. Vendría a cualquier precio cada vez que me necesitaseis, aunque significara recorrer a nado los cuatro mil kilómetros que nos separan. Te quiero, Christina, y también quiero a mi nieta y a Alex. Y me resulta insoportable veros a todos tan infelices.

Christina empezó a hablarle con voz tersa y acento confidencial:

–¡Es un error tan grande que Kyle abandone sus estudios en el Instituto de la Moda y que desprecie así mi negocio! ¡Siempre he soñado con que llegara un día en que ella se hiciera cargo de la empresa! –Estas últimas palabras la emocionaron hasta tal punto que tuvo que hacer un esfuerzo para recobrar la compostura antes de seguir hablando–. Oh, mamá, ¿qué es todo esto? Si Kyle me abandona, ¿de qué me sirve toda una vida de duro trabajo? –Los ojos de Christina se llenaron de lágrimas y volvió la cabeza, parpadeando.

Audra sintió una punzada de compasión, y de todo corazón se puso en el lugar de su hija. En un esfuerzo por consolarla, murmuró:

–Pero Christie, querida, tus diseños siempre te han proporcionado muchas satisfacciones y aparte de ser un desafío, siempre te resultó importante llegar a hacerte un nombre dentro del mundo de la moda. Todo lo que has logrado..., tu sorprendente éxito..., sin duda debe resultar gratificante...

Las palabras de Audra se fueron perdiendo. Se sentía incapaz de terminar la frase. «Qué vacías son las palabras», pensó.

«Yo, y solamente yo, sé todo lo que Christina sacrificó, lo que le costó crear su empresa. Pagó un alto precio, en realidad un precio terriblemente alto. Por eso el tema la pone tan tensa, por eso no tolera que Kyle se niegue a continuar su obra.»

Una vez recuperada la compostura, Christina ya se atrevía a hablar en un tono de voz más normal:

–Las últimas dos semanas han sido un verdadero purgatorio con Kyle, mamá. Es increíblemente cabezota y me sorprende lo implacable que puede llegar a ser. En realidad, me altera. Jamás he conocido a una persona que se le parezca.

«¿Ah, no?», pensó Audra. Miró sorprendida a su hija, pero consideró que era más prudente no hacer ningún comentario. Ése no era el momento para empezar a analizar viejos acontecimientos; ya había demasiada turbulencia emocional en la familia. Así que Audra decidió adoptar una actitud positiva.

–Kyle y yo siempre hemos sido muy buenas amigas, desde que ella era pequeñita, y me imagino que ése fue uno de los motivos que os decidió a pedirme que viniera a Nueva York, ¿verdad? De todos modos, le prometí que mañana pasaría el día con ella. Estoy segura de que está deseando confiarme sus problemas y me hallo más que dispuesta a escucharla.

–Pero hablarás con ella ¿verdad? Me refiero a que aparte de escucharla supongo que la harás razonar. –Christina continuó hablando sin esperar respuesta–. Ella siempre te presta atención, siempre quiere complacerte. Así que la harás razonar, ¿verdad, mamá?

–Sí, lo haré, y de alguna manera conseguiremos solucionar este problema, Christie.

Por primera vez en muchos días, Christina sintió una sensación de alivio y sus ojos cansados resplandecieron. Se apoyó en Audra, le besó la arrugada mejilla y después reclinó la cabeza en el hombro de su madre.

–¡Me alegra tanto que estés aquí, *Mam*! Representas un gran consuelo y sé que, como siempre, lograrás que todo salga bien.

Mam, repitió Audra para sus adentros. Durante años había sido mamita, o mamá. *Mam* la llamaba cuando era pequeñita. Y en ese momento, al oír de repente la palabra después de tantos años, Audra no pudo evitar un gesto. Evocaba en ella muchos recuerdos, no todos felices. Entonces una oleada de ternura y de amor le formó un nudo en la garganta y durante un instante no pudo hablar. Automáticamente levantó la mano para acariciar el brillante cabello de Christina. «Es verdad, las viejas costumbres tardan en morir –pensó, inclinándose y besando la coronilla de su hija–. A pesar de tanto dinero, de tanto poder y tanta fama, sigue siendo mi pequeña hijita. Me resulta intolerable verla tan angustiada. Pero también está Kyle, mi única nieta, y su infelicidad se me hace igual de insoportable. ¡Qué dilema! Tener que patinar sobre hielo quebradizo entre las dos. Oh, Dios, ¿dónde encontraré la sabiduría y la fuerza necesarias para ayudar a las dos sin causar dolor a ninguna?»

Dándose cuenta de que su hija esperaba una respuesta, Audra trató de sofocar sus preocupaciones.

–Lo único que puedo hacer es tratar de que las cosas resulten bien para ti, Christie –dijo con suavidad–. Te advertí al llegar que no pienso tomar partido. De todos modos, Kyle tiene razón cuando afirma que se trata de su vida. Y tiene todo el derecho del mundo a vivirla como a ella le parezca mejor.

Christina se enderezó y asintió lentamente.

–Sí –contestó con voz monótona–. Comprendo lo que quieres decirme. Pero es muy joven e inexperta y no es posible que sepa lo que quiere. Por lo menos, todavía. –Se puso de pie, se acercó a uno de los ventanales franceses y permaneció contemplando la terraza. Después se volvió y dirigió una mirada penetrante a Audra–. ¿No crees que el hecho de rechazar mi empresa no es solamente tonto sino también irresponsable?

–Bueno, sí. –Audra no tuvo más remedio que asentir, pero sintió la necesidad de defender a su nieta y no pudo dejar de agregar–: No obstante, además de ser emprendedora e independiente, Kyle es una chica inteligente. Y ¿sabes? También creo que, considerando su edad, posee una buena dosis de sabiduría. –Audra hizo una pausa pensando: «Ya que dije un poco, no veo por qué no voy a decirlo todo»; respiró hondo y terminó de hablar con un tono más firme en su voz–. Lo único que te pido es que consideres sus necesidades y sus deseos, del mismo modo que piensas en los tuyos. Prométeme que lo harás.

Christina se sobresaltó y hubo un breve silencio antes de que murmurara:

–Está bien... Sí, te lo prometo.

Audra tuvo la sensación de que Christina acababa de hacer la promesa a regañadientes.

–Hace mucho tiempo te dije que los hijos sólo se nos dan en préstamo, Christina. Nunca te olvides de eso. –Había hablado con lentitud y con mucho cuidado.

Christina clavó la mirada en su madre y por su rostro cruzó una expresión muy extraña. Abrió la boca, como si fuese a hablar, y en seguida la cerró. Se alejó y volvió a clavar los ojos en la terraza mientras reflexionaba sobre las palabras de su madre.

Con aire ausente, Audra se apartó de la cara un mechón de pelo gris y se reclinó contra el respaldo, observando a su hija y esperando. Notó que Christina dejaba caer los hombros en un gesto de depresión y que en su bonita boca aparecía una expresión pensativa: «Sí, está recordando –pensó Audra–. Y por hoy ya he dicho bastante. De momento, será mejor que deje las cosas como están».

Audra se aferró al brazo del sofá y se puso de pie con cierta inestabilidad. Por fin había caído en la extenuación.

–Creo que descansaré antes de cenar; tal vez trate de dormir un poco –anunció.

–Sí, sí, debes hacerlo –contestó Christina; se acercó con rapidez a su madre, le rodeó tiernamente los hombros con un brazo y abandonó junto a ella la habitación.

Media hora más tarde, Audra seguía despierta, cosa que la irritaba bastante. A pesar de todos los esfuerzos que hizo por dormir, le resultó imposible. Christina la había acompañado hasta el cuarto de huéspedes situado en un extremo del ático, cerró las cortinas, ahuecó las almohadas y anduvo dando vueltas hasta que Audra le indicó con impaciencia que sería mejor que se fuera. Feliz de estar sola por fin, se desvistió, se puso un salto de cama y se recostó. Le resultó un alivio. Le dolían todos los huesos, se sentía débil por el largo viaje y los cambios de horarios, y las manos y las rodillas le latían dolorosamente a causa de la artritis. Pero en el instante en que apoyó la cabeza sobre la almohada, su mente empezó a trabajar a toda velocidad.

Lo que más le preocupaba era la sensación de haber cometido un error al viajar a Nueva York. ¿No habría sido más prudente rechazar la solicitud de Alex y dejar que libraran ellos solos su propia batalla? Y sin duda sería una batalla, de eso a Audra no le cabía ninguna duda. Sería una cuestión en la que madre e hija pondrían a prueba sus fuerzas. Christina la viviría llena de preocupaciones, negándose a dejar a su hija en libertad, tenaz hasta el final; Kyle clavaría sus pies en la tierra, en una actitud igualmente tozuda, decidida a salirse con la suya, a pesar de lo que su triunfo pudiera costarles a todos los que estaban interesados en ello. Lo que estaba en juego era tan importante que ninguna de las dos podría actuar de otra manera. ¿Y en qué terminaría todo? Audra sospechaba que en un desastre. No era posible que ambas ganaran. Y la perdedora acabaría llena de amargura y resentimiento.

«Tengo que encontrar una manera de ayudarles a solucionar este asunto», se dijo Audra; pero enseguida, con una punzada de angustia, se preguntó cómo. Si Alex, que era diplomático y persuasivo, no fue capaz de arbitrar en las diferencias entre su mujer y su hija, sin duda ella tampoco tendría la menor posibilidad de ejercer influencia alguna sobre ellas. «Pero debo encontrar la manera», murmuró.

Con un suspiro de cansancio, Audra abrió los ojos, reconociendo que iba a resultarle imposible dormir. En la suave claridad que se colaba a través de las cortinas, el espacioso dormitorio conservaba su aspecto tranquilo de siempre. Por lo general la combinación de azules y de blancos, los muebles elegantes y el opulento confort, le producían una gran sensación de bienestar. Pero aquella tarde esos sentimientos se hallaban tristemente ausentes.

Audra se estremeció. La brisa temprana que entraba por la ventana procedía del East River. En ese momento hacía fresco y había una humedad en el aire que parecía penetrar en sus articulaciones. Volvió a estremecerse, se cubrió con una manta y estiró la mano para coger una de sus píldoras. Se la puso en la boca y la tragó con un sorbo de agua, recordando que era la tercera que tomaba en el día; el médico le había recomendado que nunca tomara más de cuatro.

A veces, al pensar en su artritis, se preguntaba si la vida dura que había llevado no habría contribuido a sus problemas físicos actuales. El doctor Finlay decía que no tenía nada que ver, pero cuando ella recordaba las horas interminables que había dedicado a limpiar, lavar, y planchar, y el trabajo fatigoso que le había tocado realizar durante tantos años, no podía menos que dudarlo. Bueno, pero esa época había terminado hacía tiempo. En su vejez, su vida era fácil y ociosa.

Al volver a colocar el vaso sobre la mesita de noche, su mirada se detuvo en la fotografía que había cerca de la lámpara de vidrio azul cobalto. Audra se volvió hasta quedar de costado, se apoyó sobre un codo y la observó pensativa.

Desde la fotografía la miraban tres rostros. El de Christina, el de Kyle y el suyo propio.

La foto la habían tomado el verano anterior, en su rosaleda de Yorkshire. ¡Qué día tan feliz había sido! El día en que ella cumplió setenta años. El tiempo era una gloria, como lo demostraban los colores de la fotografía.

Después de una pequeña fiesta que celebraron en la terraza a la hora del té, Alex insistió en tomar esa foto. En honor a la ocasión y para la posteridad, había afirmado riendo, mientras las alineaba cerca del viejo reloj de sol, a pocos pasos de sus mejores rosas híbridas color té.

–Tres generaciones –murmuró en voz baja–. Pero ni siquiera parecemos parientes. Fácilmente podríamos pasar por desconocidas, porque, en lo extremo, somos distintas por completo. Y, sin embargo, en el fondo de nuestra alma nos parecemos muchísimo. Hace casi medio siglo me dijeron que yo tenía una fuerza de voluntad implacable, que era inflexible y que me impulsaba una energía interior de extraordinaria violencia. En ese momento me enojé y me sentí herida. Pero era cierto. Y ellas han heredado de mí esas características..., mi hija y mi nieta.

Cuando Christina era pequeña, mi fuerza de voluntad modificó irrevocablemente nuestras vidas. Y después, cuando ella llegó a ser una jovencita, imitó mi ejemplo y su propia fuerza de voluntad fue tan poderosa como la mía. Ahora le toca el turno a Kyle..., que está a punto de poner a prueba la suya. Y, como en las ocasiones anteriores, nuestras vidas ya no volverán a ser lo que fueron.

Audra se sentó en la cama de un salto, con una expresión de repentina comprensión en el rostro.

–Yo tengo la culpa –dijo en voz alta, en medio de la habitación silenciosa, y entonces pensó: «Si yo hubiese actuado de otra manera, hoy en día las cosas serían distintas. Todo lo que sucede ahora se remonta a la época en que yo era joven. Causa y efecto. Cada acción que cometemos, trivial o importante, tiene sus inevitables consecuencias. Es como arrojar un guijarro en un estanque y observar los círculos que van formándose en el agua..., cada vez más grandes..., cada vez más lejanos».

Audra volvió a hundirse en las almohadas y permaneció allí dejando vagar sus pensamientos: estaban centrados en Kyle.

Poco a poco el dolor de sus manos y sus rodillas empezó a disminuir y su cuerpo se fue calentando bajo la manta. Por fin cerró los ojos.

–1926... –murmuró adormilada–. Hace tiempo..., pero no tanto como para que no pueda recordar cómo era yo en esa época... cuando tenía la edad que Kyle tiene ahora.

Audra
(1926 a 1951)

Capítulo 1

Era el día de su cumpleaños.

El 3 de junio de 1926, y cumplía diecinueve.

Audra Kenton estaba ante la ventana de su cuarto en el hospital de Ripon, en Yorkshire, donde trabajaba como enfermera, observando el jardín trasero. Distraídamente contempló el juego de luces y sombras sobre el césped, mientras los rayos del sol se filtraban a través de las hojas de los dos grandes olmos que crecían cerca del antiguo muro de piedra. Soplaba una suave brisa que hacía temblar las hojas, las cuales, bajo la luz del sol, resplandecían con un brillante color verde. Era un día radiante y lleno de fragancias.

Para festejar su cumpleaños, la jefa de enfermeras le había concedido la tarde libre. El problema era que ella no tenía adonde ir ni nadie con quien pasarlo. Estaba completamente sola en este mundo.

Audra sólo tenía una amiga, Gwen Thornton, otra enfermera del hospital a la que habían llamado a su casa el día anterior. Su madre estaba enferma y la necesitaba. Pocas semanas antes, Gwen consiguió cambiar su día libre con otra compañera para poder estar con Audra y celebrar juntas esa importante ocasión; ambas pensaban pasar un día muy especial. En ese momento todos sus planes habían fracasado.

Apoyando la cabeza contra el marco de la ventana, Audra suspiró pensando en las horas vacías que tenía por delante. Inesperadamente se le formó un nudo en la garganta y sintió que se le llenaban los ojos de lágrimas por la tristeza y la amarga desilusión que sentía. Pero a los pocos instantes parpadeó, se le aclaró la garganta y consiguió recobrar la compostura. Con resolución, dejó a un lado las emociones negativas que acababan de invadirla y se resistió a dejarse llevar por la autocompasión. Audra la despreciaba en los demás, pues la consideraba una señal de debilidad. Ella *era fuerte*. Su madre siempre se lo había asegurado, y muy pocas veces se había equivocado.

Se volvió, se alejó de la ventana y se dirigió hacia una silla, en la que se dejó caer pesadamente, preguntándose qué hacer.

Podía leer, por supuesto, o bordar un poco y hasta terminar el patrón de una blusa que estaba diseñando y que pensaba hacerse..., cuando estuviera en condiciones de poder comprar la tela. Por otra parte, ninguna de esas ocupaciones le resultaba realmente atractiva. Por lo menos ese día. El día de su cumpleaños.

Se había hecho tantas ilusiones de salir con su amiga, de disfrutar por una vez en la vida de algunas horas de placer, sin preocupaciones. En ese momento, Audra no tenía mucho para celebrar y las ocasiones festivas eran algo que pertenecían al pasado, una verdadera rareza. En realidad, en los últimos años, su existencia había cambiado tan radicalmente, de modo tan total, que le costaba reconocerla como suya.

De repente se le ocurrió que acudir a uno de esos pasatiempos mundanos que normalmente utilizaba en sus días libres, sería mucho peor que quedarse sentada en aquella silla, sin hacer nada. «Son todos pobres sustitutos para los planes que Gwen y yo hicimos juntas.»

Hacía mucho que Audra se había entrenado para no

prestar atención al cuarto donde vivía en el hospital. Pero en ese momento, al verlo tan claramente iluminado por la luz del sol, percibió la dolorosa evidencia de su fealdad y falta de comodidades. Habiendo nacido en una familia decorosa, aunque algo empobrecida, Audra era una jovencita refinada y bien educada. Poseía muy buen gusto, había estudiado arte, y la austeridad de los muebles espartanos y los colores institucionales le produjeron de repente un agudo malestar visual. Ofendían su sensibilidad.

Frente a ella vio paredes pintadas de un tono crema sucio que se juntaban con el suelo cubierto de un linóleo gris triste. La cama de hierro, la tambaleante mesa de noche y la cómoda solamente destacaban por su estado deplorable y por su diseño utilitario. La habitación era fría, triste y deprimente, intolerable en cualquier ocasión, pero especialmente en esa tarde luminosa y soleada. Audra supo que tenía que escapar de ese lugar opresivo, por lo menos durante un rato: irse sin que importara dónde.

Su mirada cayó sobre el vestido que estaba encima de la cama, donde lo había colocado poco rato antes. Era nuevo. Había ahorrado durante un año entero, reservando un chelín por semana para comprarse un regalo el día de su cumpleaños.

Con ese propósito Gwen y ella fueron a Harrogate dos sábados antes. Vagaron durante varias horas, mirando escaparates; admirando los hermosos objetos que veían y que les constaba que jamás podrían permitirse comprar. Y en ese momento, al recordar aquel día, Audra se sintió invadida por una oleada de afecto y ternura hacia su amiga.

Gwen mostraba una especial atracción por las joyerías y Audra se descubrió constantemente parada frente a alguna vitrina que exhibía fantasías que captaban la atención de Gwen.

–¡Oh, Audra! ¡Mira eso! –exclamaba su amiga constantemente, señalando un broche, un anillo o unos pendientes. En determinado momento agarró con fuerza el brazo de Audra y susurró–: ¿Alguna vez has visto algo tan maravilloso como ese brazalete, Audra? ¡Las piedras parecen verdaderas porque resplandecen como diamantes! ¡Te quedaría tan bien, Audra...! Entremos. No cobran nada por mirar...

Audra esbozó una leve sonrisa e hizo un movimiento negativo con la cabeza, sin pronunciar palabra; pero pensando en las alhajas de su madre, que eran mucho más hermosas que cualquiera de aquellas burdas imitaciones.

Las excitadas exclamaciones de Gwen continuaron demasiado tiempo para el gusto de Audra, quien por fin se exasperó y silenció a su amiga con una mirada severa, rogándole que se callara por un rato. Pero enseguida lamentó su dureza y le pidió disculpas.

Trató de explicarle por millonésima vez que ella no tenía dinero para gastar en objetos frívolos como broches, brazaletes, sombreros y frascos de perfume, que eran algunas de las cosas que constantemente volvían loca a su amiga.

–Te consta que lo único que me compro es ropa –explicó, y agregó con una carcajada triste–: y la ropa más práctica que encuentro, Gwen. Cosas que sé que me durarán mucho tiempo.

Entonces, menos de diez minutos después de pronunciar esas palabras, vio el vestido en el escaparate de la tienda de Madame Stella. Se enamoró de él al instante. Era un vestido de fiesta, un modelo de muselina finísima. Colocado en una forma sumamente efectista en el centro de la vitrina, era la única prenda que se exibía en ella. Sobre el suelo, se hallaban diseminados los accesorios correspondientes: la fotografía de un sombrero Leghorn de tonos crema, una sombrilla de seda color crema y tres largos hilos de perlas. Para Audra todo eso sintetizaba el colmo de la verdadera elegancia, en especial el vestido. Era muy poco práctico, obviamente costoso y bellísimo. Se quedó mirándolo largo rato sin saber cuándo ni dónde podría llegar a usarlo, pero con unas ganas enormes de comprarlo.

No obstante, se quedó atrás y se negó a moverse cuando Gwen, que astutamente observó la expresión de su amiga, abrió la puerta de la tienda e insistió en que entraran a preguntar el precio. A pesar de la renuncia de Audra y de su terminante negativa a penetrar en la tienda, Gwen no se hallaba dispuesta a dejarse dominar. Tomó a Audra del brazo y la obligó a entrar en la tienda de Madame Stella.

Aunque suponían que el vestido sería caro, las dos quedaron estupefactas cuando se enteraron de que costaba tres libras. Audra intentó marcharse enseguida, pero Gwen la contuvo y de alguna manera consiguió hacerla entrar en el probador antes de que su amiga iniciara una airosa retirada. Como no quería crear una situación incómoda frente a la vendedora, a Audra no le quedó más remedio que probarse el vestido.

Lo que la cautivó fue el color: un celeste brillante que le recordaba a las espuelas de caballero de High Cleugh. No fue necesario que Gwen le dijera que le quedaba perfecto: acababa de contemplarse en el espejo de cuerpo entero.

En realidad, esa tarde Audra quedó sorprendida al mirarse en aquel espejo. Por primera vez en años, tuvo que confesarse que se la veía bastante bonita. En general se consideraba una chica feúcha, cosa que realmente creía. Pero en ese sentido se hacía poca justicia.

Audra Kenton no era hermosa en el estricto sentido de la palabra, pero tampoco era fea. Se la hubiera podido catalogar en una categoría intermedia. Había cierta tozudez en su rostro de rasgos bien definidos. Eso se reflejaba en su mentón decidido, en su boca firme y resuelta, que, sin embargo, cada vez que sonreía, resultaba extremadamente hermosa. Sus mejores atributos eran una piel tersa y cremosa, un brillante pelo castaño claro, que en verano adquiría tintes dorados, y unos ojos preciosos. En realidad sus ojos eran el rasgo más espectacular de su rostro: grandes, separados, sombreados por espesas y largas pestañas y acentuadas por cejas finamente arqueadas. Pero era el color lo que resultaba inolvidable y hacía que la gente se volviera para mirarla. Eran de un sorprendente azul profundo y vívido.

Y cuando Audra observó su reflejo en el espejo del probador, no pudo dejar de notar hasta qué punto intensificaba la muselina celeste el color de sus ojos. También notó que el estilo *flapper* del vestido le quedaba bien y destacaba su figura. Audra era de baja estatura, sólo medía poco más de un metro cincuenta, y su pequeñez era una constante fuente de irritación para ella. Sin embargo, a pesar de ello, estaba bien proporcionada y el corte sencillo del vestido realzaba sus armoniosas formas, mientras la falda corta, hecha al bies para que tuviera vuelo, atraía la atención hacia sus piernas bien formadas y sus tobillos delgados.

Así que, después de cierta indecisión por causa del precio, y tras preocupados murmullos intercambiados con Gwen, Audra finalmente compró el vestido. Para completar las tres libras y tres chelines necesarios, además de todos sus ahorros consistentes en dos libras y doce chelines, Audra reunió cuantas monedas tenía en la cartera (era todo lo que poseía en el mundo) aparte de algo de dinero que le prestó Gwen.

–No pongas esa cara tan sombría –susurró su amiga mientras esperaban que la vendedora envolviera el vestido–. Vale cada centavo que has gastado. Además ya era hora que te hicieras un regalo que valiera la pena.

Audra no tenía la menor duda de que ese vestido era lo más maravilloso que poseía desde la infancia. Y despertó en ella el recuerdo de otras épocas, cuando iba de compras a Harrogate, con su madre y su tío Peter. Era en 1919, justo después de que él regresara de la Gran Guerra. Ella tenía entonces doce años y él le compró un vestido de fiesta rosado del que se enamoró, lo mismo que acababa de sucederle con el de muselina celeste.

Cuando abandonaron la tienda de Madame Stella, Audra le contó a Gwen la historia de su vestido rosa y le hizo confidencias acerca de su vida pasada; Gwen se mostró interesada y la bombardeó a preguntas. Audra que era reservada por naturaleza respondió a algunas porque no quería ofender a su buena compañera. Más tarde, dieron un largo paseo, cogidas del brazo, a lo largo de The Stray, el parque cubierto de preciosas flores que formaban una alfombra natural de brillantes colores bajo los árboles de ancha copa. Después, Gwen se abrió camino rumbo al café Bettys, el café de moda en The Parade, que daba sobre The Stray, y generosamente pagó la consumición de las dos, ya que Audra se había quedado sin fondos. También le prestó el dinero necesario para comprar el billete de regreso a Ripon, cumpliendo lo prometido cuando vacilaba en la tienda de Madame Stella. Y Audra recordó una vez más lo afortunada que era al tener una amiga como Gwen.

Al fin de ese día de excursión, de camino hacia la parada del autobús, pasaron por Arcadium Rooms, donde se celebraban bailes por las tardes. Todo el mundo sabía que ése era el lugar adonde había que ir, el sitio elegante de la ciudad en el que la gente distinguida bailaba el fox trot y el tango al compás de las orquestas de Stan Stanton y sus Sincopated Strollers.

Ambas jovencitas ardían en deseos de visitar el Arcadium desde hacía semanas, y Gwen, que acababa de aprender a bailar el charlestón con su hermano, se lo enseñaba en sus horas libres a Audra, la cual se sintió estupefacta y excitada cuando Gwen le anunció que el día de su cumpleaños pensaba invitarla a ir a un café concierto al Paladium.

–Será mi regalo –afirmó con una amplia sonrisa–. Te pondrás tu vestido nuevo y todo el mundo te admirará.

Durante el viaje de regreso a Ripon, en el autobús, las dos compartieron su excitación y a partir de ese momento empezaron a contar los días que faltaban para la ocasión.

Pero después de todo, no habría ningún viaje a Harrogate. Ningún café concierto en los Arcadium Rooms. Nadie para admirarla con su vestido nuevo. Audra suspiró. Ese día, más temprano, había pensado que se lo pondría simplemente para su propio placer, aunque no estaba del todo segura de adónde iría sola y así vestida. Pero en ese momento había cambiado de idea.

Audra era una joven muy práctica y se le ocurrió que sería tonto arriesgarse a estropear el vestido, arrugarlo o mancharlo. Razonó que sería más inteligente reservarlo para alguna otra ocasión especial. «Y ahora que tengo una amiga como Gwen, la habrá en el futuro –pensó–. Tal vez vayamos en agosto a la fiesta campestre de la iglesia. Además en septiembre es el cumpleaños de Gwen. Y debemos celebrarlo. Sí, sin duda surgirá algo», se dijo para tranquilizarse, dando rienda suelta a su natural optimismo, cosa que invariablemente sucedía.

Audra había sido bendecida por un carácter y una personalidad alegres; y esos rasgos, junto con su fuerza de voluntad y su inteligencia, la salvaron. La ayudaron a afrontar sus problemas de la manera más positiva. Nunca permitía que los inconvenientes la agobiaran durante demasiado tiempo, y siempre trataba de resolverlos con rapidez. Cuando no le era posible, intentaba no pensar innecesariamente en ellos.

En ese momento se levantó, tomó el vestido celeste que estaba sobre la cama y lo guardó en el ropero.

Después de quitarse el uniforme de enfermera a rayas azules y blancas, y de guardarlo, estudió el resto de la ropa que tenía colgada, preguntándose qué convendría ponerse para hacer una caminata por el campo.

Aunque su guardarropa no fuese nutrido, las prendas

que poseía eran de buena calidad y debido a que era sumamente cuidadosa, siempre estaban inmaculadas. Por razones de economía, Audra confeccionaba ella misma su ropa de verano, que por lo general eran vestidos livianos de colores oscuros; desde un punto de vista práctico eso significaba una garantía de uso más prolongado que las telas de colores más claros. Por fin se decidió por un vestido de algodón azul marino de talle bajo y cuello marinero ribeteado de blanco. Lo sacó del armario, buscó sus zapatos de cuero negro y tacón bajo y empezó a vestirse.

De repente pensó en Gwen. «¡Qué egoísta soy! –se amonestó–. Aquí estoy, preocupada por mi cumpleaños, cuando Gwen tiene que cuidar a su madre enferma.» En ese momento deseó poder ir a Horsforth ese mismo día, para ayudar a su amiga, pero era un viaje demasiado largo como para poder hacerlo teniendo sólo una tarde libre. «¡Pobre Gwen!, debe de estar cansadísima, y además muy preocupada», pensó. Entonces mientras se abrochaba el cuello del vestido y se observaba en el pequeño espejo de la cómoda, su rostro se iluminó. El padre de Gwen era médico y el hermano de su amiga estudiaba medicina en la Universidad de Leeds. La señora Thornton estaba en buenas manos. Pronto sanaría y en poco tiempo Gwen se hallaría de vuelta en el hospital.

Mientras abandonaba su habitación y recorría presurosa el corredor, se sorprendió al comprender hasta qué punto se había encariñado con su amiga. Desde que, un año antes, Gwen empezó a trabajar en el hospital, su vida había mejorado y ya le resultaba mucho más tolerable. Hasta ese momento ninguna de las demás enfermeras intentó nunca hacerse amiga de ella. Audra estaba convencida de que eso se debía especialmente a sus antecedentes familiares, a su educación y a su manera culta de expresarse.

Las otras chicas la consideraban orgullosa e inabordable. Pero eso no era cierto. Lo que la mantenía algo apartada y le impedía realizar un gesto inicial de acercamiento era simplemente su timidez.

Como si instintivamente lo hubiese comprendido, Gwen, la del carácter feliz, alegre y comunicativo, no le dio ninguna importancia a su temperamento retraído. Una vez que decidió que quería hacerse amiga de Audra, insistió hasta demoler sus reservas. A la semana de conocerse ya eran inseparables.

«No sé qué haría sin Gwen –pensó Audra, cerrando a sus espaldas la puerta principal del hospital–. Es la única persona que tengo en el mundo.»

Capítulo 2

No tenía intenciones de ir a High Cleugh.

Pero antes de darse cuenta de lo que hacía, ya casi estaba allí.

Al salir del hospital, Audra no tenía en mente ningún destino especial. Tomó el camino que conducía a Sharow y a Copt Hewick, pequeños pueblos de las afueras de Ripon.

Carecía de motivos particulares para ir, aparte de que eran lugares muy agradables; además, la ruta resultaba pintoresca y los campos de los alrededores, pastoriles e inusitadamente bonitos en esa época del año.

Al llegar a Copt Hewick, Audra paseó lentamente por la calle principal adoquinada, pensando en lo cuidado que estaba todo aquella tarde calurosa de junio. En los delicados jardines, frente a las pulcras casitas, resplandecían capuchinas, caléndulas y dalias; detrás de los vidrios inmaculados de las ventanas se veían cortinas de encaje blanco; todos los umbrales estaban recién lavados.

Al observar el Blackamoor Inn que se alzaba ante ella, notó que también había sido remozado. Sus blancas paredes y negras persianas acababan de ser pintadas, y hasta el cartel que se balanceaba sobre la puerta de entrada había sido artísticamente embellecido con algunos toques de color.

Frente al Blackamoor Inn, enclavado en el cruce de varios caminos, Audra vaciló entre tomar la ruta principal que la conduciría a Boroughbridge o el camino lateral que llevaba a Newby Hall y Skelton. Se decidió por este último, a pesar de que no lo siguió hasta el final. Al llegar a la mitad del camino, dobló a la derecha, para recorrer un angosto sendero flanqueado a ambos lados por muros de piedra.

Después de andar apenas unos pasos, se detuvo en seco comprendiendo exactamente hacia dónde la llevaban sus pies. Se volvió a medias, decidida a desandar el camino recorrido. Pero descubrió que le resultaba imposible.

High Cleugh la atraía como si fuese un poderoso imán. Con cada paso que daba, Audra Kenton se repetía que estaba cometiendo un error, que se exponía a un gran dolor interior, sobre todo ese día, y sin embargo continuaba su marcha, casi en contra de su propia voluntad. Cuando llegó al extremo del largo y serpenteante sendero, ya no le importaba si estaba comportándose o no como una tonta. Sólo percibía su necesidad de volver a contemplar ese lugar único que quería más que ningún otro en el mundo. Hacía demasiado tiempo que estaba alejada de allí. Trepó por el muro, saltó y aterrizó en el alto pastizal recorriéndolo luego a la carrera. Bajo la suave brisa que acababa de levantarse, los verdes tallos se mecían acompasadamente como un mar. De pronto, se topó con un par de vacas perezosamente acostadas en el camino. Las esquivó y siguió adelante con el rostro juvenil tenso de expectativas y su larga cabellera flameando tras ella en su carrera. Audra no dejó de correr hasta que llegó al inmenso plátano situado al final del prado. Entonces, se agachó y se refugió debajo de sus amplias ramas que formaban un dosel de verde que ocultaba el cielo. Se apoyó en el árbol, apretó su rostro contra el tronco y cerró los ojos. Jadeaba.

A los pocos instantes, empezó a recobrar el aliento. Lentamente pasó la mano por el tronco del árbol, sintió la áspera textura en la punta de los dedos y sonrió para sí misma. Éste era su árbol. Su lugar.

En el pensamiento, le llamaba el Sitio de los Recuerdos. Porque eso era exactamente: el lugar para recordarlos a ellos, para revivir el pasado, para rememorar la felicidad y la alegría que una vez fueron suyas, aunque ya no le pertenecieran.

Con frecuencia iban allí todos juntos. Su madre. Sus hermanos, Frederick y William. Y el tío Peter. Y cuando ella se encontraba allí, debajo del árbol, ellos volvían nuevamente a acompañarla, y su tristeza se esfumaba durante un rato.

Audra abrió los ojos, parpadeando en medio de la penumbra fresca y verdosa del plátano y después se apartó de la sombra del árbol. Lo rodeó y se quedó parada en el borde de una colina de baja altura que se alzaba sobre la orilla del río. Por fin levantó la cabeza y observó la rápida corriente del río y el valle arbolado de la ribera opuesta.

High Cleugh.

La pequeña, pero hermosa y antigua mansión donde había nacido hacía exactamente diecinueve años. La casa en la que creció y vivió durante la mejor parte de su vida. La que fue su amado hogar hasta cinco años atrás.

Al mirarla se regocijó, impresionada como siempre por su simplicidad y finura que, a sus ojos, eran los que lo convertían en un lugar decididamente hermoso.

High Cleugh era una casa del siglo XVIII, larga y baja, con una simetría que le confería particular elegancia.

Edificada con la piedra gris del lugar, tenía muchas ventanas que, en ese momento, a la luz del sol, lanzaban alegres destellos. Estas ventanas daban a una terraza hecha de la misma piedra antigua que corría a lo largo de todo el frente de la casa. Justo en el centro, la terraza era interrumpida por una larga escalinata que descendía entre el césped hasta el río del parque. Macizos de flores, anchos y desparejos, crecían al pie de los muros de la terraza desparramando sus alegres colores entre la piedra oscura y el verde del pasto.

Pero lo que atraía las miradas admirativas era la gran cantidad de espuelas de caballero que proliferaban al pie del parque, cerca de la orilla del río y cuyas flores de todos los tonos de azul formaban una alfombra de una belleza que quitaba el aliento. Allí el cobalto se entremezclaba con un celeste pálido que parecía casi blanco para trocarse después en un azul violáceo que a su vez se tornaba en lavanda y en los tonos púrpura de la belladona.

Las espuelas de caballero de su madre... ¡plantadas con tanto esmero y atendidas con tanto amor a lo largo de los años! El corazón de Audra se encogió, presa de una sensación agridulce en la que se entremezclaban el placer y el dolor. ¡Oh, cómo deseaba hallarse de nuevo en esos jardines!

¡Le resultaría tan fácil deslizarse hasta el otro lado del río! Lo único que tenía que hacer era seguir el sendero a lo largo de la orilla hasta llegar a las piedras. Esas lajas gigantescas, desgastadas por el curso del agua y el tiempo, que se extendían a lo ancho de la parte menos profunda del río y que conducían directamente a la escalinata por la que se subía a la casa.

Pero ella no tenía derecho a ir a High Cleugh. Sería una intrusa. En ese momento vivía allí otra familia.

Se sentó en el prado, recogió las rodillas contra el pecho, apoyó en ellas el mentón y se abrazó las piernas.

Durante mucho rato Audra permaneció con la mirada fija en High Cleugh.

En la casa no había señales de vida. La mansión parecía dormitar bajo los rayos brillantes del sol, si estuviera deshabitada. Una paz enorme pendía sobre el jardín inmóvil. No se movía ni una brizna de pasto, ni una sola hoja. El viento había cesado y el aire era cálido y lánguido. Ningún sonido turbaba el silencio, con excepción del leve zumbido de una abeja y el gorgoteo de agua que producía el Ure en su camino serpenteante.

La mirada de Audra cobró más intensidad que nunca. Más allá de las paredes exteriores le pareció ver el alma recóndita de la casa. Cerró los ojos y se hundió en su imaginación recordando... recordando.

Estaba dentro de la casa.

Se encontraba parada en el vestíbulo con sus paredes color damasco, el banco de gastado terciopelo verde y la palmera dentro del recipiente de cobre. Todo estaba sombrío, tranquilo. Durante un rato le pareció oír el silencio reinante. Después, empezó a caminar y el repiqueteo de sus pasos contra el pavimento de mármol se repitió con un eco vibrante. Subió la escalera, que ascendía en una curva llena de gracia. Se detuvo en el primer rellano. Allí se encontraba su cuarto. Entró, cerró la puerta y lanzó un suspiro de placer.

Le rodeaban paredes de un tono verde muy pálido que, como siempre, le recordaban el color del mar en verano, durante alguna mañana de neblina en Yorkshire. El suelo de madera lustrada resplandecía como vidrio bajo sus pies cuando ella se acercó a la cama de cuatro pilares. Estiró el brazo para acariciar los tulipanes estampados en la colcha gastada y con un dedo trazó el contorno de los pétalos que en una época habían sido colorados y que con el tiempo adquirieron el tono de la herrumbre. Siena quemado era el nombre que recibía en su caja de pinturas. Se acercó a la ventana, miró hacia fuera y oyó el murmullo de las cortinas que la brisa hacía flamear. El perfume de los claveles llenaba el aire del verano. Volvió la cabeza y vio una nube de pétalos rosados en el florero chato que estaba sobre la cómoda de cedro. Allí, el perfume de los claveles era reemplazado por una fragancia más dulce, más pesada. Las rosas de octubre levantaban sus capullos en el florero, resplandecientes amarillos contra el fondo azul. Era otoño. La época de la cosecha.

¡Qué bien conocía el cambio de estaciones de esa casa!

El aire se había hecho más frío. En la chimenea ardía el fuego. Sintió el calor de las llamas sobre el rostro. Los copos de nieve aleteaban contra el cristal de la ventana. Los jardines parecían recubiertos por una blanca capa de azúcar, como si fueran una torta.

Ya no se encontraba sola en la casa.

Oyó la risa de su madre, el murmullo de la seda de un vestido cuando se reunió con ella frente al fuego. La hermosa Edith Kenton. Así la llamaban todos los de los alrededores.

Los zafiros resplandecían en su cuello y en sus brazos de piel tersa y blanca. Fuego azul contra piel traslúcida. Pelo del color de las monedas nuevas, una aureola de luz cobriza rodeando un rostro pálido en forma de corazón. Labios cálidos y llenos de amor que se apretaban contra las mejillas juveniles de Audra. En esos momentos le rodeaba el perfume de gardenias y del polvo de Coty. Una mano delgada y elegante aprisionó la suya y la guió fuera de la habitación.

Frederick y William esperaban en el vestíbulo, entonando villancicos mientras ellas bajaban las escaleras.

Muchachos bochincheros y, a la vez, hermanos cariñosos e hijos amantes. El tío Peter los esperaba de pie junto a la puerta del salón de estar. Abrazó a Audra con su sonrisa e hizo entrar a todos en la habitación.

Ella se quedó como transfigurada.

El cuarto había adquirido una cualidad mágica esa noche de Navidad.

Bajo la luz suave y dorada, su desteñida elegancia adquiría una extraña y novedosa belleza. Un pequeño abeto lleno de velas encendidas resplandecía. Los troncos siseaban y chisporroteaban en la chimenea. Ramas de acebo decoraban los cuadros, el mantel, y colgaban del marco de las ventanas. De la araña de cristal tallado caían ramilletes de muérdago. Adornos de papel de colores cruzaban el techo como arco iris invertidos. El aire estaba pletórico de nuevos aromas que asaltaban sus sentidos. Olía a piñas, a humo de madera, a ponche de leche y huevos, a suculentos gansos cocinándose y a nueces que se tostaban sobre el fuego.

Se arracimaron todos alrededor de la chimenea.

Entonaron villancicos, bebieron el ponche de huevos en pequeñas copas de cristal y levantaron las nueces humeantes de la brasa. Las risas resonaron a lo largo de la casa.

Tres medias de terciopelo rojo colgaban de la repisa de la chimenea. Las abrieron... ella, Frederick y William. Dentro de la suya, encontró un tesoro, una naranja, una manzana, una bolsa de nueces y una moneda nueva de un penique envuelta en un trozo de seda; una variedad de objetos: un jabón de glicerina, varios metros de cintas para el pelo, además de una caja de dátiles egipcios, agua de colonia con perfume lavanda y un libro de poemas con el nombre «Edith Kenton» escrito en la contraportada con la letra elegante de su madre. Pequeñas cosas que no habían costado dinero, pero que para ella eran de un valor incalculable.

La nieve se arremolinaba fuera de la casa.

El viento helado rebotaba contra los vidrios de las ventanas y anunciaba la llegada del nuevo año. La decoración navideña había desaparecido. La casa estaba silenciosa y desolada, sin la risa de su madre. Era la época en que el tío Peter debía volver a irse. Ella percibió la tristeza de su rostro y notó que los ojos de su madre, tan azules como los zafiros que usaba, estaban llenos de lágrimas...

Las lágrimas empapaban el rostro de Audra... ella ni siquiera se dio cuenta de que había empezado a llorar. Se enderezó, se restregó los ojos con la punta de los dedos y se obligó a alejar la mirada de High Cleugh.

Inclinándose, enterró la cara en el pasto fresco y fragante; y después, al sentir de nuevo la picazón de las lágrimas, cerró los ojos con fuerza. Pero esa vez no se molestó en tratar de contenerlas, sino que se permitió el lujo de sollozar.

Y sollozó por los seres queridos perdidos y por el pasado y por lo que en una época fue su vida.

Poco a poco sus lágrimas cesaron. Se quedó allí en silencio, observando el cielo de un azul profundo, contemplando con aire distraído el paso de las nubes, pensando en su amada familia y en todo lo que le había sucedido durante los últimos años.

Capítulo 3

En su memoria, el padre de Audra era una figura imprecisa.

Murió en 1909, cuando ella no tenía más que dos años, y no lo recordaba con claridad.

Pero las imágenes de su madre, de Frederick y de William eran tan fuertes y tan claras, que los tres bien podrían haber estado allí, de pie a su lado, mirándola. Y el tío Peter se hallaba tan indeleblemente grabado en su corazón como los otros tres.

¡Qué inexorablemente habían estado ligadas sus vidas y sus destinos con los de él!

Peter Lacey murió en 1920, siendo todavía un hombre joven. Oficial del ejército británico durante la Gran Guerra, luchó en las trincheras de Francia, donde fue muy afectado por el gas en la batalla del Somme. Sus pulmones quedaron tan seriamente dañados que su salud nunca volvió a ser la de antes; y en definitiva, eso le provocó la muerte. Por lo menos, eso se dijo en aquella época.

La hermosa Edith Kenton, madre de Audra, quedó inconsolable. Lo siguió a la tumba menos de un año después, en julio de 1921. Tenía entonces treinta y siete años.

Frederick, el hermano mayor de Audra, le explicó que había muerto a causa de un paro cardíaco; pero recientemente ella sustituía ese término por otro: corazón destrozado. Audra había llegado realmente a creer que su madre murió a causa del corazón destrozado por la ausencia de Peter Lacey. A medida que fue creciendo, empezó a comprender la relación existente entre su madre y Peter Lacey. Fueron amantes, por supuesto. Ya no le cabía la menor duda al respecto.

En su infancia, Audra nunca cuestionó la presencia del tío Peter. Era verdaderamente su tío, un pariente lejano de su padre, primo tercero, según le hicieron creer, y desde que ella recordaba, él siempre se encontraba allí.

Después de que su padre, Adrian Kenton, murió de tuberculosis, el tío Peter se convirtió en un visitante cada vez más asiduo, y se quedaba con ellos en High Cleugh una semana o dos cada vez que iba a visitarlos. Debido a sus intereses económicos y a sus asuntos financieros, se veía obligado a regresar a Londres, pero jamás se ausentaba durante mucho tiempo. Y llegara por una larga visita o por unos pocos días, nunca se presentaba con las manos vacías. Por lo general había regalos para todos.

–¿No te parece maravilloso que el tío Peter nos cuide tanto? –preguntó en una ocasión su madre a Audra–. Me temo que yo soy una pesada carga para él. Es un hombre tan ocupado..., pero muy bueno y generoso y también atento hasta un grado poco común. Está decidido a cuidarme, y a cuidarte a ti y a tus hermanos. Insiste en ello y no hay forma de disuadirlo. –Edith suspiró y después esbozó una de sus radiantes sonrisas–. Por supuesto que le tenía un enorme cariño a tu padre. Ése es el motivo por el que considera que somos su responsabilidad, Audra.

Pero con el tiempo comprendió que no se trataba de una cuestión de cariño hacia su padre. Había sido la adoración que le profesaba a su madre lo que convirtió a Peter Lacey en el benefactor y protector de toda la familia.

Una vez que se dio cuenta de la vida que llevaban juntos, Audra aceptó la verdad, y en el fondo de su corazón jamás censuró a su madre ni a su tío. Estaban muy enamorados. Y él quería a los hijos de Edith y se comportaba con ellos como un padre; cuidó a la familia Kenton lo mejor que pudo y hasta donde se lo permitieron sus medios económicos. En alguna parte del trasfondo de su vida existían una esposa y dos hijos, un varón y una hembra. De no haber sido así, Edith Kenton y Peter Lacey se habrían casado.

Audra y William no comprendieron la situación mientras Edith y Peter vivieron, pero últimamente Audra empezó a preguntarse si Frederick no habría sospechado nada. Después de todo, él era el mayor. Tenía diecisiete años cuando Edith murió, y William quince; en cambio, Audra acababa de cumplir catorce años el mes anterior.

Los chicos Kenton quedaron estupefactos y con el corazón destrozado ante la inesperada muerte de su madre, y también incrédulos. Fue repentina. Y entonces, sólo una hora después del entierro, sufrieron otro golpe terrible.

La impresión fue tan grande que ni siquiera fueron capaces de hablar cuando se enteraron de que Edith Kenton había muerto en la más absoluta pobreza y que no sólo eran huérfanos sino que no tenían un techo sobre sus cabezas. High Cleugh no era propiedad de ellos, cosa que siempre creyeron. En realidad, jamás perteneció a su padre. Él simplemente se la alquilaba al dueño: Peter Lacey. A partir de 1909, Peter permitió que Edith viviera en High Cleugh sin pagar un centavo de alquiler.

Por lo visto un codicilo de su testamento protegía a Edith después de su muerte..., pero no a ellos. High Cleugh seguiría siendo el hogar de Edith en tanto ella viviera; luego, pasaría a pertenecer a los herederos naturales de Peter. La anualidad que le dejó también caducaba a su muerte.

No había ninguna cláusula que asegurara el porvenir de los chicos, posiblemente porque Peter Lacey jamás supuso que Edith podría morir tan joven. Y obviamente ella tampoco, a pesar del gran dolor que le provocó la muerte de su amante, porque no hizo testamento.

Todo esto les fue comunicado a los tres huérfanos por Alicia Drummond, prima de su madre. Después del funeral que se realizó en la iglesia de St. Nicholas, y del entierro en el cementerio del pueblo de West Tanfield, ella llevó a los niños a su casa. Les hizo pasar apresuradamente a la biblioteca, una habitación triste y sombría, llena de cuadros tétricos y pesados muebles victorianos, donde más tarde se serviría el té. El marido de tía Alicia, el tío Percival, su hija, la prima Winifred, y la madre de ésta, la tía abuela Frances Reynolds, asistieron al funeral y después se reunieron con ellos para tomar el té.

A pesar de que los chicos Kenton le tenían una enorme antipatía a la familia Drummond, profesaban cierto afecto a su tía abuela, quien siempre demostró un particular cariño hacia Edith, su única sobrina, y hacia los hijos de ésta. Así que automáticamente los Kenton se instalaron en el sofá Chesterfield, cerca de ella. Y allí se alinearon. Formaban un pequeño trío, lucían sus mejores trajes con un brazalete de luto, y estaban sentados muy tiesos y cohibidos. Se las arreglaban para ocultar su dolor tras rostros inexpresivos.

La tía Alicia sirvió el té preparado en una tetera de plata y la doncella distribuyó las delicadas tazas de porcelana, y después les ofreció emparedados y trozos de tarta. Los chicos no pudieron probar bocado.

Después de que la tía Alicia les dio la noticia de su estado económico, Audra fue la primera que consiguió hablar.

–¿Y qué sucederá con nosotros? ¿Nos enviarán a un asilo? –preguntó con una voz apenas audible pero curiosamente firme, fijando una mirada penetrante en Alicia Drummond.

–¡Por supuesto que no, criatura querida! –exclamó escandalizada la tía abuela Frances, acariciando la mano de Audra; era mucho más bondadosa que su hija, y continuó hablándoles en un tono cariñoso–. Me temo que yo soy demasiado vieja para que vengáis a vivir conmigo. Pero os quedaréis aquí, en The Grange. Tu tía Alicia y tu tío Percival se han ofrecido generosamente a proporcionaros hogar a los tres.

Los chicos Kenton, que no tenían más parientes que ellos en el mundo, se vieron obligados a aceptar el ofrecimiento, a pesar de la poca gracia que les hacía tener que vivir con los Drummond. Pero sólo después de estar unos cuantos días en The Grange, se dieron cuenta de hasta qué punto iba a resultar odioso permanecer en aquella casa. La enorme mansión victoriana era tan fría e inhóspita como la misma Alicia Drummond, quien además era una mujer esnob, llena de prejuicios y taimada. La vida allí estaba regida por horarios absurdos, las reglas eran rígidas; la atmósfera depresiva y desagradable; la comida, mediocre, en el mejor de los casos. Los chicos Kenton habían sido criados con mucho amor y libertad por una mujer que, además, era una excelente cocinera, y la vida en The Grange les chocó.

Una semana después del entierro de Edith Kenton, parte de sus muebles y otras posesiones de High Cleugh se vendieron en Ripon para pagar los gastos de su funeral y otras deudas. Por lo menos fue lo que la tía les explicó a sus sobrinos. Los mejores muebles, una serie de buenos cuadros y los objetos de plata fueron llevados a The Grange por Alicia Drummond.

–Tendré mucho gusto en guardar estas cosas en casa hasta que tengáis edad suficiente para usarlas– explicó la mujer a los tres pequeños Kenton.

A pesar de que aquello les pareció muy razonable a Frederick y a William, Audra, que era más inteligente que sus hermanos, no confiaba en Alicia. Y su desconfianza aumentó cuando varios días después notó que las posesiones de su madre habían sido distribuidas en varias habitaciones de la casa de su tía. Así que esa noche, cuando todo el mundo dormía, recorrió silenciosamente el corredor hasta llegar al cuarto que compartían Frederick y William. Despertó a sus hermanos e instalándose a los pies de la cama de Frederick les confió su preocupación, y propuso que hicieran un inventario de todas las posesiones de su madre que en ese momento se encontraban en la casa de los Drummond.

William, que sabía que Audra era mucho más sagaz que él y que su hermano, asintió, mostrándose de acuerdo. Pero Frederick palideció de miedo, temeroso de que si daban un paso en falso podían llegar a echarlos de la casa.

–Se ofenderá –susurró, con el entrecejo fruncido–. No podemos hacer eso, Audra. Sería desconfiar de ella, demostrar que la consideramos deshonesta.

Audra restó importancia a las protestas de su hermano.

–Estoy convencida de que es deshonesta, así que debemos hacerlo. Para protegernos. ¿Y qué me decís de las alhajas de mamá, especialmente los zafiros? ¿También los tiene tía Alicia, Frederick?

Frederick meneó la cabeza con vehemencia.

–No, no los tiene, y lo sé con absoluta seguridad. Pero han desaparecido. Los busqué por todas partes el día después de la muerte de mamá y no pude encontrarlos. Mientras revisaba sus cajones recordé que no se los había visto puestos desde la muerte del tío Peter. Debe de haberlos vendido y utilizó el dinero para mantenernos durante el último año, Audra. Es la única explicación posible.

–¿Y por qué no lo dijiste antes? –preguntó ella, dirigiendo a su hermano una mirada de reproche.

–Porque no quise angustiarte –susurró, pero su tono de voz expresaba preocupación cuando siguió hablando–. Sin embargo, es cierto que tía Alicia tiene el resto de las alhajas de mamá. Me quitó el joyero... con el pretexto de que estarían más seguras en su poder.

A pesar de haberle prometido a Frederick que no tomaría ninguna decisión precipitada para no incurrir en el enojo de su tía, Audra estaba resuelta a llevar a cabo su proyectado inventario. Alicia Drummond no la intimidaba; pero, después de pensarlo a fondo, decidió que sería mejor esperar el momento propicio para hablarle del asunto. La ocasión se presentó mucho antes de lo que pensaba.

El domingo de esa semana, la tía abuela Frances volvió con ellos de la iglesia para almorzar todos juntos. Y fue la propia anciana quien, inadvertidamente, proporcionó a Audra la oportunidad perfecta. Estaban todos sentados en la oscura y deprimente biblioteca, donde el tío Percy procedía a servir cuidadosas medidas de jerez a los adultos, cuando de pronto la tía abuela sacó el tema de las alhajas de Edith Kenton.

De buenas a primeras, dijo:

–Creo que Audra ya tiene edad suficiente para tener en su poder algo que haya pertenecido a Edith, un recuerdo de su madre. Tal vez el broche con el camafeo. Por favor, ve a buscar el joyero de Edith, Alicia.

La tía Alicia obedeció, con los labios apretados y haciendo lo posible por contener su enojo.

Dedicándole a Audra una cálida sonrisa, la anciana sacó el camafeo y lo prendió en el vestido de verano de la niña.

–Cuídalo mucho, criatura –aconsejó–. Era el preferido de tu madre.

Audra prometió que lo haría y agradeció a su tía abuela que le permitiera tenerlo ya. Enseguida aprovechó la ocasión que se le presentaba.

–¡Frederick! ¡William! Venid a mirar las alhajas de mamá. Cuando todos seamos mayores de edad, cada uno de nosotros debe tener una parte de estas joyas.

En cuanto los dos hermanos se reunieron junto a la tía abuela, Audra exclamó, dirigiéndose a Frederick:

–Tal vez convendría que yo hiciera una lista de estas cosas, para que después los tres podamos conversar sobre el asunto y decidir lo que a cada uno le gustaría tener. Me parece que eso es justo, ¿no es verdad, Frederick?

En la habitación se produjo un silencio tremendo.

Frederick la miró con la boca abierta, estupefacto, y se mordió los labios, sabiendo lo que su hermana pensaba decir enseguida. William trató de ocultar la alegría que le producía la audacia de Audra, pero sin éxito, porque la expresión de sus ojos lo traicionaba.

Y entonces, antes de que nadie llegara a hacer algún comentario, Audra corrió hacia el escritorio, encontró un lápiz y un trozo de papel y volvió a acercarse a la silla de su tía abuela, donde se inclinó sobre el cofrecillo de las alhajas. En determinado momento, mientras escribía afanosamente, Audra miró a la anciana y preguntó con aire indiferente:

–Tía Frances, ¿te parece que también debería hacer una lista de los muebles de mamá y de las demás cosas que tía Alicia está guardándonos hasta que seamos mayores de edad? ¿Sabes? Para que mis hermanos y yo podamos dividir todo con justicia.

La tía abuela Frances la miró sorprendida, pero se apresuró a esbozar una sonrisa.

–Bueno, Audra, por lo visto eres una criatura muy práctica. Creo que es una idea excelente, sobre todo considerando que la pobre Edith no tuvo la precaución de redactar un testamento. Así vosotros tres podréis discutir cómo dividiréis los objetos que os ha dejado vuestra madre y tomaréis vuestras propias decisiones con tiempo. ¿Por qué no te dedicas a hacer un inventario la semana que viene, querida?

Audra asintió con aire solemne, escondiendo su triunfo tras una cara inexpresiva.

–Sí, creo que lo haré, tía.

Durante los días que siguieron a esa conversación, Frederick, temeroso, advirtió a Audra que habría repercusiones por lo que había dicho. Mientras estaban en la biblioteca, él había notado la mirada calculadora de los ojitos negros y avaros de la tía Drummond, aunque sus hermanos no la hubiesen percibido.

Pero en definitiva no sucedió nada y el largo y caluroso verano se convirtió en un otoño fresco. Por fin llegó el invierno y la vida en The Grange prosiguió sin acontecimientos memorables. A pesar de lo desgraciados que se sentían los Kenton en ese lugar desprovisto de cariño, hasta Audra tuvo que admitir frente a William, su favorito, que eran muy afortunados en un sentido: estaban los tres juntos. Se tenían unos a otros para quererse, para acompañarse y para consolarse.

La semana antes de Navidad, Audra oyó por casualidad un extraño comentario que le causó cierta preocupación; pero su verdadero significado la desconcertaría más adelante.

Una tarde, sabiendo que la tía abuela Frances estaba allí de visita, Audra fue a buscarla.

La puerta del salón se encontraba entreabierta, y cuando ella se disponía a abrirla del todo escuchó que la tía Alicia mencionaba el nombre de su madre en un tono severísimo y sumamente mordaz. No llegó a comprender las siguientes palabras de su tía porque Alicia bajó la voz. Pero Audra se puso tensa cuando la tía abuela Frances de repente exclamó en un tono horrorizado:

–¡Pero no puedes castigar a los chicos por los pecados de la madre, Alicia!

Inmediatamente Audra retiró la mano del picaporte y retrocedió, porque no deseaba oír más y, de todos modos, sabía que estaba mal escuchar conversaciones ajenas.

Se deslizó por el oscuro corredor hasta el cuarto de estar donde se quedó sentada un rato, analizando el extraño comentario de su tía abuela. Audra sabía que se refería a ellos..., eso era obvio. Pero ni siquiera conseguía imaginar el significado de la frase. ¿En qué sentido habría pecado su madre? Enseguida se dijo para sus adentros que su madre no había cometido un solo pecado en toda su vida. A pesar de ser tan joven, Audra era perceptiva y se había dado cuenta largo tiempo antes de que Alicia Drummond siempre tuvo celos de la belleza clásica, el encanto y el refinamiento de su prima. Tanto, que en vida de Edith nunca perdía la oportunidad de criticarla. Por lo visto no podía resistir la tentación de seguir haciéndolo después de muerta.

Durante algunos días Audra continuó preguntándose por qué querría castigarlos Alicia, pero poco a poco consiguió superar su preocupación. Se consoló con la seguridad de que, fuera cual fuese el castigo que pensara imponerles, sin duda su tía abuela había encontrado la manera de disuadirla.

Pero los hechos se encargaron de demostrar que las palabras de Frances Reynolds tuvieron muy poco peso. Y ciertamente no hicieron cambiar de idea a su hija.

Porque, en definitiva, los chicos fueron castigados.

Dos meses después, en febrero de 1922, Alicia despachó a Frederick y a William a Australia como inmigrantes y envió a Audra a trabajar en el hospital de niños de Ripon.

Las desesperadas protestas y angustiosas súplicas de los tres, pidiendo que no los separaran, no encontraron eco. Estaban indefensos frente a la decisión de su tía. Y así, en contra de sus deseos y de los de la tía abuela Frances, se vieron obligados a obedecer a Alicia Drummond.

Los tres jóvenes Kenton vivieron un momento espantoso cuando una cruda mañana de invierno Frederick y William se despidieron de su hermana. Antes de partir para Londres donde tomarían el barco que los conduciría a Sydney, se reunieron en el vestíbulo para despedirse, tratando de contener las lágrimas.

Audra se colgó del cuello de William, que era su hermano predilecto. Estaba ahogada de emoción y se le había formado un nudo tan grande en la garganta que apenas podía hablar. Por fin consiguió pronunciar algunas palabras:

–No te olvidarás de mí, ¿verdad, William?

Y entonces empezó a sollozar y a llorar a mares.

Tragándose sus propias lágrimas y luchando por mostrarse valiente, William abrazó a su adorada hermanita, que en ese momento le pareció tremendamente joven y vulnerable.

–No, Audra, no te olvidaré. Ninguno de los dos te olvidará –aseguró–. Y te mandaremos a buscar en cuanto podamos. Te lo prometo, Audra.

Frederick, igualmente emocionado, acarició el pelo de su hermana y repitió la promesa. Después, los dos muchachos se alejaron de ella, tomaron sus maletas y abandonaron la casa sin pronunciar otra palabra.

Audra sacó de un tirón su abrigo del guardarropa del vestíbulo y salió corriendo de la casa. Recorrió el camino a toda velocidad, llamando a sus hermanos, desesperada por prolongar esos últimos minutos que les quedaban juntos.

Ellos se detuvieron, se volvieron, la esperaron, se cogieron los tres del brazo y siguieron caminando en silencio, con el alma demasiado apesadumbrada como para poder hablar. Al llegar a la verja de entrada, los dos muchachos besaron a su hermana por última vez, y se desprendieron de su abrazo desesperado.

Audra se llevó a la boca una mano temblorosa para ahogar sus sollozos y los observó caminar valientemente por la ruta hacia Ripon, hasta que no fueron más que puntitos en la distancia. Ella quería correr tras ellos y gritarles: ¡Esperad! ¡No me dejéis sola! ¡Llevadme con vosotros! Pero sabía que eso sería inútil. No podían llevarla con ellos. Y no era por culpa de sus hermanos por lo que se separaban. La culpable era Alicia Drummond. Ella estaba deseando librarse de los hijos de Edith Kenton y no le importaba cómo.

Apenas los muchachos desaparecieron de su vista, Audra pudo separar su mirada del camino. Volvió a entrar en el jardín de la casa y se preguntó si alguna vez volvería a verlos. Australia se encontraba en el otro extremo del mundo, más lejos que ningún otro sitio. Ellos habían prometido mandarla a buscar, pero ¿cuánto tiempo tardarían en juntar el dinero necesario para pagar su pasaje? Tal vez un año entero.

Mientras permanecía sumida en esos negros pensamientos, Audra miró la casa triste y severa y se estremeció sin querer. En ese preciso momento, la antipatía que profesaba a la prima de su madre se convirtió en un odio que no se le borraría el resto de su vida. Audra Kenton jamás podría perdonarle a Alicia Drummond su crueldad al haberlos separado con tanta frialdad y deliberación. Así como tampoco olvidaría nunca el día en que sus hermanos fueron obligados a alejarse del país.

A la tarde siguiente, pálida, temblorosa y preocupada por ellos, Audra entró a trabajar y empezó a vivir en el hospital de Ripon. Como ese año no había vacantes para estudiantes de enfermería la aceptaron en calidad de camarera.

Y así empezó la vida de fatigoso trabajo de Audra Kenton, cuando apenas tenía catorce años.

A la mañana siguiente la despertaron al amanecer. Después de un desayuno consistente en avena cocida, galletitas de grasa, pan y té, que tomó en compañía de las demás empleadas de servicio, inició su rutina diaria. Audra se espantó ante las duras tareas que debía realizar y ella, que en toda su vida jamás había llevado a cabo un trabajo doméstico, encontró inenarrable ese primer día. Horrorizada ante las faenas que le habían sido asignadas, se preguntó con desesperación cómo se las arreglaría para cumplirlas.

Sin embargo, no se le ocurrió ir a quejarse a sus superiores. Dado que era inteligente, a las pocas horas de estar allí entendió que ellos no se interesaban por gente como ella, que no tenía ninguna importancia dentro de la jerarquía del hospital donde todos, médicos y enfermeras, trabajaban con gran ahínco.

Durante la segunda mañana, apretó los dientes y atacó su trabajo con renovado vigor, decidida a aprender todo lo que pudiera, principalmente observando a las demás chicas. Al finalizar el primer mes era tan eficiente como cualquiera de ellas y se había convertido en una experta en limpiar suelos, fregar bañeras, lavar y planchar sábanas, hacer camas, vaciar orinales, limpiar palanganas, desinfectar el quirófano y esterilizar el instrumental médico.

Por las noches caía tan cansada en su duro catre del dormitorio de las camareras, que ni siquiera reparaba en lo que la rodeaba ni en la incomodidad de su cama. Durante las primeras semanas solía estar tan extenuada que ni siquiera tenía fuerzas para llorar. Y cuando lloraba hundiendo la cara en la almohada, no era por el estado actual de su vida, tan dura y poco alegre. Lloraba porque añoraba a sus hermanos a quienes sentía tan perdidos como su madre y su tío Peter, muertos y enterrados en sus tumbas.

Algunas veces, mientras refregaba, limpiaba los pabellones, Audra se preguntaba si no sería ella quien había provocado esa situación espantosa en que se encontraban. Se sentía tremendamente culpable al recordar su insistencia respecto al inventario de las posesiones de su madre. Pero por lo general triunfaba su sentido común y reconocía que hubiesen sido castigados de todas maneras. En realidad había llegado a convencerse de que Alicia Drummond decidió el destino de los tres el mismo día de la muerte de su madre.

Cuando Audra fue prácticamente echada de The Grange y enviada al hospital, la tía Alicia le dijo que podría visitarlos todos los meses durante uno de los dos fines de semana que tendría libres, y también pasar con ellos sus vacaciones especiales. Pero Audra sólo fue dos veces, y lo hizo simplemente para buscar el resto de su ropa y algunas pertenencias personales.

Siempre se sintió incómoda en aquella casa espantosa, en la que sabía que no era bien aceptada. Además, el odio que experimentaba hacia su tía era otro motivo poderoso que la mantenía alejada de allí.

La segunda vez, cuando fue a buscar las últimas cosas que le quedaban, tuvo que hacer un enorme esfuerzo de voluntad para entrar en The Grange, se juró a sí misma que no volvería a poner los pies en ese mausoleo hasta el día en que regresara para reclamar los objetos propiedad de su madre. Y así, a lo largo de esos primeros meses de 1922, aprendió a pararse sobre sus propios pies y a mantenerse alejada de todo el mundo. Continuó realizando su trabajo con diligencia y no se metió en problemas dentro del hospital.

A pesar de que su vida diaria era deprimente y carecía de los pequeños placeres normales en casi todas las chicas de su edad, Audra conseguía mantener alto su espíritu soñando con un futuro más feliz. No tenía más compañía que la esperanza, algo que nadie podía quitarle. Así como nadie podría hacer tambalear la fe que tenía en sus hermanos. Estaba absolutamente convencida de que la mandarían buscar y que pronto estaría con ellos en Australia. Tres meses después de la partida de Frederick y William empezó a recibir cartas suyas con bastante regularidad. Siempre estaban llenas de noticias, de buenos augurios y de promesas..., y las hojas pronto se arrugaron debido a que ella las releía constantemente. Audra atesoraba esas misivas; durante aquella época fueron su única alegría.

La rutina del hospital apenas varió durante su primer año de estar en él. El trabajo era duro, aun para las muchachas más fuertes. Algunas lo abandonaron porque las extenuaba e, inevitablemente, socavaba el interés que sentían por la enfermería. Sólo quedaron las que poseían verdadera vocación. Audra, que no tenía dónde ir, se quedó por simple necesidad.

Sin embargo, también había algo muy especial en Audra Kenton, tal vez un tesón, una resistencia y un valor que la hicieron resistir hasta poder ingresar en la escuela de enfermeras. A pesar de ser pequeña, tenía un empuje poco común, así como una energía mental y una resistencia notables en alguien tan joven. A pesar de su juventud, poseía recursos interiores a los que podía acudir para que le infundieran coraje y fortaleza. Así que continuó fregando, limpiando y encerando sin parar... subiendo y bajando interminables escaleras y recorriendo infinitas salas... siempre de pie o de rodillas...

Aparte del trabajo y la monotonía de sus días, Audra no podría quejarse de que la trataran mal, porque no era así. En el hospital todos se mostraban bondadosos con ella y con las demás sirvientas, y si bien la comida era sencilla, por lo menos era abundante. Nadie se quedaba con hambre. Audra, dedicada a sus tareas y fortalecida por su estoicismo, se decía que el trabajo duro y la comida sencilla nunca mataban a nadie.

Pero estaba deseando que, al llegar fin de año, mejorase su posición. Sus pensamientos estaban fijos en el día en que diera un paso adelante y empezara a ascender la escalera del éxito. La habían mandado al hospital en contra de su voluntad, pero poco a poco fue aprendiendo su trabajo, y tuvo oportunidad de levantar la mirada, observar y absorber lo que veía. Empezó a darse cuenta de que la enfermería le gustaba.

Audra sabía que, aunque fuera a reunirse con sus hermanos en Sydney, tendría que ganarse la vida, y deseaba hacerlo como enfermera. De acuerdo con lo que decía William, en Australia no tendría ningún problema para encontrar trabajo en un hospital. Le había escrito para decirle que allí había escasez de enfermeras, y al saberlo aumentaron aún más las ambiciones de Audra.

Durante la primavera de 1923, no mucho después de que comenzara su segundo año en el hospital, se le presentó la oportunidad que esperaba. La jefa de enfermeras se jubiló y nombraron a su sucesora. Se llamaba Margaret Lennox y era una mujer que pertenecía a la nueva casta, muy moderna en su manera de pensar hasta el punto de que muchos la consideraban radicalizada. Se la conocía bien en el norte de Inglaterra por su apasionado apoyo a las reformas que se referían al bienestar de las mujeres y los niños y por su dedicación a la defensa de los derechos de las mujeres en general.

Al conocerse su nombramiento, hubo una excitación dentro del hospital y todo el mundo se preguntó si su llegada afectaría a la rutina diaria. La afectó, porque, como suele suceder, escoba nueva barre bien, y el nuevo régimen, en ese caso el régimen Lennox, quedó instituido.

Audra, que lo observaba todo con su habitual perspicacia, decidió que no debía perder tiempo en solicitar su ingreso en la escuela de enfermeras. Por lo que había oído decir, Margaret Lennox favorecía a las jóvenes ambiciosas que deseaban progresar; aseguraban que se tomaba toda clase de molestias para apoyarlas y alentarlas.

Dos semanas después de que la enfermera Lennox se hiciera cargo de sus tareas, Audra le escribió una carta. Consideró que era la mejor táctica, preferible incluso a dirigirse a ella personalmente. Desde su llegada, la jefa de enfermeras había estado envuelta en un remolino de actividades y rodeada por una verdadera falange de personal hospitalario.

No había transcurrido una semana desde que Audra dejó la carta en la oficina de la jefa de enfermeras, cuando recibió una nota en la que la citaba para una entrevista. La reunión fue breve y sumamente concreta. A los diez minutos de entrar en la oficina de su superiora, Audra Kenton salía con una amplia sonrisa en el rostro y con la aprobación de su solicitud.

Gracias a su inteligencia superior y a su habilidad para aprender con rapidez, Audra se convirtió en una de las mejores estudiantes de enfermería del hospital y conquistó una firme reputación por la dedicación que demostraba. Sus nuevas tareas y sus estudios le resultaban un desafío: también descubrió dentro de ella un verdadero deseo de curar a su prójimo y, por lo tanto, una real aptitud para la enfermería. Y los jóvenes pacientes con los que la unía una verdadera afinidad, se convirtieron en destinatarios de todo el amor que había sofocado dentro de sí desde la partida de sus hermanos...

Y en ese momento, al recordarlo todo mientras permanecía tendida en el pasto sobre la colina que se alzaba sobre el río Ure, Audra no pensaba en sus diplomas ni en los logros obtenidos como enfermera durante los últimos cuatro años, sino en Frederick y en William.

En definitiva, sus hermanos nunca la mandaron a buscar. No pudieron ahorrar el dinero necesario para pagar su pasaje. Las cosas no anduvieron bien para los hijos de Edith Kenton.

Frederick sufrió dos graves ataques de neumonía y la mayor parte del tiempo se encontraba en un estado de gran debilidad física. Y aparte de sus problemas de salud, ni él ni William estaban preparados para trabajar ni tenían experiencia alguna. Les costó mucho poder ganarse la vida entre los dos.

Audra lanzó un suspiro y cambió de postura; después se sentó, parpadeando al abrir los ojos y tratar de acostumbrarlos a la luz del sol. En realidad los pobres Frederick y William habían tenido muy mala suerte. Sus cartas, que en ese momento le llegaban con menos frecuencia, destilaban la sensación de frustración y de fracaso que sentían. Audra ya había perdido las esperanzas de reunirse con ellos en Sydney. Continuaba añorándolos y preocupándose por ellos, y suponía que seguiría haciéndolo durante toda su vida. Después de todo, eran los únicos miembros de la familia que le quedaban y los quería muchísimo.

Su trabajo en el hospital le proporcionaba grandes satisfacciones, cosa que agradecía, pero eso no le resultaba suficiente. Su sensación de aislamiento, de no pertenecer a nadie, y, sobre todo, de no formar parte de una familia, contribuía a esa sensación de aridez de su vida. A veces la encontraba insoportable, a pesar de su amistad con Gwen.

Audra se levantó y observó la orilla opuesta del río.

Durante las últimas horas la luz había cambiado y en ese momento High Cleugh daba la sensación de estar construida con piedras de bronce bruñido. La casa estaba bañada en una especie de resplandor dorado, parecía irradiar una luz trémula como si fuese un espejismo en la distancia, y hasta los jardines reflejaban la luz del anochecer. Hasta ese momento, toda su vida, por lo menos la mejor parte de ella, la más feliz, estaba ligada a esa vieja casa. Audra sintió una oleada de emoción y de repente supo que nunca dejaría de añorar a High Cleugh y todas las cosas que la mansión representaba.

Capítulo 4

Allí estaban, sentadas en el Copper Kettle de Harrogate. Ella y Gwen.

Le costaba creer que por fin volvían a encontrarse, después de tantas semanas sin verse. Desde principios de junio se hallaban separadas. Y ese día caluroso y húmedo ya casi marcaba el final de agosto, el fin del verano, y la primera vez que Gwen pudo viajar desde Horsforth para visitar a su mejor amiga.

A pesar de todo Gwen no pudo llegar hasta Ripon, y le escribió a Audra para pedirle que se encontraran a mitad de camino. Ella aceptó en seguida la propuesta en una carta que envió a su amiga a vuelta de correo.

Y en ese momento, arrebolada de felicidad, Audra sonrió.

–¡Es maravilloso volver a verte, Gwen! ¡Realmente te he echado muchísimo de menos!

–Yo también. –El rostro de querubín de Gwen, cubierto de pecas y lleno de vida, era una pura sonrisa que demostraba también su alegría de ver a Audra–. Todavía me parece un espanto no haber podido estar contigo el día de tu cumpleaños... –Se interrumpió, tomó su cartera y empezó a revolver dentro. Sacó un paquete envuelto en papel azul y atado con una cinta colorada.

Con un floreo, se lo tendió a Audra por encima de la mesa.

–De todos modos, éste es tu regalo de cumpleaños, querida. Nunca pude llevarte a uno de esos cafés concierto del Arcadium Rooms, así que aquí tienes, te compré algo a cambio.

–¡Pero no tenías ninguna necesidad de darme nada! ¡No debiste haberte molestado! –protestó Audra, pero era evidente que le emocionaba recibir un regalo, que hacía mucho tiempo que nadie se lo hacía y el día de su cumpleaños no había recibido ninguno. Su rostro se iluminó y sus resplandecientes ojos azules se llenaron de alegría cuando desató la cinta y rompió el papel, excitada como una chiquilla.

–¡Oh, Gwen! ¡Una caja de acuarelas! –exclamó levantando la mirada y dedicando una amplia sonrisa a su amiga–. ¡Qué maravilla! ¡Y qué oportuna has sido! Realmente me hacía falta una nueva caja de acuarelas. ¡Muchísimas gracias!

Estiró el brazo, tomó la mano que Gwen tenía apoyada sobre la mesa y se la apretó afectuosamente.

–No te imaginas lo mucho que pensé para darte algo que..., bueno, que fuese justo lo que querías. Sobre todo tratándose de ti, que eres tan especial. En realidad estaba mirando la acuarela que le pintaste a mi madre durante la última Navidad..., ese árbol que se refleja en el lago de Fontains Hall y de repente se me ocurrió la idea de regalarte esto. Me dije: es exactamente lo que a Audra puede gustarle. Le resultará práctica y al mismo tiempo le proporcionará placer.

Gwen se recostó contra el respaldo de su silla y frunció la nariz llena de pecas. Su mirada no se apartó del rostro de Audra cuando le preguntó:

–Es cierto que te dará placer, ¿verdad?

–¡Oh, sí, Gwen, muchísimo placer!

Abrió desmesuradamente los ojos y asintió varias veces como para dar más énfasis a sus palabras. Levantó la reluciente tapa de la caja y miró los cuadritos de brillantes colores. Repitió en voz baja algunos de los nombres que le resultaban tan familiares: *Amarillo cromo... carmesí... azul cobalto... verde jade... siena ocre... encarnado... azul de Sajonia... púrpura real... ocre oscuro... Málaga real...* Los nombres de los colores le gustaban casi tanto como pintar.

Desde la infancia, la pintura era su pasatiempo preferido. Su padre había sido un artista de mucho talento y sus cuadros se vendían bastante bien, pero enfermó de gravedad justo cuando empezaba a ser conocido. Adrian Kenton realmente no tuvo oportunidad de hacerse un nombre antes de morir.

Ella heredó su capacidad..., por lo menos eso fue lo que su madre siempre le aseguró.

Audra cerró la tapa de la caja de acuarelas y alzó la mirada para encontrarse con los ojos suaves y ambarinos de Gwen. «Qué bonita está –pensó Audra–, tan rubia y tostada por el sol.» La belleza de Gwen y su pelo rubio y corto que formaba un halo de laúdes alrededor de su rostro aumentaba la impresión angelical que producía, lo mismo que el vestido celeste con el gran cuello blanco de estilo cuáquero que había elegido para ponerse ese día. «Me hacía pensar en un monaguillo», reflexionó Audra, sin poder evitar una sonrisa ante la analogía que acababa de ocurrírsele. Con su hermoso pecho y su maravillosa figura, no había nada masculino en Gwen Thornton.

Audra notó que por una vez en su vida Gwen parecía contenida en su manera de vestir. Por lo general resplandecía y relumbraba con toda clase de alhajas; collares, perlas, aros, pendientes, pulseras y anillos. Por lo visto había hecho un gran esfuerzo para vestirse con sencillez y dignidad en ese viaje a Harrogate. «Quiso darme el gusto», pensó Audra, y el cariño que sentía por su amiga aumentó aún más.

–Voy a pintar un cuadro muy especial para ti, Gwenny. Para que lo cuelgues en tu cuarto. ¿Te gustaría un paisaje como el que le di a tu madre? ¿O una naturaleza muerta, por ejemplo, un jarrón con flores? ¡Ah, ya sé lo que voy a pintarte! El Valley Garden de aquí, de Harrogate. Siempre has dicho que cuando las plantas están en flor es tu lugar predilecto. ¿Te gustaría?

–Me encantaría. Muchísimas gracias, Audra. Me parecería maravilloso tener uno de tus cuadros. Mamá dice que son obras de arte. El Valley Garden quedaría tan bien en mi cuarto... Yo...

–¿Qué van a tomar, señoritas? –interrumpió con tono algo perentorio la camarera. Miró primero a Gwen y en seguida a Audra, con el lápiz apoyado con impaciencia sobre el bloc de notas.

–Tráiganos té –pidió Audra de buen humor, ignorando el modo desagradable de la mujer–. Para dos, por favor.

–¿Una tetera? ¿O completo? –preguntó la camarera en el mismo tono, mojando con la lengua la punta del lápiz.

–No debería hacer eso –advirtió Gwen–. Espero que ese lápiz no sea indeleble. Le teñiría la lengua y posiblemente le produciría cierto grado de envenenamiento.

–¡Qué dice, a mí no me hará nada de eso! –protestó la camarera incrédula, a pesar de lo cual les dirigió una mirada preocupada–. ¿Usted cree que hay peligro? –musitó a continuación, examinando cuidadosamente la punta del lápiz–. ¡Oh, maldito sea! ¡Es indeleble!

Gwen asintió con aire solemne.

–Me pareció que lo era. Si esta noche tiene algún síntoma extraño será mejor que consulte en seguida a un médico, sobre todo si lo que siente es algo parecido a las convulsiones.

–¡Convulsiones! –repitió la camarera en tono agudo y poniéndose tan blanca como su delantal.

En ese momento Audra se apiadó de la joven.

–Somos enfermeras y tenemos experiencia en esas cosas –explicó–. Pero estoy convencida de que no debe de haberse envenenado simplemente por chupar unas cuantas veces la punta de ese lápiz.

Un poco más tranquila, la camarera asintió con la cabeza.

–Estará muy bien –repitió Audra–. Ahora, volviendo a nuestro pedido, creo que será mejor que nos traiga el té completo. Supongo que eso significa que incluye un poco de todo: emparedados, dulce, crema, pastas..., lo habitual.

–Sí –contestó lacónicamente la camarera. Volvió a llevarse el lápiz a la boca, pero dejó caer la mano con rapidez y se alejó.

Cuando la mujer ya no pudo oírlas, Audra miró con reprobación la cara divertida de Gwen. Sin embargo, no pudo evitar una sonrisa ante la expresión alegre de su amiga.

–¡Eres incorregible, señorita Thornton! –exclamó–. Y en este caso lo que hiciste fue un poquito malvado. ¡Acabas de arruinarle el día a esa pobre mujer!

–¡Eso es justamente lo que me propuse! –exclamó Gwen, dando muestras de gran indignación.

–Tal vez le duelan los pies..., o haya tenido una desilusión amorosa.

–No sé lo que le pasará... ¡Sí, claro que lo sé! No es más que una maleducada.

Se quedaron un instante en silencio, y entonces Audra tomó su cartera y colocó unas monedas delante de Gwen.

–Antes de que me olvide, esto es lo que te debo. Lo que me prestaste para que comprara el vestido azul.

Gwen estuvo a punto de decir que no importaba y a negarse a recibir las monedas, pero lo pensó mejor. Audra tenía mucho orgullo y podía hasta sentirse humillada por esa actitud. Así que aceptó el dinero.

–Muchas gracias, querida.

–Me alegra que tu madre ya esté bien –dijo Audra con sinceridad–. Sé que estos últimos meses debes de haber estado muy preocupada y además con un trabajo terrible.

Gwen lanzó un leve suspiro.

–Sí, mamá está fuera de peligro, gracias a Dios. Pero te diré que ha sido una paciente muy difícil, Audra. Me costó que se quedara en cama. En cuanto se sentía un poco más fuerte quería levantarse y empezar a andar. –Frunció los labios y volvió a suspirar–. Bueno, tú sabes cómo es mamá, una típica mujer de Yorkshire, muy dura, que cree que es un crimen estar enferma. Pero papá por fin la convenció de que debe tomarlo con calma, así que ahora todo anda bien. Pero oye, Audra, basta ya de hablar de mí..., cuéntame tú las noticias que tengas. En tus cartas no decías mucho, aparte de hacerme aburridos comentarios sobre ese opio de hospital.

–No tenía nada especial que contarte –contestó Audra, divertida ante la expresión ansiosa y expectante que de repente apareció en el rostro de su amiga–. Decididamente allí no sucede nada del otro mundo. Has tardado muy poco en olvidar que Ripon es un pequeño pueblo dormido y no una gran ciudad como Leeds.

Gwen soltó una risita.

–¡Por supuesto que no lo he olvidado, tonta! Pero lo que quiero saber es cómo están tus hermanos. ¿Has tenido noticias de ellos últimamente?

–Parece que la salud de Frederick ha mejorado. Por lo menos eso es lo que afirma William en su última carta. Sin embargo, en junio me sentí muy mal con los dos. –El rostro de Audra se ensombreció–. Creí que se habían olvidado por completo de mí..., y de mi cumpleaños..., pero por fin llegó una postal..., aunque dos semanas después.

–Los hermanos son así, Audra, a veces se descuidan un poco –comentó rápidamente Gwen, deseosa de que su amiga se sintiera mejor; y de pronto comprendió lo triste que había sido el cumpleaños de Audra, por lo que se prometió que el año siguiente haría todo lo posible para que fuese distinto.

–Y ya que hablamos de ellos, ¿cómo están tus hermanos? –preguntó Audra.

–Muy bien. Jem ha conseguido trabajo como mensajero del *Mercury* de Leeds, Harry va a ser aprendiz de uno de los principales arquitectos de la ciudad, y nuestro Charlie vuela alto y está muy orgulloso de sí mismo –al decirlo, una enorme sonrisa se pintó en el rostro de Gwen.

Audra la miró con curiosidad.

–¿Y por qué está tan contento Charlie?

–Porque sacó notas altísimas en los exámenes, Audra. Papá está realmente orgulloso de él, y yo también. De todos modos, ahora que se van a cobrar las vacaciones de verano, el viejo Charlie está impaciente por regresar a la facultad de medicina. ¡Ah! Eso me recuerda que me pidió que te mandara saludos. –Los ojos de Gwen brillaron maliciosamente y acercó su cabeza a la de Audra para hablarle en susurros y con un tono conspirador–. Como te vengo repitiendo, creo que tú le gustas a nuestro Charlie, Audra. Que le gustas muchísimo.

Audra se ruborizó exageradamente.

–¡No seas tonta, Gwen! ¡Por supuesto que eso no es cierto!

–¡Cómo no va a ser cierto! No hace más que preguntarme por ti –contestó Gwen con una fiereza sin precedentes a la vez que dirigía una severa mirada a su amiga–. Está decididamente interesado por ti.

–¡Oh! –fue lo único que consiguió exclamar Audra, y de repente se sintió turbada.

–Debo decir además que Charlie no es un tipo para despreciar, ¿sabes?

–Sí –murmuró Audra, y se calló al ver que se acercaba la camarera.

Para su alivio, la muchacha enfiló directamente hacia la mesa que ellas ocupaban, con una bandeja cargada. Enseguida empezó a colocar sobre el tablero el servicio de té, lo cual, naturalmente, interrumpió la conversación que ambas amigas sostenían.

Una vez que la camarera se alejó, Audra cogió la tetera, empezó a servir el té y comentó:

–Después del despliegue que ha hecho creo que ella se ha quedado con la última palabra.

–¡Ah, no! ¡Eso sí que no! –contestó Gwen con una sonrisa maliciosa–. Espera hasta que llegue el momento de la propina. ¡Entonces verás quién tiene la última palabra!

Capítulo 5

Gwen Thornton era una joven afectuosa, de buen corazón y generosa por naturaleza; le profesaba un auténtico cariño a Audra Kenton.

En cuanto la conoció, le tomó simpatía. Reconoció que había algo muy especial en aquella muchacha de aspecto delicado, extraordinarios ojos azules y sonrisa tímida.

Muy pronto Gwen comprendió qué era lo que hacía que Audra se destacara entre todas las demás. Sus antecedentes familiares y su educación. Ella, que procedía de una sólida familia de clase media, sabía que el refinamiento que poseía Audra era imposible de imitar. Uno simplemente lo tenía. Y no sólo explicaba la distinción de su amiga, sino también su aristocrática reticencia, sus maneras y su seguridad en sí misma, todas cualidades absolutamente interiores.

Sin embargo, Gwen quería y admiraba a Audra por muchos otros motivos, los cuales contribuían a convertirla en un ser único. Era una jovencita superior en todos los sentidos, de una lealtad y ternura poco comunes, así como la persona más indomable que Gwen había conocido jamás.

No obstante, a pesar de todas esas virtudes, a veces Gwen no podía evitar sentirse preocupada por Audra. Lo que más le inquietaba era que no tuviese familia. Gwen sabía mejor que nadie lo que eso angustiaba a su amiga. Echaba muchísimo de menos a sus hermanos y añoraba pertenecer a un núcleo familiar, como en los tiempos en que vivía su madre. Por eso Gwen hacía todo lo posible para que su mejor amiga se sintiera parte del clan Thornton, para hacerla comprender que la querían tanto como a su hermanita menor, Jennie-Rosalie, y sus hermanos Charles, Jeremy y Harry.

Desde que Charlie, el mayor, se mostró interesado en Audra, Gwen lo alentó, haciendo todo lo posible para que se creara una relación entre ellos. De vez en cuando Gwen tenía que admitir para sus adentros que hasta ese momento el interés era unilateral; y muchas veces se preguntaba si su hermano, un muchacho bondadoso pero bastante aburrido, sería el candidato ideal para Audra. Pero siempre conseguía convencerse de que Charlie era el hombre perfecto para su amiga. Sin duda alguna podía considerarse un buen partido, porque era un muchacho admirable y tenía el futuro asegurado. Una vez que se doctorara como médico, no seguiría soltero durante mucho tiempo y sería un marido y padre maravilloso. Desde el fondo de su alma Gwen siempre supo que Charlie estaba hecho para ser un hombre de familia.

Y desde el punto de vista de Gwen, el aspecto más importante de la cuestión para Audra era justamente ése: la familia, lo que Audra más necesitaba en el mundo, y ella estaba decidida a ayudarla a fundar la suya propia. Para ello la clave era Charlie.

Todos esos pensamientos que frecuentemente preocuparon a Gwen durante las semanas anteriores, aquella tarde volvieron a empezar a girar en su cabeza.

En ese momento, ella y Audra caminaban a lo largo de los hermosos Valley Gardens. Ambas se alegraban de estar al aire libre, después de haber permanecido tanto tiempo encerradas en el ruidoso café.

Gwen dirigió una mirada de soslayo a Audra mientras ambas empezaban a descender por el sendero en pendiente. Decidió que le resultaría muy difícil encontrar una candidata a cuñada más dulce y bonita. Ese día Audra estaba particularmente atractiva, con su vestido estampado en tonos amarillos y un sombrero de paja con una cinta pajiza que le caía por la espalda. El sombrero le proporcionaba un aire a la vez elegante y desenvuelto, mientras que el sencillo corte del vestido y sus alegres colores realzaban su belleza.

«Será de baja estatura –pensó Gwen–, pero se le nota la calidad de la cabeza a los pies.» Y entonces, no pudo contenerse y repitió un refrán en voz alta:

–Sí, es cierto que la esencia buena viene en frasco pequeño.

Apenas decirlo, tuvo ganas de morderse la lengua, y lamentó haber repetido ese comentario que Charlie hizo con respecto a Audra, a quien le resultaba odiosa toda referencia a su corta estatura. Se aclaró nerviosamente la garganta.

Audra la miró intrigada.

–Discúlpame, pero no sé a qué te refieres, Gwen.

Gwen decidió que sería mejor no mezclar a Charlie en su explicación.

–Oh, no era más que algo que mi madre dijo refiriéndose a ti: «la buena esencia viene en frasco pequeño» quiere decir que una persona de baja estatura muchas veces posee cualidades excepcionales. ¿No has oído nunca esa expresión? Es típica de Yorkshire.

Audra hizo un movimiento negativo con la cabeza.

–No, no la conocía, pero es un cumplido muy agradable.

–¡Por supuesto! –exclamó Gwen, encantada al ver que su amiga había tomado tan bien el asunto, enlazó su brazo al de Audra–. Ya que hablamos de mamá, dice que puedo organizar una fiesta para mi cumpleaños, así que espero que el tercer fin de semana de setiembre vengas a pasarlo con nosotros en The Meadow. Estarán Charlie, Jem y Harry, por supuesto, y puedo invitar a algunos amigos. Aunque sólo unos pocos. Porque después de su enfermedad, mamá no puede hacer frente a una multitud. Pero tú no faltarás, Audra, ¿verdad? Sin ti la fiesta no sería lo mismo.

–Por supuesto que iré. Para mí será un programa estupendo, y te consta que me encanta quedarme en tu casa. Gracias por la invitación.

Gwen lanzó una alegre carcajada.

–¡Podrás ponerte tu maravilloso vestido celeste! ¡Por fin! Estoy convencida de que serás la chica más bonita de la fiesta. Y todos los muchachos andarán detrás de ti. «En particular nuestro Charlie», agregó Gwen para sus adentros, con la esperanza de que su hermano no sería rechazado.

Audra lanzó una mirada a Gwen, que era un poco más alta que ella, y se unió a su risa.

–La más bonita de la reunión serás tú; después de todo, se trata de tu fiesta de cumpleaños. Pero tengo que confesarte que me muero por lucir mi vestido nuevo. Y tú, ¿qué piensas ponerte, Gwenny?

–No lo sé. Supongo que encontraré algo. Pero, dime: ¿a quién más te parece que debo invitar? –Y sin darle oportunidad de contestar su pregunta, Gwen siguió hablando–. Te propongo que nos sentemos en ese banco y conversemos sobre la fiesta. Eres tan inteligente, Audra, que me gustaría que me aconsejaras acerca de algunas cosas. Ya sabes a qué me refiero, al tipo de comida y bebidas que conviene servir, y a cualquier otra sugerencia que se te ocurra. Vamos, querida.

Condujo a Audra hacia uno de los bancos de la plaza, bajo un bonito sauce llorón de los que abundaban en el parque. Allí se sentaron y juntaron sus cabezas. Charlaron animadamente sobre los detalles de la fiesta con que Gwen celebraría sus veinte años, cubriendo distintos aspectos, como el menú y la lista de invitados.

–Gracias, Audra, porque me has ayudado muchísimo –dijo Gwen–. Estoy segura de que será una fiesta magnífica...

Audra dirigió su atención a la gente que pasaba, pensando en lo elegantes que estaban algunas mujeres, vestidas con modelos exquisitos. Sin duda habían salido a caminar un rato antes de cenar en un hotel de lujo. Estaba claro, a juzgar por la ropa que usaban, que eran londinenses que visitaban Harrogate para «hacerse una cura». Desde la época victoriana la ciudad era famosa por sus aguas termales y la gente llegaba desde todos los rincones del mundo para beber alguna de las cuarenta variedades de agua existentes y para visitar los Baños Reales. A su madre siempre le encantó Harrogate por su elegancia, y afirmaba que ese sitio era una manera de retroceder a la época victoriana y a días más civilizados.

Su madre a menudo los llevaba allí a pasar el día. Audra recordaba una tarde memorable de 1911 cuando fueron para poder ver a las reinas de Inglaterra, Rusia y Polonia cuya visita a Harrogate coincidía en el mismo día. El tío Peter las acompañaba y la alzó sobre sus hombros para que ella alcanzara a contemplar a las soberanas sobre la multitud. Todo el mundo se encontraba excitadísimo, flameaban las banderas y tocaba una banda de música..., y Audra permitió que su mente se siguiera internando en recuerdos lejanos.

Sin embargo, Gwen pensaba en el futuro y se preguntaba cuál sería la mejor manera de darle a Audra la terrible noticia que aún no había mencionado. Primero pensó en la posibilidad de no decirle nada, y en escribirle una carta algunos días después. Pero sabía que Audra, tan íntegra y tan justa, merecía más que eso. Y entonces decidió que lo que correspondía era agarrar el toro por los cuernos y decírselo enseguida.

Tendió la mano, tocó el brazo de Audra y le habló en un tono inusitadamente suave.

–Hay algo que quiero decirte antes de que nos vayamos a la estación a tomar nuestros autobuses.

Audra volvió instantáneamente al presente y miró a su amiga.

–De repente te has puesto muy seria, Gwenny. ¿Pasa algo malo?

Gwen tragó con fuerza y se aclaró la garganta.

–Me he pasado la tarde queriendo hablar de esto contigo, pero no sabía cómo empezar. Bueno..., Audra, se trata de que..., no voy a volver a trabajar en el hospital. Lo siento muchísimo.

Audra se quedó mirando a su amiga con la boca abierta, verdaderamente estupefacta ante el anuncio. Era una verdadera bomba, lo último que pensaba oír.

–¡Oh, Gwen! –exclamó casi en un susurro.

Al observarla de cerca, Gwen detectó la tristeza que inundaba sus brillantes ojos azules y no pudo menos que exclamar:

–¡Oh, Audra, por favor! ¡Te pido que no te angusties! ¡Piensa que no se trata de que me vaya a Australia! Estaré a sólo dos horas de distancia, en Leeds o en Horsforth. Nos veremos a cada momento. Y escucha, mamá quiere que vengas a pasar la Navidad con nosotros, igual que el año pasado. Y además, estaremos juntas el mes que viene, para mi cumpleaños.

Audra, bajo el impacto de la noticia que acababa de recibir, sólo pudo asentir con la cabeza.

–Verás, la cosa es así, Audra: papá no quiere que esté lejos de casa debido a la enfermedad cardíaca de mamá. Dice que tengo que presentar una solicitud para que me den trabajo en la enfermería o en el hospital de St. James, y hasta que consiga algo en uno de esos dos lugares, prefiere que me quede en casa. Y papá está tan decidido que no consigo hacerle cambiar de idea.

Audra, siempre tan sensible ante los sentimientos de los demás, percibió la angustia de la voz de Gwen, así que sonrió levemente y asintió.

–Lo comprendo, Gwenny –aseguró; pero sintió un peso en el corazón ante la perspectiva de estar completamente sola en Ripon; se sintió abandonada una vez más.

De repente, Gwen tuvo una idea.

–Pero, Audra, ¿por qué no presentas tú también una solicitud? Me refiero a pedir trabajo en el hospital de Leeds. –Se acercó a su amiga para tomarle la mano y le sorprendió lo fría que estaba a pesar del calor y la humedad de ese día; se la apretó con fuerza y prosiguió en tono de súplica–. ¡Di que lo harás! ¡Por favor, querida!

–No sé si debería...

–¿Y por qué no? –preguntó Gwen, levantando la voz–. No existe un solo motivo que te obligue a quedarte en Ripon.

Audra parpadeó y devolvió la mirada a Gwen, comprendiendo de repente que su amiga tenía toda la razón del mundo. Empezó a asentir enfáticamente con la cabeza.

–¡Sí, lo haré Gwenny! –Y por fin su rostro se iluminó con una sonrisa que borró la tristeza que empañaba sus hermosos ojos.

Gwen abrazó a Audra con fuerza, pletórica de felicidad y de alivio. La idea de dejar abandonada a su querida amiga en el hospital de Ripon era más de lo que podía tolerar.

Capítulo 6

–La jefa de enfermeras quiere verte, Kenton –le comunicó la ayudante Rogers, mirando a Audra con severidad–. Y dijo inmediatamente, así que te aconsejo que te apresures.

Audra, que acababa de tomar la temperatura a un niño, asintió.

–Gracias. Subiré enseguida.

Alejándose de la cama, echó una mirada alrededor, observando a sus diminutos pacientes con su habitual preocupación. El pequeño pabellón estaba ocupado por niños con tos convulsa, y, en esa helada mañana de diciembre, se encontraba inquieta por los enfermos.

Mientras ella y la ayudante caminaban por la sala en dirección a la puerta, Audra confió su recelo a la superiora:

–Están todos un poco inquietos, especialmente el pequeño de la cama situada junto a la ventana. La tos lo ha extenuado y es tan fuerte que ha vomitado el desayuno. Al doctor Parkinson le preocupa bastante su estado. ¿Podría mandar a otra enfermera para que lo vigile? A él y, por supuesto, también a todos los demás.

–No te preocupes, me quedaré yo misma hasta que regreses. Estoy segura de que la jefa de enfermeras no te retendrá mucho tiempo –esbozó una leve sonrisa y le habló a Audra con una suavidad sin precedentes y baja–. Tu diligencia es realmente fuera de lo común, Kenton. No hay duda de que te has convertido en una excelente enfermera.

Esas palabras eran sin duda un gran halago, viniendo de la enfermera más antigua del equipo, quien, habiendo ascendido poco a poco todos los peldaños desde el puesto de sirvienta, era reconocida por su severidad. Sorprendida, Audra le devolvió la sonrisa y, orgullosa, se irguió cuan alta era.

–Gracias –dijo–. Trato de serlo.

La enfermera Rogers inclinó la cabeza y se volvió.

Era una forma de dar por terminada la conversación y Audra cruzó el vestíbulo y subió corriendo la amplia escalera principal, abrigando la esperanza de que por fin la jefa de enfermeras tuviera buenas noticias para ella. Después de haber tomado la decisión de abandonar Ripon y buscar trabajo en Leeds, Audra confió sus intenciones a su superiora y solicitó su consejo. La jefa de enfermeras se lo proporcionó y generosamente se ofreció a hacer todo lo que pudiera para ayudarla. Por desgracia, hasta ese momento no habían tenido éxito. Por lo visto no había vacantes en ninguno de los hospitales de Leeds y sus alrededores.

Sin embargo, Audra no se angustió demasiado por la situación, porque la misma Gwen acababa de conseguir trabajo en la Enfermería General de Leeds. Y a pesar de lo sola que se sentía en el hospital sin su amiga, para hacerse mutua compañía durante las horas libres, Audra mantenía su optimismo y su alegría mientras llevaba a cabo sus tareas diarias.

Durante los últimos seis meses abrigó la firme convicción de que con el tiempo algo se presentaría y, en ese momento, al detenerse frente a la puerta de la oficina de la jefa de enfermeras, se preguntó si por fin se habrían materializado sus esperanzas. Se estiró los puños y los enderezó, y después llamó a la puerta. La jefa de enfermeras le pidió enseguida que pasara.

Margaret Lennox estaba sentada detrás de su amplio escritorio cubierto de papeles.

Vestía un traje sastre azul marino y sobre la cabeza la pequeña cofia de muselina blanca que simbolizaba el rango más alto de la enfermería en cada hospital. Su aspecto era más imponente que nunca. Pero Audra sabía por experiencia que esa mujer de aspecto tan severo tenía el corazón más bondadoso del mundo.

La jefa levantó la mirada y sonrió al ver a Audra, que era una de sus enfermeras predilectas, a quien respetaba mucho y admiraba bastante. Por los archivos del hospital estaba enterada de la historia de la muchacha y no podía menos que admirar su fuerza de carácter y su energía.

–¡Ah, hola, Audra! –exclamó con su agradable voz–. Pasa y siéntate. Tengo que hablar contigo de un asunto.

–Sí, señora –contestó la aspirante instalándose en una silla de respaldo recto, muy erguida y con las manos cruzadas sobre la falda, como siempre, al tiempo que clavaba la mirada de sus ojos azules en el rostro de la jefa.

Margaret Lennox echó una mirada a la carta que tenía en la mano y después la depositó sobre el escritorio.

–Bueno, Audra, creo que te he conseguido un trabajo en Leeds.

En su rostro se pintó una expresión de alborozo y abrió la boca para hablar. Pero antes de que pudiera decir nada, la jefa de enfermeras levantó una mano como para contenerla.

–¡Un momento! No te excites demasiado..., al menos por ahora. Debo explicarte que éste no es precisamente el tipo de trabajo de enfermería que has estado buscando, Audra. Me temo que no se trata de un hospital.

–¡Ah! –exclamó Audra–. Comprendo. –Su expresión se oscureció.

–Ya sé que te desilusiona que no haya podido encontrar un trabajo que esté de acuerdo con tus méritos –siguió diciendo la jefa de enfermeras con aire comprensivo–. Con todo, creo que deberías considerar la posibilidad de aceptar este empleo, aunque sea en una casa particular, especialmente dado que estás tan ansiosa por trasladarte a Leeds.

–Por supuesto que lo haré, señora.

–Así me gusta. Bueno: recibí una carta de Irene Bell, la esposa de un conocido abogado de Leeds. Busca una gobernanta para su hijo y se ha puesto en contacto conmigo para que trate de encontrarle la persona indicada dentro del hospital. Por supuesto que enseguida pensé en ti.

Margaret Lennox pasó a explicarle que conoció a Mrs. Bell a través de su trabajo dentro del movimiento sufragista, antes de la Gran Guerra, y que a lo largo de los años conservaron la amistad.

–No me alcanzan las palabras para ponderar suficientemente a Mrs. Bell –siguió diciendo–. Tiene en su haber una cantidad de logros maravillosos, y yo poseo la firme convicción de que vosotras dos os llevaréis muy bien. De todos modos, por lo que me dice en su carta, no se trata de un trabajo difícil. Tendrías que cuidar a un solo niño, un chico de cinco años. Sus otras tres hijas ya son mayores y creo que están internas en un colegio. –La jefa de enfermeras alzó las cejas en un gesto de interrogación–. ¿Qué piensas, Audra? ¿Te interesa?

Audra había escuchado con avidez las palabras de Margaret Lennox y sabía que sería tonto rechazar esa oportunidad sin investigarla más a fondo. De manera que contestó inmediatamente:

–Sí, señora, me interesa.

La jefa de enfermeras asintió, como si confirmara algo para sus adentros.

–Estoy convencida de que podrás desenvolverte con toda facilidad en un trabajo como ése –aseguró; se reclinó contra el respaldo del sillón, juntó las manos y observó a Audra unos instantes antes de continuar hablando–. Te manejas tan bien con los chicos que estoy segura de que serás una espléndida gobernanta. Pero, por otra parte, eres una enfermera extraordinaria, Audra. Tienes la capacidad de curar, y no es fácil encontrar gente como tú. Nunca olvides que posees esa notable habilidad..., que más que habilidad es don.

–No lo olvidaré –contestó Audra, ruborizándose de placer, y expresó su agradecimiento a la jefa de enfermeras por sus amables palabras y por la confianza que tenía en ella.

–Debo confesar que había hecho planes muy especiales para ti, aquí, dentro del hospital –continuó diciendo Margaret Lennox–, y que estoy segura de que muy pronto recibirás un ascenso. –Sonrió con evidente cariño y después se encogió de hombros en un gesto de resignación–. Bueno, así son las cosas... Si llegas a decidirte, yo seré quien más lamentará verte partir, Audra. Pero como te he repetido varias veces, jamás me interpondré en tu camino.

–Sí, ya lo sé, señora, y quiero decirle cuánto agradezco todo lo que ha hecho por mí.

La jefa de enfermeras esbozó una leve sonrisa y después siguió hablando en un tono más indiferente.

–Hoy mismo llamaré por teléfono a Mrs. Bell para acordar que viajes a Leeds y mantengas una entrevista con ella. Te haré conocer los detalles en cuanto los sepa. Mientras tanto, me parece mejor que regreses a tus deberes en el pabellón.

–Sí, señora –contestó Audra, poniéndose de pie–. Y de nuevo, muchas gracias.

Viajaba rumbo a Leeds para entrevistarse con la señora Irene Bell, de Calpher House, Upper Armley.

Tenía la sensación de que era una ocasión de buenos auspicios. Interiormente se burló de sí misma. Después de todo no se trataba más que de una entrevista para conseguir trabajo. Y por otra parte, si todo andaba bien, en su vida por fin surgirían oportunidades importantes. Eso hasta podría significar el principio de una vida completamente nueva para ella.

Ese pensamiento la hizo caminar con paso más elástico al cruzar la Plaza del Mercado de Ripon, en dirección a la pequeña estación ferroviaria de North Road. Esa mañana los ojos de Audra resplandecían con una luz tan radiante y en su rostro fresco se notaba un reflejo tan particular, que a su paso varias personas se volvieron para mirarla. Pero ella ni siquiera se dio cuenta. Como tampoco tenía noción del tiempo reinante. Era un día excepcionalmente frío, el cielo estaba nublado y las nubes cargadas de nieve. Pero Audra se hallaba tan enfrascada en sus pensamientos que para ella bien podría haber sido un día primaveral. Además se sentía excitada. La semana anterior ni siquiera sabía de la existencia de la familia Bell y en ese momento, ahí estaba, disponiéndose a cruzar medio Yorkshire para concretar la propuesta de un empleo que le habían ofrecido.

Y si los Bell no le gustaban, ¿qué haría?

Ante este pensamiento, vaciló, pero sólo por un instante. En seguida recobró su paso anterior y se dijo que en el caso de que los dueños de Calpher House no le parecieran patrones convenientes, se excusaría con amabilidad y se alejaría de allí.

Al marcarle el billete y devolverle el pasaje de regreso, el jefe de estación saludó a Audra con alegría. Se llevó la mano a la gorra y ella respondió al saludo con una inclinación de cabeza, mientras se montaba al tren para Leeds que ya se encontraba en la estación. Subió con paso hábil y se dirigió al primer vagón de primera clase que encontró. Se instaló en un asiento junto a la ventanilla, pocos instantes antes de que el guarda hiciera sonar el silbato y el tren arrancara.

Pronto se dio cuenta de que en el vagón hacía más calor del que ella esperaba. Se quitó los guantes grises de lana y se desabrochó el abrigo, después se acomodó en el asiento, preparándose para el viaje.

Sabía que ese día estaba bonita y bien arreglada.

Había decidido ponerse su mejor abrigo de lana gris. A pesar de haberlo comprado en una liquidación y de que tenía dos años, todavía estaba de moda, con sus largas solapas que se prendían a la altura de las caderas con un enorme botón. Debajo, llevaba una falda recta, también en lana gris, y un suéter gris haciendo juego que le llegaba hasta la altura de las caderas. El conjunto creaba un efecto tubular que la hacía más delgada y ella estaba convencida de que esa línea alargada y sus zapatos negros conseguían que pareciera más alta. Eso la alegraba, porque se pasaba la vida tratando de disimular su corta estatura. Sus únicas alhajas eran el camafeo de su madre, que se prendió a la parte delantera del suéter, y su atesorado reloj de segunda mano.

Cuando Audra fue a visitar a Gwen en septiembre, su amiga le regaló un sombrero de terciopelo color ciruela.

–¡Es la peor compra que he hecho en mi vida! –exclamó Gwen al mostrárselo–. Me sienta fatal. ¡Pero apuesto a que a ti te quedará precioso!

Gwen tenía razón. A Audra el sombrero le sentaba a la perfección, y ella lo reservaba para ocasiones muy especiales. En realidad, hasta aquel día no se lo había puesto nunca.

Pero en ese momento se preguntó si el sombrero no sería demasiado frívolo para llevarlo en su entrevista con Mrs. Bell, así que abrió la cartera y sacó su espejo de mano. Al verse reflejada, se tranquilizó de inmediato. El sombrero, que estaba muy de moda, le proporcionaba un aire de refinamiento y de actualidad, y el color ciruela del terciopelo cortaba el aire severo que creaba su atuendo completamente gris. Su vestimenta era absolutamente sobria y digna, y estaba segura de que causaría una buena impresión a Irene Bell.

Audra repitió en voz baja el nombre de pila de su posible empleadora. Se escribía y pronunciaba a la manera francesa, y ella lo consideraba un nombre precioso. Mientras el tren proseguía su marcha rumbo a Leeds, siguió pensando en la mujer a quien iba a ver: empezó a repasar los pocos datos que había obtenido en sus conversaciones con la jefa de enfermeras.

Por lo que Audra sabía, Irene Bell era una famosa empresaria, tenía una fuerte faceta intelectual y era una especie de marisabidilla. Estaba dedicada a impulsar la causa de los derechos de la mujer y siempre había sido una entusiasta discípula de la señora Pankhurst, quien tanto hizo por la emancipación femenina. De acuerdo con lo que decía la jefa de enfermeras, la señora Bell también era una gran admiradora de Nancy Astor, la norteamericana casada con lord Astor, que fue la primera mujer que ocupó un escaño en el Parlamento. La propia Mrs. Bell se interesaba activamente en política y era una incansable colaboradora del Partido Conservador en Leeds, con grandes ambiciones personales..., especialmente en lo referente al Parlamento.

A Audra no le cabía la menor duda de que tenía que tratarse de una persona interesante, y muy distinta de las que ella había conocido hasta el momento. Con excepción de Margaret Lennox, por supuesto, a quien consideraba mujer verdaderamente original y a la que admiraba y hasta idealizaba.

Mientras miraba por la ventanilla del tren, casi sin ver los campos y los cercos que pasaban a toda velocidad, trató de imaginarse a Mrs. Bell. Considerando que hacía años que era amiga de la jefa de enfermeras y que tenía hijos ya crecidos, sacó la conclusión de que debía de tratarse de una mujer de poco más de cuarenta años. Al punto imaginó a una persona bastante severa, tal vez algo parecida a la jefa de enfermeras, y un modelo de organización y de eficiencia.

Audra llegó a esta última conclusión basándose en el tono de la carta que había recibido de Mrs. Bell a principios de esa semana. Era detallada y explícita, y las instrucciones que le daba para llegar a Calpher House no dejaban nada al azar. Audra también pensó, por segunda vez en los últimos días, que Mrs. Bell debía de ser una mujer sumamente considerada porque le envió un billete de primera clase en lugar de uno más barato, cosa que dadas las circunstancias habría sido lo lógico. Ése era un gesto verdaderamente generoso y que parecía augurar un buen futuro, por lo menos desde el punto de vista de Audra. Y de repente se dio cuenta de la curiosidad que le provocaba la personalidad de Irene Bell y de las ganas que tenía de conocerla.

La puntualidad era una de las grandes virtudes de Audra, y siempre se agitaba ante la posibilidad de llegar tarde. A lo largo del viaje miró repetidas veces su reloj, rogando que el tren llegara puntual. Para su gran alivio, así fue. Entró en la estación de Leeds exactamente a las dos menos un minuto, en realidad con sesenta segundos de adelanto.

Una vez que abandonó la inhóspita estación ferroviaria, Audra se zambulló en un torbellino de tránsito y de peatones que caminaban apresuradamente. Durante algunos instantes, el ruido estridente y el barullo febril de la ciudad industrial más importante del norte de Inglaterra la sobresaltaron y sobrecogieron. Esa cacofonía de sonidos le resultaba ensordecedora en contraste con la calma bucólica de un lugar adormilado y rural como Ripon.

Pero dado que nada perturbaba jamás a Audra Kenton durante mucho tiempo, se adaptó relativamente pronto a lo que la rodeaba. Después de una brevísima pausa, respiró hondo, echó hacia atrás los hombros y levantó la cabeza en una actitud orgullosa, decidida a hacer frente a cualquier cosa que se le presentara en ese nuevo mundo excitante que la esperaba.

Se metió con firmeza la cartera debajo del brazo y se encaminó decidida a la plaza principal, que estaba presidida por la estatua del Príncipe Negro y su corcel. Encontró sin ninguna dificultad la parada del tranvía que debía tomar y después de hacer cola durante diez minutos abordó el coche que se dirigía a Whingate. Ésa era la terminal situada en Upper Armley, donde el tranvía iniciaba el regreso a la ciudad. La señora Bell le había dado instrucciones de continuar viaje hasta llegar al final de la línea.

Media hora después, Audra bajó del tranvía de dos pisos, después de un viaje en el que disfrutó muchísimo. Permaneció inmóvil un momento, mirando a su alrededor con gran interés. Después de todo, cabría la posibilidad de que al poco tiempo estuviese viviendo allí.

A su derecha vio un parque pequeño rodeado de rejas negras y una cerca bien recortada, que Mr. Bell había dicho que ostentaba el curioso nombre de Charlie Cake Park. A su izquierda había un inmenso edificio de ladrillo rojo que se extendía detrás de un muro bajo, también de ladrillo, y que ella supuso sería el Colegio Secundario de West Leeds para varones.

A partir de ese momento, Audra supo exactamente hacia dónde debía dirigirse.

Descubrió enseguida que el pueblo de Upper Armley era muy pintoresco y que tenía un particular encanto victoriano. Y a pesar del cielo nublado y sombrío que presagiaba una tormenta de nieve, y de un paisaje donde el verde brillaba por su ausencia, era fácil imaginar lo bonito que debía de ser todo aquello en verano.

Siguiendo las instrucciones de Mrs. Bell, que había

aprendido de memoria varios días antes, Audra se apresuró a recorrer Greenhill Road, en dirección a Hall Top, el barrio donde estaba situado el hogar de la familia que la iba a contratar.

Era una tarde ventosa y tuvo que agarrarse el sombrero mientras se afanaba por caminar contra el viento que la castigaba con su helada ferocidad. Audra temblaba de frío al llegar a la cima de la colina y detenerse frente a un par de imponentes portones de hierro de los que colgaba una gran placa de bronce cuidadosamente lustrada. En ella se leía el nombre *Calpher House* en letras cursivas, y comprendió que acababa de llegar a su destino.

Capítulo 7

Irene Bell no se parecía en nada a la imagen que Audra se había hecho de ella. La mujer que se le acercó atravesando la lujosa alfombra oriental era alta, ágil, muy elegante y poseía una mata de pelo rojizo, cortada en forma de melena muy corta, con flequillo sobre las cejas delineadas con lápiz, y un par de ojos pardos aterciopelados y particularmente brillantes. Tenía los pómulos altos y cubiertos de pecas, así como la fina aristocrática nariz, llevaba los labios, bastante gruesos, pintados de un tono rojo intenso.

Irene Bell era una mujer sorprendente y con un estilo muy personal que lindaba con la extravagancia.

Recorrió con paso ágil el hermoso cuarto de estar, decorado en azules y blancos y lleno de antigüedades, donde Audra la esperaba; y en sus modales y su manera de moverse había algo que hacía pensar que, de niña, había sido un torbellino. En realidad su apariencia era la de una chiquilina traviesa y revoltosa, y de ninguna manera representaba más de cuarenta años. El vestido de lana roja destacaba su aspecto juvenil, con una blusa suelta y su falda plisada, bastante corta, que dejaba al descubierto sus espléndidas piernas.

Audra, con sus ojos avizores de siempre, reconoció en el acto el vestido: la semana anterior lo había visto fotografiado en un número atrasado de *Harper's Bazaar* que compró de segunda mano en una librería del mercado de Ripon. Había sido diseñado por una joven modista francesa llamada Gabrielle Chanel, que en ese momento estaba muy de moda.

–¡Qué tal! ¡Qué tal! –exclamó Mrs. Bell deteniéndose y tendiendo la mano a su visitante–. Me alegro muchísimo de conocerla, Miss Kenton.

Audra le estrechó la mano y la dueña de la casa se la sostuvo en un firme y largo apretón.

–Buenas tardes, Mrs. Bell. Yo también me alegro de conocerla.

Dedicándole una cálida y encantadora sonrisa y sin soltarle la mano, Irene Bell condujo a Audra hacia dos enormes sofás enfrentados que se encontraban a ambos lados de la chimenea.

–Ha sido muy bondadosa al decidirse a hacer un viaje tan largo, Miss Kenton. ¡Sobre todo con este tiempo tan espantoso! Sí, realmente ha sido extremadamente bondadosa. Pero, por favor, siéntese. Sí, sí, aquí, junto al fuego. Quiero que entre en calor después del viaje. La cocinera está preparando chocolate caliente. Cora nos lo traerá enseguida. Espero que le guste el chocolate. ¿O preferiría una taza de té? ¿O café, quizá?

–Me encantará tomar chocolate, muchísimas gracias –contestó Audra sentándose en el borde del sofá tapizado en terciopelo azul. Su mirada penetrante estudió a Mrs. Bell quien se instaló en el otro sofá.

Ahora que la veía de cerca, Audra se dio cuenta de que, después de todo, no se había equivocado respecto a la edad de Irene Bell. Era decididamente una mujer de alrededor de cuarenta y cinco años, pero muy bien vestida y conservada. A pesar de algunas arrugas alrededor de los ojos y de la boca que denunciaban su edad, éstas eran finas y apenas visibles, había logrado mantener su figura y no tenía canas, el color de su pelo no era teñido sino natural. Y su vivacidad, su manera enérgica de moverse y la forma intensa y rápida en que hablaba, de alguna manera contribuían a acentuar la impresión juvenil que proyectaba.

Instintivamente Audra supo que esa mujer iba a gustarle, a pesar de haberla conocido hacía apenas unos instantes. Tenía un aire abierto, fácil, honesto, que demostraba que tenía los pies sobre la tierra, y Audra descubrió que su propia personalidad respondía a todo eso en una variedad de niveles. Instantáneamente se relajó, se apoyó contra el respaldo del sillón y empezó a sentirse cómoda en Calpher House. Y ella, que por lo general era tímida y reservada con los desconocidos, se sintió a sus anchas con la que podría ser su patrona.

Irene Bell cruzó sus largas y elegantes piernas y fijó sus ojos oscuros e inteligentes en Audra, estudiándola, aunque no se notara que lo hacía.

–De alguna manera, me siento bastante tonta, Miss Kenton –confesó con su voz alegre–. Tonta por haberle pedido que viniera para una entrevista como ésta. Después de las maravillosas recomendaciones que me dio la enfermera Lennox, por un momento pensé en la posibilidad de contratarla por teléfono. Sin molestarme siquiera en conocerla personalmente. –Lanzó una carcajada como si se burlara de sí misma, y sus ojos aterciopelados brillaron con gran sentido del humor–. Pero después comprendí que eso sería muy injusto. Después de todo, es importante que nosotros le gustemos a usted. Que usted quiera vivir y trabajar aquí, en Calpher House. Y supe que tenía que proporcionarle la oportunidad de venir a estudiarnos.

Irene Bell volvió a lanzar una carcajada, se echó hacia atrás, apoyó un brazo sobre la pila de almohadones y continuó estudiando a Audra discretamente tratando de evitar que se sintiera incómoda. La jovencita sentada frente a ella, que se manejaba con tanta gracia y dignidad, le intrigaba. Margaret Lennox la había pintado como una figura sumamente atractiva, e Irene Bell comprobaba que no había exagerado lo más mínimo. Audra Kenton era más baja de lo que esperaba, y hasta tenía un aspecto delicado, pero a ella no le preocupaba demasiado el vigor físico de la gobernanta de su hijo. La fuerza de carácter, el refinamiento, la moralidad y una personalidad agradable eran los aspectos principales que tenía en cuenta cuando contrataba una gobernanta. Y, según Margaret Lennox, esa joven poseía todas esas cualidades y más. Por supuesto, ella confiaba en el juicio de Margaret Lennox.

–Mrs. Lennox me dijo que creía que usted y yo nos llevaríamos bien, Mrs. Bell, y que estaba segura de que yo podría llevar a cabo con facilidad las tareas para las que usted me necesita. –Miró a la mujer con sus penetrantes ojos azules, y agregó–: Pero fue bastante vaga respecto a mis obligaciones. Tal vez usted quiera darme más detalles.

–¡Dios mío, por supuesto! Debo ponerla al corriente de todo, ¿verdad? Bueno, veamos. Como le debe de haber dicho Mrs. Lennox, usted sería totalmente responsable de nuestro hijo menor. Nuestro único hijo varón. Mis otras tres hijas ya son grandes. La mayor, Pandora, vive en casa. Las dos menores, Felicity y Antonia, están en un colegio. Permítame que le explique algo, Miss Kenton. Yo tengo una empresa y voy a trabajar todos los días. Dirijo una fábrica de tejidos que heredé de mi padre. También soy dueña de una casa de modas muy exclusiva en Leeds, Paris Modes. Estoy segura de que la conocerá.

Audra meneó la cabeza con tristeza.

–Lo lamento, pero me temo que no. La única tienda que conozco en Leeds es el Emporio de Harte. Fui allí una vez con mi amiga Gwen.

–Mi casa de modas no es tan grande como la de Emma Harte –explicó Mrs. Bell–. Aunque mis modelos franceses importados empiezan a competir con los que ella vende. Pero continuaré con lo que estaba diciéndole: dado que estoy ausente casi todo el día, necesito que una persona responsable se haga cargo de mi hijo menor. Una persona como usted. En cuanto a su alojamiento en la casa pondremos a su disposición un hermoso dormitorio, amplio y cómodo, que da al jardín. Está en el mismo piso que el dormitorio y el cuarto de juego de mi hijo, y tiene baño privado. Usted contaría con un día libre durante la semana y con otra salida, domingo por medio. Además le daríamos una semana de vacaciones por año. Yo le proporcionaría tres uniformes de algodón para el verano, además de un abrigo y un sombrero de verano. Y la misma cantidad de ropa de invierno. Y ahora, con respecto al sueldo...

Mrs. Bell se interrumpió al oír llamar a la puerta. Ésta se abrió para dar paso a una criadita regordeta que se adelantó casi con precipitación empujando un carrito de té.

–¡Ah, Cora! ¡Por fin has llegado! –exclamó Mrs. Bell–. Te pido, por favor, que tengas cuidado. Coloca el carrito aquí, cerca del fuego. Ésta es Miss Kenton, Cora. Espero con toda sinceridad que venga a vivir con nosotros en Calpher House. Sería la nueva gobernanta.

Cora y el carrito con el servicio de té se detuvieron con brusquedad, produciendo un agudo ruido de porcelana. La muchacha clavó la mirada en Audra y entrecerró los ojos, estudiándola. Después, como si hubiera decidido que le gustaba el aspecto de la nueva candidata a gobernanta, le sonrió ampliamente y le hizo una pequeña reverencia.

–Encantada de conocerla, Miss –dijo, y siguió su camino a lo largo de la alfombra oriental, manejando el carrito con una especie de peligroso abandono.

Audra inclinó la cabeza con un movimiento lleno de gracia y devolvió la sonrisa a la criada.

–Buenas tardes, Cora –respondió, apretando los dientes al ver el avance peligroso de Cora sobre la alfombra. Por el bien de la muchacha, esperaba que no sucediera nada desagradable.

Irene Bell despidió a la doncella con una sonrisa y una inclinación de cabeza y llenó cuidadosamente dos grandes tazas de desayuno.

–Tenemos una cocinera maravillosa, Mrs. Jackson, y el mayordomo es Mr. Agiter. Supongo que al llegar ya debe de haber visto a Dodie, la otra muchacha. Ella le abrió la puerta, ¿verdad?

–Así es, Mrs. Bell –contestó Audra, acercándose al carrito para recibir la taza de chocolate que le ofrecían.

–¡Ah! Le aconsejo que pruebe una de estas pastas caseras, Miss Kenton –exclamó Mrs. Bell–. Son deliciosas. Y bastante famosas por los alrededores.

–Muchas gracias.

Audra colocó la taza de chocolate caliente sobre la mesita de caoba situada junto al sofá, se sirvió una pasta y volvió a sentarse.

Después de beber un sorbo de chocolate, Mrs. Bell continuó hablando.

–Como iba a decirle cuando entró Cora, su sueldo sería de sesenta libras anuales. En esta cifra he incluido un aumento de diez libras con respecto a lo que le pagaba a la anterior gobernanta. Mrs. Lennox me dijo que no sería justo que le ofreciera un centavo menos de sesenta libras. Sobre todo teniendo en cuenta su entrenamiento en el hospital. –En ese momento Irene Bell se inclinó hacia delante con una mirada intensa–. Bueno, Miss Kenton, ¿le interesa el trabajo que le ofrezco? –Y levantó elocuentemente una ceja perfecta y delineada.

Audra estaba sorprendida y encantada por la cantidad de dinero que iba a ganar.

–Me interesa, me interesa muchísimo. Sin embargo, antes de darle una contestación definitiva, me gustaría conocer a su hijito. –Miró de frente a su posible empleadora y su repentina sonrisa fue dulce y sincera–. No me cabe duda de que él me gustará, pero quiero estar segura de que yo le gusto a él.

–¡Qué sentimiento tan maravilloso! Me llena de alegría, sinceramente me llena de alegría pensar que pasará a formar parte de nuestra pequeña familia. –En el rostro de Irene Bell, siempre tan expresivo, se pintó un mezcla de alivio y de júbilo; su risa alegre resonó en la habitación–. Estoy convencida de que mi niño se encariñará con usted. ¿Cómo no va a encariñarse? En este momento está durmiendo la siesta, pero más tarde lo conocerá. Y antes de que se vaya quiero que hagamos juntas un recorrido por Calpher House. Y también quiero presentarle al personal.

El automóvil se detuvo frente a la oficina central de Correos, en City Square.

Instantes después, el chófer uniformado abría la puerta trasera y ayudaba a bajar a Audra.

–Muchísimas gracias, Robertson –dijo ella, dedicándole una breve sonrisa de agradecimiento.

–Fue un placer, señorita. Buenas tardes. –Se tocó la visera de la gorra y se apresuró a instalarse de nuevo al volante.

Audra se volvió y se acercó a Gwen quien, de acuerdo con lo convenido, la esperaba en la escalinata de la oficina de Correos.

A Gwen se le salían los ojos de las órbitas. Pero se repuso pronto y se adelantó para recibir a Audra. Le tomó las manos y le habló con voz aguda y excitada.

–¡Bueno! ¡Qué elegantes estamos! ¡Imagínate! ¡Llegar en un automóvil último modelo como ése!

Audra no pudo menos que reír ante la expresión de incredulidad de su amiga. Enseguida explicó lo sucedido.

–Mrs. Bell me retuvo en Calpher House bastante más de lo que esperaba. Hasta que empecé a ponerme un poquito nerviosa. No quería llegar tarde, ni que tuvieras que esperarme a la intemperie con este frío. Así que me mandó en el coche.

–¡Qué bien se portó! –exclamó Gwen, impresionada no sólo por el automóvil sino también por la actitud de Mrs. Bell; estudió con interés el rostro de Audra–. ¿Y qué? ¿Aceptaste el empleo, entonces?

–Sí, Gwen, lo acepté.

–¡Ay, querida, cuánto me alegro!

Gwen arrojó los brazos al cuello de Audra y la estrechó con fuerza. Audra le devolvió el abrazo y ambas empezaron a bailotear y no tardaron en estallar en alegres carcajadas.

Ese momento de frivolidad fue interrumpido por una voz masculina.

–Os estáis portando como un par de locas, y nada menos que en City Square. En cualquier momento os pondrán una camisa de fuerza.

–¡Ay! ¿Qué tal, Charlie? –saludó Gwen, levantando la vista para mirar a su hermano quien, mucho más alto que ellas, estaba allí parado con las manos en los bolsillos y las contemplaba con expresión divertida–. Veo que has llegado con toda puntualidad.

–¿Acaso no soy siempre puntual? –preguntó Charles Thornton sonriéndole a su hermana y después a Audra, con un velo de timidez–. ¿Qué tal, Audra? –preguntó, incapaz de ocultar en su expresión la adoración que sentía por la amiga de su hermana.

Le tendió la mano.

El entusiasmo de Audra disminuyó al ver a Charlie, a quien no esperaba y que sin duda se les había unido para pasar la velada con ellas. Deseaba estar a solas con Gwen. Hacía varias semanas que no se veían y tenían que conversar acerca de muchas cosas, especialmente ahora que ella había aceptado su nuevo trabajo.

–¡Hola! –contestó Audra con su tono tranquilo de siempre, estrechando la mano que él le ofrecía. Se alegró de tener los guantes puestos. Charlie siempre tenía las manos sudorosas, aunque hiciera frío. En realidad, el muchacho tenía tendencia a transpirar, y aunque ella sabía que era algo que él no podía evitar, le resultaba desagradable. Charlie le gustaba bastante como persona, pero no tenía la menor intención de hacerse novia suya. Sin embargo, ésa era, evidentemente, la esperanza de Gwen, que no hacía más que tratar de que se encontraran. Audra deseaba fervientemente que su amiga depusiera esa actitud. Charlie Thornton no era su tipo. No porque no fuese atractivo. Era alto, de buena figura, con hombros anchos y en realidad muy masculino, aunque Audra sospechaba que con la edad se iría poniendo fofo. Era rubio, tenía piel clara y ojos grises de expresión amistosa. Su rostro, lo mismo que su personalidad, era blando. Audra no podía dejar de pensar que en cierto sentido era un individuo empalagoso y casi siempre lo encontraba terriblemente aburrido. Suponía que en muchos aspectos era muy meritorio, y sin embargo instintivamente sabía que era un hombre blando y de alguna manera ineficaz.

–Más tarde Charlie piensa llevarnos al cine, Audra –explicó Gwen–. Iremos al Rialto de Briggate a ver la nueva película de Mary Pickford. ¿No crees que mi hermano es un amor?

–Por supuesto –convino Audra, con una sonrisa forzada.

Como era habitual en ella, Gwen se hizo cargo de la situación.

–Bueno, no nos quedemos aquí parados como tontos. Falta una hora para que empiece la película, así que os propongo que vayamos a tomar una buena taza de té.

Audra y Charlie se apresuraron a aceptar.

Hacía aún más frío que antes, y la amenaza de nieve de todo el día se concretó en pequeños copos que iban cubriendo la calle. Las nubes bajas oscurecieron el cielo y el anochecer llegó antes de lo esperado. Charlie tomó a ambas jóvenes del brazo y las guió para cruzar City Square en dirección a la calle Comercial, donde estaba el café de Betty. Al doblar en esa calle, los tres se detuvieron de pronto, cautivados por lo que exhibían los escaparates de la tienda de Harte, que ya lucían su decoración navideña y resplandecían en el crepúsculo, llenos de luces de colores y con escenas pertenecientes a varios cuentos de hadas. Una, dedicada a la *Cenicienta*, la mostraba llegando al baile en su carroza de cristal; en otra se veía a *Hansel y Gretel* parados frente a su casa de caramelo, y la tercera rendía su tributo a la *Reina de las Nieves* en toda su gélida gloria.

–¡Qué hermosura! –murmuró Audra, quedándose unos instantes para contemplarlas más, mientras pensaba en High Cleugh y en las gloriosas navidades de su infancia.

–Sí, son una maravilla –repuso Gwen, mientras tiraba de ella levemente–. Pero vamos, querida, porque está empezando a nevar con fuerza. Pronto estaremos empapadas.

Gwen enlazó su brazo con el de Audra y conversó ininterrumpidamente mientras recorrían la calle Comercial, con lo cual no hizo más que confirmar su fama de charlatana. Charlie, que caminaba al otro lado de Audra, intervino con algunos comentarios, pero Audra permaneció silenciosa... y reflexiva.

De repente se sentía poco caritativa por haber abrigado

pensamientos tan poco agradables respecto a Charlie, que era un muchacho inofensivo y bienintencionado y todos habían sido muy buenos con ella. Mrs. Thornton le decía constantemente que considerara a The Meadow como su propia casa, y hasta convirtió el cuartito situado en el extremo del rellano de la escalera en su dormitorio exclusivo. Insistió en que dejara allí algo de ropa, y en noviembre, cuando fue a visitar a Gwen, Audra dejó algunos artículos de tocador y un camisón, que usaría esa noche.

La semana siguiente volvería a Horsforth para pasar la Navidad con Gwen y tenía plena conciencia de que los Thornton la harían sentir parte de la familia, como si verdaderamente fuese uno de ellos, cosa que siempre hacían. Era gente sumamente generosa y buena. «Y yo soy una desagradecida», se criticó Audra. Sabía hasta qué punto se alegraría Gwen si ella fuese agradable con Charlie, así que resolvió serlo; pero sin darle esperanzas ni una impresión equivocada con respecto a sus sentimientos. «Es necesario que no me interprete mal.» Eso sería desastroso. Y después de las vacaciones, trataría de explicarle a Gwen, en la forma más suave y bondadosa posible, que ella no andaba en busca de un marido.

Capítulo 8

Era una mañana muy fría. Helada.

«Tal vez después de todo resulte el día más frío del año, como me lo advirtió ayer el jardinero cuando regresé de mi caminata», pensó Audra. El hombre depositó la carretilla en el suelo, observó el cielo con los ojos entrecerrados y se puso a olisquear, como si de esa manera tan arcana fuera capaz de adivinar el estado del tiempo.

Y después hizo su predicción.

–Mañana se congelará, señorita Audra. El tiempo está malo y el viento sopla desde el mar del Norte. Recuerde mis palabras, señorita, tendremos tiempo ártico.

Ella jamás había estado en el Círculo Polar Ártico, pero no imaginaba que allí pudiese hacer más frío del que hacía en ese momento en su dormitorio. Estaba prácticamente congelada y Audra temió que su nariz, que asomaba sobre el edredón, se hubiera convertido en un iceberg. Un iceberg ártico.

Se deslizó más abajo dentro de la cama, cubriéndose los hombros y tapándose prácticamente toda la cara; gozó del agradable calorcito que le proporcionaba el edredón. Estaba relleno de plumas de pato. El matrimonio Bell había comprado varios de esos edredones en Munich, unos años antes.

Mrs. Bell se lo explicó cuando ella entró a trabajar en Calpher House, y agregó que la única otra pieza de ropa de cama necesaria era la sábana que se colocaba debajo del edredón. Irene Bell también advirtió a Audra que no se pusiera su camisón de franela gruesa, sino uno de algodón. Y aunque la muchacha asintió, no estaba completamente segura de haberlo comprendido todo. Pero esa noche, al acostarse, hizo lo que se le había indicado y en el término de diez minutos empezó a sentir una fabulosa y agradable sensación en todo el cuerpo. El calor que proporcionaba el edredón era extraordinario y Audra comprendió que Mrs. Bell había tenido muchísima razón al aconsejarle que se pusiera su camisón de algodón, porque cualquier otro la habría sofocado.

En ese momento sonrió para sus adentros, recordando la primera noche que pasó en aquella casa. Después fijó su mirada en el reloj, que en ese momento empezaba a dar la hora. Eran las seis, pero eso no la sorprendió. Estaba acostumbrada a despertarse a esa hora. Se trataba de una vieja costumbre adquirida durante sus años de trabajo en el hospital de Ripon. Por suerte, allí en Calpher House, la rutina no era tan rigurosa y podría quedarse en la cama hasta las siete y tal vez un poquito más tarde, si así lo deseaba.

Audra disfrutaba de ese momento del amanecer cuando todos los integrantes de la familia dormían y no se oía ningún ruido, salvo los que hacía la servidumbre en la planta baja. Lo consideraba un tiempo absolutamente suyo, y gozaba del lujo que significaba quedarse holgazaneando entre las sábanas, pensando en lo que se le ocurriera.... y a veces soñando con el futuro.

Y esa mañana de diciembre de 1927, el futuro se le presentaba decididamente rosado.

Sin duda los años que le esperaban no podían ser peores que los cinco que precedieron su llegada a Calpher House, como ella se decía con frecuencia. Siendo naturalmente optimista, siempre veía las cosas desde la faceta más positiva, anticipando lo mejor. Y a pesar de la desagradable experiencia que le tocó vivir con su tía (Alicia Drummond) siempre esperaba lo mejor de la gente. Así que enterraba el dolor espantoso que había sufrido a causa de su tía, esa mujer inhumana, y vivía recordando que no todo el mundo era cruel, egoísta y deshonesto, y que en la tierra había mucha gente bondadosa. Y tanto la familia Bell como el resto del personal de Calpher House habían contribuido a reforzar ese convencimiento de Audra. Desde que llegó le dieron la sensación de que era bienvenida y ni por un instante olvidó la suerte que había tenido al encontrar un lugar tan agradable donde trabajar.

Ese día hacía exactamente un año que había iniciado sus tareas de gobernanta.

Desde el momento en que puso sus pies en esa casa, Audra tuvo la sensación de que ese lugar sería casi un hogar para ella. Era como si después de un largo viaje hubiese regresado a un lugar que conocía desde siempre. En cierto modo fue como regresar a su hogar... a su hogar de High Cleugh. Y no era que Calpher House se pareciera a su bienamada casa de la infancia, porque eran completamente distintas, tanto en su arquitectura como en su decoración.

Lo que ella encontró familiar, lo que reconoció en seguida fue la presencia del amor entre esas paredes.

En síntesis, desde la muerte de su madre y desde que la tragedia golpeó a su pequeña familia ése había sido el año más feliz para Audra.

Se sentía muy a gusto en Calpher House.

Gracias a su educación, su buena disposición y su personalidad, a todo el mundo le gustaba estar con ella, y era igualmente querida por la familia y por los integrantes del personal doméstico. Los Bell eran bondadosos; la servidumbre la trataba con deferencia y respeto teñidos de amistad.

Después de años de frugalidad y de vida espartana en el hospital, vivía en medio de un lujo y un confort enormes, que ni siquiera había conocido en High Cleugh donde el dinero nunca sobraba y sólo se utilizaba en las cosas realmente esenciales. Todos los pequeños gastos extra para placeres los afrontaba el tío Peter.

Los Bell eran pudientes y estaban en condiciones de gozar de todo lo mejor. Y, gracias a la naturaleza generosa de Mrs. Bell, en la casa había superabundancia de todo.

De la sorprendente cocina de Mrs. Jackson surgían comidas exquisitas y Audra tuvo oportunidad de probar delicadezas tales como el *pâté de foie gras*, el caviar y el salmón ahumado. En el elegante salón azul había recipientes de cristal llenos de bombones, nueces y chocolatinas diseminados sobre mesitas al alcance de cualquiera que lo deseara y hasta las comidas comunes de todos los días difícilmente podrían llamarse comunes, tan refinado era el gusto que tenían. Platos como el pastel de carne con riñones, los pastelitos de manzana, el pastel de tocino con huevos, el guiso irlandés y el asado de carne de cerdo, novillo o cordero tenían un gusto muy especial, que hacía agua la boca. En lo que a Audra se refería, la cocinera era la primera persona que conocía capaz de rivalizar con su madre en arte culinario. Mrs. Jackson a cada momento los sorprendía con un plato especial para tentarlos. Los favoritos de Audra eran los tocinillos de cielo, un postre de chocolate caliente que literalmente se derretía en la boca, y alegría del bandido, un plato caliente a base de patatas, aderezado con miel y nuez moscada, que era el acompañamiento perfecto para el lomo de carnero. Ella le había pedido las recetas de esos platos a Mrs. Jackson. En ocasiones muy especiales, Mrs. Bell ordenaba al mayordomo, Mr. Agiter, que le sirviera una copa de champán. Pero esa bebida ya le resultaba familiar, porque su tío Peter solía aparecer con una botella cuando quería celebrar el cumpleaños de su madre o para Navidad. Y su madre siempre permitía que ella, Frederick y William bebieran una copita.

Aparte de la comida y los vinos deliciosos que parecían fluir sin cesar en Calpher House, había muchos detalles que acentuaban la opulencia que existía en la casa.

Innumerables jarrones y recipientes con flores y plantas exóticas abundaban en todos los salones de la planta baja; los últimos números de diarios y revistas, así como novedades de moda y otros libros se apilaban encima de amplias mesas redondas de la biblioteca, en el estudio de Mr. Bell y sobre todo en el saloncito íntimo donde todo el mundo se congregaba por la noche. Los sofás y sillones invitaban al descanso, cubiertos de pilas de almohadones blandos o bien con los apoyabrazos cubiertos con mantas escocesas de mohair para que cualquiera se las pudiera echar sobre las piernas o los hombros durante las frías tardes de invierno.

A pesar de que al principio toda esa exhibición de lujo la sorprendió y la abrumó un poco, Audra se acostumbró muy pronto a él. Pero aunque sería cierto afirmar que disfrutaba de las comodidades y de la vida regalada, sin embargo no consideraba que todo eso tuviera gran importancia en su vida. El verdadero motivo de su felicidad en Calpher House era que tanto sus dueños como el servicio eran personas realmente buenas, que se interesaban por los demás y por su bienestar.

Aparte de lo concerniente a su trabajo, había sido también un año espléndido para Audra Kenton en otros sentidos.

Las cartas que recibía de sus hermanos tenían un tono mucho más positivo y estaban escritas con el mismo optimismo de las primeras que le enviaron. Frederick se encontraba cada vez más fuerte y saludable y la situación había mejorado muchísimo para ellos. Por fin, ambos habían conseguido excelentes empleos en Sydney. William trabajaba en el departamento de distribución del *Morning Herald*, en tanto que Frederick era secretario privado de un industrial, un tal Roland Matheson. Audra estaba feliz por ellos a la vez que se enorgullecía por la manera en que habían afrontado la mala suerte y los inconvenientes iniciales. Y, al saber que ya no se encontraban en dificultades, la sensación de pérdida y la necesidad que tenía de verlos le resultaba mucho más tolerable.

Además, Gwen y ella habían podido pasar juntas gran parte de su tiempo libre. En numerosas ocasiones, Mrs. Bell le había dado permiso para invitar a Gwen a pasar la noche en Calpher House; y ella viajaba con frecuencia a Horsforth para pasar sus días festivos con Gwen. Algunas veces ambas tomaban el tranvía hasta Leeds, donde curioseaban en las tiendas y «compraban de ojito» mirando escaparates, y ahora ya empezaba a conocer bien la ciudad. A menudo iban al cine, y hacía poco había visto la primera película hablada, *El cantor de jazz*, protagonizada por Al Jolson.

Junio fue un mes particularmente feliz para Audra, sobre todo por la atención que todo el mundo le prestó el día que cumplió sus veinte años. Qué distinto del aniversario anterior, cuando tuvo que pasar completamente sola ese día tan especial. Las tarjetas de sus hermanos llegaron de Australia no sólo a tiempo, sino dos días antes de la fecha; y al llegar ésta, hubo una fiestecita en el cuarto de juego, con regalos de la familia Bell y del personal de Calpher House.

Días después, el sábado de esa semana, Mrs. Thornton y Gwen ofrecieron una fiesta en su honor en The Meadow. Hubo un espléndido té de verano en el jardín. La mesa, cubierta por un mantel de hilo blanco, reclinaba bajo el peso de toda clase de manjares deliciosos: emparedados de pepino y tomate, pastel de cerdo a la Yorkshire, fresas con nata, grandes teteras de té caliente, y una tarta con la inscripción «*Feliz cumpleaños, Audra*», escrita con caramelo color de rosa y rodeada por veinte velitas del mismo tono. Cada uno de los miembros de la familia de su amiga le dio un regalo, pequeño, pero lleno de significado. Después del té, todos entraron en la casa en tropel para bailar al compás de los últimos discos, que sonaron en el nuevo gramófono de Gwen. Bailaron el charlestón al son de *Black Botton*, *Ain't She Sweeet* y *Yes Sir, That's my Baby*, el fox trot lento al compás de *Blue Skies* y *Among My Souvenirs*, y esa noche todo el mundo se divirtió.

Charlie estuvo presente, junto con sus hermanos, Jeremy y Harry, Mike Lesley, su mejor amigo, y un par de compañeros de la facultad de medicina. Seguía siendo muy atento con ella cada vez que se le presentaba la ocasión, a pesar de que Audra hacía todo lo posible por desalentarlo.

Una vez que se mudó a Leeds, durante el mes de diciembre del año anterior, y se instaló en la casa de la familia Bell, Audra habló con Gwen acerca de su hermano. Le explicó de la manera más dulce que pudo que, a pesar de lo bueno que era Charlie, no le interesaba sentimentalmente. Y le pidió que no siguiera alentándolo. Gwen dijo que comprendía y estuvo de acuerdo en que no debía «soplar el fuego para avivarlo». Pero Audra notó la mirada dolorida de los ojos de su amiga y se apresuró a agregar que el asunto no tenía nada que ver con Charlie en sí; lo que sucedía era que, en ese momento, los hombres en general no le interesaban. Después anunció, con voz firme, que no tenía la menor intención de casarse, por lo menos hasta los treinta años.

Al oírlo, Gwen la miró desconfiada y con cierto escepticismo, pero se abstuvo de hacer ningún comentario. Por lo menos hasta el mes anterior, para más exactitud hasta el cinco de noviembre, cuando fue a Calpher House a compartir la celebración de la familia durante la noche de fogatas.

Mrs. Bell le dijo a Audra que podía invitar a Gwen a pasar la noche en Calpher House, porque ambas tenían libre el día siguiente. Después de dar buena cuenta, en el cuarto de los niños, de uno de los tés extraespeciales de la cocinera, y en cuanto oscureció, salieron para ver encender las hogueras preparadas por Fips, el jardinero. Compartieron la diversión de la familia, observando los fuegos artificiales, agitando las estrellitas compradas por Mr. Bell y comiendo castañas y patatas asadas al rescoldo, que ellos mismos sacaban de entre las brasas. Después, las dos amigas se encaminaron hacia la fiesta de Guy Fawkes, que se celebraba con un baile en el salón parroquial de la Iglesia de Cristo, en Ridge Road.

Audra lo vio cuando todo el mundo se arracimaba alrededor de la enorme fogata para observar la quema de la esfinge de Guy Fawkes.

Estaba solo, parado cerca del porche, apoyado contra la pared, fumando un cigarrillo. Cuando lo arrojó al suelo, y después de apagarlo con el pie, miró alrededor, la vio y le sonrió.

Al devolverle la mirada, Audra experimentó algo extraño, una sensación que no le resultaba familiar. De repente sintió una especie de flojera y quedó sin aliento, como si le hubiesen pegado un puñetazo.

El rostro del muchacho estaba claramente iluminado por el fuego, y ella observó que era muy buen mozo.

Su pelo oscuro, que descendía sobre la amplia frente en un flequillo en punta, estaba cepillado hacia un lado, con raya a la izquierda; tenía cejas oscuras y ojos claros. Su rostro, de rasgos bien definidos, reflejaba sensibilidad, pero lo que le llamó la atención y le produjo una impresión tan fuerte y duradera era la pureza que reflejaba.

Sus miradas se encontraron. Y fue como si se entrelazaran. Él le clavó los ojos de un modo que parecía querer estudiarle el alma y la raíz de su ser.

Audra enrojeció y se apresuró a mirar para otro lado.

Instantes después, cuando ella y Gwen se volvieron para entrar en el salón parroquial, notó que él ya no estaba apoyado contra la pared y se sintió desilusionada.

Una vez dentro, lo buscó con la mirada por todo el salón, pero había desaparecido. Esperó que regresara; y cuando comprendió que no estaba allí, Audra perdió todo interés en el baile. A medida que iba pasando la velada le resultaba cada vez más imposible alejar los ojos de la entrada y rezó silenciosamente, pidiendo que volviera. Había algo en ese muchacho que la intrigaba.

Aunque la sacaron a bailar varias veces y ella aceptó, durante gran parte de la noche se quedó sentada en el banco largo donde se instalaban las chicas que no tenían pareja. Estaba resuelta a dedicarse a observar a los bailarines, especialmente a Gwen, la cual giraba por la pista en compañía de distintos muchachos del barrio y que evidentemente estaba divirtiéndose muchísimo. Pero Audra pensaba que ninguno de los compañeros de Gwen era tan buen mozo ni tan fascinante como aquel muchacho que tanto interés había despertado en ella al principio del baile.

Y casi había abandonado la esperanza de que volviera a aparecer cuando lo vio entrar como una tromba en el salón, un poco arrebolado y sin aliento, y se quedó parado en el otro extremo, mirando alrededor. En el momento exacto en que el director de orquesta anunciaba el último vals, la vio. Sus ojos se iluminaron y se encaminó directamente hacia ella; con una leve sonrisa le preguntó si quería bailar esa pieza con él.

Presa de un repentino temblor interno e incapaz de hablar, Audra asintió y se puso de pie.

Era más alto de lo que ella creía, por lo menos mediría uno setenta y cinco, tal vez hasta uno ochenta, tenía piernas largas y, a pesar de ser muy delgado, sus hombros eran anchos. Poseía una naturalidad que le comunicó inmediatamente a ella, y se movía con gran confianza y desenvoltura. La condujo hasta la pista, la tomó en sus brazos con aire posesivo y empezaron a bailar al compás de *El Danubio azul*.

Durante el baile, él hizo varios comentarios, pero Audra, con la lengua trabada, permaneció completamente muda, sabiendo que era incapaz de contestarle con coherencia.

–¿Qué te pasa? ¿Te ha comido la lengua el gato? –preguntó él en un momento determinado.

–No –consiguió responder ella.

La miró con expresión intrigada, frunció el entrecejo pero no se molestó en volver a hablar y pareció perderse en sus pensamientos o concentrarse en el baile.

Cuando terminó la música, le dio amablemente las gracias, la escoltó de vuelta al banco, hizo una inclinación de cabeza y se alejó.

Audra lo siguió con la mirada hasta que él llegó a la puerta de entrada. Y cuando lo vio perderse en la oscura noche de invierno, se preguntó quién sería y si alguna vez volvería a verlo. Esperaba desesperadamente que así fuera.

Más tarde, cuando ella y Gwen se apresuraban a recorrer Town Street rumbo a Calpher House, Gwen explotó de repente.

–Bueno, debo decir que para alguien que asegura que los hombres no le interesan, te portaste como si estuvieses hipnotizada por ese tipo que te sacó a bailar el último vals. Pero te diré una cosa, Audra, ese individuo no me gusta. Estoy segura de que no es trigo limpio, querida.

Audra se sobresaltó.

Gwen se prendió del brazo de Audra con su habitual modo posesivo.

–Con sólo mirarlo uno se da cuenta de que es un verdadero demonio. Los tipos guapos siempre me han inspirado desconfianza. Son demasiado cautelosos. Por lo general terminan destrozándole el corazón a alguna pobre mujer, y a veces a dos o tres al mismo tiempo. A ti te iría mejor alguien como nuestro Charlie. Y te consta lo que él siente por ti, querida. Sus sentimientos no han cambiado.

Audra no contestó. Los comentarios de Gwen acerca de este muchacho la irritaban y le provocaban enojo. Los consideraba sin fundamento y disparatados. Además, eran presuntuosos y, por primera vez desde que eran amigas, se enfureció con ella. A la mañana siguiente, todavía un poco resentida, evitó cualquier referencia a la noche anterior, y ninguna de las dos volvió a hablar del desconocido.

Pero Audra no podía dejar de pensar en él.

Durante los días que siguieron al encuentro, recordaba a cada instante detalles de esa noche y matices de él... su manera de mirarla, inquisitivamente, con esos ojos que eran los más verdes que había visto en su vida..., las turbulentas emociones que despertó en ella, sentimientos que no creyó nunca que existieran salvo en las novelas que poblaban la biblioteca de Mrs. Bell..., la gracia inefable con que se movía por la pista de baile..., la belleza verdaderamente clásica de su rostro, tan poco común en un hombre.

Y en ese momento, casi dos meses después, Audra todavía se preguntaba por qué nunca se habría vuelto a cruzar con él en Upper Armley. Desde el día del baile esperaba encontrárselo en alguna parte, y jamás dejaba de buscarlo cuando salía con el niño que tenía a su cargo. Por su acento estaba convencida de que el muchacho era de esa parte del país.

Cuando Audra lo evocó, el eco de su voz resonó con claridad en sus oídos y le pareció tener delante de los ojos la imagen de su rostro. A pesar del calor que le proporcionaba el edredón, de repente se estremeció y se le erizó la piel. Se colocó los brazos alrededor del cuerpo, como si se abrazara. Imaginó la cara de él cerca de la suya, sobre la almohada, y trató de suponer lo que ella sentiría si él la besara, si la acariciara, si la abrazara. Desde ese breve encuentro, el misterioso desconocido moreno la perseguía y aparecía en sus pensamientos en los momentos más inesperados y extraños.

Audra abrió los ojos y trató de sofocar esos deseos poco familiares que hacían presa de ella. Hasta el momento de conocerlo, y de bailar con él, nunca había tenido deseos sexuales, pero últimamente esas sensaciones extrañas y nuevas que experimentaba la confundían y asustaban; sin embargo, al mismo tiempo la complacían. Hundió la cabeza en la almohada, tratando de no pensar en él, y lo mismo que le había sucedido tantas veces durante las últimas semanas, descubrió que le resultaba imposible borrar de su mente el rostro del desconocido, sus ojos increíbles. Y supo que lo deseaba.

Se volvió hasta quedar acostada de espaldas y permanecer inmóvil, con la mirada clavada en el techo, sin pestañear, y se preguntó qué haría si no volvían a encontrarse nunca. La sobrecogió la angustia, pero al instante desapareció. Audra estaba convencida de que se encontrarían y llegarían a conocerse bien. Muy, muy bien. Lo sentía hasta en los huesos.

Un repentino ruido en el corredor, justo frente a su dormitorio, quebró el silencio matinal.

Audra se sobresaltó, sorprendida, después alzó la cabeza para escuchar. Oyó una ahogada exclamación, y en seguida una serie de susurros ininteligibles, seguidos por el sonido de pasos presurosos que entraban en el cuarto de juegos.

Audra supo que se trataba de Cora, que iniciaba sus tareas matinales. Sospechó que la criada había dejado caer el recipiente de carbón, cosa nada fuera de lo común. Era una muchacha siempre alegre, sumamente amigable; pero también el ser más torpe que había conocido en su vida. No transcurría un día sin que se rompiera algo y la culpable era siempre la pobre Cora.

Se oyó un fuerte golpe en la puerta y apareció el rostro bien lavado y brillante de la chica.

–Buenos días, Miss.

–Buenos días, Cora –contestó, apoyándose sobre un codo y sonriendo en la penumbra.

–¿Puedo entrar para prepararle el fuego?

–Sí, por supuesto, Cora.

El cuerpecito regordete de la doncella, enfundado en su uniforme matinal a rayas, rotó por la habitación como si fuera un trompo. Dejó caer sin ceremonia alguna el recipiente de carbón y el cajón de la ceniza sobre la boca de la chimenea y después se dirigió al inmenso ventanal.

–Esta mañana hace un frío espantoso, Miss. Tiempo ártico, como dice Fips. Sí, él dice que hace frío suficiente como para congelar las bolas del mono de bronce, eso es lo que dice.

–¡Cora! ¿No te da vergüenza?

–Eso es lo que me dijo, señorita.

–Pero tú no deberías repetir un comentario tan vulgar –la reprendió suavemente Audra.

–No, supongo que no debería, sobre todo en su presencia, Miss Audra –dijo con aire compungido, pero a pesar de todo le dirigió una alegre mirada mientras se apresuraba a acercarse de nuevo a la chimenea–. ¿Qué piensa hacer mañana por la noche, Miss Audra? –preguntó.

–Nada especial, Cora. A mi amiga, Miss Thornton, le toca hacer la guardia nocturna durante quince días, así que no iré a ninguna fiesta de víspera de fin de año. Me quedaré aquí, en Calpher House.

–¡Ah! Pero Mr. Agiter siempre organiza una fiesta para el personal, ¿no lo sabía? –Le dirigió una mirada por encima del hombro, y sonrió con su habitual alegría contagiosa–. En diciembre del año pasado usted estaba tan cohibida porque acababa de entrar en la casa, que no quiso bajar; espero que este año lo haga. ¡Ah! ¡Deseo que festeje la fecha con nosotros, Miss Audra! ¡De veras lo deseo!

–Sí, por supuesto que no faltaré, Cora. Mr. Agiter ya me ha invitado, y tengo muchísimas ganas de brindar con ustedes cerca de la medianoche con una copa de champán... Brindaremos por el año 1928.

El niño se llamaba Theophilus, pero le decían siempre Theo, para acortar, y en el transcurso del año que hacía que lo cuidaba, Audra le había tomado verdadero cariño.

Era un muchachito de aspecto extraño, no precisamente feo, aunque tampoco podía decirse que fuera guapo.

La primera vez que lo vio, Audra decidió que era un individualista neto. Eso resultó cierto y no sólo en su apariencia, sino en muchos otros aspectos. Theophilus tenía una carita regordeta, perfectamente redonda, que parecía un budín, y su piel era rosada. Su pelo era rubio, suave, sedoso, lacio y caía sobre unos ojos agudos, oscuros y observadores que parecían un par de carbones, y él constantemente se lo retiraba de la cara con un gesto de impaciencia.

Muchas veces Audra pensaba que ese pelo tan rubio y esos ojos tan oscuros eran una combinación absurda, pero así era Theophilus. Parecía hecho de trocitos distintos de humanidad y cada trozo era individualmente atractivo aunque ninguno armonizaba bien con los demás.

–No estás bien combinado, ¿verdad cariño? –murmuró Audra en voz inaudible mientras le cepillaba el pelo.

Por lo general antes de que salieran, la apariencia del chiquillo le preocupaba durante un rato, y esa mañana no era una excepción. Dejó el cepillo, se alejó unos pasos y lo miró con un ojo crítico, ladeando la cabeza. Después le enderezó la corbata, asintió satisfecha, e, inclinándose, le plantó un beso en la mejilla.

–¡Ya estamos! ¡Listos para salir! –exclamó tomando las manitas del niño en las suyas y ayudándole a saltar de la mesa–. ¡Y hoy estás resplandeciente como una moneda nueva, Theo!

Él la miró con sus ojos solemnes, que eran curiosamente sabios y conocedores para un niño de seis años.

–Espero que el médico piense lo mismo –contestó.

Audra reprimió una sonrisa divertida.

–Estoy segura de que sí. Y ahora ve a ver a tu madre mientras yo busco mis cosas. Después nos iremos.

–Sí, será mejor que la vea enseguida. Antes de que salga para Leeds. Hoy le toca darme mi dinero para gastos. –Y con expresión decidida y pasos cortos pero firmes, desapareció por el corredor.

Audra lo observó alejarse, se volvió, riendo para sus adentros, y cruzó el amplio cuarto de juegos. Tenía algunos minutos libres antes de seguir al muchachito a la planta baja y permaneció con la espalda contra la chimenea, calentándose, mientras pensaba en su joven pupilo.

Theophilus Bell jamás dejaba de divertirla y de sorprenderla. Era una criatura precoz, pero de una precocidad que no resultaba molesta. La cocinera afirmaba que era «antiguo», y esa definición le cuadraba a la perfección. A Audra no le sorprendía nada que fuese como era: tan serio y dueño de sí mismo. Había pasado la mayor parte de su joven vida rodeado de adultos; hasta sus hermanas eran mucho mayores que él. Pandora, que se casó esa primavera y se mudó de Calpher House, tenía veintidós años; Antonia y Felicity, ambas en ese momento en un colegio de Suiza, contaban diecinueve y dieciocho respectivamente. Y las tres eran jovencitas sofisticadas, bien educadas, muy viajeras, que conocían toda clase de gente distinta y que en esa casa habían estado en contacto con ideas muy radicalizadas. Así que también ellas parecían mayores de lo que eran, y, naturalmente, ejercieron una gran influencia en su hermanito. Las chicas llamaban a Theo «la idea tardía» y aunque a Audra no le gustaba el apodo y lo consideraba muy poco bondadoso, comprendía que había cierta razón en ello. Mrs. Bell le dio a luz cuando tenía cuarenta y dos años y ya no esperaba tener más hijos. En cierta ocasión le comentó a Audra: «Theo estuvo a punto de ser un hijo de la menopausia, pero gracias a Dios no fue así».

Audra consideraba que era casi un milagro que el matrimonio Bell no hubiese caído en la trampa tan común de malcriar a Theo, como por lo general sucedía con el hijo único varón que llegaba tarde a la vida de sus padres y que se convertía en el orgullo y la alegría de la pareja. Algunas veces lo mimaban, pero eso no parecía tener ningún efecto sobre él, que no era dado a pedirle demasiado a nadie y que tampoco era una criatura temperamental.

En la actualidad, Theo se parecía mucho a su madre. Decididamente había heredado el ingenio rápido, la inteligencia y la naturaleza estudiosa de Mrs. Bell. Y si alguna vez su manera de ser tan directa resultaba un poco molesta, era, sin embargo, un buen chico, muy obediente, y jamás le dio un disgusto a Audra en los doce meses que llevaba trabajando en la casa.

Diez campanadas resonaron en el dormitorio y alertaron a Audra de la hora que era. Theo tenía dolor de garganta y, aunque estaba mejor, esa mañana lo llevaría al médico para que lo examinara.

Así que Audra se apresuró a dirigirse a su dormitorio, se miró en el espejo, se alisó el pelo con la mano y después se acercó al guardarropa. Sacó su abrigo grueso y un sombrero y también una tupida bufanda de lana y un par de guantes, para hacer frente al tiempo ártico que por lo visto había descendido sobre ellos, siguiendo las predicciones hechas por el jardinero el día anterior.

Capítulo 9

Se llamaba Vincent Crowther y en cierta forma era un rebelde.

Nació en el año 1903, cinco minutos antes de la medianoche del doce de junio, en medio de la peor tormenta eléctrica que se había registrado desde principios del siglo.

Ese bebé lozano, robusto y lleno de vida, llegó al mundo entre aullidos, moviendo los puñitos, con el rostro rojo y contorsionado y dando muestras de una furia y un temperamento tan terribles, que el médico le comentó a la partera que el despliegue del bebé sólo era inferior a la violencia del tiempo reinante.

A partir de ese momento, su madre lo apodó secretamente «petrel de las tormentas» y fue la menos sorprendida cuando su hijito rebelde creció para convertirse en un hombre igualmente rebelde, difícil de manejar y que siempre se destacaba entre los demás.

En cierto sentido era una estrella natural, un ser que atraía a todos por su fuerte personalidad y su dosis de encanto muy por encima de lo normal. Además no le perjudicaba tener lo que su padre llamaba «el don de la labia». El mayor de los ocho hijos de Eliza y Alfred Crowther, Vincent, en su niñez poseía una belleza casi femenina, pero se convirtió en una apostura muy masculina a medida que fue madurando. Y jamás existió la menor duda respecto a su virilidad, que en él era completamente evidente. En consecuencia, las mujeres caían rendidas a sus pies, y eso le sucedía a partir de los dieciséis años. Desde muy joven, pues, Vincent estaba versado en las lides del amor y en los juegos del sexo. En ese momento tenía veinticuatro años.

Era increíblemente apuesto.

El pelo y las cejas, tan negros, contrastaban con el cutis claro, las mejillas rosadas y los ojos verdes, del tono de la turmalina, enmarcados por espesas pestañas oscuras y su piel eran la envidia de sus hermanas... y de casi todo el resto de las mujeres.

Su cuerpo soberbio y atlético hacía juego con su apuesto perfil. Medía exactamente un metro ochenta de estatura, era musculoso y delgado, y no tenía un gramo de grasa en el cuerpo.

De aspecto permanentemente inmaculado, Vincent se consideraba de alguna manera un dandi, le encantaba la ropa y la usaba con soltura y elegancia. Allí donde fuera hacía un buen papel, especialmente en las pistas de baile donde su gracia de movimientos y su apostura se lucían más que nunca.

Era el favorito de su madre.

Sus hermanos lo sabían. Pero no le tenían celos. En realidad, en alguna medida compartían los sentimientos de la madre respecto a él. Sus hermanos lo admiraban; sus hermanas lo adoraban.

El único que lo trataba como un ser humano normal y corriente era su padre.

Alfred Crowther quería a su hijo mayor, pero no se hacía ilusiones respecto a él. Ex sargento mayor de los Highlanders de Seaforth, Alfred era veterano de dos grandes guerras: había luchado contra los bóers en la sabana africana y contra los alemanes en los campos de Flandes. Por lo tanto conocía a los hombres y sus motivaciones, y su hijo no era una excepción. Percibía a fondo lo que era Vincent interiormente.

Alfred reconocía que había mucho de demonio en ese muchacho, sin mencionar su temperamento y su buena dosis de vanidad. Pensaba que Vincent era demasiado buen mozo para su propio bien. Pero como era realista, comprendía que no tenía sentido preocuparse por su hijo mayor, que había nacido con la apostura de un astro de cine. El hecho de preocuparse no alteraría esa realidad. El jefe de la familia Crowther estaba convencido de que lo que tuviera que suceder, sucedería a la larga. Esta actitud fatalista podía remontarse a Martha, su madre, una irlandesa que desde su juventud le repitió constantemente: «Lo que debe suceder sucederá, Alf, sucederá; no te quepa la menor duda. Todo ha sido preordenado, lo que yo estoy pensando, y la vida que cada uno de nosotros, pobres almas, debemos vivir en este mundo duro y cruel».

Padre e hijo eran buenos compañeros. Disfrutaban compartiendo una jarra de cerveza y generalmente recalaban juntos en el bar durante los fines de semana; a menudo iban a las carreras en Doncaster y en York, especialmente en verano. Sin embargo, a pesar de esa camaradería tan masculina, no existía entre ellos tanta intimidad como podría haberse esperado. Su madre era la verdadera confidente y amiga de Vincent. Siempre lo fue. Y siempre lo sería... hasta el día de su muerte.

Aparte de sus evidentes atributos físicos, Vincent Crowther no era ningún tonto. En realidad, muy por el contrario. Era rápido e inteligente; sumamente analítico, cosa que le vendría muy bien en años posteriores, y además poseía una considerable memoria retentiva.

Como procedía de la clase obrera, abandonó la escuela de Ampley a los catorce años cuando encontró empleo en una de las sastrerías del pueblo. Pero esa tarea le aburrió con rapidez, principalmente porque sus intereses eran otros. Le atraían en especial la edificación y la construcción y frecuentemente deseaba haber podido estudiar arquitectura.

Después de renunciar a su empleo en la sastrería, trabajó durante corto tiempo en un horno de ladrillos, hasta que se le presentó la oportunidad de entrar a trabajar en una firma constructora. Allí aprendía algo que coincidía con su vocación; le gustaba trabajar al aire libre, encontraba placer y satisfacción al ver que un edificio iba tomando forma y creciendo, para ajustarse a la visión original del arquitecto.

A veces, Vincent se decía para sus adentros que le gustaría ingresar en la escuela nocturna de Leeds, para aprender dibujo, pero siempre lo dejaba para más adelante, porque se distraía con otras actividades más placenteras. Le gustaba bailar, y en su infancia y adolescencia había sido un lector insaciable, voraz; aparte de eso, no tenía otras aficiones especiales. Casi siempre pasaba su tiempo libre bebiendo con sus amigotes y era fácil encontrarlo apoyado en la barra de alguna de las tabernas locales, con un vaso en la mano o estudiando la hoja de pronósticos de las carreras, que se publicaba diariamente y que para él era la Biblia.

En esa fría mañana de sábado de fines de diciembre, Vincent estaba enfrascado en su hoja de pronósticos, preguntándose a qué caballos apostaría ese día en el hipódromo de Doncaster. En particular se concentraba en los participantes de la carrera de la una, considerando con su mente clara los factores distintos de cada competidor, las virtudes y las debilidades de los entrenadores y los jockeys, así como los de cada caballo, para sopesar sus posibilidades.

Vincent estaba instalado ante la mesa de la cocina en la casa de los Crowther en Armley, una casa alta y victoriana, de dos pisos y una buhardilla inmensa. La enorme cocina, comedor de diario, con una gran ventana que daba a un jardín y un patio, era un lugar amplio y sin embargo acogedor. De esos que invitan a permanecer en ellos. Estaba amueblada como si se tratara de una sala de estar, de acuerdo con la costumbre de esa parte del país.

El punto central de la estancia era la cocina en sí. En realidad se trataba de una cocina económica de Yorkshire, así llamada porque combinaba una chimenea a fuego abierto con un horno. En la chimenea había un brazo para colgar un caldero o una olla sobre el fuego, y un tanque para calentar agua. Todos esos elementos estaban reunidos en una sola unidad, que medía alrededor de un metro treinta y cinco de alto por un ancho idéntico.

Sobre la cocina económica había una repisa de pesada madera lustrada. En ella descansaban un reloj con sonería, un par de candelabros de bronce, un cortapipas con las pipas de Alfred y un frasco de pastillas. Frente a la chimenea había un pesado chispero de bronce que alguna de las chicas de la familia abrillantaba todos los viernes, y que resplandecía como si fuera de oro a la luz de las llamas. Dos sillones tapizados de verde flanqueaban la chimenea, uno frente al otro, encima de una amplia alfombra con un dibujo de rosas rojo sangre sobre fondo verde oscuro.

En realidad, en esa cocina abundaban las rosas. Eran las flores favoritas de Eliza. Rosas de pitiminí blancas y rosadas caían en guirnaldas por el empapelado de la pared, para ir a reunirse con las rosas rojas diseminadas sobre el verde linóleo del piso; los juegos de porcelana blanca con adornos florales de rosas llenaban las estanterías de un mueble galés situado en una esquina del cuarto; almohadones con capullos de rosas de té bordadas se alineaban sobre el sofá de cuero verde oscuro adosado a la pared del extremo de la cocina.

Era una habitación alegre y acogedora y por lo general se convertía en el centro de la actividad, en el corazón de la vida familiar. Pero esa mañana se encontraba extrañamente desierta.

Vincent estaba solo.

Se alegraba de que por una vez en la vida hubiera silencio, para poder dedicarse con absoluta tranquilidad a la seria tarea de elegir a sus potenciales ganadores sin las distracciones y el ruido que por lo general creaban sus hermanos.

Después de beber un sorbo de té, continuó estudiando la hoja de pronósticos frunciendo el entrecejo en señal de concentración. Llevaba casi una hora enfrascado en esa tarea y por fin hizo varias elecciones, anotó el nombre de sus caballos predilectos en un trozo de papel y se quedó mirando la lista durante un rato. Después asintió lentamente con la cabeza, convencido de haber elegido bien; enseguida tomó el paquete de sus cigarrillos predilectos.

Se reclinó contra el respaldo del sillón y permaneció fumando reflexivamente.

Sin ningún motivo especial, de repente, volvió a pensar en la muchacha. De nuevo. Esa mujer tenía la virtud de metérsele en la cabeza cuando menos lo esperaba. Sólo la había visto una vez, pero cuando cerraba los ojos veía su rostro con tanta claridad y con tanto detalle que era como si la conociera de siempre.

Cuando notó su presencia por primera vez, parada cerca de las fogatas, en el parque del salón parroquial, sin conocerla, supo instantánea e instintivamente que no era el tipo de jovencita con quien un hombre podía andar jugando. Era una mujer seria.

Y dado que él no tenía ningún interés en dedicarse en serio a ninguna mujer ni en establecer una relación que indefectiblemente lo llevaría a la cárcel terrible que era el matrimonio, huyó, se apresuró a dirigirse al Caballo Blanco a jugar una partida de dardos y a beber una copa con sus amigos. Pero poco antes de las diez hizo corriendo todo el camino de regreso al salón parroquial, con la esperanza de llegar a tiempo para bailar con ella el último vals de la noche.

¡Qué tímida resultó! ¡Tan dura e inflexible! La actitud y la manera de ser de la chica le frenaron y se alejó del lugar descorazonado, lleno de desconcierto y frustración, preguntándose por qué se habría tomado ella la molestia de bailar con él. Bien podría haber declinado su invitación.

Pero no pudo olvidarla.

Vincent suspiró, aspiró profundamente el humo de su cigarrillo, lo lanzó formando espirales y las observó alejarse flotando. Decidió que seguir pensando en esa diminuta Venus de Milo de brillantes ojos azules y piernas maravillosas era una inútil pérdida de tiempo. Para empezar, por lo visto se había evaporado: igual que las volutas de humo.

A partir de esa noche de las fogatas, siempre pasó algunos minutos por los bailes organizados por la iglesia, buscándola, y también se mantuvo atento cada vez que, por cuestiones de trabajo, tenía que andar por Armley. Pero nunca se tropezó con ella. Además, ninguno de los asistentes regulares a los bailes que organizaba la iglesia todos los miércoles y sábados parecía saber quién era. Durante los últimos dos meses, Vincent hizo innumerables investigaciones acerca de ella. Lo único que logró averiguar fue que la amiga rubia que la acompañaba, cuyo nombre todo el mundo también ignoraba, era enfermera y trabajaba en el hospital, y eso a él no le servía para nada. Sabía que tenía tantas posibilidades de volver a encontrarse con *Ojos Azules*, como de toparse con una bola de nieve en el infierno.

–Tal vez sea mejor –musitó en voz baja–. Lo último que me hace falta en el mundo es una novia en serio..., no, por Dios, ¡eso sí que no!

En ese momento la puerta de la calle se abrió tan inesperadamente y con tanta fuerza que Vincent se enderezó, sobresaltado. Una corriente de aire frío penetró en la cocina y lo congeló. Junto con ella entraron Laurette y Maggie, dos de sus tres hermanas.

Venían del mercado de efectuar las compras para el fin de semana y cada una llevaba dos bolsas repletas de provisiones. Tenían puestos sus gruesos abrigos de invierno azul oscuro, boinas escocesas verdes y negras y largas bufandas haciendo juego. El viento frío había dado color a sus mejillas y convertido sus narices en cerezas de un rojo intenso. Los ojos de ambas resplandecían y había en ellas tan evidente alegría de vivir, que Vincent no pudo menos que sonreír.

–¡Hola, Vincent! –saludaron a coro, sonriéndole.

–¡Hola, bellezas! –contestó él–. ¡Por amor de Dios, cierra esa puerta, Maggie! –exclamó enseguida.

–¡Ah, perdón! –dijo la pequeña de doce años, empujando la puerta con el pie y cerrándola con tanta fuerza que los vidrios esmerilados se estremecieron.

–¡Cuidado, que vas a romper un cristal! –previno Vincent, meneando la cabeza y algo exasperado con su hermana.

–¡Perdón! –volvió a murmurar Maggie, y siguió a su hermana mayor hasta la mesa de la cocina, donde depositó sus bolsas con comestibles.

Laurette se volvió para dirigirse a su hermano, mientras empezaba a desabrocharse el abrigo.

–¡Qué silencioso está esto, Vincent! ¿Dónde se ha metido todo el mundo?

–Unos están arriba. Otros han salido.

–¿Quién está arriba? –preguntó Maggie, inquisitiva como siempre; se quitó el abrigo y lo arrojó sobre el sofá.

–¡Cuelga eso, jovencita! –le ordenó Laurette, dirigiéndole una mirada severa.

Maggie hizo un gesto de disgusto, pero obedeció. En seguida insistió en su pregunta.

–¿Quién se encuentra arriba?

–Mamá. Está limpiando el cuarto del frente. Y Jack, que se dedica a leerle a Danny. Mamá dice que Danny tiene que quedarse en cama hoy..., porque está resfriado –explicó Vincent.

–¡Lo sabía! ¡Estaba segura de que no iba a mejorar! –exclamó Maggie con expresión dramática y mostrando una alarma exagerada–. Se lo dije a mamá. No hizo más que toser toda la noche. ¡Pobre Danny! ¡Siempre está enfermo! Pero ¿qué puede esperarse si es el menor de todos? –Continuó cloqueando comprensiva como una matrona cuarentona, y terminó diciendo en un tono sabihondo y de gran superioridad–: Los hijos que nacen cerca de la menopausia de la madre siempre tienen mala salud.

Vincent volvió la cabeza y se mordió el labio para no

lanzar una carcajada. Maggie era una criatura inesperada. Nadie sabía jamás con qué iba a salir. Su padre decía que era tan vieja como las colinas.

Sin embargo, a Laurette el asunto no le resultaba nada divertido y dirigió a su hermana una mirada severa de desaprobación. Consideraba que Maggie era cada vez más impertinente y que la chica veía y oía demasiado para su edad. Pero Laurette no dijo una sola palabra. Se acercó al guardarropa y colgó sus cosas. Después tomó una taza y un plato del armario situado encima del fregadero y se reunió con Vincent frente a la mesa. Levantó la cubretetera, colocó una mano sobre el recipiente para ver si conservaba el calor, y se sirvió una taza de té al que agregó leche y azúcar.

Vincent no dejó de observarla un instante, con expresión de enorme cariño. Durante esa época vivía preocupado por Laurette. Hacía poco más de un año, su hermana se había casado con su primo hermano Jimmy, pero el matrimonio fue un fracaso. Y para gran alivio de Vincent, la chica había regresado a su casa hacía tres meses. Él pensó desde el principio que aquella unión no daría resultado y nunca le dedicó demasiado tiempo a su primo a quien consideraba un pobre tipo.

Laurette era una chica dulce por naturaleza y, con sus veintidós años, resultaba la más cercana en edad a Vincent. Siempre habían sido grandes amigos. Era muy bonita, con pelo rubio y ondulado, un rostro sensible y enigmáticos ojos grises que reflejaban todos los sentimientos de su alma. Siendo alta y delgada, era de una contextura parecida a la de su hermano, aunque la que verdaderamente se parecía a Vincent era Maggie, con su pelo oscuro como el de una gitana, remolino sobre la frente y grandes ojos verdes idénticos a los de su hermano. Olive, la hermana que estaba entre las otras dos, se parecía físicamente a Laurette, pero tenía también pelo oscuro y había heredado los ojos celeste de su madre. Olive, que contaba veinte años, se casó a los dieciocho con su novio de la infancia, Hal, y no vivían lejos.

En ese momento, Maggie se reunió con Vincent y Laurette, frente a la mesa de la cocina.

Se sentó junto a su hermano favorito, apoyó una mano sobre su hombro y con la otra depositó frente a él un paquete de sus cigarrillos predilectos, junto con algunas monedas.

–Aquí están tus cigarrillos, Vincent. Y te aconsejo que no te los fumes todos enseguida. Porque hoy no pienso volver a salir. No estoy dispuesta a ir a la calle por nadie. Ni siquiera por ti. ¡Así que ya sabes! –Se dejó caer en una silla a su lado y le dirigió una mirada desafiante–. Y si quieres que te diga la verdad, ¡estoy harta de ser el chico de los recados de todo el mundo!

Él echó la cabeza hacia atrás y lanzó una estruendosa carcajada.

–¡Qué dura te sientes esta mañana! Pero gracias por haberme traído los cigarrillos, cariño.

–No puedo creer que todo el mundo haya salido... en un día tan frío como el de hoy..., porque afuera hace un frío de morirse, Vincent. ¿Adónde diablos han ido todos? –preguntó Laurette.

–Papá fue a la peluquería para que le cortaran el pelo. Nuestro Frank, el aspirante a jinete, está en los establos de Hardcastle, ayudando a entrenar los caballos. Y Bill, el sabio, fue a devolver libros a la biblioteca.

–¡Ah! –Laurette bebió su té. Hubo una breve pausa–. Olive no ha estado por aquí esta mañana, ¿verdad? –preguntó después.

–No, todavía no.

–Me alegro. Temía que no coincidiéramos. Acordamos que iríamos esta noche al baile, como antes, y quería puntualizar todo con ella. –Se detuvo y le sonrió a su hermano como si acabara de ocurrírsele una idea–. ¿No te gustaría acompañarnos, Vincent?

–¡A mí me encantaría! –intervino ansiosamente Maggie, mirando con fijeza a su hermana–. ¡Déjame ir contigo y con Olive, Laurette! ¡Por favor!

–No. Es imposible; eres demasiado joven –contestó Laurette–. Bueno, Vincent. ¿Y tú, qué dices?

Él hizo un movimiento negativo con la cabeza.

–No. Pero, de todos modos, gracias por la invitación.

–¿Por qué no? –preguntó Laurette–. Te divertirás. ¡Vamos! ¡Di que nos acompañarás!

El chico negó con la cabeza con más vehemencia.

–¡Ah, no! ¡Él no quiere ir allí, Laurette! Es un ambiente demasiado tranquilo para Vincent. Los sábados por la noche siempre va al bar, pero primero pasa a echar una mirada por el salón parroquial. Me dijeron que les pasa revista a todas las chicas. Apuesto a que es por eso por lo que se pasa horas parado frente al espejo acicalándose. Y no me sorprende que tal cosa enfurezca a papá. Porque nuestro Vincent es un vanidoso y se cree el tipo más apuesto del mundo. Cualquiera creería que es una chica, por la manera en que se mira todo el tiempo en el espejo.

Vincent le dirigió una mirada relampagueante.

–Estás convirtiéndote en una chiquilla impertinente, ¿lo sabías, Maggie?

La pequeña se quedó tiesa en la silla y le contestó con voz aguda:

–¡Te aconsejo que no dejes que papá te oiga decir que soy impertinente, Vincent! ¡O te pegará un puñetazo que te hará aterrizar en el suelo!

–¡Ja! ¡Eso no es tan fácil! –replicó Vincent.

–¡Tranquilizaos los dos! –aconsejó Laurette, luego amenazó con un dedo a Maggie–. Tú estás agrandándote demasiado, así que de ahora en adelante será mejor que te quedes calladita. En cuanto a ti, Vincent, tienes edad suficiente para saber que no debes tratarla así. A mamá no le gusta, y te consta.

–Sí –murmuró Vincent, furioso consigo mismo por haber permitido que su hermana lo sacara de sus casillas.

Maggie, realmente arrepentida de haberse burlado de él, se inclinó sobre la mesa para mirarle la cara y vio que su expresión era fría e impenetrable. Volvió a hablarle con tono apenado.

–Lo siento mucho, Vincent. En serio que lo siento. –Estiró la mano y apretó el brazo de su hermano–. Te propongo que hagamos las paces. ¡Ah! Y de paso, no te olvides que me prometiste darme algo por ir a buscar tus cigarrillos.

–¡Si no tienes cuidado, lo que te daré será un buen tirón de orejas!

–¡Eso es el colmo! –jadeó Maggie–. ¡Es la última vez que te hago un recado, Vincent Crowther! Nunca cumples lo prometido.

Por algún motivo que ni él mismo alcanzaba a explicarse, Vincent empezó a reír. Con los ojos brillantes, tendió una mano y revolvió el cabello de su hermanita. Después le entregó una moneda de seis peniques.

–Aquí tienes, bonita, es para tu hucha.

Maggie le dedicó una amplia sonrisa.

–¡Ah, no! ¡Pienso gastármelo! ¡Gracias!

Vincent estaba pensativo. Después de encender un cigarrillo habló en un susurro apenas audible.

–¿No crees que ha llegado el momento de que pongas en orden ese asunto con Jimmy, Laurette? ¿No te parece que convendría que vieras a un abogado de Leeds..., para pedir el divorcio?

–Sí, creo que ha llegado el momento. Y da la casualidad de que tengo una cita con un abogado para el sábado que viene. Jimmy está de acuerdo con todo.

–¡Papá se alegrará muchísimo cuando se entere de eso!

–anunció Maggie antes de que Vincent tuviera oportunidad de decir una palabra–. Él nunca estuvo de acuerdo con tu casamiento, Laurette. Dice que así es como nacen los idiotas..., me refiero a los hijos que proceden de matrimonios entre primos hermanos.

Laurette se quedó mirándola con la boca abierta. Palideció y sus suaves ojos grises de repente giraron en sus órbitas. Se puso de pie, vacilante, se encaminó apresuradamente a la puerta que llevaba a la escalera y la abrió de un tirón.

–Creo que iré a ayudar a mamá –anunció con voz ronca, y subió la escalera volando.

Vincent estaba furioso con Maggie y se volvió hacia ella, indignado.

–¿No aprenderás nunca, Maggie? ¡Por amor de Dios! No haces más que abrir la boca para decir tonterías y siempre metes la pata.

–¿Y ahora qué dije de malo? –aulló Maggie–. Es cierto que a papá no le gustó que ella se casara con Jimmy Wells.

Vincent se levantó, cada vez más enfurecido. Miró con disgusto a su hermana menor. Tuvo que apelar a todo su autocontrol para no darle un cachete. Tenía ganas de sacudirle hasta que le castañetearan los dientes.

–Sabes tan bien como yo lo angustiada que ha estado Laurette por no quedar embarazada –dijo por fin.

Pero la actitud de desafío de Maggie seguía intacta.

–¡Bueno, pero si lo que papá dice es cierto, es una suerte que no quedara embarazada, y eso te consta! –declaró.

Vincent alzó los ojos al cielo y lanzó un quejido.

–Ésas son cosas de viejas..., papá está atrasado de noticias, vive en la época de las cavernas.

Se dirigió al guardarropa y sacó su abrigo.

–¿Adónde vas, Vincent? –preguntó Maggie.

–A cualquier parte, con tal de alejarme de ti.

Capítulo 10

Vincent la vio a través de la luna de la tienda de animales.

Durante un instante no pudo creer lo que contemplaban sus ojos.

Se quedó mirándola, transfigurado. Después se rodeó la cara con las manos y se acercó más al cristal. Sí, no había duda, era ella. Allí estaba, frente a él, mirando periquitos australianos. Entonces vio que había un niño a su lado.

El corazón de Vincent se le cayó a los pies.

¿Estaría casada? ¡No, eso no era posible! La noche del baile no llevaba alianza. Y era demasiado joven como para tener un hijo tan crecido como el que le acompañaba. No, lo más probable era que el chico fuese su hermano. Y ella quizás iba a comprarle un periquito australiano, así como él había decidido comprarle algún animalito a su hermano Danny, por eso se había dirigido a aquel establecimiento.

«Bueno –pensó Vincent–, si me quedo aquí fuera, parado, no voy a llegar a ninguna parte, así que lo mejor que puedo hacer es entrar.» Automáticamente se enderezó el nudo de la corbata; después respiró hondo y abrió la puerta de la tienda.

Cuando oyó la campanilla, la muchacha miró hacia atrás por encima del hombro. Al verlo, abrió los ojos, sorprendida. Por lo visto estaba tan estupefacta como lo estuvo él minutos antes.

Vincent le sonrió.

Ella le devolvió la sonrisa, y en su rostro aparecieron dos hoyuelos.

Vincent pensó que la sonrisa de esa chica era lo más

maravilloso que había visto en mucho tiempo. Alentado por su reacción, cruzó la tienda para acercársele.

Ella se volvió para mirarlo de frente y lo observó acercarse con evidente interés.

Al detenerse frente a ella, Vincent percibió la mirada expectante de sus ojos. Se quitó el sombrero y se quedó allí parado, sosteniéndolo en las manos. Volvió a sonreírle.

–Discúlpeme... No sé si se acordará de mí.

–Sí, por supuesto que me acuerdo de usted. Bailamos juntos el último vals en el salón parroquial..., el día de las fogatas. Y debo pedirle disculpas por no haberle agradecido que me sacara a bailar esa noche. Sin duda pensó que soy una maleducada.

Era una dama. Él la miró fijamente sobresaltado y momentáneamente aturdido. Su voz no le respondía y su temple tampoco. ¿Por qué iba a sentirse interesada por él una chica de su clase?, se preguntó, aferrando su sombrero todavía con más fuerza. Se sintió recorrido por una sensación de enorme desilusión. Estaba fuera de su alcance. Sí, sin duda lo estaba. Y así como ella tuvo la lengua trabada durante el baile, en ese momento le tocaba a él el turno de quedarse mudo, de sentirse un papanatas.

Hubo un silencio incómodo.

Lo rompió el chiquillo, quien le hizo una pregunta con su voz aguda.

–Y usted, ¿cómo se llama?

–¡Bueno, bueno, esa pregunta es muy impertinente! Cuida tus modales jovencito –le amonestó ella, con tono severo, pero en voz baja.

–Me llamo Vincent Crowther –contestó aprovechando la oportunidad que se le presentaba.

Le sorprendió que su voz sonara tan normal y eso ayudó a restaurar su tambaleante confianza. Miró al muchachito y le sonrió, interiormente agradecido por su presencia.

El niño volvió su rostro pequeño y resplandeciente para mirar a Vincent y le ofreció su mano.

–Yo soy Theophilus Bell, de Calpher House, Upper Armley.

Vincent le estrechó la mano y le habló tratando de imitar su enorme solemnidad.

–Encantado de conocerte. Y si no te importa que te lo diga, tienes un nombre muy impresionante.

–En griego, significa *amado de Dios* –exclamó Theophilus, sacando pecho y dándose importancia, al tiempo que le dedicaba una brillante sonrisa–. Pero tú puedes llamarme Theo, que es más corto.

–Te lo agradezco mucho, y así lo haré. –Vincent levantó la mirada y la clavó en la muchacha; se aclaró la garganta y habiendo logrado recobrar su compostura, por no decir su sangre fría, le brindó su más encantadora sonrisa–. Bueno –dijo–, usted ya sabe cómo me llamo. ¿Puedo tener el honor de conocer su nombre?

–Por supuesto, Mr. Crowther, me llamo Audra Kenton. –Su sonrisa era cálida y tan amistosa como la de él, y le ofreció la mano.

Vincent la tomó y quedó sorprendido ante su manera firme de estrecharla. ¡Y era una mano tan chiquitita! Chiquitita como ella, que era pequeña y delicada. Sostuvo la mano de ella durante algunos instantes más de lo necesario, incapaz de soltarla, mientras observaba sus ojos claros y brillantes. Inesperadamente pensó: «No puedo dejar escapar esta mujer. Nunca. Jamás. La quiero para el resto de mi vida».

Su pensamiento le espantó.

Parpadeó, por fin logró soltarle la mano, miró para otro lado y enseguida quedó impresionado por lo irracional de sus sentimientos. La sola idea de casarse era absurda, y absolutamente ridículo querer hacerlo con esa mujer. Ella era distinta. Especial. Una dama. Y no parecía probable que se interesara por él, un albañil, un tipo que apenas empezaba a aprender su oficio. Ella era obviamente pariente de los Bell, gente de la alta sociedad, que tenían montañas de dinero y mucha influencia en el vecindario. Y aparte de todo eso, el matrimonio no se hallaba en sus planes actuales; le quedaba mucha vida por delante, antes de atarse al delantal de una mujer. Eso sería un enorme disparate. Si en junio cumpliría veinticinco años.

Todos esos pensamientos desfilaron por la mente de Vincent en cuestión de segundos y entonces lo único que quiso fue salir corriendo de la tienda, escapar antes de que fuese demasiado tarde. Pero, para su enorme irritación, descubrió que no podía moverse. Estaba como clavado al suelo. De repente se sintió incómodo, mal consigo mismo, y por lo tanto con ella, y empezó a hacer girar el sombrero entre sus manos.

Theophilus le tiró de la chaqueta y le hizo una pregunta con su voz aguda.

–Nosotros estamos buscando un periquito australiano, Mr. Crowther. ¿Y usted qué ha venido a comprar?

«Gracias a Dios que está el chico», pensó Vincent.

–Bueno, si quieres que te diga la verdad, honestamente no lo sé. –Y prestando toda su atención se inclinó para hablarle con tono confidencial–. Verás, Theo, vine a comprarle algo a mi hermanito menor. Tiene cuatro años. Pero antes de salir de casa no se me ocurrió preguntarle qué le gustaría. Así que ahora estoy en un brete. Y en lo que se refiere a animales, me parece que tú eres un jovencito con experiencia. Tal vez pudieras hacerme alguna sugerencia.

–Déjeme pensar un minuto. –Theo agachó la cabeza en un gesto de sabiduría, frunció los labios y adoptó una expresión de enorme concentración; recorrió el local con ojos atentos, y finalmente se acercó a Vincent para darle su veredicto–. En realidad es un poco difícil. Me refiero a la seguridad de hacer una sugerencia apropiada. Como verá, no hay mucho para elegir.

Vincent lanzó una carcajada ante las palabras desenfadadas del chico.

–Será mejor que Mr. Harrison no te oiga decir eso. Él cree que su tienda es la más surtida de la zona.

–Y es cierto, porque es la única que existe –contestó Theo, sonriente, y dando la impresión de que se sentía muy satisfecho de sí mismo.

–A los chicos hay que verlos, pero no oírlos –comentó Audra, en una especie de reprimenda muy suave; pero casi no lograba contener la risa y en sus ojos había una expresión divertida; miró a Vincent y se encogió de hombros–. ¿Qué quiere que haga yo?

–Lo que pasa es que tiene toda la razón del mundo –corroboró Vincent.

Los ojos negros azabache de Theo iban del uno al otro y después se clavaron en Vincent, quien obviamente le fascinaba.

–Creo que usted también debería comprar un periquito australiano a su hermano. Por lo menos Mr. Harrison tiene muchos periquitos para elegir. Venga, Mr. Crowther, déjeme enseñárselos –dijo tirándole de la manga–. ¿Cómo se llama? Me refiero a su hermano.

–Danny –contestó Vincent, permitiendo que el niño lo condujera hacia una pared donde se alineaban las jaulas de pájaros. Se quedaron mirándolos con gran interés, y, por fin, Vincent tuvo que admitir–: Te diré, Theo, que son preciosos.

Audra se les acercó. Instantáneamente Vincent percibió que estaba parada a su lado. Le preocupaban las emociones que ella despertaba en él, la fuerte atracción física que le provocaba. Estaba deseando cogerla de la mano, sacarla de la tienda y llevarla a algún lugar donde pudieran estar solos. Quería abrazarla con fuerza, hacerle el amor.

Ese deseo era una especie de torbellino dentro de él y sintió que el calor se le subía a la cara. Tragó con fuerza y trató de concentrar su atención en los pájaros.

–Theo quiere ése de la derecha, Mr. Crowther –explicó Audra de repente–. El de la jaula verde. ¿Qué le parece? ¿Le gusta?

Vincent sólo consiguió asentir.

–Qué suerte tienes, jovencito –consiguió murmurar Vincent.

–Sí, ya lo sé. Vamos Mr. Crowther, elija uno para Danny. Son fáciles de cuidar. No hay que sacarlos de paseo como a los perros, ni sale caro alimentarlos. No comen mucho.

–Es cierto –convino Vincent, que había vuelto a controlarse, e intercambió una mirada divertida con Audra.

Theo siguió insistiendo.

–¡Mire ése! ¡Qué pájaro tan bonito! Apuesto a que a Danny le encantará. Y es un precioso ejemplar de cotorra australiana..., cuerpo de un verdoso amarillento, cabeza y plumas de la cola de un azul brillante, y rayas marrones en las alas.

–¡Cotorra! –repitió Vincent, desconcertado mirando a Theo con el entrecejo fruncido–. ¡Pero yo creí que eran periquitos!

–Y lo son, pero los pericos descienden de la familia de las cotorras, y en esa familia hay trescientas quince especies de pájaros de gran colorido –explicó Theo orgullosamente, feliz de poder demostrar sus conocimientos–. Cotorras rizadas, oropéndolas de Europa, cacatúas de cabeza amarilla, guacamayos..., por nombrar sólo unos cuantos. Yo quería una cotorra. Pensaba enseñarle a hablar. A decir palabrotas. Pero cuando uno compra cotorras hay que tener mucho cuidado. Por la psitacosis, que es una fiebre de las cotorras; una enfermedad infecciosa que pueden transmitir al ser humano. Se parece un poco a la neumonía. De todos modos, Mr. Harrison no tiene cotorras en venta. Por eso elegí un periquito australiano. Pero algún día tendré una cotorra.

Vincent miró al chico estupefacto y meneó la cabeza.

–Sin duda, considerando la edad que tienes, eres un pozo de sabiduría, Theo. Ni más ni menos. Hablas como si te hubieras tragado una enciclopedia. ¿De allí sacas todos tus conocimientos sobre pájaros?

–No, los aprendo de Audra –explicó Theo–. Ella es muy inteligente, ¿sabe? Y desde que está conmigo me ha ensañado mucho. Mi madre dice que es la mejor gobernanta que he tenido. Si no quiere llevarle un periquito a Danny, podría comprarle uno de esos canarios. Los canarios son de la familia de los pinzones. –Theo obligó a Vincent a fijar su atención en otra hilera de jaulas y continuó con su explicación–. También son bonitos, pero la mayor virtud que tienen es que cantan. Estoy seguro de que a Danny le gustaría tener un canario. Pero tendrían que enseñarle a cantar. Me refiero al canario, no a Danny, por supuesto.

–Sí, comprendo –dijo Vincent, distraído. Gobernanta, repitió para sus adentros. ¡Después de todo no era una parienta elegante de los Bell, sino la gobernanta del chico, por amor de Dios! Era una empleada. Claro que eso no alteraba los hechos. Audra Kenton seguía siendo una dama. Pero una dama que trabajaba para ganar su sustento. Una muchacha de buena familia venida a menos, decidió.

Tal vez, después de todo, no estuviera fuera de su alcance. Las esperanzas de Vincent crecieron.

Los tres caminaron juntos a lo largo de la calle Town.

Vincent llevaba la jaula. En definitiva, tanto uno como el otro habían comprado periquitos australianos; pero Vincent le pidió a Joe Harrison que le reservara el suyo hasta un poco más tarde, en que volvería a buscarlo. Y después le preguntó a Audra si le permitía escoltarlos a ella y al chico hasta Calpher House. Ella contestó que sí. Sosteniendo la jaula en una mano, él abrió la puerta de la tienda con la otra, mientras sonreía de oreja a oreja y se felicitaba por la buena suerte que había tenido aquella mañana.

Y en ese momento caminaban a paso acompasado, uno al lado del otro, sin hablar, pero sintiéndose cómodos en el silencio que se había establecido entre ellos. Theo correteaba delante, como un cachorrito feliz.

A pesar de ser casi mediodía, seguía haciendo un frío terrible, pero había parado el viento y el día era luminoso y claro. El cielo, tan alto y vasto, no tenía una sola nube y estaba bañado por la luminosidad plateada del sol invernal.

«En definitiva ha resultado un día magnífico», pensó Audra, mirando alrededor con una sonrisa de placer. Una oleada bullía en su interior y la llenaba de una maravillosa calidez. En ocasiones como ésa uno se daba cuenta de que en la vida todo era posible. Cualquier cosa.

Vincent aspiró profundamente un par de bocanadas de aire helado y se sintió saludable y robusto, como siempre le sucedía en esos días luminosos y tonificantes. Miró subrepticiamente a Audra y pensó en lo bonita que estaba con el abrigo gris y el sombrero color ciruela, y entonces se dio cuenta del orgullo que le producía caminar a su lado y que lo vieran con ella en la calle Town, la calle comercial más importante de Armley, que ese día, como todos los sábados, bullía de actividad.

Vincent decidió que antes de llegar a Calpher House iba a invitarla a salir, aunque hacerlo lo pusiera un poquito nervioso. Si ella llegaba a negarse, se sentiría un imbécil; pero, por otra parte, si no la invitaba, nunca sabría a qué atenerse. Se preguntó adónde la llevaría si aceptaba.

Era un problema. Tal vez convendría que la invitase a la fiesta con que su familia celebraba al día siguiente la víspera de Año Nuevo. No, eso no daría resultado. La pobre muchacha quedaría abrumada por su bulliciosa familia. Además la primera vez que salieran juntos quería tenerla toda para él. Empezó a pensar desesperadamente en algún lugar conveniente.

Audra, también perdida en sus pensamientos, estaba tan animada que tenía la sensación de flotar en el aire. Durante dos meses vivió aferrada a la creencia de que volverían a encontrarse. Pero cuando lo vio entrar en la pajarería se sintió completamente desconcertada. Al principio era algo que tenía que suceder. Ya no le molestaba esa incomodidad que experimentó en el baile, y la presencia de Vincent no le provocaba la menor timidez. En realidad todo lo contrario.

Era mucho más buen mozo de lo que ella recordaba y estaba tan bien vestido como el día del baile. Lo consideró un muchacho encantador con una agradable personalidad y la forma en que se comportó con Theo hizo que ella lo apreciara aún más. Audra sonrió. Apreciar no era la palabra exacta. No describía sus sentimientos. En la tienda de animales, ella se había enamorado de él.

Lo miró por el rabillo del ojo. Era el único hombre que existía en el mundo para ella. El único hombre que desearía en su vida.

Los ojos de ambos se encontraron y quedaron como enlazados durante unos instantes. Él le sonrió con expresión de amor. Ella le devolvió la sonrisa, un poco trémula. En ese preciso momento entre ambos se estableció una comunicación muy íntima y los dos contuvieron el aliento, mientras se miraban con fijeza. Y entonces, habiendo entendido lo que se habían dicho sin palabras, miraron hacia delante y siguieron caminando en silencio.

Después de un rato, Vincent por fin habló.

–Espero que no me considere un entrometido; pero ¿cuánto hace que trabaja con los Bell?

–Un año –contestó Audra–. En realidad, Mr. Crowther, hoy hace exactamente un año que empecé a trabajar en Calpher House. Por eso le compré el pájaro a Theo. Como un regalo de aniversario.

–Son ellos los que deberían estar dándole regalos a usted –comentó él con aire huraño, sin poder contenerse.

Y después, sin saber por qué, experimentó una pequeña sensación de resentimiento hacia la familia Bell.

Audra percibió el tono extraño de la frase, y lo miró con curiosidad. Pero en seguida le sonrió.

–Es lo que hicieron, Mr. Crowther. Esta mañana, durante el desayuno.

–Bueno, eso está muy bien, ¿verdad? Me alegro. –Se aclaró la garganta con bastante vehemencia y continuó hablando–. Me doy cuenta por su manera de hablar de que usted no es de por aquí. No tiene el típico acento de Leeds. ¿De dónde ha venido?

–Mi pueblo natal es Ripon, y viví allí hasta el año pasado. ¿Alguna vez ha estado en Ripon, Mr. Crowther?

–Sí, he ido a las carreras. Es un lugar lindísimo. –Sus ojos verdes relampaguearon de picardía–. Y por suerte para mí no me importa confesarle que en Ripon siempre he logrado ganar algunos chelines en las apuestas; también conozco algunos bares muy agradables del pueblo.

Audra asintió.

–Sí. Y usted es de esta zona, ¿verdad Mr. Crowther?

–Por supuesto. Nacido y criado en Armley. Ése soy yo. Y escuche, ¿le importaría llamarme Vincent? Cada vez que la oigo decir «Mr. Crowther» pienso que está hablándole a mi padre.

Audra lanzó una carcajada.

–Por supuesto que le llamaré Vincent. Y usted debe llamarme Audra.

–¡De acuerdo! –exclamó él, y de repente se detuvo. Le tomó el brazo con suavidad, obligándola a detenerse, y le habló atropelladamente.

–¿Quiere salir conmigo esta noche, Audra? Me gustaría llevarla a algún lugar agradable. Tal vez a bailar, a Leeds. Diga que sí, que acepta mi invitación. ¡Por favor! –Y sin quitarle los ojos de encima, le dirigió su sonrisa más encantadora.

–Me temo que no podré. Verá: tengo que...

–No es necesario que se moleste en darme explicaciones –interrumpió, muy serio–. Lo comprendo perfectamente. –Había enrojecido.

–Pero es que usted no entiende nada, Vincent –continuó diciendo Audra con firmeza–. Estaba tratando de decirle que esta noche trabajo. Pero me gustaría salir con usted en mi próxima noche libre. Realmente me gustaría.

–¡Ah! –exclamó él, sorprendido. Pero enseguida se repuso y la miró con una sonrisa radiante–. Me parece muy bien. ¿Y cuándo será su próxima noche libre?

–El miércoles que viene.

Vincent no pudo evitar que se le notara la desilusión que sentía.

–¡Qué pena! Bueno, no importa. Pero esa noche no tendremos más remedio que ir al baile del salón parroquial. ¿Le gusta la idea de ir allí?

–Disfrutaré muchísimo... yendo con usted. –Le dedicó una leve sonrisa y de repente se sintió llena de timidez.

Vincent la miró largamente.

–Sí –contestó–. Yo también, Audra.

Empezaron a caminar de nuevo.

A los pocos instantes llegaron a las verjas de Calpher House, donde los esperaba Theo. Cuando se detuvieron, Vincent le dijo:

–El miércoles a las siete en punto estaré esperándola aquí, en la verja.

–No vale la pena que se moleste, Vincent. En serio. Puedo ir sola hasta el salón parroquial.

–No. A mí no me gustaría que fuera caminando sola hasta allí.

–Entonces, está bien –aceptó ella.

Él le entregó la jaula con el pájaro.

–Adiós Mr. Crowther –se despidió Theophilus–. Espero volver a verle pronto. Entonces me contará si a Danny le gustó su periquito australiano.

–Te lo contaré, muchacho. ¡Hasta pronto!

Vincent se volvió hacia Audra. Le sonrió, se quitó el sombrero para saludarla y se alejó.

Ella contempló cómo bajaba la colina con sus pasos largos y ágiles. En determinado momento él se volvió, la vio y la saludó con la mano. La joven le devolvió el saludo. Después tomó la mano de Theo y se internó en el sendero que llevaba a la casa, escuchando apenas la charla del chiquillo.

Cuando estuvieron cerca de la casa, Audra levantó la mirada y la observó, pensando en los días felices que había pasado allí durante el último año. Y después, un instinto profundo le dijo que ya no viviría por mucho tiempo en Calpher House.

«Hoy ha empezado –pensó–. Ha empezado mi vida con Vincent Crowther.

»Él es mi destino. Y yo soy el suyo.»

Se casaron cinco meses después.

Algunas personas quedaron estupefactas; otras no.

La boda tuvo lugar en la Iglesia de Cristo de Upper Armley, en un soleado sábado de junio, un par de días después del cumpleaños de Audra y una semana antes del de Vincent.

La novia iba vestida de azul. Se puso un modelo sencillo pero elegante de *crêpe de chine*, diseñado por ella misma y que cortó y cosió con la ayuda de una de las costureras de Paris Modes, la exclusiva casa de modas de Mrs. Bell en Leeds. Lucía un sombrero de seda azul con una cinta de terciopelo; los zapatos, con tacones Luis XV, eran de gamuza gris, lo mismo que los guantes largos haciendo juego. En la mano llevaba un ramo de rosas rosadas, lirio de los valles y estefanotes.

La dama de honor era Gwen Thornton; y la madrina, Laurette Crowther.

Ambas estaban vestidas con trajes idénticos de gasa gris con dibujos de rosas amarillas; completaban el atuendo sombreros de seda gris y ramilletes de rosas de té.

Mientras ambas se afanaban a su lado en el vestíbulo de entrada de Calpher House, Audra pensó en lo bonitas que estaban, tan altas y rubias, tan jóvenes y frescas, se sintió orgullosa de que fuesen sus asistentes.

Mr. Bell se ofreció amablemente a entregar a la novia, así que Audra recorrió de su brazo la nave central de la hermosa y antigua iglesia anglicana, con su arquitectura normanda y sus magníficos vitrales.

Cuando el organista comenzó a interpretar el himno *Oh, amor perfecto*, a Audra se le formó un nudo en la garganta. Se le llenaron los ojos de lágrimas y le dolió muchísimo que sus hermanos no estuvieran allí. Pero sabía que no debía permitirse el lujo de flaquear, así que luchó por dominarse. Alzó la cabeza y miró hacia el altar, donde la esperaba Vincent con su hermano Frank.

El amor que iluminaba la cara del novio, la genuina admiración que se notaba en sus ojos, eran reconfortantes, tranquilizadores, y ella pensó en lo maravilloso que estaba su futuro marido, con el traje azul marino comprado para la ocasión, su almidonada camisa blanca y su corbata de seda gris.

En cuanto llegaron al altar, Mr. Bell se apartó. Vincent ocupó su lugar. Su presencia y la expresión bondadosa del vicario ahuyentaron la sensación de soledad que Audra experimentó segundos antes.

Las palabras del reverendo Baxter penetraron intensamente en el alma de Audra... para bien o para mal... en la riqueza o en la pobreza... en la salud y en la enfermedad... por sobre todos los demás. Por supuesto que haría a un lado a todos los demás. ¿Cómo podría alguna vez querer a alguien que no fuese Vincent? La idea era absurda.

Antes de que se diera cuenta, la ceremonia había llegado a su fin.

Estaban casados. Ella era la señora de Vincent Crowther. Volvió a recorrer la nave central de la iglesia, esta vez apoyada en el brazo de su marido mientras el organista interpretaba con entusiasmo la *Marcha nupcial*, de Mendelssohn, cuya melodía alegre y solemne llenaba el ámbito del templo.

Vincent y ella permanecieron algunos instantes en la escalinata de acceso a la iglesia para que les tomaran algunas fotografías y saludar a familiares y amigos, a la familia Bell y a Mrs. Lennox, que había viajado desde Ripon para asistir a la ceremonia.

Y después, entre risas y un diluvio de arroz y de confites, corrieron hacia el coche que los esperaba junto a la verja del atrio. Phil, el tío de Vincent, los llevó hasta Calpher House, donde los Bell les ofrecieron un almuerzo de bodas con champaña.

Sentada muy cerca de su flamante marido, en el asiento trasero del coche, Audra le sonrió y después miró la alianza de oro que Vincent había colocado en su dedo. Nunca imaginó que llegaría a ser tan feliz.

Capítulo 11

La luz de la luna la había transformado en una estatua de plata.

Estaba parada cerca de la ventana, inmóvil, mirando el mar, con un brazo apoyado sobre el alféizar y el cuerpo en ángulo oblicuo, vuelto hacia el interior de la habitación de modo tal que su rostro se veía de perfil. El camisón de satén blanco recibía y absorbía el reflejo de luz de la luna llena, y en medio de la penumbra de la habitación adquiría un tono plateado.

Había algo etéreo e ilusorio en ella mientras permanecía allí, inmóvil. Sin ser visto, Vincent la observó desde la puerta, incapaz de apartar sus ojos de la figura de Audra, ávido por prolongar ese momento, por grabar esa imagen de su mujer en su mente y en su memoria.

Le parecía imposible que fuese un ser humano real, en vez de parte de un antiguo sueño que en ese momento se repetía. Tenía la sensación de que, si se movía o hablaba, la escena se desvanecería como sucedía con todos los sueños, y que la perdería para siempre.

Mientras la observaba, le taladró el deseo que Audra siempre despertaba en él, con la misma urgencia que sentía siempre que se encontraba cerca de ella. Jamás había deseado tanto a una mujer. Cuando el sábado por la tarde llegaron al hotel Victoria de la Bahía de Robin Hood, a él le resultó imposible contenerse. Las emociones del día, el deseo constantemente reprimido durante los últimos cinco meses, hicieron eclosión al minuto de estar solos en la *suite*. La llevó a la cama enseguida, aun antes de haber deshecho el equipaje.

En cinco días, apenas si habían abandonado la *suite*.

Vincent se convirtió en el profesor inspirado y hábil, disfrutando de su papel; ella, en la alumna atenta y ardiente, ansiosa, siempre dispuesta a satisfacer sus deseos. Y después de un par de días empezó a vencer su pudor y su timidez, hasta que ya en ese momento se mostraba completamente tranquila cuando hacían el amor. Aceptaba todo sin reservas y llevaba escrita en el rostro la adoración que sentía por él. Vincent se regocijó al descubrir que esa virgen tan tierna y ruborosa poseía una profunda sensualidad, comparable a la suya, y le emocionaba comprobar que el ardor de su esposa empezaba a igualar el suyo.

Oh, cuánto amaba a esa joven cálida y deseosa de complacerlo que ya era suya... ¡y para siempre! Su mujer. Su amante. Su esposa.

El hecho de saber que la poseía en todos los sentidos era como un afrodisíaco, y con sólo mirarla, Vincent se excitaba. Observó fijamente su figura delgada y sin embargo tan bien formada, que se revelaba claramente a través de la leve textura del satén que se le adhería al cuerpo en una manera sumamente provocativa. Audra tenía huesos pequeños... pero curvas maravillosas. Sus pechos se veían altos y erguidos bajo el camisón. Vincent hasta alcanzaba a percibir sus pezones, que se destacaban con claridad.

Sintió un dolor sordo en la ingle. De repente tuvo una enorme erección.

Dio un paso adelante.

Ella volvió la cabeza hacia la puerta, lo vio y le sonrió. Al llegar a su lado, Vincent tomó el rostro de Audra entre sus manos, y con enorme ternura, la miró profundamente a los ojos. En la débil penumbra, le parecieron negros como tizones ardientes. Entonces se inclinó y la besó en la frente, en los ojos, en las mejillas, y percibió el gusto salado de sus lágrimas.

Sobresaltado se echó hacia atrás y la miró desconcertado.

–Audra, ¿qué te pasa, mi amor? ¿No eres feliz conmigo?

En ese momento su erección desapareció.

–¡Oh, Vincent, claro que soy feliz! ¡Por supuesto que lo soy! –Se le acercó más, le echó los brazos al cuello y apoyó la cabeza contra el pecho suave y desnudo de su marido. Lanzó un profundo suspiro.

–Entonces ¿qué te pasa? ¿Por qué estás tan angustiada?

–No estoy angustiada. ¡En serio que no lo estoy!

Se le acercó más con la esperanza de que su proximidad lo tranquilizara. Amaba muchísimo a ese hombre; lo amaba con todo su corazón, su alma y su mente. Y no quería que interpretara mal sus lágrimas.

Entonces, explicó lentamente lo que le había sucedido.

–Estaba aquí, esperándote, admirando la belleza del mar a la luz de la luna, y de repente pensé en los interminables kilómetros de océano que separan este lugar de Australia. Y de pronto añoré muchísimo a Frederick y a William. Sentí una especie de terrible opresión en el pecho. Me sentí muy triste y deseé que estuvieran aquí, en Inglaterra. En alguna parte. En la que fuera. En realidad no me importaba donde, mientras estuviesen bajo el mismo cielo que yo. Pensé en nuestra boda y eso fue lo que me hizo empezar a llorar. ¡Si supieras cómo me hubiera gustado que estuvieran presentes, Vincent, que hubieran presenciado la ceremonia de nuestro casamiento! –Volvió a suspirar, pero esa vez fue un suspiro leve y apenas audible–. En la iglesia hubo un momento, justo antes de que el vicario nos casara, en que me sentí absoluta y completamente sola. ¡Fue espantoso!

–Sí te comprendo –murmuró él con ternura, apretándola más contra su cuerpo y acariciándole el pelo–. Por supuesto que debes de haber echado de menos a tus hermanos y deseado que estuvieran allí; es lo más natural del mundo. –Le besó la cabeza–. Pero desde el instante que nos casamos, ya no estás sola, Audra. Y nunca volverás a estarlo. Ahora me tienes a mí.

–Ya lo sé, Vincent. Y tú me tienes a mí.

–Nunca olvidaré lo que me impresionaste el sábado por la mañana en la iglesia, Audra. No lo olvidaré mientras viva. ¡Estabas tan bonita con ese vestido azul! Siempre deberías vestirte de azul. Te queda muy bien, mi amor.

La sintió sonreír contra su pecho. Comprendió que su tristeza desaparecía, y eso le alegró.

–Vincent... dime de nuevo..., ya sabes..., las cosas que me dijiste anoche –pidió ella.

Él rió con suavidad.

–Anoche te dije muchísimas cosas. ¿A cuáles te refieres en particular?

–A los motivos por los que te casaste conmigo.

–Porque te amo.

–¿Y por qué me amas?

Volvió a reír, pero de forma casi inaudible.

–¡Dímelo! –insistió ella en voz baja y susurrante mientras le acariciaba los hombros.

Ese contacto le hizo estremecerse. Instantáneamente la deseó.

–Porque me gusta mirarte, me gusta oírte, me gusta que me acaricies. ¡Oh, Audra!... ¡Mi amor!

Le echó la cabeza hacia atrás para besarle el cuello y la suave boca. La sangre empezó a agolparse en sus venas. La deseaba con una urgencia desesperada.

Ella respondía ardientemente a sus besos. Cuando él movía los labios contra los de ella, Audra abría la boca levemente para que su lengua cálida y llena de amor pudiera entrar y descansar contra la suya. Vincent la abrazó con más fuerza y la besó apasionadamente.

Audra cambió levemente de posición para que los cuerpos de ambos pudieran fundirse uno contra el otro. Al acercársele sintió su dureza contra el vientre, a través del delgado camisón de satén. Se estremeció involuntariamente. Una excitación feroz y repentina la dominó y el temblor de su cuerpo se intensificó cuando presintió lo que iba a suceder y al pensar en lo que sentía cada vez que él la hacía suya. La primera vez que hicieron el amor, la noche de bodas, ella se llenó de aprensiones al verlo parado desnudo frente a ella. Pero él actuó con tanto cuidado, tanta ternura y tan exquisitamente, que el dolor sólo se redujo a algunos momentos de incomodidad y en ese momento encajaban a la perfección el uno con el otro.

Inesperadamente, Vincent dejó de besarla.

Retrocedió un paso, deslizó los tirantes del camisón de Audra por sus hombros y se lo bajó hasta la cintura, dejándole el pecho desnudo. La prenda cayó al suelo y quedó a los pies de Audra como un estanque plateado.

Vincent se volvió a hundir profundamente en los ojos de ella, con un amor que se le escapaba por la mirada. Levantó una mano, y le acarició la mejilla. Después de un largo rato, bajó la mirada y, arrodillándose frente a ella, descansó la cabeza contra su vientre y la rodeó con sus brazos. Apretando las manos contra la espalda de su mujer, le recorrió con lentitud las nalgas, le movió suavemente el cuerpo y ajustó al de él el ritmo de sus movimientos.

Ante sus caricias, ella tembló y se sintió sobrecogida por el deseo. La sangre se le agolpaba en las venas, el corazón le latía aceleradamente y sentía un hormigueo en la piel. Entonces le acarició el pelo y después dejó caer las manos y las apoyó en los viriles hombros.

Cubriéndole el vientre con besos breves y fugaces, él continuó acariciándole la espalda, las nalgas y muslos. Después se alejó apenas de ella, se apoyó sobre sus talones y empezó a acariciarle el vientre. Por fin sus manos se detuvieron en el sedoso mechón de pelo entre sus piernas. Lentamente, con infinito cuidado, Vincent separó los tiernos pétalos y acarició los pequeños pliegues de piel cálida y húmeda que protegían su femineidad.

Le besó el ombligo y el vientre. Eran besos largos, lentos, y sus manos no dejaban de juguetear con los pliegues de su sexo, tocando y buscando. Empezó a frotar la nariz contra la parte más íntima de su mujer, a besársela, y al hacerlo la oyó lanzar suaves quejidos. Audra lo tomó por los hombros y se le acercó aún más, y él la llevó hasta los límites del éxtasis.

De repente Vincent se detuvo, y la alejó de su cuerpo.

Ella contuvo el aliento, abrió rápidamente los ojos y miró con la boca abierta.

La tomó con firmeza por las muñecas y la obligó a tenderse en el suelo, a su lado. Con impaciencia se quitó de un puntapié el pantalón del pijama, se estiró sobre la alfombra, envolvió el cuerpo de ella con el suyo y la mantuvo cerca de sí. A pesar de la urgente necesidad que tenía de poseerla, quería prolongar durante un rato más ese acto de amor.

Se alzó, apoyándose sobre un codo, y la miró. Los ojos de ambos estaban tan llenos de pasión, de intensidad, traslucían un sentimiento tan profundo que parecía quemarlos. Vincent tuvo la sensación de estar contemplando el fondo del alma de su mujer. En su mirada se percibía un amor sin límites. Y Audra, a su vez, al observar los ojos verde claro de su marido, percibió en ellos el deseo ardiente, la sorpresa maravillada y un temblor de lágrimas y, con el corazón apretado, levantó una mano para acariciarle la cara.

Fue Vincent quien finalmente quebró el contacto de las miradas. De repente le resultó insoportable seguir mirándola así, tan conmovido se encontraba y tan ahogado por los sentimientos.

En ese momento admiró el cuerpo de su mujer que se encontraba tendido frente a él.

¡Que translúcido se veía a la luz de la luna que entraba a torrentes por la ventana abierta! Audra parecía una pieza de mármol perfectamente esculpido, salvo que no era fría. Era cálida y deseable, hecha de carne y sangre. Y qué hermosos eran sus pechos, tono perla, redondeados y suaves, y sus pezones erguidos y duros como pimpollos del mes de mayo, y de un tono rosado intenso.

–¡Oh, Audra! –suspiró–. ¡Mi Audra! ¡Eres tan hermosa!

Sonriendo apenas, ella levantó una mano, le pasó un dedo por los labios y trazó el perfil de la boca de su marido. Él le tomó esa mano, le besó la palma, y después se inclinó sobre ella para apoyar la boca en la línea que dividía sus pechos y la besó allí, disfrutando del fragante aroma de su piel dulce y juvenil. Casi al momento, le rodeó un pecho con la mano y empezó a acariciarle el pezón. Ante sus caricias el pezón se irguió y se puso más duro que nunca. Audra lanzó un jadeo de alegría cuando la boca de su marido se apoyó sobre su otro pecho.

Adhirió su cuerpo al de él, le pasó las manos por la espalda, por el cuello, y después enlazó sus dedos en el pelo oscuro de Vincent.

–¡Oh, Vincent, Vincent, te quiero tanto! –exclamó con voz ronca.

Al oírla pronunciar su nombre, él se alejó y se movió con rapidez, se apoyó sobre el pavimento con ambas manos.

Ya no había por qué esperar. No podía contenerse más. La poseyó con urgencia, sintiendo una tremenda necesidad de unirse a ella, de ser ambos uno solo. La penetró más y más profundamente, recreándose en el abrazo total de Audra, un abrazo que lo envolvía de amor y de calidez, y que le hacía sentirse completo de un modo que jamás había experimentado, salvo con ella.

¡Ah, sí! ¡Cómo amaba... a esa hermosa muchacha que tenía en sus brazos..., a su maravillosa esposa! Era suya. Habían sido hechos el uno para el otro, estaba previsto que debían encontrarse y vivir juntos. Y ¡oh! ¡Qué bien cabía él dentro de ella!

Deslizó las manos debajo del cuerpo de Audra y la alzó para acercarla más a él, agarrándola con fuerza mientras entraba y salía de su cuerpo. Y ella se alzó para que a él le resultara más fácil penetrarla. Los brazos de Audra se aferraron a su marido y se unió a él con propia urgencia.

Vincent lanzó un grito de placer, la nombró una y otra vez, manteniéndola asida como si no pudiera soltarla. Sabía que no podría controlarse mucho tiempo más, que estaba a punto de explotar. Le pareció que era posible perder el sentido. Tenía la sensación de estar cayendo desde una enorme altura... y caía, caía, caía.

–¡Ah, estoy listo! –Jadeó contra las mejillas ardientes de ella– ¡Oh Audra! ¡Apodérate de todo mi ser! ¡Ahora mismo!

–¡Oh, Vincent!

Arqueó el cuerpo hacia el de su marido, tal como a él le gustaba, haciéndole eco de su pasión, aceptándolo con amor, ofreciéndole su mutuo ardor sin restricción alguna.

Sucumbió a una oleada tras otra de la más pura alegría, y sintió que se ahogaba en su propio placer, y en el de él. De repente empezó a temblar incontroladamente, y ascendió a la cresta de una alta ola; al hacerlo sintió que un inmenso estremecimiento sacudía a Vincent y en ese momento estuvieron más unidos que nunca en su aniquilamiento compartido. Y entonces él cayó contra ella, permaneció exhausto en sus brazos, y Audra le acarició el pelo, apoyó su cabeza en la de él sintiéndose igualmente rendida y sobrecogida por sus emociones.

A los pocos minutos, Vincent se levantó.

–Soy demasiado pesado –murmuró.

–No, no te preocupes. De todas maneras me gusta sentir el peso de tu cuerpo sobre el mío –susurró ella, y entonces agitó la cabeza–. Pero ¿por qué hablo en susurros? –preguntó.

–No tengo la menor idea. Y sólo Dios sabe por qué estamos aquí, tirados en el suelo –contestó Vincent con una risita.

–¿Qué es lo que te resulta tan divertido?

–Yo mismo, cariño. Me he pasado meses y meses sin poder pensar más que en hacerte el amor en una cama cómoda, y ahora que la tenemos en el cuarto de al lado, yo la ignoro y elijo el pavimento. ¡No te parece el colmo! –Se apoyó en un codo y le apartó un mechón de pelo de la cara–. De todos modos es culpa tuya.

–¿Por qué?

–Porque eres una pequeña seductora, por eso. Estabas ahí, parada junto a la ventana, a la luz de la luna, y mi corazón pegó un salto mortal. No pude resistirlo. Tenía que poseerte. Aquí mismo, en el suelo. –Volvió a lanzar una risita–. No hay remedio, me excitas muchísimo, amor mío.

Audra no le respondió y apartó la mirada. Vincent percibió su repentina timidez, su incomodidad. Eso era algo curioso en ella..., había descubierto que su mujer era una viva contradicción. Desde el momento en que la hizo suya, durante la primera noche de luna de miel, había sido una compañera generosa y entregada, que no cuestionaba nada y hacía todo lo que él deseaba. Sin embargo, después de hacer el amor nunca quería hablar sobre el placer que acababan de compartir; así como tampoco le gustaba que él lo mencionara. Vincent notó que ella invariablemente caía en una reticencia extraordinaria. Era como si corriera un velo, dejándolo fuera. Supuso que esa actitud se debía a su educación. Cuando se es una dama, se considera que está bien hacerlo; pero no se estima correcto hablar de ello. Bueno, no importaba. A la larga esas cosas realmente no tenían importancia. Ella le pertenecía y él la amaba tal como era.

Vincent se puso de pie y le ofreció la mano para ayudarla a levantarse. Después de ahogarla prácticamente en un abrazo de oso, recogió su camisón, se lo puso y, en seguida, él también se puso el pijama.

–No sé qué dirás tú, pero de repente estoy muerto de hambre. Te propongo que hagamos un picnic con el contenido de esa fuente de frutas. –Mientras hablaba, se acercó a la mesa y la tomó.

–¡Qué buena idea! –exclamó Audra–. También tengo un poco de hambre.

Rodeándole el cuerpo con un brazo, Vincent la condujo al dormitorio. Se instalaron en el centro de la amplia cama, en la que se sentaron con las piernas cruzadas y se dedicaron a comer jugosas manzanas. Un par de minutos después Vincent regresó al cuarto vecino a buscar una botella de vino empezada que había encargado con la comida. La llevó al dormitorio con dos vasos, que después llenó. Le entregó uno a Audra y volvió a sentarse en la cama. Colocó una almohada detrás de su espalda, se instaló con comodidad y encendió un cigarrillo.

–Cuéntame más acerca de High Cleugh, y de tu vida cuando eras pequeña –pidió.

–¡Dios mío! Eres insaciable, y mi pasado no es particularmente interesante –contestó ella con una pequeña carcajada–. Además te toca el turno a ti.

Él le hizo una mueca.

–No hay mucho que contar... ya sabes todo lo que se refiere a mis aventuras infantiles con mi amigo Redvers Buller. –Le guiñó un ojo–. No puedo creer que quieras que te las cuente de nuevo, que te repita los líos en que nos metíamos y los azotes que nos daba el maestro. Son cosas muy aburridas.

–¡Pero eres tan buen narrador, Vincent!

–Bueno, no estoy tan seguro de eso, mi amor. –Aspiró profundamente el humo de su cigarrillo, y lo exhaló formando un aro; a continuación le dedicó una de sus sonrisas juveniles y descaradas, y sus ojos verdes relampagueaban cuando se inclinó para mirarla, e insistió–. ¡Vamos, Audra! ¡Cuéntame más acerca de tu madre y de tu tío Peter...! La hermosa Edith Kenton y el apuesto capitán del ejército. Debo admitir que son dos personajes que me intrigan.

–¿Ah, sí? Eres un verdadero romántico, Vincent.

–¿En serio? –preguntó él con aire de duda.

–Por supuesto –replicó Audra sonriente–. ¿Quieres que te cuente el misterio de la desaparición de los zafiros?

–Tus pupilas son como zafiros, ¿lo sabías? –Él la miró con el alma en los ojos y le arrojó un beso.

–Bueno, ¿quieres oír la historia, o no?

–Sí.

Cuando ella empezó a hablar, él se reclinó en las almohadas y la escuchó con atención mientras bebía su vino. Vincent estaba tan fascinado e impresionado por los antecedentes familiares de Audra, como enamorado de ella. Y por lo tanto era natural que le gustara que hablase acerca de su infancia; le encantaba en particular el sonido melodioso de su voz cuando se refería a esa época con tanto amor.

Capítulo 12

–Cierra los ojos –pidió Audra– y mantenlos cerrados hasta que te diga que los abras.

–Muy bien –contestó Vincent, obedeciendo.

Audra lo miró con adoración. Ese día su felicidad no tenía límites.

Tomó la mano de su marido y lo guió por el pasto.

–No te preocupes, camina naturalmente –le dijo.

–Eso es lo que estoy haciendo.

Audra sonrió.

–Faltan apenas unos pasos –anunció ella, siempre guiándolo. Entonces le apretó un poco la mano–. Vuelve la cabeza hacia mi lado, un poquito más a la izquierda.

Vincent siguió sus instrucciones.

–¡Hola! –exclamó Audra.

Vincent abrió los ojos y durante unos breves instantes la brillante luz matinal lo obligó a parpadear, después alzó una mano para colocársela de pantalla sobre los ojos. Los entrecerró para no deslumbrarse y enfocar claramente la mirada.

–Mira, allá, cerca de los árboles... en esa cañada.

Él miró en la dirección que ella le señalaba. Contuvo el aliento.

–¿Ésa es High Cleugh? –preguntó con una voz extraña y ahogada mientras contemplaba estupefacto la antigua mansión solariega.

–Sí –contestó Audra, y al mirarlo frunció el ceño, preocupada–. ¡Pareces tan sorprendido! ¿Te desilusiona? Sin duda no te parece tan maravillosa como yo te la describí.

–¡Sí, sí! –Se apresuró a tranquilizarla–. Pero es enorme, Audra, y produce una sensación de grandiosidad. Yo no tenía la menor idea. Quiero decir que nunca imaginé que fuese una casa así... ya sabes a lo que me refiero... es una verdadera mansión.

A Vincent le resultaba imposible disimular la admiración que le producía. Era evidente que estaba muy impresionado.

Audra le oprimió la mano con fuerza.

–Parece mucho más grande de lo que en realidad es, Vincent.

–Tal vez, pero es mucho más grande que cualquier casa de las que yo estoy acostumbrado a ver, cariño. ¡Y esos jardines! Te aseguro que me dejan sin aliento.

Audra sonrió de oreja a oreja.

–Los diseñó y los plantó mi madre, y allá abajo, cerca del río, están sus espuelas de caballero. Cada vez que veo espuelas de caballero, pienso en ella y en High Cleugh.

–Y decididamente entiendo por qué, mi amor.

–Si observas con atención el río, allí a tu derecha, verás el caminito de piedras para cruzarlo del que te hablé. Por allí atravesábamos para venir aquí a hacer nuestras meriendas campestres. Y éste es el Lugar de los Recuerdos. Por supuesto que en esa época no se llamaba así. Es el apodo que le puse después... –Se le quebró la voz, miró para el otro lado y en su tono había un deje de tristeza cuando siguió hablando–. Después de que ellos murieron y mi tía nos separó a mis hermanos y a mí.

–Sí –contestó él, rodeándole los hombros con un brazo como para consolarla.

Audra levantó la cabeza para mirarlo y le dedicó una sonrisa.

Vincent se la retribuyó, sin dejar de observarla atentamente, con la esperanza de que el hecho de haber ido allí no la hubiese angustiado innecesariamente. Días antes, cuando él le pidió que le mostrara High Cleugh en el camino de regreso a Leeds desde la bahía de Robin Hood, no se detuvo a pensar que esa visita podría removerle recuerdos que la entristecerían. Después de todo, Audra aceptó con ganas, casi con entusiasmo. Pero en ese momento no podía dejar de pensar que tal vez se había mostrado insensible. Los ojos vivaces de su mujer estaban sospechosamente húmedos.

Vincent se aclaró la garganta.

–¿Estás segura de que quieres que comamos aquí nuestro almuerzo, Audra, mi amor?

–Eso es justamente lo que yo pensaba. Es un lugar tan bonito, y se ve un paisaje precioso a kilómetros a la redonda. ¿Tú no quieres que nos quedemos aquí? –preguntó con un velo de preocupación en la voz y deseando, como siempre, complacerlo.

–Sí. Estoy de acuerdo con lo que tú digas.

Se inclinó, la besó en la mejilla y después se acercó al plátano. Pocos minutos antes había depositado bajo las amplias ramas dos bolsas. Las alzó y las llevó a la cima de la colina sobre el río Ure, donde Audra se había quedado parada. De una de las bolsas sacó una manta escocesa, la sacudió y la extendió a los pies de Audra.

Y después, con un enorme florero, le hizo una reverencia al estilo de las de los caballeros antiguos.

–Mi capa para su comodidad, señora, y le ruego que tome asiento para que podamos compartir nuestra merienda –dijo, remedando con exageración el tono empleado por la gente de la clase alta.

Riendo a carcajadas y con los ojos resplandecientes de felicidad, Audra le devolvió el saludo con una pequeña reverencia.

–Se lo agradezco muchísimo, sir Galahad –contestó, y con su gracia habitual se dejó caer sobre la manta.

Vincent unió las suyas a las carcajadas de su mujer y se instaló a su lado.

–Debo decir que el conserje del hotel Victoria estuvo muy amable al hacernos preparar esta comida para la excursión, ¿no te parece? –Mientras hablaba empezó a sacar paquetitos de la otra bolsa.

–Sí, estuvo de lo más amable –convino Audra, ayudándole en su tarea–. ¡Oh, mira! ¡El *chef* incluyó también unos exquisitos huevos a la escocesa! –exclamó desenvolviendo un paquete de papel encerado y mostrándole los huevos duros rodeados por salchichas.

Vincent los miró con admiración.

–Bueno, parecen tan ricos como los que prepara mi madre –comentó, y se le hizo la boca agua–. Y yo acabo de descubrir una bolsa de cebollitas y una de excelente queso Wensleydale. –Le dirigió una inmensa sonrisa–. Más vale que demos buena cuenta de todo eso, Audra. ¡Ah! Y aquí está tu botella de leche, mi pequeña.

–Gracias, Vincent.

Los dos estaban hambrientos después del largo trayecto desde la Bahía de Robin Hood hasta Ripon, y de haber cruzado los extensos páramos de North Yorkshire. Así que hablaron muy poco mientras devoraban los deliciosos manjares que el hotel les había proporcionado para el picnic.

Era un día de junio excepcional.

El cielo tenía un azul profundo y el sol brillaba en toda su intensidad. Una levísima brisa corría a través de los árboles pero no había otro sonido, aparte del leve gorgoteo del agua del río, el canto ocasional de algún pájaro salvaje o el batir de sus alas cuando se elevaba hacia el cielo.

Ni a Audra ni a Vincent les molestaban esos silencios que con frecuencia se establecían entre ellos. En realidad los encontraban agradables, como todo lo que hacían juntos. Les bastaba con estar uno al lado del otro y saber que no siempre necesitaban mantener conversaciones forzadas. Se hallaban siempre en una total comodidad; había sido así desde enero, al principio de su relación.

Audra estudió subrepticiamente a su marido.

Ese día era doce de junio, y él cumplía veinticinco años. Pero a ella le parecía mucho más joven. Tal vez fuera debido a su tez tan fresca y al tostado adquirido durante los últimos días. A pesar de haber pasado encerrados en la suite del hotel buena parte de la luna de miel, también aprovecharon a fondo el tiempo que estuvieron al aire libre. Caminaron mucho, y cuando ella se aventuró a trepar al arrecife que venía pintiparado para reproducirlo en acuarela de la Bahía de Robin Hood, él insistió en acompañarla. Y mientras Audra pintaba, Vincent leía el diario, estudiaba su hoja de predicciones y después se echaba al lado de su mujer a tomar el sol.

De repente Audra se preguntó qué diría Vincent si ella le confiara que no había disfrutado demasiado del día de su casamiento. En realidad, de verdad, no lo habría disfrutado nada si él no hubiese estado presente. Rió para sus adentros ante la ridiculez de ese pensamiento. Obviamente, sin la presencia de Vincent Crowther, no hubiese habido boda.

Sin embargo, él se divirtió en la celebración. En todos sus aspectos y en cualquier sentido. Se sintió cómodo con todo el mundo: sonrió, rió y estrechó multitud de manos. Tanto era así que ella quedó muy impresionada por su manera de ser tan alegre y despreocupada. Vincent era decididamente imperturbable, actuaba en Calpher House como si fuese el dueño de la mansión. Y eso no quería decir que su comportamiento fuese ofensivo para la familia Bell ni para nadie..., sólo envidiable, por lo menos en lo que a ella se refería. Porque ella se sintió incómoda casi todo el tiempo, aunque luchó por ocultarlo tras sus modales llenos de gracia y una resplandeciente sonrisa que no borró ni un instante de su rostro.

Desde el principio percibió extrañas corrientes ocultas en la recepción. Vincent ni siquiera se dio cuenta de que existían.

Para empezar, se creó incomodidad entre la familia Thornton y la familia Crowther y en el lapso de una hora esa incomodidad se convirtió en velada antipatía. La inquietud que sentía Audra se fue trocando en angustia y se dio cuenta de que cada vez estaba más callada con todo el mundo. Mientras tanto, Vincent, lleno de afabilidad, cada vez se mostraba más expansivo.

En determinado momento Audra entró en el elegante comedor de los Bell buscando a Vincent. Allí Mr. Agiter junto con Cora y Dodie habían servido el desayuno, una maravillosa selección de delicadezas preparadas por Mrs. Jackson. Instantáneamente notó la presencia de Owen y Charlie, reunidos en un rincón, con las cabezas juntas y aspecto de conspiradores. Justo cuando ella iba a volverse para salir, observó que ambos clavaban sus miradas en Vincent, que se encontraba en el otro extremo de la habitación conversando con Irene Bell. Lo miraban fijamente, dagas en mano, en pie de guerra.

«Si las miradas mataran, Vincent caería muerto en ese mismo instante», pensó Audra, sintiendo que se le erizaba la piel. Volviendo la cara se apresuró a reunirse con su marido y le cogió del brazo con un gesto casi protector.

Después de conversar unos instantes con Mrs. Bell, Audra le pidió que los disculpara argumentando que quería que Vincent conociera mejor a Mrs. Lennox. Sin soltarle el brazo, lo condujo hacia el vestíbulo principal. Pero interiormente se encontraba enferma. Y terriblemente herida.

Así que se sintió aliviada y hasta contenta de partir de viaje de novios lo antes posible, después de esperar lo necesario como para no ofender con su prisa a la familia Bell. Ellos habían sido muy generosos y no quería que pensaran que no apreciaba su actitud. Por supuesto que Vincent, con lo sociable que era, hubiese querido quedarse más tiempo.

Audra cambió levemente de posición sobre la manta escocesa, estiró las piernas y tomó un trozo de queso que mordisqueó con aire ausente mientras trataba de no pensar en Gwen. Pero descubrió que le resultaba imposible.

Vincent no le gustaba a su mejor amiga.

Ésa era la pura verdad, y preocupaba muchísimo a Audra. Por desgracia, Gwen le tomó antipatía a Vincent mucho antes de conocerlo: las palabras que pronunció la noche de las fogatas todavía resonaban en sus oídos. Todo era a causa de Charlie, por supuesto. Gwen condenó a Vincent sin tomarse el trabajo de tratar de conocerlo, simplemente porque ella lo prefirió en lugar de elegir a su hermano.

«Qué inmaduro es el comportamiento de Gwen», pensó Audra. La desilusionaba; ella ciertamente esperaba más de su mejor amiga. Y habiendo valorado tanto esa amistad desde el día en que comenzó, le preocupaba que se viese amenazada. Pero era Gwen y no ella quien la ponía en la picota. Audra le tenía muchísimo cariño y no quería perderla. Pero también amaba a su marido. Si ellas iban a continuar viéndose, Gwen tendría que ser más amable con Vincent. Él estaba primero. Y Vincent, que no se había dado cuenta de la antipatía que le profesaba la amiga de su mujer, siempre se mostraba amistoso y cordial con ella. Desde el punto de vista de Audra, merecía haber recibido un trato mejor por parte de la que era casi su familia.

Audra ahogó un suspiro y se estiró sobre la manta, enfrascada en sus pensamientos. Tenía que encontrar la manera de demostrarle a Gwen lo injusta que era. No quería que la amistad entre ambas muriera debido a su matrimonio. Estaba decidida a hablar con ella lo antes posible. «Tendré que ser diplomática», pensó, y enseguida empezó a ensayar lo que diría.

Vincent, por su parte, rumiaba con respecto a High Cleugh.

Desde su llegada a la colina, no hizo más que mirar la mansión de soslayo. Y en ese momento la vieja casa estaba en su línea de visión directa, al otro lado del río, y él sentía una especie de impulso que lo obligaba a mirarla una y otra vez. Y al hacerlo, no podía dejar de pensar en la casita que él y Audra habían encontrado en Upper Armley y que alquilaron un mes antes.

Cuando un día, accidentalmente, se toparon con ella, él consideró que eran muy afortunados. La casa era sólida, estaba en buen estado de conservación y su ubicación le resultaba muy conveniente para viajar a su trabajo. Pero de repente había perdido todo su encanto. ¡Qué pequeña e insignificante era en comparación con High Cleugh, donde su mujer había nacido y se había criado! ¡Y lo que él le ofrecía resultaba inferior!

Volvió la cabeza y estudió a Audra como en un relámpago de objetividad sin precedentes. ¡Qué bonita estaba con su vestido amarillo, fresca y deseable en todos los aspectos! ¡Y además tenía tantas virtudes! Estaba convencido de que sería la mejor esposa del mundo. Y aunque no fuese muy dado a la introspección, Vincent se enfrascó en sus pensamientos mientras contemplaba a Audra.

Si las circunstancias de su vida hubiesen sido distintas, jamás le habrían permitido casarse con él.

Este inesperado pensamiento sacudió a Vincent hasta el fondo del alma. La posibilidad de que la familia de ella se hubiese opuesto a que se casara con él, hasta ese momento no se le había ocurrido jamás, pero ahora que lo pensaba, sabía que era una presunción absolutamente correcta y le deprimía. De repente recordó una frase de su madre: «Estás buscándote problemas, eso es lo que estás haciendo, hijo mío. Si te casas con ella, llegarás a lamentar el día en que la conociste». Laurette también se opuso al casamiento a pesar de lo mucho que Audra le gustaba.

–Vosotros dos pertenecéis a mundos distintos –explicó la hermana, cuando él la desafió a que le explicara los motivos por los que se oponía a la unión–. No dará resultado. Por su cuna y por su educación, Audra es una dama.

En su esfuerzo por convencer a Laurette de que eso no tenía importancia, él le contó lo dura que había sido la vida de Audra primero como sirvienta y después como enfermera en el hospital. Ella lo miró, incrédula.

–¡No seas tan imbécil, Vincent! ¡Qué tendrá que ver una cosa con la otra! Su educación y su clase social siempre formarán parte de su personalidad. Audra es distinta de ti y de mí, de nosotros. ¡Y créeme que esa diferencia establece una enorme barrera!

Siempre pronto a enardecerse ante la menor provocación, él se enfureció y salió de la casa como una tromba. Y a partir de ese momento estuvo alejado de su hermana favorita durante semanas. Vincent tenía ideas propias, así que siguió con sus planes e hizo lo que le parecía. Y lo que le parecía era que debía casarse con Audra a pesar de la oposición de su familia, que ella ignoraba por completo.

Vincent seguía convencido de que su madre y su hermana estaban equivocadas. Sin duda no tenía ninguna importancia que él y Audra pertenecieran a distintas categorías sociales. Se amaban. Eso era todo lo que contaba, ¿verdad?

Audra con los ojos fijos en Vincent percibió un cambio en él.

–¿Estás bien? –preguntó–. Te noto un poco raro.

–¡Estoy perfectamente, cariño mío! –contestó él, con una carcajada un tanto temblorosa.

–Hace un momento me pareciste muy preocupado. ¿Estás seguro de que no hay nada que te moleste?

Vincent se esforzó por sonreír con despreocupación.

–Nunca me sentí mejor –exclamó, y tuvo la habilidad de agregar–: Lo que pasa es que lamento que éste sea el último día de nuestra luna de miel y que se esté terminando.

–Todavía no. –Audra lo besó en la mejilla y lo miró atentamente con ojos llenos de amor–. Todavía nos queda el resto de la tarde y esta noche en Harrogate. Festejaremos tu cumpleaños con una espléndida comida en el White Swan. Es un hotel muy bonito. Te gustará pasar allí la noche.

Audra se echó hacia atrás, inclinó la cabeza a un lado y siguió hablando.

–Y, a pesar de que nuestra luna de miel termine mañana, nuestra vida juntos acaba de empezar, Vincent. Piensa en eso... Y además estoy segura de que tú y yo vamos a vivir una existencia maravillosa.

–Sí –contestó él, tranquilizándose.

De repente Audra se puso animada y conversadora y adquirió una nueva vivacidad. Le habló a Vincent largo y tendido sobre el futuro y se mostró llena de entusiasmo por todas las cosas buenas que les depararía el destino.

Capítulo 13

–¿Ves algo que te pertenezca, Audra? –preguntó Vincent, mientras observaba con sus verdes ojos de expresión alerta el cuarto de estar de The Grange.

–Esos dos óleos que están colgados uno a cada lado del ventanal y la acuarela de esa otra pared –contestó ella–. Fueron pintados por mi padre. Si los observas de cerca verás que están firmados por Adrian Kenton.

Vincent cruzó la habitación, observó los dos hermosos paisajes y después la naturaleza muerta y asintió con la cabeza. Se volvió para mirar a Audra que permanecía cerca de la chimenea.

–¿Qué más te pertenece?

–Casi todos los muebles de esta habitación. El arcón con incrustaciones, que está cerca de la puerta, dos mesitas estilo Sheraton, y esa consola de allí..., ¡ah!, y el reloj Meissen que está sobre la consola. También hay dos sillas estilo Chippendale que deben de estar en otro cuarto.

Además tiene el juego de té de plata georgiano de mi madre, algunas otras piezas más pequeñas de plata y otros tres cuadros, de los cuales sólo uno fue pintado por mi padre. –Una sonrisa de confianza se pintó en el rostro de Audra, que palmeó repetidas veces su cartera–. Aquí tengo el inventario..., y el de las alhajas, así que estoy bien pertrechada... –se detuvo y clavó la mirada en la puerta que en ese momento empezaba a abrirse.

Vincent la imitó. La persona a quien iba a conocer le inspiraba una profunda curiosidad. Había oído bastantes cosas de ella por boca de Audra, y lo que sabía no le gustaba nada.

Alicia Drummond se detuvo en el umbral.

Después de observar con profundo interés a aquella mujer de edad mediana, Vincent pensó: «Estrecha. En ella todo es estrecho. Los ojos, la nariz, la boca, la cara y el cuerpo». Ni siquiera puso en duda que también tuviera una mentalidad estrecha; eso ya lo había deducido por los informes recibidos.

Audra, que no había visto a su tía durante casi seis años, se sobresaltó. Decidió que durante ese tiempo Alicia Drummond no solamente había envejecido considerablemente, sino que además parecía enferma. Estaba ojerosa y demacrada, excesivamente delgada y tenía los ojos hundidos. Llevaba el canoso pelo peinado hacia atrás y recogido en un rodete; se había puesto un vestido marrón de seda que no le quedaba nada bien.

Después de cerrar la puerta, Alicia cruzó la habitación, tiesa como siempre. Cuando habló lo hizo con su voz chillona y su tono lloriqueante.

–¡Hola, Audra! Cuando me escribiste hace dos semanas no me anunciaste que vendrías acompañada. Te esperaba sólo a ti. Me ha sorprendido que la criada me dijera que estabas acompañada por... –antes de terminar la frase estudió a Vincent con ojos llenos de curiosidad y de especulación– ... tu joven amigo. –La frase sonó más como una pregunta que como la afirmación de un hecho concreto.

Audra contestó con tono animado.

–Buenas tardes, tía Alicia. Quiero presentarte a mi marido. Éste es Vincent Crowther. Vincent, te presento a Alicia Drummond, prima hermana de mi madre.

Alicia, que por lo general nunca se quedaba sin saber qué decir, perdió el habla. Marido, pensó, totalmente estupefacta. Ese hombre bien vestido y buen mozo se había casado con la feúcha de Audra. Parecía imposible.

Vincent se adelantó y tendió la mano.

–Encantado de conocerla, Mrs. Drummond.

–¿Cómo está? –saludó Alicia, sopesándolo con su mirada fría.

Vincent se expresaba bien y apenas conservaba un pequeño rastro del acento de las clases bajas de Yorkshire en las vocales, pero Alicia lo percibió de inmediato. «Obrero, más que seguro», se dijo. Bueno, eso lo explicaba todo.

La dueña de la casa señaló el sofá.

–Sentaos los dos –invitó, mientras ella se instalaba en el borde de una silla y dedicaba su atención a Audra–. ¿Por qué no nos avisaste que te casabas?

Audra ignoró la pregunta que, dadas las circunstancias, le pareció ridícula.

–Hemos pasado nuestra luna de miel en la Bahía de Robin Hood, y como estábamos por las inmediaciones en el camino de regreso a Leeds, me pareció que sería una buena idea venir a verte. Quería que conocieras a Vincent porque...

–Me alegro de que lo hayas traído para presentármelo.

–Porque él volverá el sábado que viene con un camión para...

–¿Un camión? –repitió Alicia, perpleja.

–Sí. Vendrá a buscar mis cosas.

–¿Tus cosas?

–Sí, mis cosas, tía Alicia. O tal vez debería decir las cosas de mi madre que me pertenecen desde su muerte y que tú has... tenido aquí en depósito.

–¡Dios mío, Audra! No vas a decirme que piensas meterte en el gasto de alquilar un camión que haga todo el viaje desde Leeds para recoger algunos muebles que no tienen ningún valor.

–¿Que no tienen ningún valor? –repitió Audra, dirigiéndole una aguda mirada–. Yo no diría eso.

–Pues yo sí. Te aseguro que no valen mucho.

–Valgan lo que valgan, quiero tenerlos. Deseo vivir rodeada por las cosas de mi madre. Además, me pertenecen, ya hace mucho tiempo que me pertenecen.

–Creo que un par de mesas viejas apenas merece un esfuerzo tan enorme –replicó Alicia, y adoptando una expresión irónica se volvió hacia Vincent–. ¡Imagínese la ridiculez de la idea de alquilar un camión para pasar a buscar unos cuantos trastos viejos! En mi opinión, lo que piensa hacer Audra es ridículo. ¡Qué manera tan inútil de gastar el dinero! Supongo que usted estará de acuerdo conmigo.

–Audra quiere sus cosas –explicó Vincent en voz baja, pero con gran firmeza–. Y yo estoy decidido a encargarme de que tenga todo lo que desea.

–¡Ah! –exclamó Alicia por todo comentario, mirándolo con desprecio.

–También está el asunto de las alhajas, tía Alicia. Me las llevaré conmigo hoy mismo.

Alicia abrió la boca como si fuese a hablar, pero la cerró, de inmediato, al darse cuenta de la severa determinación de la mirada de Audra y de la curva implacable de su boca.

–No sé con seguridad si las alhajas están aquí –improvisó–. Si mal no recuerdo, mi madre se las llevó a su casa, para tenerlas bajo su cuidado.

–Así que no estás segura –repitió Audra, y su expresión se endureció–. Yo pensé que actuarías con un cuidado escrupuloso, tratándose de objetos que no son tuyos. También me sorprende que tú misma no te hayas puesto en contacto conmigo desde hace semanas. Sabías que a principio de este mes cumplía ventiún años y que a partir de ese momento soy mayor de edad y tengo pleno derecho a lo que es mío. En realidad nunca hubo motivos para que no tuviera en mi poder las cosas de mi madre desde hace años. Mi...

–Hace años no estabas casada –interrumpió Alicia, poniéndose a la defensiva–. ¿Qué habrías hecho con los muebles? ¿Dónde los hubieras puesto?

–Estoy hablando de las alhajas de mi madre –repuso Audra–. Y, precisamente, la persona para quien trabajaba, Irene Bell, me comentó exactamente lo mismo hace un par de semanas. Tanto ella como Mr. Bell estaban muy sorprendidos de que no te hubieras puesto en comunicación conmigo a principios de mayo, para averiguar lo que quería hacer con lo que me dejó mi madre. Mr. Bell es un abogado muy conocido en Leeds, y tiene mucha experiencia en acciones legales y ese tipo de cosas. –Audra clavó en su pariente la mirada significativa de sus ojos azules entrecerrados.

Al sentirse observada con tanta fijeza, Alicia se sonrojó y se sintió incómoda. Estaba preocupada desde el momento en que recibió la carta de Audra. No tenía ganas de devolverle a su sobrina las cosas de su prima y tramaba quedárselas. Pero en ese momento reconsideraba su actitud. No experimentaba el menor deseo de verse envuelta en un asunto con un abogado, ni con ese marido, que tenía todo el aspecto de ser un hombre que se pondría difícil a la menor provocación. Alicia se levantó, luchando por ocultar su irritación. Después de aclararse la garganta, habló en un murmullo.

–Existe la posibilidad de que mi madre haya hablado de la conveniencia de llevarse las alhajas a su casa para hacerse cargo de su cuidado, pero que nunca lo haya llevado a la práctica. Me temo que mi memoria ya no sea tan buena como antes. Es posible que las alhajas todavía estén aquí. Creo que sería mejor que subiera a asegurarme.

–Sí, creo que será mejor –repitió Audra.

Alicia salió apresuradamente, maldiciendo a aquella chica para sus adentros. No estaba preparada para lidiar con abogados ni con maridos.

La había sorprendido con la guardia baja.

En cuanto quedaron solos, Vincent se dirigió a su esposa.

–¡Esa mujer es un demonio!

–Ya sé, está tratando de robarme mis cosas –murmuró Audra.

–No te preocupes, no se lo permitiré. De todos modos, apuesto a que tiene miedo de que Mr. Bell se abalance sobre ella si llega a hacer algo deshonesto. Noté el cambio de expresión de su cara cuando dijiste que era un conocido abogado de Leeds.

Audra se apoyó contra el respaldo del sofá y miró a su alrededor. Aquel cuarto no le gustaba, así como no le gustaba la casa ni la gente que la habitaba. Pensó en las crueldades de que la había hecho víctima Alicia Drummond y sintió una especie de peso frío sobre el corazón. De repente recordó con todo realismo el momento en que sus hermanos se despidieron de ella cuando partían para Australia. Se puso tensa. Enseguida sintió una tremenda sensación de pérdida. Cerró los ojos preguntándose si alguna vez se liberaría de esa angustia. Sin duda lo lograría. Después de todo, ya no estaba sola. Tenía a Vincent. Ahora él era su familia. Abrió los ojos y volvió la cabeza para mirarlo.

Él notó que el resplandor azul de los ojos de su mujer se había apagado, dando paso a una profunda tristeza. Le apretó la mano.

–Este lugar a ti te angustia y a mí me pone la piel de gallina... Te propongo que nos vayamos en cuanto hayas terminado de hablar de tus asuntos con esa bruja.

Audra asintió.

Permanecieron sentados muy juntos en el sofá, en silencio, cogidos de la mano, esperando.

Alicia Drummond no tardó demasiado en reaparecer, con el joyero de madera en las manos. Se acercó directamente a Audra y se lo tiró sobre la falda de una manera bastante grosera.

–Aquí lo tienes –exclamó, de mal modo–. Sin duda querrás revisarlo para estar segura de que no falta nada. Y para serte franca, yo también preferiría que lo hicieras. No deseo que más adelante me acuses de haberme quedado con algo tuyo.

Audra no se molestó en contestarle.

Se quedó mirando la caja que tenía en la falda. ¡Qué familiar le resultaba! En High Cleugh siempre estuvo sobre la cómoda del cuarto de su madre. A veces, durante su niñez, cuando jugando se vestía con la ropa de mamá, le permitía revolverlo para sacar un broche, o un colgante y usarlo durante un rato.

Después de unos instantes levantó la tapa, llena de alivio ahora que por fin tenía en su poder los objetos más personales de su madre. Empezó a recorrer las alhajas, tocándolas una a una con enorme cariño. Pensó en la gracia y en la elegancia de su madre y sonrió para sus adentros inundada por los innumerables recuerdos que esas joyas despertaban en ella.

Tomó el anillo de compromiso, que contenía tres pequeños brillantes y lo observó. «Mamá usó esto durante la mayor parte de su vida –pensó–, y ahora lo usaré yo.» Se lo puso en el dedo anular de la mano derecha, y al hacerlo experimentó una profunda satisfacción. Sentía que, de alguna manera, ese anillo le devolvía a su madre; era como un eslabón que la unía al pasado. Y eso le resultaba muy agradable.

Audra no tenía ninguna necesidad de consultar el inventario, porque se lo sabía de memoria. Las alhajas estaban todas. Alicia no se había quedado con nada. Y el hecho de que las hubiera o no usado durante todos esos años, de repente no le pareció importante. El joyero y su contenido ya eran suyos, y de pleno derecho, y eso era lo único que le importaba.

Colocó el cofrecillo en el sofá, entre ella y Vincent, y abrió la cartera para sacar el otro inventario. Miró directamente a Alicia.

–Ésta es la lista de los muebles, los objetos de plata y los cuadros de mi madre que están en esta casa. Te la dejaré para que la revises más tarde. El sábado por la mañana Vincent volverá con dos de sus hermanos para cogerlo todo. Alrededor de las diez. ¿Te parece bien la hora?

Mortificada, Alicia no pudo menos que asentir.

Audra colocó el papel en una de las mesitas Sheridan y siguió hablando.

–Mientras tanto, pensé que hoy podríamos llevarnos los cuadros pintados por mi padre. Tenemos el coche y cabrán muy bien sobre el asiento trasero.

Deseoso de terminar de una vez el asunto y sacar a Audra de aquella casa tan deprimente, Vincent se puso de pie.

–Será mejor que empiece a descolgarlos –explicó–. Sé bien cuáles son los cuadros pintados por el padre de Audra; ella misma me los señaló.

Alicia quedó como petrificada.

No podía hablar ni moverse. Simplemente observó a Vincent con la boca abierta mientras él descolgaba uno de los óleos, lo apoyaba contra una silla y después se acercaba al otro.

En ese momento, algo se quebró dentro de Alicia Drummond. Se esfumaban años de un rígido autocontrol.

–¡No toque mis cuadros! ¡Cómo se atreve a tocarlos! –exclamó, poniéndose en pie de un salto y cruzando como una saeta la habitación, perdido ya todo vestigio de dignidad. Agarró con grosería el brazo de Vincent, lo miró directamente a la cara y le gritó con una rabia cada vez mayor–: ¡Cómo se atreve a tocar cualquiera de mis cuadros!

Él quedó asombrado ante las palabras y comportamiento de la mujer. Se liberó de su mano, retrocedió y clavó la vista en Audra. Intercambiaron una mirada de estupefacción.

La joven se puso en pie con rapidez y cruzó la habitación.

–Los cuadros no son tuyos, tía Alicia. Son míos –lo dijo en tono firme pero amable, preguntándose si la mujer se habría vuelto loca–. Y por si te has olvidado, los pintó mi padre. Siempre estuvieron colgados en High Cleugh. Forman parte de la herencia que me dejaron mi padre y mi madre. Yo...

–¡Tu madre! –gritó Alicia, volviéndose contra ella–. ¡No me la menciones! ¡Esa mujer no era más que una puta!

Audra jadeó y retrocedió.

Vincent no podía creer lo que acababa de oír.

–¡Bueno, le aconsejo que tenga cuidado! –exclamó–. No le hable así a mi esposa. No lo tolero. –Se acercó a Audra, le rodeó los hombros con un brazo y dirigió una mirada asesina a Alicia–. ¿Por qué dice una cosa tan espantosa de la madre de Audra?

–¿No le gusta la palabra puta? Entonces elija la que prefiera: ¡ramera, meretriz, perra, prostituta! Todas la definen. Porque eso es lo que fue. Ella me lo quitó. ¡Me robó a mi adorado Adrian! –La aguda voz de Alicia se había convertido en un aullido; siguió hablando ahogada por las lágrimas–. Él me pertenecía. Éramos novios en secreto. Íbamos a casarnos. Hasta que ella decidió darle caza, le trastornó la cabeza con sus mañas y sus aires de gran dama.

Las palabras se agolpaban en su garganta. Alicia empezó a jadear y se llevó una mano al pecho, como presa de un repentino dolor.

Audra estaba tan horrorizada, tan trastornada por lo que acababa de oír, que lo único que podía hacer era mirar a su parienta con espanto.

–¡Así que eso fue lo que te hizo portarte así con nosotros durante estos años! ¡Dios mío! Nos castigaste a mis hermanos y a mí simplemente porque estabas celosa. ¡Qué actitud despreciable fue habernos separado cuando éramos apenas unos niños, y todo por una causa como ésa! Y, lo que es peor, cuando mis padres ya habían muerto, cuando el pasado ya no tenía importancia. Eres una mujer detestable, Alicia Drummond, ¡detestable! En cuanto a ti y mi padre –Audra se detuvo y respiró hondo–, yo apenas conocí a mi padre, pero por lo que me han dicho, Adrian Kenton era un hombre excelente y sensible. Ni por un minuto creo que haya podido interesarse jamás en alguien como tú.

Llena de disgusto, Audra se volvió y le dio la espalda. Se dirigió a Vincent.

–Por favor, descuelga los otros cuadros de mi padre, entonces podremos irnos.

Vincent obedeció.

Audra se acercó al sofá y cogió su bolso y el joyero.

En el interior de Alicia Drummond empezaron a quebrarse otros frenos, autoimpuestos a lo largo de los años. Y el antiguo odio que le inspiraba Edith Kenton, que ni siquiera la muerte había sido capaz de borrar, resurgió dentro de ella con una fuerza sin precedentes. Se reflejaba en su rostro, contorsionado en una máscara desagradable.

Cruzó el cuarto hasta donde se encontraba Audra y, colocándose muy cerca de ella, le espetó:

–¡Adrian Kenton no era tu padre! No fue tu padre, ¿me oyes? ¡Eres una bastarda! ¡La bastarda de Peter Lacey! Ella ya andaba con él en vida de Adrian. ¡Mi pobre y adorado Adrian, que tuvo que ser testigo de todo eso!

Audra dio un paso atrás, meneando frenética la cabeza con la intención evidente de negar las palabras de aquella mujer.

–¡No es cierto! ¡No es cierto! –gritó.

–Por supuesto que es cierto –siseó Alicia– ¡Tu madre era una adúltera y tú eres una bastarda!

–¡Y tú, Alicia Drummond, eres una mentirosa!

Vincent supo que debía tomar cartas en el asunto inmediatamente.

Agarró el brazo de Audra y prácticamente la arrastró hasta el vestíbulo. Giró sobre sus talones, volvió a toda velocidad a la sala, cogió los tres cuadros que acababa de descolgar y después se volvió hacia Alicia Drummond.

Ella estaba parada en el centro de la habitación y se retorcía las manos muy alterada. En su rostro había una expresión febril, y en sus ojos, una mirada salvaje. Vincent pensó que se había vuelto completamente loca.

–Volveré el sábado que viene a buscar el resto de las cosas de Audra –anunció–, y será mejor que todo esté en buenas condiciones, porque si no...

–¡Cómo se atreve a amenazarme!

–No la amenazo, sólo quiero que sepa que estoy hablando en serio. Y la ley está de nuestra parte; piense en eso, Mrs. Drummond.

Audra seguía en el vestíbulo, exactamente en el mismo lugar en que la había dejado, con el cofrecillo apretado contra su pecho. Estaba blanca como un papel y temblaba.

–¡Vamos! –exclamó él–. Y te ruego que abras la puerta, mi amor, yo tengo las manos ocupadas.

–Sí –contestó ella y, tratando de liberarse de la impresión sufrida, se apresuró a abrir la puerta de entrada.

Una vez que estuvieron en el automóvil de su tío Phil y se alejaron de la casa, Vincent empezó a respirar con mucha más tranquilidad. Al llegar a la verja de la propiedad, en el extremo del largo sendero interior, aminoró la velocidad y salió al camino que conducía a Ripon. Condujo en esa dirección durante algunos minutos, deseoso de poner distancia entre ellos y The Grange, pero pronto frenó y estacionó el coche junto a un alto cerco.

Audra y él se volvieron para mirarse exactamente en el mismo momento.

Vincent jamás la había visto tan pálida. Agarraba el joyero como si tuviera miedo de que alguien se lo arrancara de las manos. Pero por lo menos había dejado de temblar. Al mirarla a los ojos, su corazón se derritió de amor. Estaban como lavados por el dolor. Él quería ayudarla, pero no sabía bien qué hacer.

–Ya está todo arreglado, mi amor –dijo con suavidad–. Y nunca tendrás que poner los pies en esa maldita casa.

–Sí –dijo.

Hubo un pequeño silencio durante el que continuaron mirándose.

Al rato, ella le hizo una pregunta en voz baja:

–Tú no crees que lo que ella dijo sea cierto, ¿verdad Vincent? No crees que soy... ilegítima. –Al preguntarlo, empezaron a temblarle los labios y se le empañaron los ojos.

–¡Por supuesto que no! ¡No! –exclamó él, con tanta vehemencia que su voz resonó con fuerza dentro del pequeño automóvil–. Tú misma lo has dicho, y se lo dijiste a ella en la cara: ¡es una mentirosa!

–Pero ¿por qué inventar algo tan espantoso, algo tan despreciable?

Sobresaltado por esas preguntas, Vincent miró de soslayo a su joven esposa.

–Audra..., mi amor, tú no eres ninguna tonta, sabes perfectamente por qué lo hizo. Para angustiarte. –El tono de su voz cambió y se hizo mucho más duro–. Esa mujer es una maldita, amargada y rencorosa. Y no sólo eso; si me lo preguntas, te diré que creo que está loca. Esa mujer perdió la cabeza. No me sorprendería que algún día se la llevaran con una camisa de fuerza.

–Sí, tal vez tengas razón –contestó Audra, hablando despacio y preguntándose si realmente la tendría.

En sus ojos apareció una expresión reflexiva, mientras rumiaba sobre Alicia Drummond. Esa mujer era mala ¿verdad? Malvada. Tal vez la locura no tuviera nada que ver con el asunto. Automáticamente pensó en sus hermanos y al recordarlos, suspiró pensando en los años de dificultades y angustias que habían pasado en Australia; así como en sus propios problemas y en su soledad después de que los obligaron a separarse. Lo tremendo era que nada de eso tuvo por qué haber sucedido. ¡Fue todo tan innecesario!

–¿Te sientes bien? –preguntó Vincent.

–¡Oh, sí! –contestó ella–. Simplemente pensaba... La gente puede ser muy tortuosa, ¿verdad?

–Sí, pequeña mía, por supuesto –convino él y le acarició el brazo–. Trata de relajarte... nadie va a tratar de robarte el cofre de las alhajas.

Audra no tuvo más remedio que esbozar una sonrisa. Depositó la caja de madera sobre sus rodillas y la soltó.

–Bueno, supongo que será mejor que nos pongamos en marcha –comentó después de unos instantes–. No podemos quedarnos aquí sentados todo el día.

–Muy bien... ¿pero adónde quieres ir? ¿Todavía tienes ganas de visitar a tu tía abuela? ¿O prefieres que nos olvidemos del asunto y nos dirijamos ya a Harrogate?

Audra vaciló durante una fracción de segundo.

–Creo que deberíamos ir a verla –decidió enseguida–. Me espera y quiero que la conozcas –dirigió una mirada tranquilizadora a su marido–. Te aseguro que es mucho más agradable que su espantosa hija.

–Bueno, entonces indícame cómo llegar.

–En realidad no estamos demasiado lejos. Sigue por este camino más o menos durante diez minutos, hasta que lleguemos a Cobblers Green, que está a mano derecha. Allí debemos abandonar la ruta para dirigirnos a Bedelia Cottage.

Ninguno de los dos habló mientras Vincent conducía a una velocidad regular, y apenas doblaron hacia Cobblers Green, Audra quebró el silencio.

–¿Sabes? Podría ser cierto.

Vincent comprendió instantáneamente a qué se refería, y le respondió sin vacilar:

–Tal vez, pero si yo estuviera en tu lugar, no perdería tiempo preocupándome por eso.

–¿Por qué no?

–Porque jamás obtendrás una respuesta concreta. Tu madre es la única persona que podría haberte dicho la verdad; y ha muerto.

–Es posible que haya confiado en mi tía abuela Frances; ya te dije que eran íntimas amigas.

–Pero no pensarás preguntárselo a esa anciana, ¿verdad?

–Bueno..., sí, es posible que se lo pregunte.

Pero en definitiva Audra no le preguntó absolutamente nada a su tía abuela.

Desde el momento en que llegaron a Bedelia Cottage comprendieron que la anciana estaba muy débil.

A pesar de que ya casi había transcurrido la tarde, seguía siendo un día hermoso, cálido y soleado. Sin embargo, las ventanas estaban cerradas y la encontraron sentada frente a un enorme fuego en su sala de estar con un chal alrededor de los hombros y extendiendo las manos hacia las llamas para calentárselas.

Audra condujo a Vincent a lo largo del laberinto de muebles victorianos, chucherías y antigüedades, y la asaltó el olor de esa habitación que prácticamente había olvidado. En el aire seco y polvoriento flotaba un levísimo aroma de manzanas demasiado maduras, lustramuebles y varios otros, idéntico al que percibía cuando iba allí siendo una niña. Y al inclinarse para besar la arrugada mejilla de la anciana, percibió la levísima mezcla de olor a naftalina, agua de colonia con perfume de lavanda y pastillas de menta, y se sintió inundada por una sensación de afecto hacia Frances Reynolds. De repente sucumbió a la nostalgia y se dejó llevar por ella unos instantes.

Su tía abuela estaba feliz de volver a verla después de tanto tiempo, y contentísima de conocer a Vincent. A pesar de lo que la sorprendió ver aparecer a Audra con marido, le tomó una simpatía inmediata al muchacho, por lo menos ésa fue la impresión que tuvo Audra. Gorjeó animadamente, como un pajarito pequeño y alegre. De vez en cuando asentía con la cabeza y palmeaba la mano de Audra, al tiempo que le hacía innumerables preguntas acerca de su vida.

Audra, también contenta de volver a ver a su tía abuela, le contestaba lo mejor posible, sin dejar de observar atentamente a la octogenaria. Parecía tan delicada y traslúcida como las tazas de porcelana en las que estaban tomando el té, y no pudo dejar de pensar que si respiraba con demasiada fuerza, la anciana se haría añicos. A pesar de haber sido canosa y delgada desde que la recordaba, en ese momento había en ella una fragilidad, una debilidad que hizo que la joven tuviera ganas de envolverla entre algodones.

Viejos huesos y vieja carne que pronto volverán a ser polvo, reflexionó Audra para sus adentros, y a pesar de la calidez del cuadro no pudo menos que estremecerse. La intuición le dijo que era muy probable que fuese la última vez que veía a su tía. Frances Reynolds ya estaba muy, muy viejecita; su vida sobre esta tierra tocaba a su fin.

Audra comprendió que estaría muy mal que empezara a hacer preguntas acerca del pasado de su madre. Eso también angustiaría a esa anciana que tanto la quiso, y que a ella la recibía con tanto afecto logrando que Vincent se sintiera allí tan bienvenido.

«Y Vincent tiene razón en lo que me dijo –pensó Audra en ese momento–. Sólo mi madre conocía la verdad, y se la ha llevado a la tumba.» De pronto se dio cuenta de que sería un baldón a la memoria de su madre que ella empezara a hablar de adulterio y a hacer preguntas acerca de su propia legitimidad.

Así que guardó silencio.

Pasaron casi dos horas en Bedelia Cottage, y cuando se preparaban para partir, la tía abuela Frances mencionó a Edith Kenton.

Miró a Audra con sus ojos de viejecita y explicó:

–Cuando murió mi querida Edith, Alicia sacó todos sus papeles de High Cleugh. Pero yo se los quité porque quería conservarlos para cuando tú fueses mayor.

Frances Reynolds hizo una pausa, sonrió levemente y meneó su cabeza plateada.

–¡Ah, querida mía! Te has puesto muy ansiosa, pero me temo que entre los papeles de tu madre no haya nada demasiado importante. Algunas viejas cartas, su certificado de nacimiento, su libreta de casamiento, unas fotografías antiguas, y no mucho más.

Audra se estremeció, pero enseguida se repuso.

–No importa, de todos modos quiero tenerlos.

–Por supuesto, querida, ése es el motivo por el que te los he guardado durante tantos años –miró a Vincent de soslayo–. Los papeles están en ese portafolios. ¿Me los alcanzaría, por favor?

–Enseguida –contestó él, poniéndose de pie. Al instante estaba de vuelta y le ofreció a la anciana lo que le pedía.

–No, no, entrégueselos a Audra; los papeles son de ella.

–Gracias –dijo ella, tomando la carpeta. Notó que las iniciales de su madre «EWK» estaban estampadas en la tapa en letras doradas. La abrió y tocó los documentos; pero decidió examinarlos más tarde, en la intimidad del cuarto del hotel White Swan de Harrogate.

–Muchísimas gracias por guardármelos, tía Frances. Te estoy muy agradecida.

La anciana sonrió y asintió.

–Yo sabía que ibas a ver a Alicia –explicó, y en su voz débil hubo un leve temblor–. Supongo que lo habrás hecho y que recuperaste las alhajas de tu madre.

–Sí –contestó Audra, y se detuvo sin atreverse a decir nada más; miró a su marido, como pidiéndole auxilio.

–Todo fue bien, y la semana que viene volveré con mis hermanos y un camión para llevarme los muebles y el resto de las cosas de Audra.

La vieja dama le dedicó una gran sonrisa y en sus ojos apareció una expresión satisfecha. Tomó su bastón.

–Venid conmigo. Iremos al comedor. Quiero que elijáis algún objeto de plata para colocarlo en vuestro nuevo hogar.

Capítulo 14

–Por favor, Vincent, tienes que levantarte –dijo Audra, sacudiendo a su marido por los hombros.

Él cambió de posición en la cama, se tendió de espaldas y abrió los ojos, parpadeando por la luz que se filtraba entre las cortinas.

–¿Por qué?

–¡Sabes muy bien por qué, Vincent! –exclamó Audra, con la mayor calma posible y tratando de disimular su enojo–, viene Gwen a cenar.

–¡Si es que se presenta!

–Lo que sucedió el domingo pasado fue culpa mía –se apresuró a aclarar–. Me confundí de fecha.

Él la miró con escepticismo, pero no hizo ningún comentario.

–Por favor, Vincent –suplicó, alzando perceptiblemente la voz–. ¡Te ruego que te levantes!

Por toda respuesta, él estiró una mano y la asió de la muñeca. La obligó a sentarse a su lado y la abrazó.

–Acuéstate conmigo durante media hora –le pidió en tono susurrante.

Audra luchó por liberarse de su abrazo.

–¡No puedo, sabes de sobra que no puedo! ¡No hay tiempo!

–¡Querrás decir que no quieres! –contestó él, soltándola de inmediato.

Ella se puso rápidamente de pie, se alejó de la cama y lo miró, frunciendo los labios.

–¡Eres espantosamente injusto!

–¡Ah, no! ¡Eso sí que no! Lo que pasa es que últimamente estás muy fría conmigo.

La joven se sonrojó.

–¡No es cierto! ¡Eres tú el que siempre elige el momento más inadecuado!

Vincent volvió la mirada hacia el despertador de la mesita de noche de caña.

–¿Y qué tiene de malo hacer el amor a las cuatro y media de una tarde de domingo? A mí me parece un horario perfecto.

–Esperamos a una invitada.

–¡Ah, sí! La inefable señorita Gwen Thornton –pronunció el nombre con acritud–. No sé qué le verás ni por qué andas siempre corriendo detrás de ella.

–¡Yo no corro detrás de ella!

–Por supuesto que sí. Y estoy empezando a pensar que la prefieres a mí.

–¡No seas ridículo! –exclamó Audra, mirándolo con total estupefacción–. Te consta que eso no es cierto. –De repente sintió una oleada de enojo hacia su marido y continuó hablando con rabia–. De todos modos, no tengo ninguna gana de..., de acostarme contigo y de hacer el amor, después de tu comportamiento de las últimas semanas.

–¿Mi comportamiento? ¿De qué diablos estás hablando? Se sentó muy tieso en la cama y le dirigió una mirada furibunda; sus ojos verdes relampagueaban a medida que su malhumor crecía.

Audra movió muy lentamente la cabeza, se tragó la exasperación que él le provocaba y de repente lo comprendió todo.

–Simplemente, no sabes lo que haces, Vincent, ¿no es cierto?

–¿Qué quieres decir?

–¡Oh, Vincent, Vincent! ¡Eres imposible! Y en algún momento me enfureces. Para empezar estoy impacientándome por tu comportamiento de todos los domingos a la hora del almuerzo. Te vas al bar con tus hermanos y no se te ocurre nada mejor que volver después de las dos de la tarde, cuando me has prometido formalmente que estás de regreso antes de la una. Y después te pones desagradable conmigo porque se ha pasado el almuerzo... ¡como si fuese culpa mía!

–Hoy no estuve desagradable contigo.

–Sí, por supuesto que lo estuviste. Te prevengo que el alcohol no te reporta ningún bien; hace surgir todos tus defectos y te vuelve belicoso y susceptible.

Vincent decidió ignorar ese comentario, porque últimamente Audra había tomado la costumbre de criticarlo, pero cambió de idea.

–No empieces a hablarme como una maestra solterona –advirtió–. No me gusta. Soy un hombre, no un niño pequeño. Desde que cumplí dieciocho años he ido al bar todos los domingos y no pienso cambiar ahora. Ni por ti ni por nadie. Y, además, todo el mundo va al bar los domingos; es una antigua tradición inglesa.

«Sólo de los obreros», respondió para sí, pero enseguida se odió por haber pensado algo semejante; despreciaba toda clase de prejuicios.

–Y hay algo más..., anoche de nuevo me dejaste sola en casa de tu madre para hacer tiempo, mientras tú y tus hermanos recorríais bares...

–Era el cumpleaños de Bill –interrumpió él, indignado y esgrimiendo todas sus defensas.

–Es cierto y no te juzgo cuando festejas una ocasión especial de ese tipo. Pero el sábado anterior no era el cumpleaños de Bill, ni tampoco el precedente, y también saliste por tu cuenta.

–No era necesario que anoche te quedaras en casa de mi madre. Podrías haber ido al baile de la parroquia con Laurette. Después de todo, ella te invitó.

–Yo no estoy casada con Laurette, estoy casada contigo.

Vincent lanzó un profundo suspiro y apretó los labios en un gesto de agravio.

–Espero que eso no signifique que tengo que andar cosido a tus faldas las veinticuatro horas del día durante el resto de mi vida, porque puedes estar segura que no estoy dispuesto.

Audra se mordió los labios para no contestarle con la frase desagradable que tenía en la punta de la lengua, y se preguntó por qué se molestaba en discutir con él, justo en ese momento. Antes de una hora llegaría Gwen y quería que entonces la atmósfera de la casa estuviera tranquila. Lo único que le faltaba era que su amiga pensara que había problemas entre ellos.

Así que se encaminó hacia la puerta del dormitorio y habló a su marido con suavidad.

–Todavía quedan varias cosas por hacer.

Y bajó corriendo la escalera antes de que él pudiera decir nada.

Haciendo a un lado la preocupación que le ocasionaban los recientes cambios que se habían producido en su relación con Vincent, se afanó en la cocina y comedor de diario de su casita de cuatro ambientes de Pot Lane. Después de cubrir la mesa con su mejor mantel, sacó varias piezas del hermoso juego de porcelana que los Bell les habían regalado al casarse y puso la mesa para la comida.

Una vez terminó, miró la chimenea situada en el centro de la cocina económica de Yorkshire, preguntándose si debía o no encender el fuego enseguida; en septiembre las noches se ponían frías muy temprano. Mas por otra parte, todavía hacía sol. Al pensar en el tiempo Audra recordó que necesitaba flores frescas para el centro de mesa y para la consola del pequeño cuarto de estar contiguo. Se encaminó al armarito que se hallaba bajo la ventana, encontró la tijera de podar, tomó la canasta de las flores y salió al jardín.

La casita no tenía nombre, sólo el número treinta y ocho pintado en blanco sobre la puerta verde, y era una de las tres que se alzaba en el *cul-de-sac* detrás de The Towers en Upper Armley. Cada una de las cabañas contaba con un jardincito, pero el de Audra era el más florido porque los inquilinos anteriores lo habían cultivado profusamente a lo largo de los años. Ella también lo atendió con diligencia desde que se mudaron en junio, sembrando, plantando y mejorando lo ya existente.

Por fin los rosales de verano estaban en flor y las rosas brotaban lujuriosas; al inclinarse sobre los arbustos, Audra las olió. Tenían un aroma dulce y un poquitín pesado, que le produjo un leve mareo. Empezó a cortar algunas rosas con gran cuidado porque no quería arruinar los frágiles capullos al quitarles algunos pétalos. Seleccionó en especial los amarillos y rosados porque le pareció que estaban marchitándose con más rapidez que los demás.

–No tienes ni idea de lo bonita que estás, amor mío –dijo Vincent desde la puerta de la casita.

Ella levantó la mirada.

Él le dedicó una de sus maravillosas y conquistadoras sonrisas.

Audra también le sonrió, comprendiendo que era la manera que tenía su marido de hacer las paces.

–Gracias –murmuró, se puso de pie, levantó la canasta de las flores y se le acercó por el sendero del jardín.

Los ojos de Vincent no se apartaban de su rostro. Cuando ella se detuvo frente a él, rodeó afectuosamente su cuerpo con un brazo y la condujo al interior de la casa. Después de cerrar y de quitarle la canasta de las manos, la abrazó y la besó con creciente pasión.

Audra le respondió; se aferró a él con fuerza devolviéndole los besos. Y lo hizo con ganas, porque todo el resentimiento que había ido creciendo dentro de ella, desapareció de repente. Pensó: «Yo le amo, él me ama, y en realidad es todo lo que importa. Zanjaremos nuestras diferencias. De alguna manera lo lograremos».

Después de un momento él dejó de besarla, le alzó el rostro y miró sus ojos sorprendentes. Tuvo la sensación de que el azul resplandeciente se había vuelto violeta y que, como siempre, aquellas pupilas reflejaban las emociones más profundas de su mujer. Su propia mirada era intensa, inquisitiva.

–¿Tienes alguna idea de lo mucho que te deseo en algunos momentos? –preguntó finalmente, con voz ronca.

–Sí –ella vaciló, y después siguió hablándole en tono apagado–, porque yo siento lo mismo.

Vincent sonrió para sus adentros, pues sabía lo difícil que le resultaba a Audra hablar de esas cosas. Le acarició la mejilla con un dedo.

–¿Te parece que Gwen se quedará hasta muy tarde?

–No, no lo creo. Mañana es lunes.

Vincent se inclinó más, para poder hablarle muy quedo, junto al oído.

–Te propongo que concertemos una cita para acostarnos temprano, Mrs. Crowther.

–¡Sí, por favor!

La apretó contra su cuerpo y después la dejó en libertad. Alejándose, Vincent se encaminó hacia la puerta de entrada.

–Llegaré a la hora de la comida –informó. Ella se sorprendió.

–¿Adónde vas?

–A casa de mi madre.

–¿Pero por qué?

–Le prometí a Frank que le ayudaría a rellenar sus papeles de reclutamiento..., por fin papá le ha dado permiso para ingresar en el ejército y el chico está muy excitado. Ya sabes las ganas que tiene de formar parte de un regimiento de caballería y viajar a la India. Y te aseguro que no lo censuro. Sobre todo, considerando cómo están las cosas ahora en este maldito país. –Hizo una mueca–. Hay muchísimos parados y cada día son más lo que pierden sus trabajos.

Audra permaneció inmóvil.

–Pero tú estás bien con Varley, ¿verdad? Allí no tienen problemas, ¿no es cierto, Vincent?

–¡No! ¡Por supuesto que no! –Sonrió tranquilizador–. Estamos en plena edificación de esa inmensa casona para el viejo Pinfold y su esposa. De todos modos, tú no debes preocuparte por esas cosas, son tarea mía, porque soy el hombre de la casa. –Le envió un beso y le dedicó su más descarada sonrisa–. ¡Adiós, cariño! Te veré dentro de un rato.

Capítulo 15

–Así que habéis comprado un sofá. ¡Por fin! –comentó Gwen pasando de la cocina comedor de diario al pequeño cuarto de estar.

–Sí –contestó Audra, frunciendo el ceño a espaldas de su amiga.

Gwen se acercó al sofá, que se hallaba en el centro de la habitación y frente a la chimenea, y se instaló en él. Cruzó las piernas contra los almohadones y se puso cómoda.

Audra permaneció parada frente a ella, estudiando su rostro con mirada intensa. Tenía, como siempre, una expresión dulce e inocente. Y Audra supo en seguida que Gwen no tuvo intención de ser desagradable con ese comentario, a pesar de que el tono con que dijo ¡por fin! le había parecido malicioso, como si pensara que no lo habían adquirido antes por falta de dinero.

–Compramos el sofá hace dos semanas –explicó Audra con su habitual tono tranquilo–. Llevamos mucho tiempo buscando uno de ese estilo. En realidad, desde antes de casarnos.

–¿Ah, sí? –Gwen se volvió y acercó el rostro al respaldo, y las tres hileras de cuentas de sus collares repiquetearon. Olfateó el tapizado del mueble–. ¡Humm! ¡Cuero! Y además es precioso. Debo admitir que me gustan las cosas auténticas. Conmigo no van las imitaciones.

Reprimiendo una sonrisa, Audra se acercó a la chimenea. Le divirtió la incongruencia del comentario, considerando el gusto de Gwen por las alhajas falsas. Andaba siempre cubierta de bisutería; parecía un anuncio viviente de Woolworth's, y ese día realmente se había superado. Estaba literalmente tapada por una curiosa mezcla de diamantes de imitación de variados colores y de joyas hechas de pasta. Nada combinaba con lo demás y ella relumbraba como un arbolito de Navidad fuera de época. «Pero así es Gwenny –pensó Audra con verdadero cariño, sintiendo que surgía dentro de ella el profundo afecto que siempre le había inspirado–. No sería la misma sin los collares de cuentas, las pulseras y los pendientes largos; son como su marca de fábrica, y creo que, aunque pudiera, no la modificaría.»

–Se ha puesto el día un poco frío –comentó Audra sin dejar de sonreír; se arrodilló frente a la chimenea y encendió un fósforo que acercó a los papeles y astillas que ya tenía preparados–. ¿No quieres que te preste una chaqueta, Gwen?

–No, muchas gracias, querida. Estoy bien. O por lo menos lo estaré, ahora que has encendido el fuego. –Alisó con la mano la falda de su brillante vestido de seda colorada y explicó–: Supongo que debí haberme puesto algo de más abrigo que esto, pero es nuevo y quería que lo vieras. ¿Te gusta?

–Es un vestido precioso y te queda muy bien –contestó Audra con toda sinceridad; se puso de pie y dirigió una mirada de aprobación a su amiga.

Gwen se esponjó como las gallinas; seguidamente se acarició el pelo.

–¿Y qué te parece mi nueva permanente?

–Me gusta. En realidad yo también estaba pensando en hacerme la permanente la semana que viene. Y ahora ¿quieres que te prepare una taza de té?, o ¿tal vez prefieres una copa?

–No me vendría mal una copa de jerez.

–Creo que a mí tampoco.

Audra se dirigió al bar que había en un rincón de la habitación, sacó una botella y dos copas, y llevó todo hasta la consola de caoba adosada a una de las paredes del cuarto.

Gwen volvió la cabeza para mirar a su amiga.

–Y ya que estamos haciéndonos cumplidos –comentó–, quiero decirte que este cuarto te ha quedado realmente precioso. Los cuadros pintados por tu padre son preciosos, especialmente ese que has colgado sobre la chimenea, y los muebles de tu madre..., bueno, quedan espléndidos en un ambiente así. Este lugar te hace honor, querida.

Audra sonrió, orgullosa.

–Gracias, Gwen, y me alegro de que te guste. El cuarto es pequeño, por supuesto, pero eso lo hace todavía más hogareño y confortable, ¿no crees?

Gwen asintió y recorrió el salón con la mirada.

–¿Y cómo me dijiste que se llama este verde tan extraño con que has pintado las paredes?

Audra lanzó una carcajada.

–*Eau-de-Nil*.

–¡Qué nombre tan raro! –exclamó Gwen haciendo una mueca.

–Significa «agua del Nilo», en francés, y en este momento es un color muy popular... por lo menos en el mundo de la moda.

–¿Ah sí? ¡No me digas! Bueno, tú siempre te mantuviste al día con el último grito de la moda en cuanto a ropa, ¿no es cierto querida? Yo no me canso de repetirle a mamá que eres una experta en modas, estilos, telas y todas esas cosas. Supongo que te darás cuenta de hasta qué punto valoro tus consejos. Sí, eres la persona de mejor gusto que conozco. –Gwen cogió la copa que Audra le ofrecía–. Gracias.

Las dos muchachas entrechocaron sus vasos y Audra se acercó a la chimenea y se sentó en una de las sillas estilo Chippendale que habían sido de su madre.

–Me alegra que lo pienses..., me refiero a eso de tener buen gusto.

Gwen le sonrió.

–¿Dónde está Vincent? –preguntó.

–Fue a casa de su madre, para ayudar al hermano a rellenar unos papeles. Pero volverá a tiempo para comer con nosotras.

Gwen bebió un sorbo de jerez, sin animarse a hablar. Tenía la sensación de que, con un pretexto o con otro, Vincent siempre salía corriendo rumbo a la casa de su madre, pero no pensaba comentárselo a Audra. Desde que en el mes de julio mantuvieron una tensa discusión respecto a Vincent, ella se había cuidado escrupulosamente de no hacer ningún comentario crítico acerca de él. Ese día caluroso de verano, cuando fueron a tomar el té en el café de Betty de Leeds, ella se dio cuenta de que corría el peligro de perder la amistad de Audra, y eso la angustió y la alarmó.

Era una persona demasiado importante para Gwen, así que en todo momento mantenía su lengua a rienda corta. Pero interiormente estaba convencida de que Vincent Crowther no estaba a la altura de su esposa, y nada ni nadie le haría cambiar de idea. Había algo en él que no le caía bien a Gwen Thornton, aunque de habérselo preguntado ella no habría sabido precisar exactamente de qué se trataba. Lo consideraba un hombre emocionalmente peligroso y su instinto le decía que llegaría el día en que haría muy infeliz a Audra.

Se preguntó, una vez más, por qué se iría trotando constantemente a casa de su madre, si en verdad era allí a donde se dirigía, pero enseguida hizo a un lado ese pensamiento. Estaba encantada de que Vincent no estuviera en casa. Esa tarde deseaba pasar un rato a solas con Audra. Tenía algo muy importante que contarle y prefería hacerlo sin que Vincent estuviera presente. Era un tipo muy testarudo. Y expresaba sus opiniones sin que nadie se las pidiera.

Dándose cuenta del silencio que se había producido entre las dos, Audra se inclinó y observó la habitación en penumbra. Ese día había oscurecido temprano y la única luz emanaba del fuego de la chimenea.

–Estás muy callada, Gwen –comentó–. ¿Te preocupa algo?

–No, no tengo ningún problema –contestó con rapidez, y también se acercó más a su amiga bajando el tono de voz para seguir hablando–. No quiero que se lo digas a nadie, ni siquiera a Vincent, pero estoy pensando en casarme.

–¡Qué buena noticia, Gwen! –exclamó Audra, pero en seguida frunció el ceño, intrigada–. Yo creí que a Mike todavía le faltaban dos años para terminar la carrera de medicina. La primavera pasada me dijiste que pasarían unos cuantos años antes de que él estuviera en condiciones de casarse.

–Claro; pero no estoy pensando en casarme con Mike.

A la leve luz de las llamas, Audra notó que Gwen parecía muy satisfecha consigo misma, cosa que aumentó su perplejidad.

–Si afirmabas estar muy enamorada de Mike Lesley y, sin duda, durante más de un año, los dos habéis actuado como si lo estuvieseis..., en realidad parecíais una pareja de tortolitos. Así que, ¿qué te ha sucedido de repente para modificar la situación?

–¡No seas tan tonta, Audra! –exclamó Gwen lanzando una carcajada–. Obviamente he conocido a otro.

–¿Quién?

–Se trata de alguien a quien conoces..., bueno, más o menos..., pero ni en un millón de años adivinarías quién es –desafió con voz jubilosa.

–No pienso adivinar, así que será mejor que me lo digas.

–Geoffrey Freemantle.

Audra estaba estupefacta.

Abrió la boca y volvió a cerrarla sin pronunciar ni una sola sílaba. Simplemente miró a Gwen con incredulidad. Después, respiró hondo y decidió hablar.

–Supongo que no te referirás al doctor Freemantle. ¿A ese que trabajó durante un tiempo en el hospital? No es posible que estés hablando de él...

–¿Y por qué no? –preguntó Gwen con repentina arrogancia–. Por supuesto que me refiero a él.

–¡Ah!

Audra depositó su copa en la mesita Sheraton con una mano levemente temblorosa. No podía creerlo. Si había un hombre que no tenía nada que ver con Gwen Thornton, ese hombre era Geoffrey Freemantle, un individuo frío, sarcástico y esnob. Buen mozo, sí, de una manera tiesa y formal; y también pertenecía a una familia opulenta, pero era un individuo arrogante y desdeñoso que le llevaba más de catorce años a Gwen. Audra descubrió que su angustia y su preocupación eran cada vez mayores. Se le hacía difícil imaginar a Gwen, esa chica alegre, risueña y divertida, al lado de un tipo tan engreído, que se creía superior al resto de la humanidad.

–¿Eso es lo único que vas a decir? ¡Ah! ¿Y nada más? –preguntó Gwen con voz trémula; no cabía duda de que se sentía herida por la actitud de su amiga.

–¡No, por supuesto que no! –exclamó Audra, apretándole cariñosamente el brazo y, manifestando un entusiasmo que estaba lejos de sentir, continuó diciendo–: Me alegro mucho, pero muchísimo por ti, Gwen. Te lo aseguro.

Pero debo admitir que me quedé un poco desconcertada, porque era lo último que esperaba que me dijeras. ¿Cómo sucedió? Cuéntamelo todo.

Pacificada hasta cierto punto, Gwen volvió a hablar en un tono más alegre.

–Bueno, después de renunciar al hospital de Ripon, Geoffrey fue a Northallerton, pero allí no se sintió muy feliz, así que durante la primavera pasada ingresó en la enfermería general de Leeds. De todos modos, no hacíamos más que toparnos constantemente en los corredores del hospital y ambos nos acordábamos de Ripon. Él siempre se mostró de lo más amistoso conmigo –se interrumpió y lanzó una risita–, hasta que por fin, a principios de julio, me invitó a salir. Y todo sucedió después de salir juntos una sola vez... ¡así! –Chasqueó los dedos y sus anillos de vidrio relampaguearon a la luz del fuego.

–Ha sido un poco apresurado –comentó Audra con mucha suavidad.

–Sí, es cierto..., lo mismo que entre tú y Vincent.

«Bueno, en eso se ha quedado con la última palabra», pensó Audra.

–¿Y cómo lo han tomado tus padres? –preguntó.

El rostro de Gwen sufrió un cambio inmediato y radical: se mordió los labios y miró a su amiga con expresión preocupada.

–Si quieres que te diga la verdad, Audra, estoy muy disgustada con mamá y papá. No le tienen la menor simpatía a Geoffrey ni están contentos con mi matrimonio. Por supuesto, creo que es porque Mike ha sido tan amigo de Charlie durante años, que ellos siempre tuvieron la esperanza de que me casara con él. ¿Pero qué quieres que haga? Geoffrey es el hombre para mí, ¡ah, sí! ¡Lo es, querida!

–¿De modo que estás decidida?

–Sí, creo que sí..., no, lo sé. Y además, es un espléndido

partido, te lo digo sinceramente. –Su rostro empezó a resplandecer de nuevo, reflejando las alhajas falsas que le rodeaban el cuello, y pareció hincharse de orgullo–. Estuvimos viendo casas en Headingley y creo que hemos encontrado exactamente lo que necesitamos. Tiene comedor, salón, estudio y cinco dormitorios. Un lugar perfecto para empezar una familia. La semana que viene, Geoffrey piensa llevarme a Greenwoods en Leeds, para elegir mi anillo de compromiso, un anillo de brillante, y el anuncio se hará en el *Yorkshire Post*.

–¿Y ya habéis fijado fecha para la boda? –preguntó Audra, esforzándose por sonreír.

–No hemos decidido la fecha exacta, pero Geoffrey quiere que nos casemos en primavera porque va a llevarme a pasar nuestra luna de miel a París, y dice que es imprescindible ver París en primavera... bueno, por primera vez. En París piensa comprarme muchísima ropa nueva, también, y nos alojaremos en el Ritz. ¿Te lo imaginas? Y después iremos a la Riviera, Geoffrey dice que la época de las mimosas es muy hermosa en el sur de Francia y que no hay que perdérsela, y pasaremos una semana entera en el Negresco de Niza. Es un lugar muy elegante, ¿sabes? ¡El Ritz también, claro!

Por fin Gwen interrumpió su catarata de palabras y se inclinó ansiosa, con los ojos fijos en la cara de Audra para ver su reacción.

Audra simplemente sonrió.

Entrelazando las manos con fuerza, la expresión excitada de Gwen dio paso a una de admiración y casi de temor al pensar en las maravillas que le depararía el futuro.

–Una vez que nos instalemos en la casa de Headingley, que estoy segura de que compraremos, Geoffrey piensa dejar el hospital e instalar su propio consultorio. Quiere alquilar un local en Park Place, en Leeds. Tiene intención de llegar a ser un médico de moda y de que sus pacientes pertenezcan a la buena sociedad local, mujeres de clase alta, y será famoso y rico, y yo voy a ayudarle en todo lo que pueda. Para empezar recibiremos mucho, ofreceremos almuerzos y comidas elegantes. Por eso necesito tanto ropa nueva, quiere que esté siempre muy bien vestida.

Audra no pudo hacer otra cosa que asentir, porque su angustia crecía y ya no sabía qué decir. Las piedras falsas de Gwen brillaban tanto a la luz de las llamas de la chimenea que atrajeron su atención. Durante una fracción de segundo le parecieron esmeraldas, rubíes y zafiros verdaderos, y no simples fantasías de vidrio de Woolworth. «Esas piedras falsas serán lo primero a que la obligará a renunciar –pensó de repente–. En cuanto se casen, le hará tirarlas todas.» Audra sintió una profunda tristeza al pensar en su amiga despojada de todas sus chucherías que, a pesar de no tener ningún valor, siempre habían significado tanto para ella.

«¡Pobre Gwenny!», pensó Audra, tratando de visualizar a su amiga tal como sería después de que él la transformara, después de que él la vistiera y la convirtiera en la clase de Mrs. Freemantle que él deseaba tener. Imaginó a una mujer curiosamente tiesa y fría, que no tenía nada que ver con Gwen Thornton. Pero en realidad nada de lo que Gwen había estado diciendo tenía mucho que ver con la chica a quien ella conocía tan bien y a quien tanto quería.

Audra se puso de pie y encendió las lámparas que había sobre las mesas Sheraton a los lados de la chimenea. Después se acercó a la consola, tomó la botella de jerez y volvió a llenar las copas.

Convencida de que Gwen esperaba alguna clase de comentario acerca de todo lo que acababa de contar, Audra dijo:

–¡Bueno, me parece maravilloso, realmente maravilloso!

Después de esa declaración, no hubo nada que pudiera contener a Gwen.

Audra lo comprendió cuando regresó a su asiento y ofreció a su amiga la más cálida de las sonrisas... y su total atención. Charlatana como siempre, habló sin parar durante la media hora siguiente sobre su casamiento, Geoffrey, sus padres, la luna de miel y la clase de vida que llevarían de allí en adelante, todo prácticamente sin detenerse para respirar.

Audra se acomodó en el sillón, bebiendo lentamente y sólo tuvo que asentir ocasionalmente con la cabeza, consciente de que ni siquiera podría hacer un comentario. Pero en realidad no tenía ganas de hacerlo, tampoco escuchaba con demasiada atención.

Tenía el pensamiento fijo en Geoffrey Freemantle. Para Audra estaban muy claros los motivos que lo llevaban a querer casarse con Gwen Thornton. Era una hermosa rubia curvilínea, mucho más joven que él, tenía una personalidad vivaz y una naturaleza cariñosa. Así que en definitiva era una muchacha deseable en todo sentido; lo sería para cualquier hombre. Además, siendo enfermera e hija de un médico, sus antecedentes eran ideales para un doctor ambicioso, y sin duda alguna Geoffrey Freemantle lo era. Sí, casarse con Gwen significaba un triunfo para él.

Lo que realmente molestaba a Audra era Gwen. ¿Por qué diablos quería casarse con ese hombre? Era la antítesis de Mike Lesley, y a pesar de lo que en ese momento Gwen pensara sobre Mike, Audra sabía que había estado muy entusiasmada con el mejor amigo de Charlie. Sólo podía haber una respuesta: Gwen quería a Geoffrey Freemantle por todo lo que él representaba y por todo lo que podía proporcionarle: prestigio, posición, dinero.

Audra trató de sofocar ese pensamiento tan poco caritativo y, sin embargo, en el fondo de su ser estaba segura de tener razón. Durante todo el tiempo en que habló de

Geoffrey Freemantle, Gwen nunca pronunció la palabra más importante: amor. «¿Cómo va a dar resultado un matrimonio sin amor?», se preguntó Audra. Tal vez debería hablar de eso con ella. Pero enseguida decidió no hacerlo, al recordar que le habían caído a ella los comentarios gratuitos de Gwen sobre su propio matrimonio.

«De todos modos, tal vez yo esté equivocada –se dijo para sus adentros–. Quizá lo ame.» Y después, para su propia estupefacción, pensó: «Pero el hecho de amar a un hombre, no garantiza la felicidad, ¿verdad?».

Capítulo 16

Esa noche, más tarde, cuando estaban a punto de terminar de cenar, Gwen dirigió a Audra una mirada conspiradora.

–¿Te parece que le cuente mis noticias a Vincent? –preguntó.

–¿Y por qué no? –contestó Audra, riendo, sabiendo que su amiga se había pasado la noche muriéndose de ganas de contar su secreto.

–¿Qué noticias? –preguntó Vincent, mirando alternativamente a una y a la otra.

–La semana que viene me comprometo –anunció Gwen, y después se reclinó contra el respaldo de su asiento, sonriente y muy satisfecha de sí misma.

–Bueno, no voy a decir que me sorprende –comentó Vincent, inclinándose para besarla en la mejilla–. Felicidades, Gwen, y debiste haber traído a Mike a comer con nosotros. Ese tipo me gusta, es muy recto y creo que has elegido bien.

Se hizo un breve silencio.

Entonces Gwen aclaró la situación con rapidez.

–¡Ah, pero no voy a casarme con Mike!

–¿Que no te casas con Mike? –repitió Vincent, sobresaltado–. ¡Bueno, eso sí que es una sorpresa! ¡Y yo que creí que lo vuestro era algo definitivo! Quiere decir que has encontrado a otro.

–Sí.

–Apuesto a que Mike debe de estar hecho unos zorros.

Gwen sintió que se le formaba un nudo en la garganta y descubrió que no podía hablar. Simplemente asintió.

–Sí, me imagino cómo debe de sentirse el pobre –continuó Vincent, mientras le dirigía una mirada dura a la amiga de su mujer–. Mike pensaba mucho en ti, Gwen, te lo aseguro.

–Ya lo sé, y yo también lo quería, pero evidentemente no lo bastante porque, de ser así, no habría caído en brazos de otro.

–¿Y entonces quién es el afortunado? –preguntó Vincent mientras se preguntaba cómo podría emparejar a Mike Lesley con otra. Mike era un tipo muy especial, y ahora que lo pensaba era justamente la clase de hombre que le gustaría para su hermana Laurette.

–Se llama Geoffrey Freemantle –informó Gwen, dirigiéndole una resplandeciente y confiada sonrisa–. Es médico y trabaja en el hospital de Leeds. Pero procede de Harrogate, donde viven sus padres.

–¿Y cuándo sucedió todo esto? Recuerdo que estuvimos todos juntos, incluyendo a Mike, a fines de junio, así que debe de haber sido durante los dos últimos meses, ¿verdad?

–Sí, Geoffrey me invitó a salir por primera vez a principios de julio; pero yo he...

–Me parece todo un poco apresurado, Gwen, ¿no es verdad? –Interrumpió Vincent con tono perentorio y siguió sin darle a la muchacha la posibilidad de responder–. El matrimonio es un asunto difícil y delicado, ¿sabes? Así que espero que estés realmente segura respecto a ese individuo. Lo que quiero decirte es que me consta que Mike es un tipo íntegro, un hombre realmente fuera de serie, así que espero que este nuevo amor tuyo sea igualmente... digno. No me gustaría que cometieras un error... un error terrible, Gwen.

Gwen apretó los labios, furiosa, y dirigió a Vincent una mirada relampagueante. Era típico de él que expresara una opinión innecesaria que nadie le había pedido.

–Da la casualidad de que conozco a Geoffrey desde hace mucho tiempo..., desde que yo trabajaba en Ripon. Y como le dije a Audra hace un momento, ella y tú no tuvisteis lo que yo llamaría un noviazgo largo. Además el asunto no es cosa tuya, ¡así que déjame en paz! –Y en su rostro apareció una expresión de intenso malhumor.

–Discúlpame, lamento haber hablado –murmuró él, mientras aspiraba con fuerza y rabia el humo de su cigarrillo.

Audra comprendió que estaban al borde de un altercado, así que intervino:

–Bueno, no sigáis con eso, no estropeéis una velada maravillosa. De todos modos tengo algo que deciros a los dos..., una noticia propia.

Vincent se volvió hacia ella, levantando las cejas intrigado.

–¿Qué noticia, mi amor?

–He conseguido un trabajo y empiezo dentro de dos semanas.

Vincent se quedó mirándola estupefacto.

Gwen se hallaba igualmente sorprendida.

–¿Qué clase de trabajo? ¿Y dónde? –preguntó ella.

–En el hospital Saint Mary, aquí en Armley –explicó Audra; le había llegado el turno de mostrarse satisfecha consigo misma y siguió hablando con entusiasmo–. Como enfermera, por supuesto. Mrs. Bell me presentó a la jefa de enfermeras, y no veo la hora de empezar. Es un desafío, porque me han destinado a la sala de maternidad.

–¿Y cómo se te metió en la cabeza la idea de hacer una cosa tan imbécil? –preguntó Vincent furioso, con los ojos verdes relampagueantes mientras un tono rojizo provocado por la furia iba extendiéndosele desde el cuello hasta la frente–. ¡No puedo creer que he oído bien!

Audra quedó tan desconcertada ante la reacción de su marido que durante un instante vaciló. Pero enseguida se irguió y le replicó:

–¡Yo no creo que haya sido imbécil! ¡Creo haber sido de lo más inteligente! Después de todo, he tenido un entrenamiento excelente, y es una lástima desperdiciarlo. Mrs. Lennox siempre decía que ser una buena enfermera es un verdadero don que yo poseo, así que ¿por qué voy a desaprovecharlo? Y no se trata sólo de eso. Además, quiero trabajar.

–¡Bueno, te aconsejo que te lo quites de la cabeza! ¡Mi mujer no va a trabajar, y eso es definitivo! –Hervía de indignación y agitó la cabeza con vehemencia–. Dios mío, Audra, ¿en qué estás pensando? ¿Cómo pudiste hacer una cosa así? ¡Me parece oír los comentarios de mis amigos, y lo que se reirían a mis espaldas porque mi mujer tiene que trabajar para ayudarme a mantener la casa!

–¡Pero no es por eso que quiero trabajar!

–Tal vez no, pero ellos lo pensarán. Simplemente quiero que recuerdes que yo soy el hombre de esta casa, y el que tiene que ganar el pan, y que los pantalones los uso yo y las decisiones las tomo yo, no tú. –Miró de soslayo a Gwen y apeló diciendo–: Apuesto a que tú no trabajarás después de casarte, ¿verdad? ¿Seguirás con tu trabajo de enfermera?

–No, no seguiré trabajando –contestó Gwen en tono suave, y miró a Audra como pidiéndole disculpas, estiró una mano y le tocó el brazo–. Lo siento, querida, pero me temo que no tengo más remedio que estar de acuerdo con Vincent. Tiene razón, ¡en serio que tiene razón! Y de todos modos, ¿para qué quieres volver a ser enfermera en un hospital? Es un trabajo con terribles exigencias y no se gana demasiado.

–Mira, quiero poner en práctica mis conocimientos y ser útil. –Decidida a mantener su punto de vista frente a Vincent, le dirigió una mirada firme–. ¿Y qué importa lo que piense la gente? Eres absurdo...

–Me niego a seguir discutiendo este asunto, Audra –cortó él–. ¡Es un tema terminado!

Pegó un puñetazo en la mesa, que resultó mucho mas fuerte de lo que él pensaba, y los platos entrechocaron.

–¡No seas tan cabezota, Vincent! –Audra estaba furiosa por la actitud y el comportamiento de su marido, que apenas lograba contenerse–. Que esté casada contigo no significa que tengas derecho a controlarme y que yo me halle obligada a hacer lo que tú dices. Me gustaría seguir ejerciendo mi profesión de enfermera y tengo derecho a...

–Ya empiezas de nuevo –dijo Vincent, lanzando una carcajada llena de sarcasmo–. La que habla es esa maldita Irene Bell, no tú. ¡En mi casa, pequeña, no quiero saber nada de las ideas de las feministas ni de esas tonterías de las sufragistas, y te aconsejo que no lo olvides!

Audra respiró hondo para no dejarse llevar por la ira.

–¡Oh, Vincent, qué injusto eres! –murmuró, suavizando su voz y sus modales, al tiempo que le cogía una mano, con la esperanza de aplacarlo, deseosa de salirse con suya–. Has entendido mal todo lo que dije.

Él le dirigió una mirada fría y malhumorada, pero no contestó.

Gwen, que se sentía muy incómoda, lanzó una carcajada y miró primero a uno y después al otro.

–No me gusta veros discutiendo así. ¡Vamos! ¡Daos un beso y haced las paces!

Convencida de que Vincent jamás haría una cosa así, y deseosa de terminar la discusión debido a la presencia de Gwen, Audra empujó su silla hacia atrás y se levantó... Apoyó un brazo sobre el hombro de su marido, acercó su rostro al de él y lo besó en la mejilla.

–Está bien, tú ganas –dijo con suavidad–. La semana que viene iré al hospital y les diré que no puedo aceptar el empleo.

Pero no era más que un gesto para volver a gozar de paz y tranquilidad en la casa. No pensaba nada por el estilo y tampoco tenía intenciones de ceder ante la voluntad de su marido.

Capítulo 17

El matrimonio que se inició con una intensa pasión física en pleno calor del verano, en diciembre ya se encontraba cubierto por una helada de invierno. Y la pasión se había enfriado considerablemente.

Durante la última parte de 1928, Vincent y Audra estaban frecuentemente en desacuerdo, y la paz y tranquilidad que al principio reinaron en la casita de Pot Lane dieron paso a constantes altercados y a tormentosas peleas.

Lo extraño era que ambos eran muy parecidos en muchos aspectos y, en realidad, en eso consistía parte del problema. Los dos eran obcecados, tercos e independientes. Por lo tanto, constantemente disentían. Además, cada uno de ellos estaba convencido de que el otro estaba equivocado y que, por lo tanto, era culpable de las tensiones. Eran jóvenes e incapaces de disculpar las normales debilidades humanas; tampoco sabían transigir, cosa que podría haberles ayudado a aliviar la tirantez que reinaba entre ellos.

Vincent, que en esa etapa de su vida estaba demasiado enfrascado en sí mismo como para ver lo que estuviera más allá de sus propios deseos e intereses, en realidad apenas entendía a Audra.

Y sorprendentemente, ella, que por lo general comprendía enseguida a los demás, se ponía tan subjetiva que pocas veces podía analizar correctamente. En realidad, el punto de vista de Audra, con respecto a Vincent Crowther, era sumamente borroso y confuso, porque se encontraba influenciado por las emociones más poderosas.

En lo concerniente a su marido, Audra estaba como envuelta en un remolino y presa de sentimientos conflictivos. Había momentos en que creía amarlo hasta la locura, y otros en que estaba convencida de que lo único que sentía hacia él era un odio atroz. Por su parte a Vincent le pasaba exactamente lo mismo y muchas veces estaba tan confundido respecto a Audra como lo estaba ella respecto a él.

Otra de las piedras que tenían en su camino era la costumbre recién adquirida de discutir con violencia prácticamente por cualquier cosa. De repente eran incapaces de tratar un tema de una manera tranquila y racional; así que ninguno de los dos sabía lo que el otro verdaderamente pensaba o sentía. Y esa mutua ambivalencia relativa al matrimonio de ambos y a la insatisfacción que cada uno sentía respecto al otro, iba creciendo.

A veces lograban hacer las paces en la oscuridad del dormitorio, impulsados –casi contra su voluntad– por la fuerte atracción física que compartían. Pero esas ocasiones eran cada vez menos frecuentes, porque sus problemas los iban separando más y más, y también porque, sobre todo Audra, llevaba sus enojos consigo a la cama.

Desde septiembre ella alimentaba una serie de rencores contra Vincent, entre los cuales el más importante era su tenaz negativa a permitirle que reanudara su carrera de enfermera. Intentó razonar con él, persuadirlo con lisonjas, explicarle sus argumentos y hasta le suplicó, en su afán de hacerle comprender su punto de vista. Pero Vincent siguió tan inflexible como la noche en que Gwen cenó con ellos.

Por fin fue Audra la que tuvo que ceder, porque comprendió de repente que si lo desafiaba y aceptaba el trabajo en el hospital, él la abandonaría. Y para decirlo simplemente, a pesar de las dificultades que tenían, para ella la vida sin Vincent Crowther era totalmente inconcebible. Por lo tanto permitió que la voluntad de su marido se antepusiera a la suya, y le dijo que para ella el matrimonio era mucho más importante que un empleo.

De alguna manera consiguió mantener una expresión alegre durante la mayor parte del tiempo, una expresión que no traicionaba su desilusión y su frustración ante la obstinación de su marido.

Pero cuando Audra fue a Calpher House a contarle a Mrs. Bell lo que había sucedido, se le llenaron los ojos de lágrimas y de repente afloró toda la infelicidad que sentía.

Irene Bell estuvo muy comprensiva, como siempre que se trataba de Audra, e hizo todo lo posible por consolarla. Y fuera lo que fuese lo que pensó sobre la actitud de Vincent, se guardó sus opiniones con mucha sabiduría.

–Tal vez llegue el momento en que Vincent decida ceder –dijo Mrs. Bell con aire alentador, brindándole una sonrisa esperanzadora.

Pero Audra estaba segura de que eso no sucedería. Cambiar de opinión no estaba en la naturaleza de su marido. Como tampoco admitía jamás haber estado equivocado. Y a pesar de lo que se parecían en algunos aspectos, Audra no compartía con él esas características particulares. Siempre estaba dispuesta a reconocer que no había estado en lo cierto o que cometió algún error.

Y mientras se apresuraba por Pot Lane en esa tarde de principios de diciembre, se decía para sus adentros lo equivocada que había estado. En primer lugar fue un error haberse casado con Vincent, y decididamente fue otro error permanecer a su lado como lo hizo, siempre vacilando respecto a lo que debía hacer, siempre indecisa. Debió hacer su equipaje y abandonarlo en agosto, cuando todo empezó a andar mal.

Bueno, acababa de hacerlo en ese momento. Ya no podía echarse atrás.

Agarró con más fuerza la maletita que llevaba en la mano y apretó los dientes, alzando su decidida barbilla. Por fin había tomado una decisión. Por fin. Abandonaba Vincent y no tenía la menor intención de regresar.

En el fondo de su alma, Audra sabía que todavía lo amaba. Y suponía que lo amaría siempre. Pero acababa de darse cuenta de que el amor no era sustento suficiente para una relación. Un matrimonio sólo podía ir bien si la pareja era capaz de vivir en armonía. Y, por lo visto, eso a ella y a Vincent les resultaba imposible. Se destrozaban con palabras airadas y dolorosas de las que a veces resultaba difícil retractarse.

La noche anterior habían tenido una pelea particularmente violenta, la peor desde que se casaron, que la dejó estremecida y sin esperanzas.

Una hora antes, mientras planchaba la última de las camisas de Vincent, de repente depositó la plancha violentamente, al comprender lo que debía hacer. Con rapidez guardó y puso todo en orden, se cambió de ropa, preparó una maleta, tomó sus magros ahorros y abandonó la casa.

Mientras cerraba la puerta con llave, de repente vio el número treinta y ocho pintado sobre la puerta verde y se quedó mirándolo, con un extraño dolor en el pecho. Y entonces se sintió sumergida en una inmensa tristeza, apoyó la cabeza contra el umbral de la puerta, cerró los ojos y pensó en los meses que había vivido allí. A pesar de lo sencilla y vulgar que era, esa humilde casita fue para ella como un palacio. Su primer hogar propio que no sólo albergaba todas sus cosas, sino que de alguna manera contenía también su vida entera. Decididamente esas paredes amparaban sus sueños y expectativas de futuro. Había creído que esas expectativas se harían realidad allí, en su vida con Vincent, que fundarían una familia propia, que edificarían juntos una vida feliz. Pero no debía de ser así... o por lo menos eso era lo que ella creía.

Audra sofocó esos pensamientos, para evitar que su mente vagara de esa manera. Después de colocar la llave debajo del felpudo, tomó su maleta y salió corriendo del jardincito rumbo a la calle.

Y en ese momento se encaminaba a la terminal de tranvías de Whingate, y seguía tratando de hacer a un lado la gran tristeza y la terrible depresión que habían hecho presa de ella. Pero le resultaba imposible. Sus sueños estaban hechos añicos, sus esperanzas se habían esfumado y la sensación de pérdida que la acompañó durante años ahora la aplastaba, como un peso enorme. Había vuelto a perder. Perdía a su marido, perdía la vida juntos, perdía su futuro.

Vaciló y, durante una fracción de segundo, estuvo a punto de cambiar de idea y regresar a la casa. Pero algo en su interior decía «no». Siguió caminando con paso decidido.

El tiempo, que había sido malo todo el día, se volvió espantoso, y el cielo tenía un tono plomizo; el paisaje estaba sombrío e incoloro. Era como una pintura en múltiples tonos de gris donde los árboles desnudos y ennegrecidos se destacaban como en relieve, igual que si fueran de hierro forjado, y sus siluetas se destacaban contra el cielo de nubes bajas.

Había empezado a lloviznar. Se oían truenos distantes resonando como cañonazos en las praderas cercanas, que se extendían a lo largo de Old Farnley. La tormenta era amenazadora y el viento ululaba sobre Hill Top.

Audra se agazapó contra las rejas de Charlie Cake Park, protegiéndose lo mejor posible mientras esperaba la llegada del tranvía.

Temblando, se aseguró la gruesa bufanda de lana alrededor del cuello y golpeó los pies contra el suelo en un esfuerzo por mantenerlos calientes. La cocina de su casita, con el fuego encendido, estaba tan acogedora y cómoda que ni siquiera se había dado cuenta del tiempo reinante. Se adelantó y miró a lo largo de Town Street. Esa importante avenida se encontraba extrañamente desierta; los escasos peatones que transitaban por la calle sin duda regresaban apresuradamente a sus casas antes de que estallara la tormenta.

«¡Qué tiempo tan desagradable! –pensó Audra–. Es idéntico a mi estado de ánimo.» Se refugió en el rincón entre las rejas del parque y la garita del policía, lanzando un suspiro. Había decidido abandonar a Vincent y sin embargo ya lo añoraba. «¡Qué perversa debo de ser! –musitó–. Ni siquiera yo misma me entiendo.» Y después pensó: «Y, como una imbécil, primero pienso una cosa y después otra acerca de él. Pero estoy haciendo lo que corresponde. Sé que es así. ¿Será así?».

Abrazándose el cuerpo, Audra trató de no pensar en Vincent y en no imaginar la cara que pondría al entrar en la casa esa noche y descubrir su ausencia, y más aún cuando encontrara su nota. Se colocó las manos debajo de los brazos para calentárselas y siguió moviendo los pies. Estaba congelada hasta los huesos y sentía que la humedad le traspasaba el abrigo y el sombrero color ciruela.

Al cabo de unos veinte minutos, oyó que el tranvía se detenía al otro lado del parque; y después percibió el sonido de voces y los pasos de pasajeros que se apeaban. Aliviada, tomó la maleta y se encaminó apresuradamente hacia allí, pero chocó con una joven que en ese momento doblaba la esquina a toda velocidad.

Ambas recobraron el equilibrio y estaban a punto de disculparse cuando, en la penumbra del anochecer, se reconocieron. Audra se encontró cara a cara con su cuñada, su mejor amiga dentro del clan Crowther. Sintió que el corazón se le caía a los pies.

–¡Audra! Por amor de Dios, ¿qué estás haciendo aquí? –preguntó Laurette con una sonrisa cálida y afectuosa.

–Esperaba el tranvía –murmuró empezando a alejarse.

Al ver la maleta, Laurette frunció el entrecejo.

–¿Y adónde vas? –preguntó.

–No lo sé –contestó con toda sinceridad, y de repente se descubrió diciendo–: Supongo que a cualquier parte, con tal de alejarme de Vincent.

–¿Qué quieres decir? –preguntó Laurette mirándola intensamente con creciente alarma.

–Que he decidido abandonarlo.

Laurette jadeó.

–¡Ah, no! –exclamó–. ¡No digas eso! No puedes dejarlo.

–Por supuesto que puedo.

–¿Pero adónde irás? Te consta que no tienes donde ir. Nosotros somos tu única familia.

Ignorando el comentario, Audra improvisó una respuesta.

–Siempre puedo ir al hospital de Ripon. –De repente se dio cuenta de que eso era absolutamente cierto–. Mrs. Lennox encontrará un lugar para mí. De eso no me cabe ninguna duda.

–¡Audra, escúchame! Te pido por favor que no hagas algo que puedas llegar a lamentar después. Reconsidéralo..., por lo menos no te vayas hoy; ya son casi las cuatro y se avecina una tormenta espantosa. De todos modos, cuando llegues a Leeds, ya habrás perdido el último tren a Ripon. ¡Vamos, querida! Te propongo que volvamos a tu casa y conversemos acerca de este asunto –suplicó Laurette, agarrando el brazo de Audra.

–Por favor, suéltame, Laurette. –Trató de liberarse de su cuñada, pero Laurette la asía con fuerza–. ¡Laurette, por favor! Esto es ridículo. Y decididamente no quiero volver a casa.

–Entonces vayamos a la de mamá. Estamos sólo a cinco minutos. Vamos, Audra, ¡no seas cabezota! Estás temblando, tienes la cara azulada de frío y aquí pescarás un resfriado mayúsculo.

–¿Y qué sentido tiene que vaya a casa de tu madre? Estoy decidida y no pienso cambiar de idea. Voy a dejar a Vincent.

Laurette se le acercó más y le rodeó los hombros con un brazo, en un gesto protector y lleno de cariño.

–Mira –confió en voz suave–, soy la primera en admitir que al principio me opuse a vuestro casamiento; pero ahora que ya estáis casados, creo que Vincent y tú debéis tratar de resolver los problemas que os perturban.

–¿Y eres justamente tú la que me lo dices? –explicó Audra, sin poder creer lo que oía–. No nos olvidemos que estás en plenos trámites de divorcio.

–Sí, ya sé; pero es un caso distinto. Vincent y tú os queréis. En cambio Jimmy y yo en realidad nunca nos quisimos.

–El amor no siempre basta.

–Pero es una buena base para edificar una vida, Audra, te lo aseguro.

–Hace semanas que estoy pensando en este asunto y no me hallo dispuesta a que me persuadas a hacer algo contra mi voluntad... –Se interrumpió al oír el sonido de una campana y las ruedas del tranvía que partía de regreso a Leeds.

Lo miró alejarse, angustiada. Después se volvió furiosa hacia Laurette.

–¡Y ahora mira lo que has hecho! ¡Por tu culpa he perdido el tranvía! Ya no pasará otro hasta dentro de media hora, por lo menos –gimoteó, y después estalló en un llanto de frustración.

La profusión de rosas que cubrían las paredes, el suelo y la porcelana del aparador parecía más maravillosa que nunca esa fría tarde de invierno. A la luz de las llamas de la chimenea, que calentaba de maravilla, parecían resplandecer como si fueran flores auténticas.

Todo era calor, alegría y sensación de bienvenida en la cocina de Eliza Crowther. En el aire flotaba el olor a pan recién cocido y a pasteles y tortas puestos a enfriar sobre el mármol. También se percibían los aromas más punzantes de clavo de olor, canela, nuez moscada y otras especias de la India.

Eliza Crowther se había dedicado a cocer pan, cosa que generalmente hacía los viernes por la tarde, tanto en invierno como en verano. Pero ese día estuvo más ocupada que nunca. Sólo faltaban tres semanas para Navidad, y preparaba las golosinas de vacaciones para su numerosa familia. Se movía con agilidad entre la mesa situada bajo la ventana y la pileta de la cocina, donde en ese momento depositaba los recipientes y las cucharas sucias para lavarlos. En cualquier momento tendría que empezar a preparar el té para quienes todavía vivían en la casa, y siempre prefería que todo en la cocina estuviese inmaculado antes de comenzar una nueva tarea.

De estatura y contextura medianas, Eliza representaba sus cuarenta y nueve años, principalmente debido a su forma sencilla de vestir, a su severo peinado que consistía en recogerse el pelo en un moño, y a su cuerpo regordete que había ganado peso desde el nacimiento de Danny, su último hijo. Pero tenía un rostro atractivo y agradable, buenos huesos, y sus ojos celeste eran brillantes y estaban llenos de vida... aunque también estudiaran a todo el mundo con frialdad.

Y así como no había el menor artificio en su apariencia, tampoco lo había en su modo de ser. No aguantaba tonterías de nadie y se preciaba de ser una típica mujer de Yorkshire, trabajadora y con los pies plantados sobre la tierra. Hablaba con sencillez e iba siempre directamente al grano, a veces era hasta un tanto brusca y conocía refranes o dichos populares para casi todas las situaciones de la vida y los introducía con liberalidad en la conversación.

Después de lavar y secar todos sus utensilios de cocina, Eliza se acercó al horno para controlar sus tartas de Navidad, el pan de dátiles y el enorme pastel de manteca y huevos que acababa de preparar para el té. Una vez que comprobó que la cocina andaba bien, se encaminó a la mesa que estaba bajo la ventana; allí se dedicó a tapar los recipientes de frutas secas que acababa de usar para las tartas.

Y como no esperaba a nadie a esa hora, levantó la miraba sorprendida cuando la puerta de la calle se abrió de repente.

Entró Laurette seguida por Audra. Parecían ateridas y temblaban.

–Llegas temprano, mi amor –le dijo Eliza a Laurette–. Supongo que no habrás tenido ningún problema en el trabajo.

–No, mamá. Es viernes, y los viernes salgo más temprano ¿Te has olvidado?

–Hola, Mrs. Crowther.

Eliza volvió a dedicarse a sus cacharros y terminó de taparlos. Había notado que Audra llevaba una maleta, pero decidió no hacer ningún comentario. En ese momento, Laurette la colocaba en el armario que utilizaban para guardar los abrigos, como si quisiera ocultarla. «Debe de tener algún problema con Vincent», pensó Eliza.

–Cuando te hayas quitado el abrigo, Laurette, por favor prepara un té; y tú, Audra, acércate al fuego y caliéntate. Pareces muerta de frío.

Las dos obedecieron en silencio.

Laurette estaba contenta de haber podido persuadir a Audra de que la acompañara a su casa. Aunque no fue su intención hacerle perder el tranvía, de todos modos le vino muy bien que sucediera. Laurette, una muchacha de corazón tierno, había aprendido a querer profundamente a Audra. La idea de que su cuñada vagara por las calles de Leeds en ese día tan desapacible fue más de lo que podía soportar. «Si esta noche no quiere volver a su casa de Pot Lane, puede compartir mi dormitorio –pensó mientras se afanaba preparando el té–. Y en cuanto se me presente la primera oportunidad, pienso hablar muy en serio con mi hermano. Entre mamá, Olive y yo lo hemos malcriado. Y hasta la pequeña Maggie siempre ha hecho lo que él le pedía. Apuesto a que no es un marido fácil; porque sé que no es fácil vivir con él.»

Audra se instaló en uno de los sillones verdes y contemplaba el fuego con expresión malhumorada. Al principio se enfureció consigo misma por haber cedido ante Laurette; pero en ese momento debía admitir que le alegraba estar a cubierto y en un ambiente caldeado. La humedad le había penetrado hasta los huesos y todavía estaba helada, a pesar del fuego.

El caldero que estaba encima del fuego silbaba y echaba vapor, y Laurette llenó de agua hirviendo una enorme tetera marrón. Después se volvió y la puso sobre la mesa del centro de la habitación.

Tras instalarse frente a la mesa, miró a su madre.

–¿Dónde están Maggie y Danny? –preguntó–. Son bastante más de las cuatro y ya deberían haber llegado del colegio, ¿no?

–No, hoy no. Tenían que ir al salón parroquial por el asunto de la pantomima que interpretarán los alumnos de catecismo. Los dos tienen tantas ganas de participar que les di permiso para que fueran a ver si les daban un papel. Este año interpretarán *La Cenicienta*.

–Conociendo a Maggie, ella querrá representar únicamente el papel principal –aseguró Laurette, riendo–. Vamos mamá, bebe tu té antes de que se enfríe.

Eliza se reunió con ellas frente a la lumbre.

Se instaló en el otro sillón verde, y después de beber un sorbo de té, dirigió la atención a su nuera.

–Y ahora, Audra, querida, ¿qué sucede? Vi la maleta, ¿sabes? ¿Te estás escapando a alguna parte o has decidido mudarte a esta casa?

Audra enrojeció y se mordió los labios. Pero no contestó, porque no tenía ganas de hacer confidencias a la madre de Vincent.

Laurette explicó lo sucedido.

–Me encontré con Audra en la parada del tranvía, mamá. Estaba completamente angustiada y me dijo que había decidido abandonar a Vincent y volver al hospital de Ripon. Pero mientras estábamos conversando perdió el tranvía de Leeds, así que la obligué a venir a casa conmigo.

–Comprendo. –Eliza se enderezó y clavó la mirada a Audra– ¿Qué tontería es ésta, pequeña?

–¡No es ninguna tontería! –protestó Audra, indignada y, sin poder contenerse, siguió hablando con aire desafiante–. ¡Durante los últimos meses Vincent se ha estado portando muy mal conmigo! No me trata como es debido y ¡no veo que haya ningún motivo para que siga viviendo con él!

–¡No es posible que te pegue! –aseveró Eliza, convencida de que su hijo nunca le pegaría a una mujer por más que ella lo provocara–. ¿Qué quieres decir? Explícate, muchacha.

Audra comprendió que estaba atrapada, así que respiró hondo y trató de hablar en un tono más tranquilo.

–Actualmente me deja mucho sola, y a usted le consta, Mrs. Crowther. A decir verdad se pasa el tiempo en el bar con sus hermanos y sus amigos, o en la oficina de apuestas, jugando, y creo que eso no es justo. A juzgar por lo que nos vemos y por el tiempo que pasamos juntos, es como si no estuviéramos casados.

Eliza lanzó un profundo suspiro y meneó la cabeza.

–Pero ésa es nuestra forma de vivir, la manera de vivir de la clase obrera, Audra. Nuestros hombres trabajan duro, por lo general en tareas manuales, y su modo de relajarse, de divertirse, es ir al bar a beber unos tragos, jugar una partida de dardos y reírse un rato con sus amigos. ¿Y qué tiene de malo que de vez en cuando le apuesten algunas monedas a un caballo? Supongo que no le negarás a Vincent esos placeres inofensivos.

–No, por supuesto que no se los niego. Se trata sólo de que me gustaría compartir sus horas de descanso; después de todo, soy su mujer. Pero él se va solo al Caballo Blanco varias noches por semana y siempre desaparece durante los sábados y domingos. Me deja, y yo me siento muy sola.

–Comprendo; pero, como te he dicho, así son las cosas y así serán siempre, ahora que estáis casados e instalados. Es distinto durante el noviazgo, que es todo miel y dulzura. Pero una vez te ponen la alianza en el dedo, Audra, la actitud del hombre cambia, y tendrás que aceptarlo. Sí, pequeña, no te quedará más remedio. Todos los matrimonios son iguales y uno no nota tanto esas cosas cuando tiene un par de chiquillos colgados de las faldas. Ellos ocuparán tu tiempo, recuerda lo que te digo, y te alegrará no tener a Vincent por los alrededores, ya lo verás.

Audra apretó los labios con enojo.

–No tengo intenciones de tener un hijo todavía, Mrs. Crowther. Lo que sí me gustaría sería volver a ejercer de enfermera; pero ése es otro problema entre nosotros, porque Vincent se niega terminantemente a dejarme trabajar.

Eliza estaba estupefacta.

–¡Cosa que me parece muy bien! –exclamó con voz horrorizada–. ¡Cómo te has atrevido siquiera a sugerirle algo así! ¡Si su mujer trabajara, él se sentiría empequeñecido, no se consideraría un hombre! ¿Y qué pensaría la gente? ¿Y qué dirían sus amigos?

–¡No lo sé ni me importa! Además nos vendría muy bien el dinero que yo ganase como enfermera –replicó Audra, incapaz de seguir conteniendo su irritación–. Anoche, Vincent y yo tuvimos nuestra peor pelea. Fue muy desagradable, casi violento. Y fue por dinero. Acabo de descubrir que estamos metidos en grandes deudas, sí, estamos muy endeudados, Mrs. Crowther, y la culpa no es mía sino de Vincent, así que no me mire con esa cara de desaprobación. Él salió y compró cosas a crédito en Leeds sin decirme nada. ¡No tenía ningún derecho a hacer eso!

–¿Qué compró?

–El sofá de cuero, el ropero y la cama.

–¿Y por qué simulas sorprenderte tanto? Sabías perfectamente que tenías esas cosas; están en tu casa, pequeña, ¿no es cierto?

–Sí, pero yo no sabía que las había comprado a crédito. Creí que las había pagado al contado. Y me enteré de que no fue así porque Vincent no ha pagado algunas cuotas y recibimos una carta muy desagradable de la tienda, que yo abrí cuando llegó ayer por correo. Y por lo visto tampoco es la primera carta que le mandan. –Audra meneó la cabeza, como si no pudiera creer lo que sucedía–. Necesitamos desesperadamente el dinero y, sin embargo, Vincent sigue bebiendo y jugando igual que si no tuviera una sola preocupación en el mundo. Y se niega a dejarme volver a trabajar como enfermera. No tiene sentido... su orgullo se antepone a todo ¡y me parece que ésa es una actitud absolutamente imbécil!

–Estoy segura de que existe una buena razón para que haya dejado de pagar alguna cuota –replicó Eliza, saliendo enseguida en defensa de su hijo predilecto–. Vincent tiene dinero en el banco, me consta.

–No, ya no, Mrs. Crowther. Gastó sus ahorros en comprarse ropa nueva para la boda, en nuestra luna de miel en la Bahía de Robin Hood y en otras cosas que adquirió para la casa. Yo le ofrecí mis ahorros y además le dije que estaba dispuesta a vender alguna de las alhajas de mi madre con tal de saldar nuestras deudas, pero él no permite que haga nada para ayudarle.

–¡Será porque no necesita tu ayuda! –exclamó Eliza malhumorada–. Probablemente tenga una reserva guardada en alguna parte, y, conociendo a mi hijo, te advierto que sólo conseguirás enfurecerlo más si tratas de inmiscuirte en tales detalles. Deja que él se encargue de esos asuntos, Audra, y que lo haga a su manera, y no te metas. Después de todo, el hombre de la casa es él. –Eliza entrecerró los ojos y siguió diciendo con voz severa–: De todos modos estoy convencida de que estás haciendo una montaña de un granito de arena; en todos los matrimonios la culpa es compartida y no creo que vosotros seáis la excepción. Por lo menos él no anda detrás de otras mujeres, y tú deberías mostrarte agradecida por eso. Sigue mi consejo: haz otro esfuerzo, trata de comprender mejor a Vincent.

Audra se quedó mirando a su suegra estupefacta. Por lo visto esa mujer le echaba a ella todas las culpas de los problemas que se les presentaban y en cambio justificaba por completo a Vincent. De repente se sintió vencida e incomprendida.

–He tratado de entenderlo..., ya sé que usted no me tiene simpatía, pero no soy una mala persona... –A Audra le temblaron los labios y volvió la cabeza al sentir que se le llenaban los ojos de lágrimas.

Eliza, sobresaltada por la declaración de su nuera, exclamo:

–¡No, Audra, no digas eso! ¡Te aseguro que me gustas! ¡Siempre me has gustado y te considero una chica excelente!

–¿En serio? –preguntó Audra, tragándose sus lágrimas–. Sin embargo, Mrs. Crowther, usted no ha actuado como si yo le gustara. Y además, no quería que Vincent y yo nos casáramos, ¿verdad?

–Eso es cierto, no quería que os casaseis –admitió Eliza en voz baja–. Pero sólo porque tú vienes de un mundo muy distinto al nuestro. Estaba convencida de que Vincent y tú terminaríais por desear cosas distintas en la vida, y no estaba demasiado equivocada, ¿verdad?

Audra se mordió los labios.

–No lo sé, estoy un poco confundida.

Eliza asintió.

–Sí, ya sé. Y justamente por eso no debes tomar decisiones apresuradas, como la de abandonar a Vincent.

–Pero si usted cree que nuestro matrimonio no va a dar resultado ¿por qué quiere que me quede con él?

–Somos gente respetable, y un divorcio en la familia ya es suficiente –murmuró Eliza, mirando de reojo a Laurette, y se aclaró la garganta–. El que se casa apresuradamente, siempre se arrepiente..., eso es lo que le dije a Vincent. Pero él se negó a escucharme, como te habrás negado tú a escuchar a tus amigos. Bueno, y aquí estamos. Vosotros dos habéis hecho la cama, así que tenéis que acostaros en ella, a pesar de los pelotones que tenga el colchón. –Se inclinó y miró a Audra con más atención antes de seguir hablando–. Siempre es la mujer la que consigue que un matrimonio sea afortunado, nunca el hombre. No lo olvides jamás, pequeña.

–¡Pero eso no es justo! –exclamó Audra, indignada. Eliza lanzó una carcajada ronca.

–¿Y quién dijo que la vida de una mujer es justa? En todo caso, no la de las mujeres como yo. –Volvió a reír y meneó la cabeza–. De todos modos, Audra, supongo que las cosas mejorarán entre vosotros cuando empiecen a llegar los bebés y tú los tengas a ellos para quererlos y cuidarlos.

–Pero yo deseo más de la vida, aspiro a lograr cosas, y pretendo ser feliz...

–¿Feliz? –exclamó Eliza, mirando a Audra como si acabara de decir una obscenidad–. Ésa es una palabra que te aconsejo que borres de tu vocabulario, hija mía, y cuanto antes mejor. Agradece que tienes un techo sobre tu cabeza, comida en el estómago y un buen marido que cuida de ti. La felicidad no es para la gente de nuestra clase, Audra, es para los ricos y los nobles, para los que tienen tiempo para la felicidad y pueden costeársela. Nosotros no podemos.

«¡Qué punto de vista tan negativo!», pensó Audra y se volvió hacia Laurette. Intercambiaron una mirada de complicidad y su cuñada se encogió de hombros. Después, se puso un poco tensa y olisqueó.

–¿Mamá, no se está quemando algo?

–¡Oh, Dios mío! ¡Las tartas de Navidad y el pastel para el té de tu padre! –Eliza se puso en pie de un salto, tomó un paño de cocina y abrió la puerta del horno. Empezó a sacar los moldes y le dijo a Laurette por encima del hombro–: No te quedes ahí papando moscas, hija, ¡busca otro trapo y ayúdame! Y tú, Audra, haz un poco de lugar sobre el mármol, por favor.

Laurette y Audra corrieron en su ayuda y a los pocos instantes las tartas de Navidad, el pan de dátiles y el pastel de manteca con huevos estaban enfriándose sobre el mármol. Eliza los estudió con mirada crítica y sonrió satisfecha al comprobar que ninguno de ellos se había estropeado.

–¡Soy yo, mamá!

La puerta de la calle se abrió de un tirón y entró Vincent como una tromba, sacándose la gorra. Al ver a Audra, alzó las cejas, sorprendido.

–¿Qué haces aquí, cariño? –preguntó con el tono de voz más agradable del mundo, sonriéndole con afecto.

«Es como si lo de anoche no hubiese sucedido nunca», pensó Audra, mirándolo y maravillada ante la habilidad de su marido por olvidar las cosas desagradables. En ese momento su indiferencia era notable. La enfurecía.

–Está tomando una taza de té –intervino Laurette con rapidez–. Nos encontramos por casualidad en Town Street y la invité a venir a hacernos una visita.

–Ah, ya veo.

Se quitó el abrigo y se volvió hacia el guardarropa para colgarlo.

Laurette se le acercó apresuradamente.

–Deja que yo te lo cuelgue, Vincent –dijo, quitándole el sobretodo de las manos–. Tú acércate al fuego y caliéntate un poco. Pareces aterido.

«No quiere que él vea la maleta –pensó Eliza, observando atentamente a sus hijos–. Pero tarde o temprano la verá.» Suspiró y volvió a concentrar la atención en sus pasteles.

–Gracias, Laurette –dijo Vincent, restregándose una mano contra otra, y luego cruzó la habitación–. Si me ofrecierais una taza de té, no me negaría a tomarla.

–En seguida te la sirvo –contestó su hermana, dirigiéndose al aparador. Sacó una taza y un plato, los colocó sobre la mesa y le sirvió el té.

A los pocos instantes volvió a abrirse la puerta de la calle y Danny entró corriendo en la cocina, seguido por Maggie que esa tarde se sentía muy adulta e importante.

–¡Nos dieron los papeles! ¡Nos dieron los papeles! –exclamó Danny arrojando su gorra y su bufanda sobre el sofá; después se acercó a la jaula del periquito que estaba colgada en un rincón–. Ya estoy de vuelta, *Flyaway* –gorjeó, y miró con cariño al pájaro que Vincent le había regalado.

–Danny, cuelga inmediatamente tus cosas –ordenó Eliza a su hijo menor.

–Enseguida, mamá, dentro de un instante.

Maggie, que estaba quitándose el abrigo, intervino.

–Lo haré yo, mamá.

–¿Y qué papel te dieron, muchacho? –preguntó Vincent cuando el chico se le acercó.

Danny miró a su apuesto hermano mayor y le sonrió con dulzura.

–Seré un paje. No tengo que hablar, pero en cambio se me confía un hermoso almohadón de terciopelo colorado sobre el que está el zapatito de cristal de Cenicienta.

Vincent lo despeinó.

–Me parece muy bien, chico.

Maggie se reunió con Laurette y Vincent ante la mesa, se instaló entre ambos y sonrió.

–En cambio a mí me dieron un papel con diálogo, un papel importante. Seré una de las dos hermanas feas.

–¡Qué perfecto reparto! –exclamó Vincent riendo a carcajadas.

–¡Eres insufrible, Vincent! –se quejó Maggie, dándole un puñetazo en el brazo–. ¡Y si soy fea, tú también lo eres, porque todo el mundo dice que somos idénticos! –Y le dio otro puñetazo.

Vincent le asió el brazo.

–Bueno, dejaros ya de gritos –exclamó Eliza–. ¡En cualquier momento llegará papá, deseando tener un poco de paz y tranquilidad después de un día de duro trabajo!

Eliza se acercó al armario y sacó dos de las fuentes más grandes.

–Y vosotros, Audra y Vincent, bien podríais quedaros a merendar porque hay comida de sobra para todos. Tenemos pastel de manteca con huevos y ayer cociné una riquísima lengua con gelatina. –Miró a Audra por encima del hombro–. ¿Te quedarás? –preguntó.

–Depende de Vincent –murmuró ella.

–Por supuesto que nos quedaremos, mamá, ¿por qué no?

Sacó su paquete de cigarrillos y encendió uno.

Audra se hundió en el sillón y observó el fuego, abstraída.

Prefería mil veces estar allí que sola con él en su casa, donde sin duda empezarían a discutir. Dentro de pocos minutos llegarían sus cuñados, Jack y Bill, de regreso del trabajo y, como siempre, la casa sería un guirigay, cosa que siempre sucedía cuando estaban todos juntos. Pero por tosco y rudo que fuese el clan Crowther algunas veces, ella sabía que se trataba de personas de buen corazón.

Muchas veces Audra se sentía desbordada por ellos y en algunas ocasiones notó que la miraban con extrañeza. Presintió que la creían estirada y en ciertos momentos la trataban con cautela. Pero no era el caso de Laurette ni de Mr. Crowther. En esa familia ellos eran sus verdaderos amigos y estaba completamente segura de que realmente la querían, sentimiento que compartía. La echarían de menos cuando volviera a Ripon. A pesar de todo lo que dijo su suegra, Audra seguía decidida a abandonar a Vincent. Se iría al día siguiente.

–¿Cómo pudiste hacerlo? ¿Cómo pudiste irles con cuentos a Laurette y a mi madre? –preguntó Vincent furibundo en cuanto entraron en la casita de Pot Lane; dirigió a Audra una mirada llena de rencor y prosiguió hablando con la misma furia–. Cuando Laurette me llevó al cuarto de estar después del té y me contó que te había impedido huir y abandonarme, ¡no podía creerlo! Para mí es una situación endiabladamente embarazosa, ¡eso es lo que es!

–Yo no les fui con cuentos –replicó Audra, sin perder la calma y manteniéndose absolutamente inmóvil, decidida a no permitir que Vincent la hiciera salir de sus casillas como la noche anterior–. Laurette ya te contó lo sucedido. Si no me hubiera tropezado accidentalmente con ella en la terminal de tranvías, ni tu hermana ni tu madre se hubieran enterado de nada.

–¡Pero están enteradas, y has vuelto a humillarme!

–¿Qué diablos quieres decir? –preguntó irguiéndose y dirigiéndole una mirada llameante.

–Primero me rebajas delante de Gwen con todo ese asunto de haber conseguido un empleo y estar decidida a salir a trabajar, y comportándote como si yo no fuera capaz de mantenerte, y ahora has estado quejándote de mí ante mi madre y mi hermana. ¡Por la forma en que estás comportándote, cualquiera diría que soy la encarnación del mismo diablo! –Lanzó una carcajada cargada de amargura y, al seguir hablando, su voz adquirió un tono sarcástico–. ¡Y yo que tenía miedo de ser el que te avergonzara a ti, que actuabas como si fueras una verdadera dama! Pero, por lo visto, la cosa es al revés.

–Por favor, no te preocupes, Vincent. Ya no volveré a avergonzarte. No estaré aquí para hacerlo. Mañana mismo me iré. Definitivamente.

–Haz lo que te dé la gana.

Después de tomar su gorra de paño, se encaminó a la puerta de la calle.

–¿Adónde vas?

–Al bar –replicó Vincent, y sin pronunciar una palabra más, salió de la casa como una tromba y dando un portazo.

Pero Audra no cumplió su amenaza de irse a la mañana siguiente. Ni siquiera pudo levantarse de la cama. Le dolía la garganta, le lloraban los ojos y ardía de fiebre.

A las once de la mañana Vincent estaba tan preocupado por ella que mandó buscar al doctor Stalkley, el médico del pueblo que había ayudado a traerlo a él al mundo.

–Me temo que sea gripe, Vincent –decidió el doctor, después de examinar a Audra–. En este momento hay muchísimos casos en Armley. Encárgate de que se quede en la cama y oblígala a beber mucho líquido. No se puede hacer mucho más, muchacho, la enfermedad debe seguir su curso.

Capítulo 18

Irene Bell se detuvo en el umbral de la puerta del comedor de Calpher House y contuvo el aliento, sorprendida.

A pesar de ser habitualmente una hermosa habitación, esa tarde tenía un particular encanto, debido en no poca medida a la decoración navideña creada por Audra durante su ausencia.

Mrs. Bell acababa de llegar de un viaje de negocios de dos días a Londres y se quedó donde estaba algunos instantes más para apreciar en detalle la original decoración.

Notó que Audra había evitado el oropel y todos los detalles brillantes, eligiendo en cambio elementos de la naturaleza para su decoración. Guirnaldas y ramas de siempre verdes, de muérdago y del tradicional espino, atadas y enlazadas con cintas de terciopelo o de lamé plateado. Compoteras de cristal que contenían pirámides en miniatura de frutas, piñas de abetos y nueces adornadas con adornos de brillantes colores; había muchas velas blancas por todos lados y dos pequeños abetos montaban guardia, uno a cada lado de la chimenea. Se encontraban cubiertos con adornos y cintas de todos los colores del arco iris y las macetas estaban forradas en lamé dorado, a la manera victoriana.

En realidad en toda la decoración flotaba un aire antiguo y victoriano, cosa que Irene encontraba encantadora. Y, como siempre, se sintió impresionada y admirada por el talento de Audra, que a ella le parecía extraordinario.

«Me pregunto: ¿cuál será la mejor manera de recompensarla por este trabajo maravilloso? –pensó, dando una última mirada a la habitación antes de abandonarla–. No puedo ofrecerle dinero, se sentiría insultada. ¡Es una jovencita tan orgullosa! Mañana debo buscarle un regalo muy especial, aparte del que le dará la familia para Navidad.»

Cruzó el vestíbulo con su habitual paso enérgico, convencida de que la ex gobernanta de su hijo estaría con él en el cuarto de juego, a menos que ya se hubiese ido a su casita de Pot Lane.

Se hallaban los dos sentados ante una mesa, frente al fuego, con una caja de acuarelas y un cuaderno de dibujo entre ambos, y levantaron la mirada cuando la oyeron entrar.

–¡Hola! ¡Hola! –saludó Irene.

–¡Mamá! ¡Mamá! ¡Has vuelto! –exclamó Theophilus.

Cruzó corriendo la habitación y se arrojó feliz en brazos de su madre, la cual se inclinó para besarle la cabeza y abrazarlo; después levantó el rostro y le sonrió a Audra.

–Buenas tardes, Mrs. Bell –saludó Audra, también sonriente.

–Me alegro tanto de que todavía estés aquí, Audra. Acabo de ver el comedor y quiero agradecerte la maravillosa decoración que has hecho. Ha quedado preciosa, ¡realmente preciosa! Hay que felicitarte.

Una expresión satisfecha cruzó por el pálido rostro de Audra.

–Gracias, pero quiero que sepa que tuve algunos ayudantes.

Irene levantó las cejas.

–¿Ah, sí?

–Sí, Mrs. Bell. Me ayudaron Theo y Dodie, por no mencionar a Cora.

–¡*Cora!* ¡Qué valiente eres! –Irene sacudió su resplandeciente cabeza rojiza–. No quiero que me creas cruel, pero esa chica está cada día más torpe. En cambio tú has sido muy bondadosa al incluirla en tu equipo de colaboradores; de lo más bondadosa, Audra.

–El entusiasmo de Cora vale mucho, Mrs. Bell –explicó Audra–, y la hubiese entristecido mucho que yo no le pidiera que hiciese algo. En realidad ayudó mucho a Theo a confeccionar las guirnaldas.

–Era un trabajo sin riesgos, mamita –explicó Theo, mirando a su madre–. Audra dijo que no había peligro, porque lo único que Cora podía estropear era una rama o un poco de alambre. Y de todos modos, yo la vigilaba.

–Estoy segura de que lo hiciste, querido –murmuró Irene, conteniendo una sonrisa divertida, y volviéndose hacia Audra comentó–: No sé cómo decirte lo que aprecio el esfuerzo que has hecho. Porque entre el trabajo que tiene la cocinera, la gripe de Mr. Agiter y el inesperado viaje que tuve que hacer a Londres, esta semana no hubiera sabido cómo manejarme. Me habría quedado en la estacada si no me hubieses ayudado con la decoración del comedor, Audra. Hemos organizado tantas comidas que nos va a ser muy difícil arreglarnos sin un mayordomo para Navidad. ¡Dios mío! –La pecosa cara de Irene se oscureció, pero en seguida recobró su buen humor habitual–. Bueno, no tiene importancia, no tiene la menor importancia. Uno no debe preocuparse por esas cosas. Me las apañaré de alguna manera. –A la luz de las llamas, Irene observó atentamente a Audra–. ¡Qué desconsiderada soy! Ni siquiera te he preguntado por tu salud, querida. ¿Te encuentras mejor?

–Sí, muchas gracias, Mrs. Bell.

–Mira, mamita, Audra me ha estado enseñando a pintar un paisaje –interrumpió Theo.

Después de observar la pintura de su hijo, Irene la elogió.

–Muy bonito, querido, realmente muy bonito.

Su mirada se detuvo en la página de la izquierda donde Audra había bocetado un paisaje muy sencillo para que él pintara. Pero por su misma simplicidad era de una perfección casi absoluta. Irene lo siguió mirando durante largo rato, impresionada por la delicada belleza, por los reflejos de luz que ella había captado en el papel. Por fin, levantó los ojos para mirar a Audra:

–¡Esto es precioso! ¿No he visto algo parecido antes?

–Sí, hace algunos años pinté una versión más grande que estuvo colgada en mi cuarto mientras trabajé aquí.

–Por supuesto. Y creo que le pusiste un nombre muy poco común.

–El Sitio de los Recuerdos –contestó Audra con mucha suavidad–. Y lo que pinté fue el plátano que hay sobre la colina frente a High Cleugh... donde mi familia y yo solíamos hacer nuestras meriendas campestres.

–Sí, ahora recuerdo. –Irene se inclinó para seguir hablando con su voz vibrante y enfática–. Eres una artista de notable talento, Audra, y no comprendo por qué no sigues pintando.

–Ah, pero en realidad no soy demasiado buena, Mrs. Bell. En serio que no –contestó Audra con una risa extraña dirigida a la vez a quitarse importancia y a cambiar de tema–. Después de todo no es más que una afición.

–Pero podría convertirse en tu profesión.

–Ah, no, Mrs. Bell, mi fuerte es la enfermería. A usted le consta que Mrs. Lennox asegura que tengo un verdadero talento como enfermera, que poseo un don para curar.

–Sí –contestó Irene hablando despacio, y en sus ojos apareció una mirada pensativa; después de una corta pausa, alzó con gesto interrogante una de sus bien alineadas cejas–. Supongo que Vincent no cambió de idea y que todavía se opone a que vuelvas a ejercer tu profesión de enfermera. ¿Es así?

–Sí, desgraciadamente, en ese sentido es inflexible.

–Comprendo.

Irene decidió dejar el tema por el momento, comprendiendo que se había internado en un terreno peligroso. Se preguntó si, aparte de las diferencias surgidas en relación con el trabajo de Audra, no habría otros problemas entre ella y Vincent. A principios de esa semana la chica le pareció extrañamente silenciosa y retraída. Pero tal vez eso se debiera a su reciente enfermedad. Quizás estuviese un poco anémica.

–Y hablando de mi marido, si me perdona, Mrs. Bell, creo que tendría que irme dentro de pocos minutos –decía Audra en ese momento, mirando el reloj– ¡Dios mío, ya son las cinco y media y Vincent llegará de York a las siete!

–¿Y para qué ha ido a York? ¿Qué fue a hacer? –preguntó Theo, demostrando como siempre una curiosidad insaciable por Vincent, quien lo fascinaba.

–¡Realmente, Theophilus! –le reprendió su madre–. Ya te he dicho que es de muy mala educación hacer preguntas personales.

–Oh, no tiene ninguna importancia –contestó Audra, y enseguida explicó–: Viajó a York con Mr. Varley; tú ya sabes de quién se trata, es el dueño de la firma constructora. Iban a entrevistarse con Mr. Rowntree..., por el asunto de la ampliación de la fábrica de chocolate.

–¡Ooooh! ¡Qué exquisitez! ¡Ojalá yo pudiera ir a una fábrica de chocolate! ¿Crees que Vincent te traerá una caja de Black Magic? Son mis preferidos, Audra. –Y Theo la miró con ojos esperanzados.

–Ya sé que son tus preferidos, pero no creo que Mr. Rowntree regale sus chocolates, Theophilus –contestó Audra con una sonrisa, al tiempo que se ponía de pie.

–¡Oh, Audra, por favor no te vayas! –suplicó Theo–. Últimamente no te veo casi nunca.

Ella le acarició con ternura la rubia cabeza.

–Eso no es estrictamente cierto –contradijo con suavidad–, y además, ahora que eres mayor y vas a la escuela preparatoria ya no necesitas una gobernanta. Después de todo, has cumplido siete años.

–Ya sé..., pero tú me prometiste que seríamos amigos íntimos.

–Y lo somos.

Audra se inclinó para besarle la mejilla. Theo le rodeó el cuello con los brazos y se aferró a ella durante un instante.

–No te portes como un bebé, Theophilus. Sabes de memoria que ahora que Audra está casada tiene otras responsabilidades.

–Sí –murmuró él, soltándola, aunque a regañadientes.

–¿No deberías estar preparándote para la pantomima del Gran Teatro de Leeds? –preguntó Irene, con una mirada divertida.

–¡Ah, mamá! ¡Ésa era mi sorpresa! ¡Y yo que me he pasado días intrigado! –gritó excitado el pequeño, bajándose de un salto de la silla–. Me muero de ganas de ver *Jack and the Beanstalk*.

–Entonces corre a lavarte las manos y la cara. Y cámbiate de camisa. La que tienes puesta está salpicada de pintura –advirtió su madre.

–Adiós, Theo –dijo Audra.

–Adiós, Audra. No te olvides de que mañana es mi fiesta y por favor, por favor, trae a Vincent contigo. Lo harás, ¿verdad?

–Haré todo lo posible por traerlo.

Mientras bajaban juntas la escalera, Irene se dirigió a Audra.

–Tiene debilidad por Vincent, ¿verdad?

–Sí, y creo que el sentimiento es mutuo.

–Por lo visto a tu marido le va muy bien con Varley y eso debe de llenarte de orgullo.

–Sí, por supuesto. Mr. Varley lo aprecia, y debo confesar que cuando de arquitectura se trata Vincent tiene mucho ojo y una maravillosa perspectiva. Le he dicho muchas veces que es un constructor nato.

–Me parece espléndido que haya empezado a asistir a la escuela nocturna –afirmó Irene, volviéndose para mirar a Audra de frente cuando llegaron al vestíbulo–. ¿Le gusta la carrera de aparejador?

–Sí –contestó Audra en un murmullo, sin querer admitir que Vincent sólo había hablado de la posibilidad de matricularse en el curso, pero que nunca llegó a hacerlo.

Al estudiarle el rostro de cerca, Irene advirtió un relampagueo en los sorprendentes ojos azules de Audra. Era una mirada extraña que la alarmó. «Es una jovencita llena de problemas», pensó con repentina intuición. Acarició con suavidad el brazo de Audra y le preguntó en voz baja y cálida:

–¿Todo anda bien por tu casa, querida?

Audra vaciló.

Durante una fracción de segundo estuvo a punto de confiar en Irene Bell, pero enseguida cambió de idea. Aparte de que se lo impedían su orgullo y la fuerte necesidad de mantenerlo en privado, su inteligencia le decía que Mrs. Bell no podría ayudarla. Ya nadie lo podría hacer.

Audra se obligó a sonreír.

–Sí, muy bien, Mrs. Bell. Gracias por preguntarlo, pero todo va muy bien.

–¿Y estás realmente en perfecto estado de salud? –insistió Irene, no del todo convencida.

Hubo un pequeño silencio antes de que Audra asintiera, casi con demasiado énfasis.

–De repente me parece que estás terriblemente pálida –insistió Irene.

–Son las secuelas de la gripe, y ahora también estoy un poco cansada. –Liberó suavemente su brazo y se encaminó hacia el guardarropa. Sacó su abrigo gris y el sombrero color ciruela, se los puso y se observó en el espejo del vestíbulo.

Instantes después, mientras se colocaba la bufanda y se ponía los guantes, preguntó:

–¿Le gustaría que el día veinticuatro de diciembre viniera un poco más temprano? Tal vez pueda echarle una mano en los últimos detalles de la fiesta de Theo.

Irene rió por lo bajo.

–Por supuesto que podrías, Audra. Te agradecería muchísimo que vigilaras a Theophilus y a los otros nueve demonios de sus amiguitos, por lo menos hasta que empiece el guiñol.

A los pocos minutos de que la puerta se cerrara detrás de Audra, volvió a abrirse dando paso a Mr. Bell.

Irene ya estaba a mitad de camino en la escalera.

Se volvió y, al ver a su marido, su rostro se iluminó.

–¡Thomas, querido! –exclamó–. ¡Qué maravilla! ¡Llegas temprano! –Bajó con rapidez, cruzó el vestíbulo de mármol y se lanzó en sus brazos.

Después de abrazarla con fuerza y de besarle la mejilla, él la miró. Su rostro tenía una profunda expresión de placer.

–¿Tuviste un agradable viaje de regreso?

–Sí, Thomas, gracias. Y te contaré todas las noticias con una copa en la mano antes de ir al Grand. Pero primero quítate el abrigo y te mostraré la decoración que Audra ha creado en el comedor para Navidad.

–La vi salir cuando estaba en el jardín –comentó Thomas–. Le ordené a Robertson que detuviera el auto y le dije que la haría llevar a su casa si esperaba un minuto, hasta que yo me bajara. Pero no quiso ni siquiera oír hablar del asunto. Siempre ha sido una chiquilla independiente, ¿no es verdad?

–Sí –convino Irene.

Enlazó su brazo con el de su marido y lo llevó al comedor.

–No me parece que Audra tenga buen aspecto y me da la sensación de que ella y Vincent no son tan felices como quiere hacerme creer.

–Humm. Vincent Crowther es un buen mozo. Posiblemente haya sido malcriado por su madre y sus hermanos, que lo adoran, por no mencionar a las mujeres en general y me refiero a otras mujeres en el pasado, por supuesto. No, no creo que sea fácil vivir con ese tipo. Y, además, no te olvides de que son de distintas clases sociales.

–¡Thomas! –exclamó Irene, alejándose y dirigiéndole una mirada penetrante–. Sabes que detesto esas cosas: ¡los prejuicios de clase me enfurecen!

–Sí, pero no lograrás cambiar la naturaleza de los ingleses, es endémica. Además, en esas cosas, las clases más bajas son tan tremendas como los aristócratas. A su manera, también son esnobs. –Le dirigió una sonrisa sarcástica–. Y, digas lo que digas, los antecedentes sociales establecen una enorme diferencia, querida. Audra es toda una señora y se le nota a la legua..., es evidente en todo lo que hace. Y desgraciadamente, Vincent siempre la obligará a ocupar un segundo plano, la frustrará, ya lo verás. –Thomas Bell se encogió de hombros–. Pero están casados y en realidad no es asunto nuestro.

–No, pero yo le tengo muchísimo cariño a Audra.

–Sí, lo sé.

El matrimonio Bell se detuvo al llegar al umbral del comedor.

–*Voilà!* –exclamó Irene, señalando la habitación.

Durante un instante Thomas Bell permaneció impresionado.

–¡Me parece fantástico! –consiguió decir por fin, tan sorprendido como lo estuvo antes su mujer.

–Es originalísimo. Casi te diría que quita el aliento.

Irene lanzó un fuerte suspiro y Thomas la miró con curiosidad.

Ella sostuvo la mirada directa de su marido. Movió la cabeza y por su rostro expresivo cruzó una mirada de perplejidad.

–Audra se cree especialmente dotada como enfermera, pero no es así: es simplemente una buena enfermera y nada más. Por supuesto que si yo se lo dijera no me creería, porque Margaret Lennox le ha expresado un punto de vista totalmente distinto.

Volviendo los ojos hacia el comedor, Irene de nuevo lo señaló con la mano.

–No; en esto se halla su verdadero don..., en sus posibilidades artísticas. Es una extraordinaria pintora, Thomas, pero no se da cuenta, y yo no comprendo cómo puede ser tan ciega –volvió a suspirar–. ¡Oh, Tomas, qué talento desperdiciado! Eso es lo más triste de todo.

–Tal vez. Pobre Audra, en realidad nunca tuvo demasiadas oportunidades. La vida cayó sobre ella con toda su fuerza cuando era tan jovencita...

Capítulo 19

«¿Por qué le habré dicho a la señora Bell que me encuentro muy bien? Sé que no lo estoy. Me hallo atrapada. ¿Qué voy a hacer?»

Esos pensamientos eliminaron todos los demás de la mente de Audra mientras se afanaba en la cocina de la casita de Pot Lane, no mucho después de haber abandonado Calpher House.

«Debí confiar en Irene Bell», se dijo, lamentando inesperadamente haberse guardado sus preocupaciones. El hecho de explicar los problemas en voz alta era una gran ayuda, especialmente si uno lo hacía frente a alguien tan comprensivo como Mrs. Bell. Pero ella guardó silencio cuando se le presentó la oportunidad, y ya era tarde.

«Estoy realmente sola –pensó Audra–, tan sola como lo he estado desde los catorce años. No tengo adónde ir. Nadie a quien recurrir..., la única a quien tuve en un tiempo fue Mrs. Lennox, pero ni siquiera ella puede ayudarme. Es imposible que me dé trabajo como enfermera ahora que estoy embarazada.»

La angustia que sobrecogía a Audra desde hacía días se convirtió en un pánico repentino y, al colocar las tazas y platos sobre la mesa, notó que le temblaban un poco las manos. Se quedó parada y completamente inmóvil en el centro de la cocina y decidió controlarse. «Tranquilízate, no pierdas la calma», se repetía mientras respiraba profundamente y recordaba que, con pánico, nunca se llegaba a ninguna parte.

Cuando se sintió un poco mejor, vigiló el guiso de cordero que preparaba para la cena de Vincent, y que había estado en el horno de la cocina económica durante toda la tarde. Satisfecha al comprobar que iba cocinándose despacio y a la perfección, se preparó una taza de té y fue a tomarla junto al fuego, donde se quedó un rato sentada, pensando en sus problemas.

Durante las dos semanas que estuvo enferma con gripe, empezó a sospechar que se hallaba embarazada. Y desde hacía unos días, su certeza era absoluta: ya no podía ignorar la serie de cambios que acababan de producirse en su cuerpo. Cuando analizó fríamente los hechos, a principios de la semana, su primer impulso fue huir. Trató de mantener sus planes de abandonar a Vincent.

Pero esa tarde, al volver a su casa caminando desde Calpher House, comprendió que sería muy tonto hacerlo encontrándose en ese estado. No tenía dinero, ni trabajo..., ni adónde ir. Laurette ya se lo había aclarado con toda crudeza cuando le dijo: «Somos la única familia que tienes». Era cierto.

Pero ¿seguir viviendo con Vincent? ¿Cómo? Si no hacían más que discutir y pelear. Bueno, aquello no era completamente cierto. Por lo menos en ese momento. Él se mostró solícito por su bienestar mientras ella estuvo enferma y fue excepcionalmente bondadoso y, desde su recuperación, nunca volvieron a hablarse en tono de enojo.

Y hacía varios días, inesperadamente, Vincent le preguntó, con voz insegura, si todavía pensaba abandonarlo. Audra le contestó que sí, en cuanto estuviera lo suficientemente sana. Y cuando él se volvió tenía una expresión tan extraña en el rostro..., en ese momento, al pensarlo, de repente se dio cuenta de que era una expresión de verdadera tristeza. Audra estaba segura de haber visto un relámpago de arrepentimiento en sus ojos, no dudó que él lamentaba sus palabras llenas de enojo, las peleas que habían tenido y que no les sirvieron de nada. ¡Después de todo, empezaron su vida juntos con tantas cosas a favor! «¿Oh, por qué no podrá ser todo como al principio?», se preguntó Audra, y reclinándose contra el respaldo del sillón cerró los ojos y pensó en los días felices del noviazgo, deseando poder recuperarlos.

Un rato después, se incorporó de un salto, porque el ruido de pasos sobre el sendero la sacó de sus cavilaciones. La puerta se abrió de golpe para dar paso a Vincent, que entró apresuradamente con un gran ramo de acebos atados con un hilo.

El rostro de él se iluminó. Se sintió aliviado al verla sentada junto al fuego. Esos días nunca sabía con certeza si no volvía a una casa desierta.

–Hola, amor –dijo, dejando los acebos sobre el suelo y quitándose la bufanda y el sombrero.

–¡Hola! –contestó Audra, y no pudo menos que pensar en lo guapo que estaba esa noche; el viento frío le había coloreado las mejillas y sus ojos verdes resplandecían bajo las cejas oscuras; ella preguntó con su habitual tono tranquilo–: ¿Cómo te fue en York?

–Muy bien, y me alegra decirte que ha sido un viaje con mucho éxito. Parece que nos darán el contrato... Sí, sí, decididamente lo conseguiremos. Mr. Varley está muy contento, y yo también. Significa que por ahora tenemos trabajo asegurado..., por lo menos por un tiempo. Lo cual es mucho decir cuando uno mira alrededor y ve lo que está sucediendo en el país. Mr. Varley dice que nos encaminamos a una crisis económica... –Dejó la frase sin concluir;

pero mientras luchaba por quitarse el abrigo y lo colgaba, agregó–: ¡Ah! Y de paso, puedes felicitarme.

Audra levantó las cejas.

–¿Por qué? ¿Qué ha sucedido?

–Me han ascendido. Esta tarde Mr. Varley me nombró capataz. Como recordarás, no hemos tenido capataz desde que se jubiló Harry Watkins.

–Te mereces una felicitación, Vincent, y me alegro mucho por ti –dijo ella con entusiasmo y total sinceridad–. El nombramiento es justo porque trabajaste muy duro.

–Gracias por decir eso, mi amor. –Vincent se aclaró la garganta, recogió el acebo y cruzó la habitación–. Le compré esto a un granjero en un camino lateral del trayecto de regreso. ¿Qué quieres que haga con ello? ¿No debo ponerlos en agua?

–Aguantarán un rato sin agua. Colócalos sobre el mármol de la cocina. ¿Te gustaría tomar una taza de té?

–Pues..., no, gracias, amor.

Dudó un momento, como si no supiera qué hacer, después se le acercó y la besó en la mejilla; pero se alejó con rapidez, y se paró de espaldas al fuego, calentándose.

–Gracias por los acebos, Vincent –murmuró Audra, con una media sonrisa–. Fuiste muy amable...

–Oh, no es nada... ¿Nos queda algo de cerveza?

–Sí, en la despensa, hay varias botellas.

Fue a buscar una, y mientras cruzaba la habitación, preguntó:

–¿Y cómo está el muchachito?

–Excitado por su fiesta de Navidad, y lo último que me dijo, cuando me iba, fue que no dejara de llevarte conmigo mañana.

–Bueno, no sé...

Vincent volvió a acercarse al fuego y se instaló en el sillón frente al de ella con expresión reflexiva.

–Si no vas, Theophilus se sentirá desilusionado.

Vincent la miró sorprendido, frunciendo el entrecejo, y preguntó con tono de desconcierto:

–¿Y a ti no te molestaría que yo fuera? Es decir, ¿quieres que vaya contigo?

–Sí, y, de todos modos, Theo está deseando verte. Te consta que eres el héroe de ese chico.

Él asintió, bebió un sorbo de cerveza y dijo con voz vacilante:

–Bueno..., en realidad mañana salgo temprano del trabajo. Las vísperas de Navidad Mr. Varley siempre cierra a mediodía.

–Sí.

Audra desvió la mirada y la clavó en la lumbre. Vincent buscó cigarrillos en el bolsillo de su chaqueta. Se produjo un silencio entre ambos.

Era un silencio agradable de esos que compartían tanto durante los primeros tiempos de su matrimonio, y esa noche parecían estar en paz el uno con el otro, una paz que no tenían desde hacía meses. De repente Audra sintió que él la miraba y levantó la vista para que sus ojos se encontraran. Contuvo el aliento, Vincent tenía una expresión de ternura y de amor tan grandes que se le detuvo el corazón.

Audra abrió la boca para hablar y volvió a cerrarla sin haber pronunciado una palabra, incapaz de decir nada en ese momento, llena de sorprendentes emociones. Se miró las manos. A la luz de las llamas su alianza lanzaba reflejos, tan pulida, tan resplandeciente, un símbolo de sus sueños..., y de sus esperanzas de futuro. Pensó en el hijo que llevaba en sus entrañas. Esa criatura era el futuro..., así como parte del pasado, del pasado de ambos, creado por el amor compartido, los sentimientos apasionados y la necesidad que tenían el uno del otro. En el fondo de su corazón, Audra comprendió que, a pesar de todo, su amor por Vincent seguía intacto e inmutable; ésa era una realidad indiscutible.

Casi como si le estuviera leyendo los pensamientos, él arrojó su cigarrillo al fuego y se puso de pie. Luego, se arrodilló al lado del sillón de Audra, y tomándole las manos entre las suyas, la miró profundamente a los ojos, que esa noche, en su rostro pálido y macilento, se destacaban inmensos y muy azules.

Tragó con dificultad y le habló con voz trémula.

–¡No me dejes, Audra! ¡Por favor, no me dejes! Esta noche, cuando venía de regreso a casa, no sabía si te encontraría aquí o no y tenía el corazón en un puño... Nunca sé con qué voy a encontrarme. Y pensé, ¿qué haré si no está allí? ¿Cómo voy a vivir sin ella? –Hizo una pausa e intentó sonreír, pero no pudo–. La verdad es que no puedo vivir sin ti y que, además, tampoco lo deseo. Lo que pasa, Audra, es que te amo, realmente te amo.

Ella sabía que Vincent hablaba con total sinceridad. En su voz no sólo percibió esa sinceridad, sino también cierta desesperación, y al dirigirle una mirada penetrante vio brillar las lágrimas en sus ojos verdes.

Durante un momento no pudo hablar.

–¡Por favor, no me dejes! –volvió a suplicar en voz baja cargada de emoción.

Audra le acarició la cara con suavidad y, enseguida, para su propia sorpresa, barboteó:

–Voy a tener un hijo.

Vincent se echó hacia atrás, abriendo desmesuradamente los ojos al mirarla y después la encerró en un fuerte abrazo y la acercó a su cuerpo.

–¡Oh, Audra, qué noticia tan maravillosa! –inmediatamente se alejó de ella; de su rostro había desaparecido toda ansiedad y sonreía con aire juvenil–. ¡Ahora no podrás dejarme! ¡Te consta que no puedes dejarme! ¡Además, no te lo permitiré! Me necesitas para que te cuide, para que os cuide, a ti y al bebé.

–Sí –reconoció ella, que sabía que eso era cierto.

–Te prometo que nuestra vida será mejor –aseguró Vincent con franqueza–. Y te prometo que seré un marido mejor. Realmente lo seré, Audra.

Al principio cumplió su palabra.

Continuó tratándola con la misma bondad que le había demostrado durante su enfermedad y fue más considerado que nunca con ella. En realidad, más considerado de lo que había sido jamás con nadie. Por la noche, en cuanto terminaba su horario de trabajo, volvía a casa apresuradamente para estar con ella, y nunca la dejaba sola durante su tiempo libre, ni siquiera los fines de semana. La mimaba y era en todo sentido un marido modelo y un padre expectante.

La serenidad reinó en la casita de Pot Lane.

Audra era feliz como jamás lo había sido en toda su vida, y agradecía poder contar con paz y tranquilidad, y también con descanso. Su embarazo estaba resultando difícil. Sus trastornos matinales eran inusitadamente intensos y muchas veces continuaba teniendo náuseas durante todo el día; en general se sentía mal y muy débil.

Al principio, Vincent estaba preocupado por ella y se mostraba comprensivo con su estado. Pero al poco tiempo su paciencia se convirtió en irritabilidad y, para peor, en aburrimiento.

Justo antes de Navidad, cuando se reconciliaron, lo hicieron llenos de amor y reanudaron sus relaciones matrimoniales. Pero una vez más, todo eso se acabó. Vincent más o menos entendía que, en un plano físico, se alejara de él, dado que suponía que las mujeres embarazadas podían no desear sexualmente a su marido. Lo que realmente le angustiaba era la falta de interés que mostraba por él y por su vida diaria. Encontraba extraña y dolorosa la actitud de Audra.

Como era bastante natural, teniendo en cuenta su manera de ser, muy pronto la vida doméstica empezó a resultarle agobiante. Realmente amaba a Audra y sinceramente quería seguir casado con ella, pero añoraba su vida de soltero. No porque quisiera tener otras mujeres, sino más bien porque echaba de menos la camaradería de sus amigos, la posibilidad de compartir veladas con ellos en el bar y de apostar a las carreras. Había hecho eso durante toda su vida adulta y no veía razón para cambiar sus costumbres.

También reanudó sus constantes visitas a la casa de su madre, y lo hacía simplemente porque necesitaba la atmósfera bullanguera de esa casa y la alegría que significaba formar parte de una familia numerosa, especialmente si poseía tanto calor y afecto como la de los Crowther.

Y no se sentía nada culpable de su comportamiento, sobre todo porque Audra estaba completamente absorbida por su futuro hijo. Vincent tenía la sensación de que su mujer se hallaba dedicada por entero al niño que llevaba en sus entrañas, con exclusión de todos los demás.

Y en ese sentido, no se equivocaba.

El bebé representaba muchísimo para ella, tal vez más de lo que Vincent podía llegar a concebir o a comprender. Para Audra, esa criatura no era solamente el fruto del amor de ambos y su primer hijo, sino el principio de esa familia propia por la que suspiraba desde hacía tantos años.

Aterrorizada de ponerla de alguna manera en peligro, se cuidaba la salud tan escrupulosa y obsesivamente, que hasta Laurette se impacientó con ella en algunas ocasiones; y cuando no estaba dedicada a su salud y su dieta, se preparaba para el gran acontecimiento como si ese bebé fuese el único que hubiera de nacer en el mundo.

El segundo dormitorio de la casa fue convertido en cuarto de niños, se le prestó gran atención hasta a los menores detalles, tanto de decoración como de higiene. Hizo participar en sus tareas a casi todos los integrantes del clan Crowther, insistiendo en que la ayudaran con la limpieza, desinfección, empapelado y pintura de la habitación. Y entonces, después de haber vendido un pequeño alfiler de diamantes de su madre, se dirigió a la tienda Harte's de Leeds, donde compró un encantador juego de muebles infantiles que además de bonito estaba magníficamente fabricado.

Olive, la hermana de Vincent, era famosa en la familia y entre sus amigos por lo bien que tejía y, desde hacía un año, había estado enseñándole a Laurette. Audra le pidió ayuda a Olive, y al poco tiempo sus dos cuñadas se pasaban el día tejiendo para el bebé. Las tres muchachas hacían punto como si en ello les fuera la vida, enfrascadas en su tarea y olvidándose de todo lo demás. Gorritas, escarpines, ositos, suéters, camisetas y mantas tanto para el cochecito como para la cuna fueron el resultado de sus esfuerzos. Después, Audra se dedicó a coser y a bordar otra serie de ropa infantil e hizo dos hermosas toquillas de ganchillo, así que no pasó mucho tiempo antes de que el niño tuviera un ajuar maravilloso. A medida que Audra guardaba la ropita en la cómoda del dormitorio, iba envolviéndola en papel de seda, orgullosa del exquisito guardarropa que esperaba a su hijo.

Sin embargo, a pesar de todas sus actividades domésticas y de que en muchas ocasiones compartía varias horas en medio del bullicio de su familia política, había momentos en que Audra se sentía más aislada y sola que nunca. Esto se debía en parte al abandono de Vincent, y también al hecho de no tener a nadie de su propia sangre. A pesar de sus intentos de acercarse a Eliza, nunca lo logró. Todavía estaba prevenida con respecto a su suegra y se mostraba cautelosa con ella. Se hallaba convencida de que, meses antes, Eliza le había achacado la culpa de todos sus problemas matrimoniales y que todavía continuaba haciéndolo, en tanto justificaba por completo a Vincent. Y aunque eso no fuera cierto, nada hubiese podido convencerla de lo contrario.

Por otra parte, Laurette era una amiga excelente y cariñosa, y Audra mantenía muy buena relación con Alfred Crowther, quien consideraba que su hijo era más que afortunado al tener por esposa a una muchacha tan buena. En realidad Alfred no aprobaba el comportamiento de Vincent y se lo decía con todas las letras y cada vez con más frecuencia. En ese momento de su vida, fueron el padre de Vincent y su hermana favorita quienes ayudaron a Audra a superar algunos momentos difíciles y situaciones conflictivas.

Por extraño que parezca, durante el embarazo de Audra, entre ella y Vincent no hubo sentimientos de rencor a pesar de que, en cierto sentido, vivían vidas totalmente separadas. Ya no se peleaban con amargura y hasta habían dejado de discutir. Fue como si hubiesen declarado una tregua. Se trataban con cortesía, y hasta con cordialidad..., y vivían totalmente preocupados y enfrascados en sus propios problemas y en sí mismos.

El duro invierno dio paso a la primavera más gloriosa que nadie recordara haber vivido desde hacía años. El cielo azul y el sol resplandeciente animaban a todo el mundo. Los árboles eran una explosión de verde; y los primeros narcisos y azafranes salpicaban la tierra oscura con toques brillantes de amarillo y de púrpura.

Y entonces, de repente, llegó el día de la boda de Gwen con Geoffrey Freemantle. Audra no tuvo más remedio que negarse a ser dama de honor, porque, en su estado, su aspecto no sería el más recomendable para ese papel.

Pero ella y Vincent asistieron a la boda que se realizó en la iglesia de St. Margaret's de Horsforth, un sábado por la tarde, lleno de sol, de la primera semana de abril de 1929.

Audra se había confeccionado un vestido de maternidad nuevo, con chaqueta haciendo juego, en lana azul marino; y se compró un alegre sombrerito de paja adornado con puntillas y rosas azules. Cuando Vincent la vio, prorrumpió en exclamaciones y dictaminó que estaba muy bonita; pero ella lo miró con expresión escéptica. Se sentía una pequeña ballena y no le cabía la menor duda de que era así como la veían los demás.

Mientras recorrían el trayecto hasta Horsforth en el automóvil del tío Phil, que habían pedido prestado para la ocasión, Audra pensó en Gwen y en lo alejadas que habían estado durante el invierno. Entre su trabajo en el hospital, la tarea de amueblar y decorar la casa de Headingley donde viviría y los planes para la boda, Gwen le dedicó poco tiempo.

Además, las circunstancias de sus vidas, que actualmente eran tan distintas, iban separándolas poco a poco.

Había también otro problema, y consistía en que Vincent era cada vez más amigo de Mike Lesley, el ex novio de Gwen.

Por lo tanto Vincent no quería intimar con Geoffrey Freemantle a quien insistía en referirse como «el usurpador»; y de todos modos, aunque su marido hubiese estado dispuesto a alternar con él, Audra sabía que el esnob de Freemantle lo hubiese mirado con desprecio.

«A la larga voy a perder a Gwen, y todo por culpa de Geoffrey Freemantle», pensó Audra con tristeza mientras miraba por la ventanilla del coche.

Más tarde, mientras sentada junto a Vincent observaba a Gwen recorrer lentamente la nave central de la iglesia del brazo de su padre, su tristeza se intensificó, lo mismo que esa sensación de alejamiento que sentía respecto a su amiga. Gwen estaba preciosa, más bonita de lo que nunca fue, y Audra no salía de su asombro. Era una Gwen completamente distinta de la que ella conocía tan bien.

El traje de novia estaba hecho de encaje crema sobre un forro de satén de idéntico color y el velo, de larga cola, era de blonda de Alençon, y estaba sujeto a la cabeza de la novia por una corona de flores de azahar. En la mano llevaba un ramillete de rosas blancas con un levísimo reflejo rosado. En su cuello resplandecía un corazón de diamantes que pendía de un hilo de perlas, y se había puesto pendientes de diamantes. Gwen era una novia radiante, rubia y de ojos azules, y no cabía la menor duda de que en ese día tan especial de su vida su belleza quitaba el aliento.

«Ya la he perdido –pensó Audra con tristeza–. Se ha alejado de mí. Gwen ha entrado en un mundo nuevo, un mundo que yo jamás conoceré.» De repente se sintió ahogada por las lágrimas y tuvo un extraño dolor en el corazón.

«Hubo una época en mi vida en que yo no tenía absolutamente nada ni a nadie. La única que estuvo a mi lado fue Gwen –pensó Audra–. Y ella fue buena conmigo. Eso es algo que jamás olvidaré. La seguiré queriendo siempre. Y siempre será mi amiga predilecta. Ni siquiera Laurette puede ocupar su lugar, a pesar de lo mucho que la quiero, y de lo cariñosa y leal que es conmigo.»

Al llegar donde Audra se encontraba, Gwen le dirigió una sonrisa cálida y radiante.

Ella se la devolvió, mientras en el silencio de su corazón se despedía de su amiga. Y en ese momento le deseó a Gwen la mayor felicidad y alegría en todos los momentos de su vida.

A pesar de que la sensación de pérdida la angustiaba, Audra consiguió mostrarse alegre durante la recepción, que tuvo lugar en The Meadow. Experimentó un enorme placer al verse de nuevo en aquella casa, donde había pasado tantas horas felices. Pero aunque ella pudo simular bien, notó que la familia Thornton no tenía tanto éxito en el engaño. Audra decidió que pocas veces había visto a una familia tan deprimida.

No hacía mucho que estaba en el salón, cuando Mrs. Thornton la llevó a un lado para hablar a solas con ella. Le confió en seguida y sin ningún preámbulo que a ninguno de ellos le gustaba demasiado el doctor Freemantle. Audra trató de levantarle el ánimo con frases alentadoras, pero Phyllis Thornton no se dejó engañar. Meneó la cabeza con tristeza.

–A nosotros nos parece un hombre odioso y, a pesar de lo que digas, Audra, a ti tampoco te gusta... ¡Pobre Gwenny! ¿Por qué le habrá ocurrido esto?

Y lanzó un profundo suspiro antes de alejarse para recibir a algunos invitados que llegaban en ese momento.

Audra la siguió con la mirada. Experimentaba una enorme simpatía hacia esa señora que siempre había sido tan buena con ella. Vincent se le acercó y fueron juntos al *buffet* donde comieron emparedados variados. Pocos minutos después los encontró Charlie, quien les presentó a su novia. Era una muchachita llamada Rowena, y Audra notó inmediatamente que se parecía mucho a ella. Sonrió. Tal vez fuese cierto eso de que los hombres siempre se enamoran del mismo tipo de mujer. Pero se alegraba que hubiera encontrado a alguien a quien, como era evidente, quería tanto. Se le notaba en la cara lo enamorado que estaba de Rowena.

Después de las presentaciones, Charlie bajó la voz y dictaminó que el casamiento de Gwen era una terrible equivocación.

–Mis padres están desolados, y yo también –confesó.

Tanto él como Vincent enseguida empezaron a criticar al médico, conviniendo en que Gwenny debía haberse casado con un hombre enamorado y decente como Mike Lesley.

«¿Por qué será que la gente siempre es tan espantosa en las bodas?», se preguntó en determinado momento Audra. Pero ignoraba la respuesta.

La boda de Gwen fue el principal acontecimiento de esa primavera y principios del verano. Aparte de eso, Audra y Vincent siguieron viviendo más o menos de la misma manera, absortos y preocupados cada uno en sí mismo.

Audra estaba cada vez más sola, porque su marido pasaba dos y hasta tres días por semana en York. La firma Varley estaba construyendo la ampliación de la fábrica de chocolates de Rowntree, y Mr. Varley lo había puesto al frente del proyecto. Pero ni a Audra ni a él les importaban mucho esas separaciones; a ambos les aliviaba el hecho de que todavía tuviera trabajo.

Había cada vez más desempleados, y cuando Audra iba a Calpher House, los veía parados frente al Ministerio de Trabajo en Hill Top, y se compadecía de ellos. ¡Parecían tan desesperanzados! Y ella daba gracias a Dios por el hecho de que Vincent no fuera uno más.

A fines de junio, la obra de York quedó terminada y Vincent volvió a trabajar en Armley y a vivir en su casa todo el tiempo. Durante la mañana de un caluroso sábado de principios de julio, Audra empezó a sentir las primeras contracciones. Vincent la llevó rápidamente al hospital St. Mary en el coche de su tío Phil, y varias horas después nació el primer hijo de ambos. Era un varón.

Hacía semanas que tenían los nombres elegidos. Se llamaría Adrian Alfred, en honor a los padres de ambos. Pero desde el principio Vincent empezó a llamarle Alfie, y el sobrenombre le quedó.

Todo el mundo quería a Alfie.

Era una criatura feliz, risueña y plácida, de resplandecientes ojos verdes, pelo sedoso y oscuro y cara de querubín. Casi nunca lloraba y tenía un carácter tan dulce que Vincent y Audra se consideraban los padres más afortunados del mundo. Toda la familia mimaba y malcriaba a Alfie, sobre todo Eliza y Alfred, a quienes se les caía la baba por su primer nieto. Pero las tías también lo adoraban, y Audra sabía que cada vez que necesitara una niñera, las tendría a su completa disposición.

A medida que transcurrían los meses, Alfie se mostraba cada vez más dulce y feliz. Gorjeaba, reía y movía constantemente sus piernecitas; cada vez que Audra lo sacaba a Town Street en el cochecito, la detenía una serie de extraños con exclamaciones de «qué hermosa criatura». Era el tipo de bebé que todo el mundo quería levantar, apretujar y besar. Audra pronto se puso en guardia frente a eso, y constantemente trataba de impedirlo, temerosa como siempre de que Alfie contrajera alguna enfermedad o virus.

Quería a su hijo hasta la locura. A veces interrumpía sus tareas para salir al jardincito y mirarlo. Estaba convencida de que, al verla, el rostro de su pequeñín se iluminaba, y que la reconocía, lo cual la llenaba de emoción. Jamás conoció una felicidad como la que le proporcionaba esa personita.

Era evidente, tanto para Audra como para todos los demás, que Alfie iba a parecerse físicamente a Vincent; decididamente tenían el mismo tipo. Vincent quería a su hijo tanto como a Audra, y ambos sabían que era una criatura excepcionalmente inteligente y despierta. A los seis meses ya lo demostraba y ellos se sentían orgullosos.

De alguna manera, la criatura había vuelto a unirlos.

La relación entre ambos mejoró, y en la casita de Pot Lane se respiraba una atmósfera de paz. Vincent se quedaba más en su casa y, cuando salía, los sábados por la noche, Audra casi siempre lo acompañaba. Esto se debía a Laurette, cuya vida había cambiado... y para mejor.

Vincent desempeñó a la perfección su papel de casamentero.

Su hermana favorita y Mike Lesley eran prácticamente novios. Laurette invitaba constantemente a Audra a salir, y ella aceptaba encantada. Por su parte, los hombres disfrutaban de su mutua compañía y a Vincent no le costaba nada prescindir de sus noches del sábado en el bar con tal de salir con su mujer y la pareja de enamorados.

Los cuatro compartían la afición a la música, especialmente las operetas de Sigmund Romberg y Victor Herbert. Y ya que en ese instante estaban de moda, una serie de compañías de teatros londinenses las representaban regularmente en el Gran Teatro de Leeds. Mike no perdía oportunidad de comprar entradas para shows como *Oh, oh, Marieta*, *La canción del desierto*, *El príncipe estudiante*. Algunas veces iban a bailar a la Mecca o a ver las últimas películas sonoras, pero cualquiera que fuese el programa organizado, por lo general se divertían mucho.

Durante el verano y el otoño de 1929, el cuarteto se convirtió en inseparable y todos estaban deseando pasar juntos la Navidad. Audra, para empezar, ese año se sentía excepcionalmente feliz. Su matrimonio de repente había recuperado el equilibrio, tenía una familia propia y en su casa reinaba la armonía.

Capítulo 20

Audra y Laurette caminaban despacio por Pot Lane durante el anochecer de un día de enero.

Corría la primera semana de 1930. El principio de un nuevo año y de una nueva década.

Las dos jóvenes se sentían animosas y más felices de lo que habían sido en muchos años. A pesar de las condiciones cada vez peores de Inglaterra y de la crisis económica mundial, para ellas el futuro se presentaba de color de rosa... y, por fin, seguro.

Audra estaba satisfecha de su vida y también contenta con Vincent. Por supuesto, estaba Alfie, su adorable bebé, más guapo cada día y que era la alegría de su existencia. A Vincent continuaba yéndole bien con Varley; le habían aumentado el sueldo y por fin acababan de saldar todas sus deudas. Las cosas nunca se les habían presentado mejor.

En cuanto a Laurette, se hallaba eufórica. Se había enamorado profundamente de Mike Lesley, y él de ella, y acababan de comprometerse el día anterior; pensaban casarse este verano.

Aunque Mike todavía no había obtenido su título de médico en la Universidad de Leeds, hacía muy poco había muerto un tío suyo solterón dejándole una pequeña herencia. Gracias a ese legado podían adelantar la boda, ya que permitiría que Mike mantuviera a su mujer hasta que terminara la carrera a fin de año. Así que Laurette tenía la cabeza rebosante de planes respecto a su matrimonio, el ajuar, la búsqueda de una casa en Upper Armley, donde querían vivir, y todos los detalles que se referían a instalar un hogar confortable para el hombre a quien adoraba.

Ese día, más temprano, ambas habían festejado el compromiso de Laurette.

En aquella ocasión tan especial, Audra insistió en invitar a su cuñada a almorzar. Y dado que el único lugar al que siempre iban era el café de Betty en Leeds, decidió que se imponía un cambio, y que no le importaba gastar un poco más. Y valió la pena, sólo por ver la expresión de sorpresa y de fascinación que se pintó en la cara de Laurette cuando la llevó a Turkish Delight, el encantador café de ambiente oriental de Harte's.

Después del almuerzo vagaron un rato por la elegante tienda, dedicadas a su juego favorito de simular que hacían compras.

Estudiaron los exquisitos vestidos y trajes de fiesta del salón de modelos; lanzaron exclamaciones ante los abrigos de piel de zorro, nutria y armiño del departamento de peletería; se probaron elegantes sombreros en la sombrerería; se bañaron en una variedad de costosos perfumes franceses en la sección de perfumería. En definitiva, disfrutaron de esa inofensiva fantasía, de esa breve huida de la rutina de la vida diaria.

Después fueron al mercado de Leeds, en Kirkgate, como todos los sábados a la tarde.

–De golpe tenemos que volver a la realidad –comentó Laurette, con una carcajada mientras recorrían los puestos buscando los precios más baratos.

Audra también rió al tomar una coliflor para examinarla.

–Todo el mundo nos mira –comentó– ¡O más bien debería decir que nos huele! ¡Verdaderamente debemos apestar después de probar tantos perfumes!

–Supongo que, como diría Vincent, tenemos olor a prostíbulo chino.

Riendo como dos colegialas despreocupadas, se internaron entre el gentío, encontraron las cosas que buscaban y salieron del inmenso mercado con las bolsas de compras desbordantes, para tomar el tranvía que las llevaría a Upper Armley.

Y mientras se encaminaban a la casita de Audra por el sendero sumido en la penumbra del crepúsculo, ambas temblaban en el viento frío que acababa de levantarse. Durante la semana había llovido mucho, y el aire tenía olor a follaje húmedo, tierra mojada y hojas podridas.

El ambiente era húmedo y caía una neblina; ambas cosas presagiaban más lluvias.

–Estas hojas mojadas que cubren el sendero son traicioneras –exclamó Audra–, así que cuida de no resbalar, Laurette.

–Sí, por supuesto. Y gracias, Audra, por el día tan maravilloso que hemos pasado. Me divertí muchísimo, especialmente durante el almuerzo y nuestro recorrido por Harte's. Y ahora estoy deseando tomar una taza de té. De repente me siento agotada.

–De acuerdo. Yo también estoy un poco cansada –confesó Audra–. Es que había un gentío terrible en el mercado.

–Por un día ya he visto bastantes multitudes..., decididamente me alegra que esta noche no salgamos a bailar. No creo que me alcanzaran las fuerzas.

–Además, a mí me duelen los pies –agregó Audra, cuando entraban en el sendero que conducía a su casa.

Antes de que llegaran al final, se abrió la puerta del número treinta y ocho y apareció Maggie en el círculo de la luz.

–¿Audra? ¿Laurette? –preguntó, tratando de distinguirlas en la penumbra.

–Sí, somos nosotras –contestó Audra, apresurándose; había percibido una nota extraña en la voz de su pequeña cuñada, y en su mente sonó una campana de alarma–. ¿Está todo bien?

–Se trata de Alfie –contestó Maggie con voz tensa, abriendo la puerta de par en par para darles paso–. Creo que está muy mal.

Audra dejó caer la bolsa de compras y cruzó volando la habitación sin molestarse siquiera en quitarse el abrigo. Al llegar a la cocina se inclinó sobre la cunita para observar ansiosamente a Alfie.

Se dio cuenta enseguida de que el bebé realmente no

estaba bien. Tenía los ojos vidriosos y obviamente se hallaba con fiebre. Se despojó de los guantes y le tocó la mejilla arrebolada con la punta de un dedo. La carita del niño ardía. Audra se alarmó instantáneamente. Pero no estaba en su naturaleza ceder al pánico; además, debido a su experiencia de enfermera, y a la certeza de Mrs. Lennox de que ella tenía el don de curar, se sentía muy confiada y decididamente capaz de cuidar a su propio hijo cuando estuviera enfermo.

Se enderezó, se quitó el abrigo gris, lo dejó caer sobre una silla, y se acercó a la pileta de la cocina para lavarse las manos.

–Por favor, alcánzame el termómetro que está en el botiquín, al lado de la puerta de la despensa –le pidió a Laurette–. Después retira las cosas del té y coloca una toalla limpia sobre la mesa, te lo ruego. Quiero examinar a Alfie a la luz y lavarlo con una esponja para refrescarlo. Y ya que estás, ¿podrías alcanzarme la canasta con sus cosas y humedecer una franela?

–Enseguida –contestó Laurette, poniendo manos a la obra.

Después de lavarse y secarse las manos, Audra enjugó el termómetro en agua fría, lo colocó sobre la mesa de cocina y levantó a su hijo. Lo alzó con cuidado y lo acostó sobre el tablero, donde le quitó la batita, el osito y el pañal. Todos sus movimientos eran sumamente suaves y tiernos.

Tomó la temperatura de Alfie, miró a Laurette y meneó la cabeza.

–Tiene cuarenta grados, pero no me sorprende porque ya he visto que su fiebre era alta. ¿Me alcanzas la franela, por favor, Laurette?

–¿Qué crees que puede tener? –preguntó Laurette con voz preocupada, mientras le tendía lo que le había pedido.

–No lo sé. Cualquiera de las enfermedades infantiles: sarampión, varicela o escarlatina. Pero, por otra parte, no le veo ni sarpullido ni manchas... –Dejó la frase inconclusa, terminó de humedecer las piernas regordetas y los piececitos de su hijo y lo roció con talco. Al empezar a vestirlo, volvió a hablarle a Laurette, pero sin levantar la vista–. ¡Sin embargo, tiene mucha fiebre! Me pregunto si debo darle algo para bajársela. No, mejor no. Creo que tendré que mandar a buscar al médico.

Laurette asintió.

–Sí, me parece mejor. –Miró el reloj–. Si Mike estuviese aquí, podría examinar a Alfie. No comprendo qué los estará entreteniendo a él y a Vincent.

–Yo podría ir de una corrida hasta la casa del doctor Stalkley –ofreció Maggie, con voz aguda y cargada de ansiedad.

–Sí, me parece bien que lo hagas –murmuró Audra, alzando a su hijo y volviendo a llevarlo al cochecito–. Pero antes, cuéntame todo lo que recuerdes sobre el comportamiento de Alfie de esta tarde, a qué hora te diste cuenta de que no estaba bien, y cualquier síntoma que hayas notado... cualquier cosa extraña que hayas visto en él.

Hacía horas que Maggie estaba horriblemente preocupada. No se animaba a llevar a Alfie al consultorio del médico por temor de que empeorara con la salida. Y por el mismo motivo, tampoco se atrevía a dejarlo solo mientras ella iba en busca del doctor. En ese momento no sólo estaba nerviosa sino a punto de estallar en llanto.

–Vincent y Mike se fueron al partido de fútbol alrededor de la una –contó con voz trémula.

»Alfie comenzó a llorar, y no paró de hacerlo de tanto en tanto durante horas. Además estuvo muy caprichoso, cosa rara en él que es tan bueno. Yo lo vigilaba, Audra, te lo aseguro. Me fijaba si tenía los pañales mojados y si estaba bien. Pero tenía el pañal seco y no le pinchaba ningún alfiler. Un poco más tarde, debió de haber sido más o menos a las tres, noté que se ponía todo colorado. Aquí hacía mucho calor, así que lo llevé al cuarto de estar para que estuviera más fresco. Nos quedamos allí un rato. Lo tenía en la falda y le cantaba y entonces empezó a vomitar de una manera muy rara...

–Descríbeme el vómito –interrumpió Audra, poniéndose tensa.

–No sé cómo hacerlo, es difícil de describir –gimió Maggie y miró a su cuñada, dándose cuenta del repentino cambio que había experimentado. Instantáneamente Audra había transmitido su ansiedad a Maggie.

–Inténtalo.

La jovencita tragó con fuerza, rompiéndose la cabeza por encontrar las palabras indicadas.

–Fue como si el vómito le surgiera de repente. Como si alguien se lo hubiera provocado pegándole un golpe en la espalda. Lo extraño fue que Alfie no tuvo arcadas ni nada parecido.

«Vómitos en proyectil –pensó Audra con una punzada de terror–: Eso es lo que a Maggie le ha costado tanto describir. ¡Oh, Dios mío! Meningitis. Me parece simplemente imposible.» Audra permanecía absolutamente inmóvil, sabiendo que era esencial que no perdiera la cabeza, que mantuviera una calma y una claridad de pensamiento absolutas. Por el bien de su hijo no debía permitir que las emociones empañaran su inteligencia y su buen juicio.

Tratando de hacer a un lado sus aprensiones se inclinó sobre la cuna y miró a Alfie. El pequeño le pareció terriblemente apático y tan arrebolado como antes.

–Apresúrate a buscar al médico, Maggie –pidió Audra–. Dile al médico Stalkley que Alfie está enfermo y que debe venir inmediatamente.

Maggie cruzó corriendo la cocina y sacó su abrigo del guardarropa.

–¿Qué crees que tiene nuestro pequeño Alfie, Audra? No es grave, ¿verdad?

–No estoy segura; me preocupan los vómitos y la fiebre tan alta.

–Le contaré las dos cosas al médico –aseguró Maggie–. Y correré todo el camino, iré lo más rápido que pueda.

En cuanto estuvieron solas, Laurette dio rienda suelta a su ansiedad.

–¿De qué se trata, Audra? Te has puesto pálida como la cera. ¿Qué tiene Alfie? Debes de tener alguna idea.

–Te repito que realmente no estoy segura –contestó Audra, haciendo un esfuerzo por hablar con voz tranquila y sin atreverse a pronunciar el nombre de esa enfermedad tan espantosa. En el hospital había visto morir de meningitis a dos pequeños y sus sufrimientos fueron difíciles de presenciar.

Laurette se puso de pie.

–Bueno, tienes un aspecto horrible, voy a preparar un poco de té. –Se encaminó a la pileta a llenar la olla, contenta de tener en qué ocuparse. Deseó que Mike estuviera allí. Su presencia siempre resultaba reconfortante y Audra confiaba en su buen juicio.

Se enderezó levemente en el sillón, pensando afanosamente. En el pasado había archivado en su memoria muchas informaciones médicas. De repente volvió a ver la página del libro de texto que se refería a la meningitis. Mientras permanecía sentada con los ojos perdidos en el vacío, volvió a ver con absoluta claridad todo lo que decía en esa página: *Meningitis: Inflamación aguda de las membranas del cerebro y de la médula espinal o de ambas. También llamada meningitis cerebroespinal, tifus o fiebre purpúrea, debido a las extensas manchas que aparecen en la piel en los casos graves. Síntomas: dolor de cabeza agudo, fiebre alta, con frecuencia rigidez en cuello y espalda; también espasmos y convulsiones. Es habitual que el paciente tenga severos vómitos en proyectil, debido a que se producen de repente y se expelen a cierta distancia; en casos graves aparecen manchas en la piel; delirio, estado de coma.*

Una vez más, Audra se puso de pie y se precipitó sobre la cuna. Recorrió a Alfie con la mirada, buscando alguno de los síntomas que en ese momento recordaba con tanta claridad, pero no tenía espasmos ni convulsiones, ni rigidez en el cuello y, decididamente, cuando lo examinó pocos minutos antes no vio manchas en el cuerpo.

Lanzó un suspiro de alivio. «¡Por supuesto que no tiene meningitis!», se dijo para sus adentros. ¿Cómo iba a tener eso? Lo más probable es que haya contraído uno de esos resfriados típicos del invierno, y, en el peor de los casos, puede tener gripe. «¿Por qué esa fiebre tan alta?», preguntaba una incómoda vocecita en el trasfondo de su mente.

En ese momento Alfie empezó a llorar y le borró el pensamiento de la cabeza. Audra se inclinó sobre la cuna y lo alzó.

–¡Bueno, chiquitín! ¡Bueno, mi amor! –susurró apoyándolo contra su pecho. Le pasó la mano por la cabecita y por la espalda haciendo cariñosos ruiditos para calmarlo. Alfie dejó de llorar de inmediato y se acomodó contra su cuerpo. Ella comenzó a caminar de un lado al otro, tranquilizándolo, murmurándole con suavidad, y se sintió tan rebosante de amor por su hijo que le pareció que su corazón iba a explotar.

Y mientras continuaba paseándose de acá para allá frente al fuego, tratando desesperadamente de consolar a su niño, empezó a rezar. «¡Oh, por favor, Dios, no permitas que le pase nada a mi bebé! ¡Protege a mi pequeño Alfie, por favor aléjalo de todo peligro y sánalo!», rogó en silencio. Y mientras esperaba la llegada del médico, no hizo sino repetir una y otra vez su plegaria.

Capítulo 21

Alfie murió.

Su muerte fue tan inesperada, tan rápida, que todo el mundo quedó estupefacto e incrédulo. En un momento era un bebé robusto que gorjeaba y reía en su cunita y al minuto siguiente se había ido.

Aquel fatídico sábado por la tarde el doctor Stalkley fue inmediatamente a la casita, pisándole los talones a Vincent y a Mike que acababan de llegar del partido de fútbol apenas unos minutos antes.

Después de examinar a Alfie, ni el doctor ni Mike creyeron que se tratara de meningitis. A pesar de los extraños vómitos, que no se habían repetido, el único síntoma que tenía era la alta temperatura.

–Y ése no es un síntoma lo suficientemente firme como para basar un diagnóstico –afirmó el doctor Stalkley–. Volveré mañana por la mañana, pero mientras tanto vigílalo constantemente Audra. –Tomó su maletín, se encaminó al guardarropa y le hizo una seña a Maggie–. Y tú, muchachita, vendrás conmigo al consultorio y te daré un remedio para este pequeño.

Dado que tanto el médico como Mike estaban tan esperanzados en la recuperación de Alfie, Audra y Vincent se animaron. Siguiendo estrictamente las instrucciones, vigilaron al bebé durante todo el fin de semana y no lo dejaron solo ni un instante.

Audra lo lavó con la esponja con frecuencia para mantenerlo fresco; le administró el remedio contra la fiebre a las horas exactas y lo atendió con todo el empeño profesional de la enfermera que era. Y durante ese tiempo apenas si cerró los ojos.

Pero a Audra el sueño no le interesaba nada. La salud de Alfie era lo único importante para ella y para Vincent. El domingo por la noche toda la familia Crowther estaba convencida de que Alfie había superado la peor etapa de su misteriosa enfermedad. La mirada febril había desaparecido de sus ojos y la piel de sus mejillas regordetas ya no estaba arrebolada.

Pero el lunes a la mañana, justo antes del mediodía, la criatura tuvo una recaída.

Los peores temores de Audra se confirmaron. Alfie empezó a tener convulsiones y en su piel lechosa aparecieron pequeñas manchitas que parecían pinchazos de alfiler. Luchando por controlar el miedo terrible que sentía, Audra lo envolvió en varias pañoletas de lana y corrió con él al consultorio del médico.

Después de dirigirle una sola mirada, el doctor Stalkley meneó la cabeza. Efectuó un rápido examen y envió a Audra al hospital St. Mary, que quedaba a corta distancia de allí. Prometió volver a visitar a Alfie en cuanto terminara su horario de consulta de la mañana, al empezar a hacer las visitas de la tarde.

Mientras esperaba que Alfie fuera internado en el pabellón infantil, Audra lo meció en sus brazos y lo arrulló con suavidad, luchando por contener las lágrimas. Le resultaba espantoso tener que dejarlo. Y deseó fervientemente haber sido enfermera en el St. Mary, para cuidar personalmente a su tan querido hijito. Cuatro días después Alfie regresó su casa en una pequeña caja de pino.

Abrumado por el dolor, Vincent se arrastró por la casa de ventana en ventana, cerrando las cortinas para impedir el paso de la luz hasta después del funeral, como se acostumbraba a hacer en el Norte.

Y después se dedicó a calmar a su esposa.

Audra estaba inconsolable.

–¿Por qué no pude curarlo? –le preguntaba constantemente a Vincent, mientras, cegada por las lágrimas, permanecía parada junto a la caja abierta–. Mrs. Lennox dice que soy una enfermera excepcional –sollozaba–, entonces, ¿por qué no pude curar a nuestro niño?

–Audra..., Audra, mi amor, nadie podía ayudar a nuestro pobrecito Alfie. No es culpa tuya, no es culpa de nadie. Mike me dijo que por lo general la meningitis es fatal en los bebés –comentó Vincent en voz baja–. Y tú lo sabes mejor que nadie, querida.

–¡Tendría que haberlo tenido en casa para cuidarlo personalmente en lugar de dejarlo en manos de extraños! –exclamó ella, aferrando el brazo de su marido y mirándolo con ojos de loca–. Si no hubiera permitido que lo internaran en el hospital, todavía estaría vivo. ¡Te lo aseguro, estoy completamente convencida!

–¡No, mi amor, eso no es cierto! –la contradijo Vincent suavemente mientras la apretaba contra su cuerpo y le alejaba un mechón de pelo de la cara–. En el St. Mary hicieron todo lo que pudieron y lucharon por la vida de Alfie. Pero estaba escrito que no debía vivir, cariño.

Vincent la obligó a salir de la sala de estar donde se encontraba la caja y la llevó a la cocina. La abrazó e hizo todo lo posible por consolarla; las lágrimas de Audra le empaparon la pechera de la camisa, y lloraron juntos la muerte de su hijo.

Eliza y Alfred llegaron para ver a su nietecito muerto, así como para compartir el dolor del hijo, de la nuera y hacer todo lo posible por ayudarlos.

Alfred, el ex sargento mayor de los Seaforth Highlanders, el rudo y valiente soldado, dejó de lado sus defensas y lloró abiertamente frente al pequeño féretro. Se conmovió profundamente al ver a Alfie, al que se llamaba como él. Muerto, la belleza del pequeño era mayor que nunca y parecía una pequeña estatua de cera. Alfred se inclinó para besar la delicada mejilla, pero la frialdad del cadáver fue como una cuchillada en su pecho y tuvo que aferrarse del brazo de Eliza. Ella intentó consolarlo, a pesar de que su propio dolor era enorme.

Cuando un poco más tarde se reunieron con Vincent y Audra en la cocina, Alfred miró a su alrededor, como mareado, y preguntó con voz temblorosa:

–¿Por qué? ¿Por qué se le ha quitado la vida a nuestro pequeño Alfie? No era más que un bebé..., la pura alegría... ¡Explicadme por qué ha sido arrancado tan cruelmente de nuestro lado!

Nadie pudo proporcionarle una respuesta.

Capítulo 22

Era un día radiante de fines de octubre, uno de esos días especialmente esplendorosos de verano que muchas veces se presentan en otoño, antes de que el invierno siente sus reales. El cielo tenía el tono de las verónicas, el sol estaba espléndido, y la brisa, suave, casi cálida.

«Qué preciosa tarde –pensó Vincent, levantando la mirada y disfrutando del día luminoso–. Espero que este tiempo dure hasta el fin de semana.» En una esquina abandonó Town Street y apretó el paso al oír que el reloj de la iglesia daba las tres. Se encaminaba por Ridge Road a la oficina de «Varley e hijos, Constructores», y no quería llegar tarde a su cita con Fred Varley.

Era jueves, casi el fin de una semana que se presentó excepcionalmente dura. Tuvo que impulsar a sus hombres con mano firme para que terminaran el cobertizo que estaban construyendo al lado de la hilandería de Pinfold, pero al día siguiente la obra quedaría concluida. Sin duda ése era el motivo por el que quería verlo Mr. Varley, para felicitarlo, y para comunicarle que habría una agradable bonificación para él y su cuadrilla.

Cuando pensó en que cobraría un poco de dinero extra, Vincent empezó a silbar y siguió caminando con paso ágil. Al cruzarse con la esposa del vicario, cerca de Christ Church, sonrió, se llevó la mano a la gorra y después cruzó la calle. Segundos más tarde entraba en la oficina del constructor y saludaba a Maureen, la secretaria de Mr. Varley.

–¡Hola, amor! –exclamó, quitándose la gorra y dedicándole una amplia sonrisa–. Mr. Varley me ha mandado llamar.

–Buenas tardes, Vincent –contestó Maureen, asintiendo en dirección a la puerta–. Puedes pasar, el jefe te espera.

Mr. Varley estaba hablando por teléfono, pero al ver a Vincent en el umbral, se despidió inmediatamente, se cortó la comunicación y le hizo señas de que penetrara en la habitación.

–¿Así que has llegado, muchacho? ¡Entra, entra y siéntate!

–Gracias, Mr. Varley –contestó Vincent, instalándose en una silla frente al escritorio–. La obra de Pinfold estará lista mañana a mediodía –continuó diciendo–; los muchachos han trabajado bien, y sé que cuando vea el cobertizo estará satisfecho. Aunque parezca inmodesto que yo lo diga, es un buen trabajo.

–No me cabe duda, muchacho, eres un buen obrero y un excelente capataz, en realidad el mejor que he tenido. –Se aclaró la garganta–. Por eso me cuesta tanto decir esto..., porque tengo que darte una pésima noticia. Me temo, Vincent, que no tendré más remedio que cerrar la empresa.

Vincent se quedó mirándolo fijo y por un momento no comprendió lo que acababa de decirle.

–¿Cerrar la empresa? –preguntó, alzando las cejas–. ¿Cerrar, Varley?

–Sí, muchacho..., mañana mismo.

–¡Dios mío! –Vincent estaba espantado–. No comprendo... –empezó a decir, pero enseguida vaciló como si acabara de entender las implicaciones de la situación.

–Tengo que declararme en quiebra, no me queda otra alternativa –explicó Varley.

–Pero ¿por qué? En los últimos meses hemos tenido muchas obras...

–Sí, ya lo sé, muchacho –interrumpió Fred Varley–. Pero algunos de esos desgraciados todavía no me han pagado y ni siquiera sé cuándo lo harán. Hace mucho tiempo que opero a base de créditos, Vincent, y le debo tanto al banco que no me animo a pedir más dinero prestado, y, además, no creo que me lo prestasen. Estoy hipotecado hasta la coronilla. –Sacudió la cabeza con tristeza–. No hay otra salida, tengo que cortar por lo sano. Y la única manera es... cerrar la empresa.

–Comprendo –murmuró Vincent, mirando a su jefe con ojos preocupados. No pensaba sólo en sí mismo sino en el resto de los hombres que quedarían sin trabajo al día siguiente. Eran todos casados, igual que él, con excepción de Willie Johnson, el plomero asistente.

–Por supuesto, les daré personalmente la noticia a los muchachos –aseguró Varley–. Mañana. No voy a dejarte esa tarea a ti. Es mi deber. Podré pagarles esta semana de trabajo, pero nada más. Lamento decir que no habrá indemnización, ni bonificaciones ni nada que se le parezca –agregó–. Y si yo estuviera en tu lugar, Vincent, mañana, en cuanto recibiera los certificados, iría a apuntarme enseguida en la Comisión de Asistencia a los Desempleados. Te conviene empezar a cobrar cuanto antes la cuota de socorro.

Vincent asintió con expresión sombría.

–Espero poder salir cuanto antes de este lío –comentó Mr. Varley poniéndose de pie, sin duda deseando terminar cuanto antes aquella difícil conversación–. Estoy convencido de que muy pronto la situación de este país cambiará. La depresión no puede durar indefinidamente. Yo pienso volver a empezar, ¿sabes? Y no hablo de un futuro demasiado distante. Lo que intento decirte es esto: cuando abra de nuevo las puertas de mi empresa, Vincent, aquí habrá trabajo para ti. Espero que aceptes volver a formar parte mi equipo.

Vincent también se levantó.

–Gracias, Mr. Varley, y por supuesto que en cualquier momento estaré dispuesto a entrar a trabajar a sus órdenes. Usted siempre ha sido muy honesto y muy justo conmigo. Y lamento mucho que su empresa se haya visto arrastrada a esta situación. Realmente lo lamento.

–Sí, muchacho, yo también. Y lo siento doblemente por ti y por el resto de los hombres. Me consta que la situación va a ser muy difícil para todos vosotros.

–Entonces lo veré mañana, Mr. Varley. ¡Adiós!

–Hasta mañana, muchacho.

Capítulo 23

Vincent Crowther estaba sentado en el centro de recreo, detrás del parque de Moorfield Road, fumando un cigarrillo.

Ya no tenía conciencia de lo maravillosa que era esa tarde y toda su anterior despreocupación se había esfumado. Estaba enfrascado en la inquietud que provoca su necesidad de conseguir trabajo para poder ganarse la vida y mantener a Audra.

Hacía pocos días había leído en el *Yorkshire Post* que en ese momento había un millón novecientos mil parados en Inglaterra.

–Y ahora uno más –musitó–, ahora yo también estoy a punto de unirme a ellos.

La idea de recurrir a la cuota de socorro, a los sin trabajo, lo espantaba. Pero no tendría más remedio que inscribirse, porque no le quedaba otra salida hasta encontrar empleo.

Al abandonar la oficina de Varley tuvo la sensación de haber recibido una patada en el estómago, y la sensación persistía. Hacía veinte minutos que estaba en el parque, con la esperanza de poder aclarar sus confusos pensamientos y dominar sus sentimientos antes de regresar a su casa. Pero seguía estupefacto y un poco perplejo. Se hallaba convencido de que Fred Varley era un hombre astuto y triunfador, y jamás imaginó que la firma pudiera estar en bancarrota y que su jefe fuera a hundirse. «Eso demuestra –pensó– que uno nunca conoce realmente la verdad acerca de nadie.»

Vincent no sabía por dónde empezar a buscar trabajo, por el simple motivo de que no había empleos. Tampoco sabía cómo iba a darle esa noticia espantosa a Audra.

«Qué golpe será para ella –pensó–. Y justo ahora que empieza a reponerse de la muerte de Alfie.» Lanzó un suspiro en voz alta y después inhaló profundamente el humo de su cigarrillo. De pronto, se lo sacó de entre los labios, lo miró con el entrecejo fruncido y se preguntó durante cuánto tiempo podría permitirse seguir comprando cigarrillos. Y su vasito de bitter. Y sus apuestas en las carreras de los sábados. De repente le invadió una sensación de desconsuelo. Las perspectivas eran poco alentadoras. Muy poco alentadoras.

Se pasó la mano por la frente, cerró los ojos y pensó en el dinero que tenía en la caja de ahorros. No era mucho. Le duraría un mes como máximo. Y lo único que podía pretender que le pasaran como ayuda era una libra por semana, tal vez un chelín o dos más. Obviamente tendría que hacer lo imposible por conseguir trabajo, del tipo que fuera y donde fuese. Tendría que intentarlo en otras zonas de Leeds, como Brampley, Stanningley o Wortley y aún más lejos, en lugares como Pudsey y Farsley.

–¡Bueno, bueno, bueno! ¡De manera que así pasa sus horas este caballero ocioso! Ojalá yo tuviera tiempo de sentarme a descansar en un banco de la plaza durante la tarde... ¡y además a mediados de la semana!

Vincent reconoció la voz masculina y profunda de su amigo y cuñado, y abrió los ojos para mirar a Mike Lesley que lo observaba con expresión cordial.

–Sí, eso es exactamente lo que soy, Mike –dijo lanzando una débil carcajada–, un caballero ocioso... desde hace alrededor de media hora. Sí, me he unido a las filas de desocupados, ¡como todo el resto de mis colegas y mitad de este maldito país!

Mike se dejó caer en el banco y lo miró con ceño encogido.

–Sé que hablas en serio, Vincent. Me consta que no harías bromas sobre un tema tan grave, ¿pero qué ha sucedido? Yo creí que Varley era la única firma constructora de esta parte del país que andaba bien.

–Yo también, y todo el mundo lo creyó. Pero hace alrededor de media hora el viejo Varley acaba de darme la noticia personalmente. Va a declararse en quiebra.

Mike meneó lentamente su cabeza rubia y en su rostro apareció una expresión de desconsuelo.

–La situación es espantosa. Me he enterado de que en el último mes han quebrado otras cinco compañías, y sólo Dios sabe adónde iremos a parar. Pero mira, Vincent, eres un tipo con experiencia y no creo que tardes mucho en conseguir otro trabajo...

–¡No me parece probable! –interrumpió Vincent–. Hasta Mr. Varley me ha predicho lo que me espera. Me sugirió que me inscribiera cuanto antes en la lista de parados.

Mike no hizo comentarios. Preocupadísimo por la suerte de su amigo, se arrebujó en su sobretodo, preguntándose si habría algo que él pudiera hacer para ayudar a Vincent a conseguir trabajo. Lo dudaba.

Hubo un momentáneo silencio entre aquellos dos jóvenes que tanta simpatía se tenían desde el momento de conocerse. Mike era más joven; pero la naturaleza lo había dotado de una enorme percepción. Si alguien era capaz de entender las poco habituales complejidades del carácter de Vincent Crowther, ese hombre era Lesley.

–¿Cómo voy a decirle a Audra que me he quedado sin trabajo? –preguntó de repente.

–Te aconsejo que se lo digas lo mismo que me lo dijiste a mí, directamente y sin vueltas –le respondió Mike.

–Pero no exagero al decir que ella se volverá loca de preocupación... Me resultaría insoportable que volviera a caer en esa depresión espantosa. Tiemblo cuando pienso en lo enferma que estuvo durante la primavera, después de la muerte de Alfie. ¡Se puso tan rara, Mike! Era como una extraña.

–Sí, es cierto que estuvo mal –concedió su amigo–, pero muchas mujeres reaccionan así cuando pierden un hijo, sobre todo si es el primero. Es como si durante un tiempo cayeran en la demencia. Y para Audra la pérdida fue todavía más grave porque ya había perdido tantas cosas en la vida.

–Sí, es cierto. ¡Pobre Audra!

–Mira, Vincent, yo confío en la fuerza moral de tu mujer. Creo que posee más carácter en el dedo meñique que el que tienen otras personas en todo el cuerpo. Es una luchadora, con el temple y la decisión de las mujeres de

Yorkshire. Tengo la sensación de que recibirá la noticia sin que se le altere un músculo.

–Espero que tengas razón, Mike, realmente así lo espero. –Vincent se levantó del banco de la plaza–. Bueno, no tiene sentido demorar este asunto. Será mejor que vuelva a casa y se lo diga de una vez.

–Creo que sí –aprobó Mike, poniéndose de pie para caminar junto a él.

–¿Todavía quieres ir a las Variedades del City el sábado por la noche?

–¡Por supuesto que sí! –exclamó Vincent–. No veo por qué vamos a cambiar de planes. Además, Audra y Laurette están muertas de ganas de ir. No me gustaría desilusionarlas.

–A mí tampoco –contestó Mike.

En cuanto entró en la casita de Pot Lane, Vincent supo que había sucedido algo especial.

Oyó que sonaba un disco en el gramófono del cuarto de estar, llenando la casa con los sones de una canción de Gilbert y Sullivan perteneciente a *El Mikado*. Sobre la mesa vio un florero de bronce con crisantemos amarillos y la mesa ya estaba puesta con la mejor loza que poseían. Se preguntó si Audra habría invitado a alguien a almorzar, pero se dio cuenta en seguida de que había sido puesta sólo para dos comensales. Al mirar alrededor, con un interés cada vez mayor, Vincent notó que sobre el aparador había una botella de vino tinto abierta; después aspiró hondo. La boca se le hizo agua al reconocer el leve aroma de su guiso de cordero favorito que se colaba desde la cocina, cuya puerta estaba entreabierta. Frunció los labios y, muerto de curiosidad, se preguntó qué estaría sucediendo.

Acababa de quitarse el sobretodo y la gorra y de colgarlos en el guardarropa cuando se abrió la puerta y Audra entró en la cocina. Se había puesto una bonita blusa azul que hacía juego con sus ojos, y una falda oscura... En su rostro resplandecía una sonrisa luminosa que hacía años que él no le veía.

–¡Qué preciosa estás, amor! –exclamó él, observándola a través de sus verdes ojos entrecerrados y esbozando una leve sonrisa; con un gesto de la mano señaló la habitación–. ¿Qué celebramos? ¿Algo caído del cielo?

–En cierto sentido podríamos decir que celebramos dos cosas caídas del cielo... –Dejó la frase inconclusa y corrió a besarlo en la mejilla; y lo tomó del brazo para acercarlo a la chimenea; cogió un sobre que estaba encima de la repisa y lo agitó ante los ojos de Vincent–. ¡Primero viene esto! Es una carta de esa firma de abogados de Ripon..., ya sabes a quiénes me refiero..., a esos que escribieron en junio para comunicarme la muerte de la tía abuela Frances Reynolds, agregando que me había dejado un legado en su testamento. Tú estabas convencido de que sería otro objeto de plata, o esa tetera de porcelana que a mí tanto me gustaba, pero no se trata de ninguna de las dos cosas. ¡Son cincuenta libras, Vincent! ¿No te parece que ha estado espléndida?

–Sí, mi amor, decididamente –contestó él sonriendo al pensar que el pequeño legado de Audra no podía haberles llegado en un momento más propicio. Estuvo a punto de decírselo, porque estaba deseando contarle que había perdido su empleo, y quitarse de encima esa tarea tan desagradable, pero Audra se lo impidió. Se arrojó en sus brazos y lo abrazó con tanta fuerza que él quedó estupefacto.

Le devolvió el abrazo y le clavó la mirada en el rostro. Notó la expresión satisfecha de su mujer y que sus resplandecientes ojos azules tenían un tono más brillante que nunca, estaba decididamente radiante.

–¿Qué pasa, Audra? Pareces un gato que acaba de comerse al canario. Estás orgullosa de ti misma.

–Sí, Vincent, lo estoy. Esta mañana fui a ver al doctor

Stalkley y me lo confirmó. Estoy embarazada de dos meses..., ¡en mayo tendremos otro hijo!

Vincent tuvo la sensación de que el corazón le daba un salto mortal de alegría. Había rezado para que ella quedara embarazada. Otro hijo llenaría el terrible vacío dejado por Alfie, y no solamente en Audra, sino también en él. Su dolor fue tan agudo como el de ella, y todavía pensaba con tristeza en su hijo muerto.

Vincent atrajo a Audra hacia sí, le apoyó la cabeza contra su pecho y le acarició el pelo.

–No podrías haberme dado una noticia mejor. Te aseguro que hace meses que espero oír esto. No me sorprende que estés orgullosa de ti misma, yo también lo estoy.

–Pensé que así sería, Vincent.

Por toda respuesta, él la apretó más en su abrazo. Y decidió no estropear esa noche tan especial que ella había planeado para los dos comunicándole la mala noticia que acababa de recibir. Le contaría lo de la bancarrota de Varley al día siguiente. No había prisa.

Inesperadamente, y para su propia sorpresa, de repente se sintió optimista respecto a la posibilidad de conseguir un empleo. El bebé les auguraba buena suerte.

Capítulo 24

–¡Oh, Audra, qué niña tan preciosa! –exclamó Gwen, y su rostro se le iluminó al inclinarse sobre la cama del hospital para observar a la recién nacida que su madre tenía en brazos–. ¡Es perfecta!

–Gracias, Gwen. Yo también lo creo, pero como soy su madre supongo que es natural que me lo parezca. –Sonrió a su amiga que había llegado inesperadamente a visitarla en el hospital St. Mary, y enseguida volvió la mirada hacia la mesita de noche: allí estaba el espléndido ramo de flores que Gwen le había llevado–. Y gracias por las flores, son muy bonitas.

–Bueno, querida, siempre te gustaron las rosas amarillas. También te traje esto... –Colocó un paquetito sobre la cama–. Es para... –Miró a la recién nacida y rió–. No me has dicho cómo se llama.

–¡Dios mío, qué tonta soy! Le hemos puesto Christina. ¿Te gusta?

–Mucho, es un nombre muy bonito. –Inclinándose sobre la cama tomó el paquete–. ¿Quieres que lo abra por ti... y por Christina?

Audra lanzó una carcajada.

–Por favor.

–Espero que te guste –murmuró mientras desataba la cinta y destapaba la caja, de la que sacó un vestidito rosado con un bordado de punto smock en el frente. Lo alzó para que Audra lo viera–. Es de seda y está hecho a mano –explicó, expectante.

–¡Oh, Gwen, es precioso! ¡Me encanta! A Christina le quedará muy bonito, pero te has excedido.

Audra tendió la mano para apretar la de Gwen, la cual no cabía en sí de placer. Se inclinó contra el respaldo y miró a Audra con expresión pensativa.

–Debo confesar que te encuentro con muy buen aspecto. Decididamente estás mucho mejor que después de tener a Alfie... –Al mencionar el nombre del niño le tembló la voz y se interrumpió con expresión de pena–. Oh, Audra lo siento...

–No seas tonta, Gwenny, es imposible no mencionar de vez en cuando el nombre de Alfie y te aseguro que ya no me angustia. Te lo digo en serio. –Le dedicó una sonrisa tranquilizadora–. Ya me recobré de su muerte, en el sentido de que mi pena ha cedido un poco; no me resulta tan doloroso. Por supuesto que jamás lo olvidaré y que siempre lo querré; pero ahora está Christina.

Audra miró a la niña que tenía en brazos y le sonrió, después fijó los ojos en Gwen.

–En realidad me siento maravillosamente. Fue un parto fácil, tras un embarazo sin complicaciones. Es raro, ¿verdad? ¡Porque con Alfie lo pasé tan mal! Pero en este caso prácticamente ni me di cuenta de que estaba embarazada y la di a luz en un abrir y cerrar de ojos..., bueno, casi.

Gwen asintió con su cabeza rubia de melena cortada a la última moda.

–Sí, muchas veces sucede eso. –Miró por la ventana con una expresión casi ausente y durante un instante una sombra de tristeza cubrió su rostro–. Tienes suerte..., ojalá yo pudiera quedar embarazada.

–No te preocupes, ya te llegará el momento. A veces es cuestión de tiempo.

–¡Tiempo! –exclamó Gwen lanzando una suave carcajada–. Estamos en mayo de 1931. Hace exactamente dos años y un mes que me casé. –Se encogió levemente de hombros antes de agregar–: Pero Geoffrey dice que estoy demasiado ansiosa, demasiado tensa y que tengo que tranquilizarme respecto a mi maternidad.

–Tal vez tenga razón. Después de todo, es médico. ¿Y cómo está Geoffrey?

–Oh, Geoffrey está bien. –Gwen se puso de pie intempestivamente–. Las enfermeras de esta sala descuidan mucho sus deberes. Estas rosas ya estarán casi secas cuando alguna se decida a traer un florero. –Tomó el ramo–. Las pondré en agua... enseguida vuelvo.

Audra siguió a Gwen con la mirada mientras recorría la sala. Tal como supuso, había cambiado mucho en los últimos dos años. Él la modificó... cambió su manera de hablar, de vestirse y de caminar; y tal vez habría modificado su manera de pensar. Y había vuelto a cambiar desde la última vez que se encontraron. Ese día había sido algo decididamente extraño en Gwen, algo que Audra no conseguía precisar con exactitud. En la actualidad no se veían a menudo, porque después de casadas habían ido alejándose poco a poco. Así que, cuando se encontraban, la menor diferencia de Gwen le saltaba a la vista a Audra, que era una observadora perspicaz. «Tiene que ver con su apariencia –pensó en ese momento, frunciendo el entrecejo–. ¿Será su manera de vestir?» Decididamente el traje y la chaqueta de hilo negro resultaban muy austeros, con su carencia de adornos. Además ese tono sombrío quitaba vida a su rostro. Pero no, lo que había notado no tenía nada que ver con la ropa.

Intrigada, Audra observó cuidadosamente a Gwen que en ese momento regresaba con el florero en la mano. Y cuando se acercó, Audra supo cuál era la diferencia que notaba en su amiga. Toda la luz de sus ojos había muerto. «Ya no es feliz con él –pensó–. Suponiendo que alguna vez lo haya sido. Por eso no quiere hablar de Geoffrey, ése es el motivo por el que se levantó y salió corriendo a buscar un florero. ¡Pobre Gwen! Puso tantas esperanzas en ese matrimonio, imaginó que su vida junto a Geoffrey sería maravillosa, y supongo que es un verdadero infierno.»

–Gracias –murmuró Audra cuando Gwen colocó el florero sobre la mesa de noche. La estudió subrepticiamente. Sí, había una expresión de tristeza en aquellos ojos celestes y tenía las comisuras de los labios extrañamente caídas, cosa que nunca había notado en ella antes.

Gwen interrumpió sus pensamientos anunciando:

–Quiero que sepas que le di una buena lección a tu enfermera.

–No me cabe duda..., ya ves cómo son las cosas, Gwen..., cuando una vuelve a una sala de hospital quiere hacerse cargo de todo..., las antiguas costumbres tardan en desaparecer, ¿verdad?

–Sí, tal vez tengas razón. –Se sentó antes de seguir conversando–. Y ya que hablamos de enfermería, cuando salgas del hospital ¿piensas seguir trabajando para esa mujer de The Towers?

–¿Te refieres a Mrs. Jarvis? Sí, se lo prometí y no puedo dejarla plantada. No está nada bien, y además nosotros necesitamos el dinero.

Una expresión comprensiva cruzó por los ojos de Gwen.

–Para ti debe de ser terrible que Vincent siga sin trabajo, querida.

–Bueno, creo que en realidad es peor para él –contestó Audra con suavidad, mirando cuidadosamente a Gwen al detectar en su voz un tono de crítica–. Para él la frustración de no conseguir empleo es terrible, y estoy segura de que te consta que Vincent no es un vago ni un hombre perezoso, y...

–¡Yo no sugerí nada de eso! –exclamó Gwen, enrojeciendo levemente.

Audra ignoró el comentario y continuó hablando sin inmutarse.

–Esta tarde ha vuelto a salir a buscar empleo. Es muy responsable e investiga todos los datos que se le dan.

–A mí me produjo un poco de fastidio –confesó Gwen– que siempre se opusiera a que tú salieras a trabajar.

–Sí, es cierto, y no creas que ha cambiado de idea, porque no es así. Sin embargo, en este momento no hay más remedio.

–Lo comprendo, querida. La última vez que nos vimos, creo que fue en marzo, me contaste que William os había escrito para sugeriros que viajaseis a Australia a encontraros con él. ¿La cosa quedó en nada?

–Sí, quedó en nada, y te confieso que nunca creí que resultase. Vincent puede hablar sobre la posibilidad de emigrar, Gwen, pero jamás se decidirá a irse de Inglaterra. Por supuesto que se queja de la depresión, de las condiciones actuales, y maldice a los gobernantes y a los políticos con todas las malas palabras que conoce; pero ama este país. –Audra meneó lentamente la cabeza–. No, nunca se separaría de su madre, de su padre ni del resto de la familia. Los Crowther están muy unidos, ¿sabes? Y, además, existe otro motivo: yo tampoco tenía ganas de ir. Por supuesto que me encantaría volver a ver a William y a Frederick, pero no creo que quisiera vivir en Australia. Ya no. ¡Queda tan lejos!

Gwen sonrió.

–Sí, ya sé lo que quieres decir. Australia para nosotros es algo así como el culo del mundo. –Gwen empezó a abanicarse el rostro con la mano–. ¡Uf! –exclamó–. ¡De repente aquí dentro hace un calor espantoso! Pero bueno, el tiempo está demasiado caluroso para el mes de mayo, ¿no es cierto? –Se quitó la chaqueta y la colgó en el respaldo de la silla–. ¿No me dijiste que tu hermano Frederick se había comprometido? ¿Ya se casó?

Audra no contestó.

Gwen la miró con curiosidad.

–¿Qué pasa? ¿Por qué me miras así?

–¿Qué diablos te ha pasado en el brazo? –preguntó Audra, incapaz de quitarle los ojos de encima. El vestido de su amiga no tenía mangas y dejaba ver un brazo muy hinchado y lleno de moratones.

Con una risita incómoda, Gwen explicó:

–¿No te parece espantoso? El otro día me caí por la escalera del sótano. Geoffrey se puso furioso conmigo por ser tan torpe. Esa noche teníamos que ir a un baile y no pude ponerme mi vestido nuevo de mangas cortas abullonadas, después de haber pagado por él una fortuna en la casa de modas de Harte. Geoffrey dijo que podía haberme matado y se puso furioso porque no comprendió qué hacía yo en la escalera del sótano.

Lanzó una risita nerviosa.

–No me sorprende que se haya enojado, porque pudiste haberte matado. Cuando fui a conocer tu casa, recuerdo que pensé que la escalera que conduce al sótano era muy peligrosa. Tienes que tener más cuidado –aconsejó Audra.

–Sí, ya sé. –Miró al exterior, se puso de pie, de repente pareció inquieta y se acercó a la ventana; se puso tensa y se volvió a Audra–. Mike y Laurette están en la puerta del hospital con Vincent. Será mejor que me vaya.

–¡Pero estarán encantados de verte y de saludarte!

Gwen lanzó una carcajada incómoda antes de comentar:

–Si quieres que te diga la verdad, no tengo ganas de ver a Mike.

–¡No seas tonta! Ahora que los dos os habéis casado no tienes motivos para sentirte incómoda.

–Ya sé, pero forman parte de tu familia, y yo no haría más que molestar. Además, ya es hora de que vuelva a Headingley. Tengo cosas que hacer..., esta noche damos otra comida y mi sirvienta necesita que la vigilen.

–Me encantaría que te quedaras.

Con una débil sonrisa, Gwen meneó la cabeza.

–No; tengo que irme. –Tocó con suavidad la cabeza de Christina y se inclinó para besar a Audra en la mejilla–. Hasta pronto, querida. Volveremos a vernos pronto.

–Adiós, Gwenny –contestó Audra en voz baja, convencida de que pasaría mucho tiempo antes de que la viera de nuevo–. Gracias por haber venido a verme.

Audra observó a su querida y antigua amiga que se dirigía presurosa a la salida y pensó: «Oh, Gwenny, te toparás con Mike en los escalones de entrada del hospital».

–¿Cómo están mis chicas? –preguntó Vincent, inclinándose para besar a Audra en la mejilla y mirando luego la carita de su hija.

–Estamos las dos florecientes –contestó con una sonrisa, y mirándolo con rapidez. Por su expresión supo que no había encontrado trabajo.

Laurette se adelantó para saludarla con sumo cariño.

–Mamá te manda este pequeño pastel de frutas; pensó que te gustaría.

–Por supuesto que me gustará, y te pido que se lo agradezcas.

Vincent se instaló en el borde de la cama.

–Acabamos de encontrarnos con Gwen –comentó–, y salió corriendo por el sendero como si la persiguiera la peste.

–Tenía que volver a su casa –explicó Audra–. Me dijo que esta noche ofrecían una comida.

–A mí me pareció que no tenía ganas de trabar conversación con Mike –aventuró Laurette.

–Sí, quizá tengas razón –contestó Vincent, asintiendo–. Y estoy seguro de que el sentimiento es mutuo. ¿Qué puede decirle Mike a ella?

–¿Y a todo esto, dónde está Mike? –preguntó Audra.

–Pasó a ver a un paciente que tiene en otra sala. Estará aquí de un momento a otro –explicó Laurette–. ¿Puedo coger a Christina un poquito, Audra? –preguntó.

–Por supuesto que sí. Acércate y levántala, querida.

Audra se alegró de poder cambiar de posición en la cama. Durante algunos instantes los tres permanecieron en silencio y Audra observó a Laurette que mecía a la nena, la arrullaba en voz baja y la sostenía con inmensa ternura.

–Vincent y yo nos preguntábamos... –dijo de repente–. En realidad tenemos la esperanza de que quieras ser la madrina de Christina y que Mike acepte ser su padrino.

–¡Oh, me encantaría! –exclamó Laurette, excitada–. Y estoy segura de que a Mike también –vaciló antes de preguntar–. Pero ¿quién será la otra madrina? Supongo que Gwen.

–No, tengo la sensación de que eso no resultaría –contestó Audra, mirando a su marido–. ¿No es cierto, Vincent?

–Yo nunca creí que conviniera y me alegra de que hayas cambiado de idea –sonrió–. Y aquí viene Mike.

Después de besarle la mejilla y apretarle el hombro con suavidad, comentó:

–Ni siquiera vale la pena preguntar cómo te encuentras. Para haber tenido un bebé hace sólo dos días, tu aspecto es maravilloso... ¿Supongo que todo está bien y que no hay problemas de ninguna especie?

–Ninguno –contestó Audra, devolviéndole la sonrisa y pensando, una vez más, que era el hombre más bondadoso que había conocido en su vida. La comprensión de su alma se reflejaba en sus ojos claros y cariñosos y ella estaba segura de que llegaría a ser un médico de mucho éxito. Su presencia, su voz profunda y cálida, su preocupación por los enfermos inspiraban confianza y resultaban sumamente reconfortantes. «Esa dulzura que tiene Mike es un don –pensó–. No me sorprende que todas sus pacientes lo adoren.»

Al darse cuenta de que Mike seguía inclinado sobre ella y que la miraba como si esperara que hiciera algún comentario, Audra dijo:

–Hace un rato estuvo el doctor Stalkley y afirmó que dentro de pocos días podré irme a casa.

–Él sabe lo que hace, por supuesto, pero te aconsejo que no te apresures –advirtió Mike mientras se acercaba a su mujer; apoyó una mano sobre su hombro y miró a la niñita que tenía en brazos–. Va a ser una chica preciosa –aseguró.

–Nos gustaría que fueras el padrino de Christina, Mike –manifestó Vincent–. Laurette ya ha aceptado ser su madrina. Así que tú ¿qué contestas?

–¡Que sí! –exclamó muy sonriente–. Acabáis de conseguir un padrino, ¿y quién será la otra madrina?

Vincent y Audra intercambiaron una mirada. Él se decidió a hablar.

–Estaba pensando en mi hermana Olive. ¿Qué te parece?

–Perfecta... Sí, mantengamos esto en familia.

–Olive tomará sus responsabilidades de madrina con mucha seriedad..., lo mismo que nosotros, por supuesto –aseguró Laurette.

–Lo sé –convino Vincent–, estoy seguro de que todos cumpliréis con vuestro deber. –Se levantó, se acercó a su hermana y estiró los brazos–. ¿Puedes prestarme a mi nena por un par de minutos, Laurette? Hoy no la he cogido.

Laurette le entregó a la criatura y él no dejó de mirarla mientras se la acomodaba en los brazos y le arreglaba la toquilla. Christina tenía una tez clara y tersa, y las facciones muy definidas. No estaba colorada y arrugada como Alfie de recién nacido. Continuó mirando a su hijita con el corazón lleno de amor.

–Desde el instante en que Audra me dijo que estaba embarazada, tuve la sensación de que esta criatura nos traería suerte. Y así es, se convertirá en una chiquilla muy especial.

–Muy, muy especial –confirmó Audra–, y yo pondré el mundo a su alcance.

Todos la miraron sorprendidos.

Se produjo un extraño silencio. Las palabras de Audra parecían seguir flotando en el aire.

Laurette sonrió y enseguida se mordió los labios, sin saber cómo responder a esa declaración tan extraordinaria.

Vincent se acercó a la ventana con la nena y permaneció mirando al exterior en un silencio significativo.

Mike lo miró con expresión preocupada. Por la tensión de los hombros de su amigo, supo que a Vincent le había caído mal el comentario. «Bueno..., sonó... posesivo. ¿No podría haber hablado en plural?», pensó.

Se aclaró la garganta, deseoso de despejar el clima tenso que acababa de crearse.

–Has expresado un sentimiento maravilloso, Audra –comentó.

–¡Pero es que lo digo muy en serio! –replicó Audra, mirándolo con fijeza.

Mike siempre supo que Audra era decidida y valiente, pero en ese instante vio algo en ella que jamás había percibido. En su boca y en su barbilla notó una expresión fría e implacable y una inflexibilidad en sus extraordinarios ojos azules. «¡Por Dios! ¡No sólo lo dice en serio sino que va a convertirlo en una especie de cruzada! Y que Dios se apiade de cualquiera que se cruce en su camino, y eso incluye a Vincent.»

Capítulo 25

Así que aquello se convirtió en el motor de la vida de Audra Crowther: el deseo de poner el mundo a disposición de Christina.

Fue en lo único en que pensó a partir de ese momento, y la lucha por llegar a esa meta, que duró más de veinte años, comenzó ese verano de 1931.

En cuanto le dieron el alta en el hospital, Audra volvió a trabajar para Mrs. Jarvis, a quien había atendido como enfermera los cuatro meses anteriores al nacimiento de Christina. Le prometió a la anciana que retomaría sus deberes después del parto; pero aparte de eso, necesitaban desesperadamente el dinero. Vincent sólo recibía veinticinco chelines en calidad de ayuda al desempleado, más otros dos semanales ahora que tenían una hija. Esa cifra no era suficiente para mantenerlos a los tres.

El trabajo en casa de Mrs. Jarvis no era ni difícil ni complejo; además resultaba cómodo porque la inválida vivía en The Towers, a poca distancia de la casita de Pot Lane.

Pero Audra prefería trabajar en un hospital a ejecutar las tareas de enfermera privada. Después de cuidar durante otro mes a Mrs. Jarvis, le dijo con toda franqueza que iba a presentar una solicitud para conseguir un puesto en el St. Mary. Así lo hizo a principios de julio.

En noviembre se produjo una vacante en el hospital y Audra consiguió el empleo. Para su enorme alegría la destinaron al pabellón infantil.

Sabía que le habían otorgado ese puesto tan codiciado gracias a los hilos manejados por Mrs. Lennox y a la influencia de Mrs. Bell sobre la jefa de enfermeras Fox. Pero eso no la preocupaba en lo más mínimo. Tenía el trabajo, que era lo único que le importaba.

Para la primavera de 1932, estaba instalada en el hospital y disfrutando de su labor. La jefa de enfermeras Fox le había tomado gran simpatía, era popular con los médicos y preveía que muy pronto le darían un ascenso. Nunca pensaba en esos ascensos, que estaba segura de conseguir en poco tiempo, desde el punto de vista de triunfo personal, simplemente significarían ganar más dinero, y para eso los quería. Dinero para Christina..., para comprarle ropa, para su educación y su futuro.

Aunque por el momento no podía ahorrar ni un centavo para su hija, tenía la esperanza de poder hacerlo dentro de los próximos dos años. Audra realizaba planes a largo plazo, porque estaba convencida de que, dados sus recursos, era la única forma en que podría llevarlos a cabo.

Ya se le había ocurrido una idea para ganar algún dinero extra e iba a ponerla en práctica una vez que se sintiera completamente afianzada en el hospital. Pensaba trabajar como modista durante sus horas libres.

La enfermería complacía a Audra y se entregó a ella con su habitual entusiasmo y energía, y cuando recorría los pabellones lo hacía con una nueva agilidad en su paso y con una sonrisa en los labios.

Pero en su hogar las cosas no eran tan fáciles.

Volvía a haber problemas entre Vincent y ella, y ese curioso matrimonio se tambaleaba una vez más.

En cierto sentido, la brecha que desde hacía poco los separaba, esta vez era culpa de Audra. Ella centraba su atención en Christina, a quien quería con una ferocidad casi anormal, tal vez porque la muerte ya le había arrebatado otro hijo.

Vincent también amaba a su hija, pero a la vez tenía que enfrentarse a problemas propios muy graves y, siendo un hombre joven y viril, también tenía necesidades urgentes. Deseaba mantener con su esposa una relación que fuese normal en todos los niveles. Por desgracia, Audra sólo se preocupaba por Christina y por su trabajo; en ese momento Vincent no le inspiraba el menor interés sexual.

Había dejado de acostarse con su marido algunos meses antes, y eso provocó el resentimiento de Vincent. Se sentía frustrado al no tener trabajo y por haber quedado relegado a cuidar de su hija. La frialdad y el rechazo físico de Audra aumentaban su creciente amargura.

Un sábado de abril, por la tarde, después de haber acostado a Christina en su cuarto de la planta alta, decidió aclarar las cosas con su mujer.

Esperó hasta que ella terminó de quitar la mesa y lavar los platos. Pero en cuanto se instaló frente al fuego y tomó su caja de costura para repasar la ropa, él apagó la radio y se sentó en el sillón frente al de Audra.

–¿Por qué hiciste eso? –preguntó ella, sin levantar la mirada, enfrascada en zurcir un calcetín de su marido.

–Porque quiero conversar muy seriamente contigo, Audra –contestó Vincent, inclinándose y mirándola fijamente.

–¡Ah! –exclamó ella, dejando caer el calcetín sobre su falda al percibir el tono severo de Vincent; se echó hacia atrás y le prodigó toda su atención.

Eso era exactamente lo que él quería.

–Tú y yo tenemos problemas muy serios, Audra, y ha llegado el momento de analizarlos abiertamente. Basta ya de esconderlos debajo de la alfombra, porque tú...

–¿Problemas? –interrumpió ella, mirándolo con extrañeza–. ¿Qué quieres decir, Vincent?

–¡Vamos, Audra! No te hagas la tonta conmigo. Sabes de memoria de qué estoy hablando. De nuestros problemas en la cama, de eso hablo. No haces más que evadirme. ¿Ya no me amas?

Como siempre que él hablaba de sexo, Audra se ruborizó levemente.

–¡Por supuesto que te amo! –exclamó con cierta indignación.

–Tu modo de demostrarlo es muy extraño. Eres un verdadero témpano.

–¡Oh, Vincent, qué injusto eres! ¡Por favor, no seas así! Por supuesto que te quiero, que te amo. Pero..., bueno..., tengo miedo de volver a quedar embarazada. Mira, tú sabes tan bien como yo que nos resultaría imposible mantener a otra criatura. Ya prácticamente ni siquiera nos alcanza el dinero que tenemos...

–¡No es culpa mía que este maldito país esté en un estado tan catastrófico! –murmuró él, interrumpiéndola y dirigiéndole una mirada furibunda–. ¡La culpa de eso debes echársela a Ramsey Macdonald y a su maldito gobierno! ¡No soy el único que está sin trabajo! Ya somos dos millones ochocientos mil. Y no sólo somos parados, sino tipos desesperados, y nos sentimos disminuidos como hombres porque nos vemos reducidos a depender de la ayuda que nos da el Estado...

–¡No me interpretes mal! No estoy señalándote con un dedo acusador, Vincent. Eso es algo que jamás haría. Sé que no es culpa tuya, y que todos los días haces un esfuerzo tremendo por encontrar trabajo. Sin embargo..., si tuviéramos otro hijo anularíamos las posibilidades de Christina..., ¿no estás de acuerdo? ¿No lo ves así?

–Sí, por supuesto que lo veo. Estás planeando un futuro resplandeciente para una criatura que todavía no ha cumplido un año. A veces me pregunto, Audra, si no habrás perdido la razón.

Vincent se puso en pie de un salto, porque su enojo pudo más que él; se dirigió al guardarropa y sacó su sobretodo, que se echó de cualquier manera sobre los hombros.

–¿Adónde vas? –preguntó ella, sorprendida al ver que él de repente cortaba esa importante conversación, pero aliviada al mismo tiempo.

–A casa de mi madre.

–¡Por supuesto! Y ella, como siempre, después de comprenderte y mimarte, te dará más dinero para que vayas al bar.

–¡Lo que pase entre mi madre y yo no tiene nada que ver contigo! –exclamó él, dirigiéndole una mirada fulminante–. Yo jamás te he pedido un centavo, y jamás lo haré.

Ella no contestó.

Él salió de la casa como una tromba, pero sin dar portazo. No quería despertar a su hija.

Diez minutos más tarde, mientras caminaba por Town Street, la furia de Vincent comenzó a apaciguarse. A pesar de todo, no excusaba la actitud de Audra; y en lo profundo de su corazón tampoco la perdonaba. En todo caso, le tenía más rencor que antes. No sabía bien por qué, pero esa noche ella había conseguido acabar con su paciencia.

«Si yo fuera un hombre rico, casado con una mujer fría e indiferente como Audra, me buscaría una amante –pensó–. Sería una joven hermosa, accesible y muy cariñosa, y la mantendría a todo lujo. Por desgracia no soy rico, así que no puedo permitirme una amante.»

Pero en ese momento se le ocurrió una idea. A la que podía permitirse era a Millicent Arnold, que no le costaría nada, salvo sus buenos modales, halagarla con palabras dulces y dedicarle un poco de su persuasivo encanto. Millie no era especialmente hermosa, pero tenía un rostro agradable y un modo de ser suave. Y ahora que lo pensaba, lo más importante de todo era que, desde hacía años, mostraba debilidad por él.

«No hay nada como una mujer que realmente lo desee a uno», pensó. E, instantáneamente, Vincent modificó sus planes.

No fue a casa de su madre. Tampoco se detuvo en el Caballo Blanco donde sabía que sus hermanos Jack y Bill estarían jugando a los dardos y esperándolo.

Fue a visitar a Millicent Arnold, una viuda sin hijos de sólo treinta y cinco años quien, sin la menor duda, le prodigaría una bienvenida más que calurosa.

Apretó el paso para recorrer Moorfield Road y casi corrió a lo largo del parque de recreo hasta llegar a la calle que conducía a Rose Cottage. Allí vivía Millie sola, desde la muerte de Ted, dos años antes. La casa se encontraba en un lugar recoleto de Armley, y eso le gustó. Si tenía la suerte de convertirse en un frecuente visitante del lugar, era mejor que nadie lo viera entrar y salir de allí.

Después de llamar varias veces sin obtener respuesta, se volvió, desilusionado.

–¡Vincent! –exclamó–. ¿Qué te trae por mi casa en un sábado por la noche?

–Bueno, la cosa es así –contestó él, volviendo sobre sus pasos y clavando la mirada en los ojos pardos y aterciopelados que lo observaban–. Estaba caminando por el parque cuando pensé en lo que me dijiste la semana pasada, ¿recuerdas? Ese día en que nos encontramos cerca de la biblioteca. Me dijiste que cada día que pasaba te sentías más sola y deprimida. ¿Y sabes algo extraño, Millie? Yo también..., yo también...

–¿En serio te sientes solo, Vincent?

Él asintió, le dedicó su sonrisa más conquistadora; se apoyó contra el marco de la puerta y recorrió con mirada provocativa la silueta de Millie. De repente empezó a reír como hacía años que no reía, y sus ojos verdes adquirieron un brillo inusitado.

–Me encaminaba al bar a encontrarme con mis hermanos cuando me acordé de ti, Millicent, y medité acerca de lo sola que estás, y de lo solo que estoy yo. –Hizo una pausa–. Se me ocurrió que tal vez te gustara tener un poco de compañía y que a lo mejor serías lo suficientemente amable como para ofrecerle una cerveza a un tipo muerto de sed.

Ella tragó con fuerza, sin poder creer en su buena suerte, porque le parecía imposible que él hubiese pasado a visitarla. Hacía años que lo deseaba, desde siempre, antes de la muerte de Ted. Abrió sus labios húmedos pero no pronunció ninguna palabra. Simplemente lo tomó del brazo y con suavidad lo introdujo en su casa.

–Tengo todas las cervezas que quieras –dijo por fin, apoyando sus pechos contra él, mientras lo impulsaba a cruzar el vestíbulo.

De repente Millie se detuvo en seco, le apretó el brazo y miró ese rostro apuesto que la observaba. Esbozó una lenta y lánguida sonrisa.

–¿Y no te gustaría también comer algo? Podrás quedarte a cenar, ¿no es cierto, Vincent?

–Por supuesto que sí –contestó él, cuadrando los hombros, enderezándose y volviendo a sentirse un hombre.

Con gran confianza, Vincent le rodeó la cintura con un brazo y la escoltó al cuarto de estar. Cuando ella se acercó más, él supo que esa noche ya no tenía de qué preocuparse.

A pesar de haber iniciado una aventura con Millicent Arnold, la rutina diaria de Vincent no cambió.

Era discreto.

Millie le gustaba, disfrutaba de su compañía, le complacía el afecto que ella le demostraba y gozaba con la manera en que ella satisfacía todas sus necesidades. Los dos obtenían gran placer y bienestar en las largas horas de amor que vivían en la amplia y confortable cama de Rose Cottage.

Pero no era más que una unión de tipo físico.

Vincent sabía que no duraría demasiado tiempo, Millicent tampoco lo ignoraba, y estuvieron de acuerdo en permitir que la relación simplemente siguiera su curso. También convinieron en que no habría recriminaciones por parte de ninguno de ellos cuando alguno de los dos decidiera poner fin a la relación.

Aparte de todo eso, Vincent era un hombre demasiado responsable como para desatender a su hija, a quien adoraba, o descuidar su búsqueda de trabajo simplemente por causa de una relación sentimental. Sólo visitaba a Millie una vez por semana porque deseaba ser disciplinado respecto a ella y también porque era circunspecto. Iba a Rose Cottage sólo por la noche.

Y continuó viviendo como lo había hecho durante tantos meses.

Por la mañana cuidaba a Christina; hacia mediodía la llevaba en el cochecito hasta la casa de su madre, donde almorzaba con ella y con Danny. Y por lo general dejaba a la niña al cuidado de su madre durante el resto del día y volvía a buscarla alrededor de las cuatro de la tarde.

Casi todas las tardes Vincent recorría la ciudad y sus alrededores en busca de trabajo. A veces tenía la suerte de encontrar alguna chapuza, pero eran tareas que nunca duraban más de uno o dos días. Jamás encontraba un empleo permanente.

Y así como habían transcurrido la primavera y el verano, el otoño dio paso a los meses de invierno, y Vincent Crowther tuvo que reconocer que no iba a encontrar trabajo. El gobierno pasaba por la depresión más profunda y prolongada que se había conocido. Inglaterra se encontraba al borde del desastre, lo mismo que el resto del mundo, ya que la crisis económica era global. Vincent sentía en la médula que esa situación duraría mucho tiempo y decididamente en todas partes se advertían problemas; los tumultos y las marchas de hambre estaban a la orden del día.

Lo mismo que todas las demás grandes ciudades industriales, Leeds resultó muy afectada. El Ejército de Salvación organizó ollas populares; otras organizaciones de caridad proporcionaban ropa y zapatos a los niños necesitados y también ayudaban a quienes deseaban abandonar las zonas de mayor depresión.

Vincent nunca había visto tantos hombres por la calle: hacían cola frente a las oficinas de trabajo, vagabundeaban por los alrededores de las agencias de apuestas y los bares, o simplemente permanecían parados en grupos en las esquinas con aspecto sombrío e irritado, compadeciéndose unos a otros. Y en ellos había un aire de fatalismo. Al mirarlos, Vincent hacía a un lado la desesperanza que con frecuencia lo invadía y apelaba a toda su fortaleza interior. Sabía que a pesar de todo debía seguir adelante, y que tenía que hacer todo lo posible por mantener un espíritu animoso.

Aunque nunca quiso que Audra saliera a trabajar, en ese momento agradecía al cielo que fuera enfermera del St. Mary. También agradecía que el resto del clan Crowther todavía conservara su trabajo; era un consuelo saber que los suyos se encontraban en mejor situación que el resto de la gente.

Su padre trabajaba, desde hacía años, en el departamento de transportes de la Sociedad Industrial Cooperativa de Leeds; y por lo visto, su empleo seguía siendo seguro. Bill era bibliotecario en una biblioteca pública; y Jack, que estudiaba Botánica por la noche, estaba empleado en el departamento de Parques y Jardines de la ciudad de Leeds. Hasta Maggie había conseguido trabajo en una sastrería de Armley, donde se dedicaba a hacer ojales en las chaquetas de trajes de hombre.

Los tres hijos no ganaban tanto como el padre, pero entre todos reunían más dinero del que tenía la mayoría de familias para vivir. Así que, en la mesa de su madre siempre había comida abundante y nutritiva y también carbón en su leñera, y Vincent sabía que sucediera lo que sucediera, Audra y Christina nunca pasarían hambre ni frío como le sucedía a tanta gente en esos días terribles.

Cuando se aproximaba la Navidad de 1932, Vincent redobló sus esfuerzos por conseguir el trabajo deseado, y necesitando desesperadamente poder proporcionar algo especial a su pequeña familia con ocasión de las fiestas. Quería comprarle un regalo, por insignificante que fuera, a Audra, un juguete a Christina y permitirse algo extraordinario en la mesa.

A principios de diciembre hubo varias fuertes tormentas de nieve, y gran parte de los caminos interiores de las casas quedaron bloqueados. Un viernes por la tarde Vincent por fin tuvo suerte y consiguió que le encargaran la tarea de limpiar a pala la nieve en los caminos de una de las grandes casas de la zona. Debido a que ya estaba oscurecido, el mayordomo le indicó que volviera al día siguiente a las nueve de la mañana.

El sábado amaneció resplandeciente pero tremendamente frío y soplaba un viento gélido. Aunque a Vincent no le importó. Estaba tan excitado ante la posibilidad de ganar un poco de dinero, que nada lo desanimaba. Audra, que tenía el fin de semana libre en el hospital, le recomendó que se abrigara bien. Le obligó a ponerse dos suéters debajo de la chaqueta y, mientras él se abotonaba el sobretodo, le envolvió el cuello con una bufanda de lana y le entregó sus gruesos guantes.

Él la besó en la mejilla.

–No creo que limpiar el camino de Fell House me lleve más de tres horas, así que volveré a tiempo para almorzar, mi amor.

–Creo que hoy prepararé una buena olla de caldo; necesitarás algo así después de estar a la intemperie en un día como éste –comentó ella, acompañándolo hasta la puerta; al salir, el viento helado la golpeó en la cara y se estremeció–. Esta mañana no voy a sacar a Christina, hace demasiado frío para ella.

–No, te aconsejo que no la saques. Adiós, mi amor, te veré más tarde.

Se alejó por el sendero con paso elástico, se volvió y la saludó con la mano. Su estado de ánimo era jubiloso.

Audra estuvo muy ocupada toda la mañana, cuidando a Christina, preparando el caldo de verduras, llevando a cabo sus tareas domésticas. El tiempo se le pasó volando. Antes de que se diera cuenta el reloj marcaba las doce.

Después de preparar la mesa para el almuerzo, encendió la radio, alzó a Christina y se instaló junto al fuego para darle de comer.

Cuando a la una Vincent no había regresado, Audra empezó a preguntarse qué le habría sucedido; a las dos estaba francamente preocupada. Era habitual que se retrasara cuando iba al bar con sus hermanos y amigos; pero nunca cuando estaba trabajando. Siempre volvía directamente del trabajo a su casa para tomar una taza de té o un bocado, y para cambiarse de ropa si pensaba salir.

Después de acostar a Christina en la cunita que había en la cocina-comedor de diario, Audra se sirvió un tazón de sopa, pero se dio cuenta de que no tenía demasiada hambre. De tanto en tanto se acercaba a la ventana, abría las cortinas y miraba hacia fuera, pero no había señales de Vincent.

Eran casi las tres cuando oyó el sonido metálico de las botas sobre el sendero.

–¡Estaba empezando a preocuparme espantosamente! –exclamó al verlo entrar y cerrar la puerta a sus espaldas–. No podía imaginarme qué te había sucedido.

–Había mucha nieve para palear –contestó él, quitándose la gorra y la bufanda y sacándose lentamente los guantes que estaban duros de nieve–. Era mucho más de lo que yo creía... Limpié el camino de entrada, dos largas terrazas, el sendero que divide el parque y el patio trasero.

–¡Hiciste todo eso! Debes de hallarte extenuado, Vincent, y estás morado de frío. Acércate al fuego y caliéntate.

–Y a mediodía ni siquiera me ofrecieron una taza de té.

–¡Dios mío! ¿Qué clase de gente es ésa? –preguntó ella, estupefacta.

Él no le contestó.

Cuando se acercó al fuego, Audra vio algo en su rostro que la alarmó.

–Vincent... –empezó a decir, pero vaciló–. ¿Estás bien? –preguntó enseguida, observándolo con atención.

Él permaneció en silencio, de espaldas al fuego calentándose. Después de algunos instantes, se metió la mano en el bolsillo y sacó algo. Volvió hacia ella su rostro tenso y cansado y abrió la mano temblorosa.

–Esto es lo que me pagaron –anunció con voz amarga, mostrándole la moneda que tenía en la palma de la mano.

Por un instante, Audra no pudo creer lo que veía.

–¡Seis peniques! –exclamó, horrorizada–. ¡Te pagaron seis peniques por seis horas de trabajo! ¡Pero eso es un ultraje! Esa gente...

No pudo seguir hablando; la furia la ahogaba.

–Sí...

–¡Oh, Vincent, Vincent querido! –Se puso de pie de un salto y se le acercó, con el rostro preocupado; le asió el brazo con muchísimo amor–. ¡Nunca permitiré que vuelvas a hacer algo como esto! ¡Nunca!

Él meneó la cabeza y miró para otro lado. Después de un par de minutos se volvió hacia ella. Tenía una expresión desolada en los ojos.

–Esta tierra maldita –dijo.

Capítulo 26

«Feliz cumpleaños a ti, feliz cumpleaños a ti, feliz cumpleaños querida *Mam*, feliz cumpleaños a ti.»

En cuanto terminó de cantar, Christina cruzó corriendo la habitación y se arrojó sobre Audra con tanto impulso que le hizo perder el equilibrio. Después la abrazó con fuerza.

–Vamos a ofrecerte una fiesta de cumpleaños, *Mam* –dijo enseguida mirando a su madre–. La planeamos nosotros solos y es para los tres nada más. Se trata de una sorpresa.

Audra sonrió al mirar aquella carita ansiosa que la observaba.

–¡Pero qué bonito, querida! –exclamó, apartando un mechón de su hijita de seis años y pensando en lo que se parecía al padre.

Aunque Christina tenía su color de pelo, había heredado las facciones finamente cinceladas de Vincent y el tono gris humo de los ojos de Laurette. «Decididamente se parece más a la familia Crowther que a la mía, por lo menos en el aspecto físico», pensó de nuevo Audra. Ese parecido siempre existió, pero día a día se hacía más patente. En los últimos tiempos Christina había dado un estirón y se veía que iba a ser alta; ésa era otra de las características de la familia Crowther.

–Feliz cumpleaños, amor –dijo Vincent, acercándosele y besándola en la mejilla.

Audra lanzó una leve carcajada.

–Creí que lo habías olvidado.

Vincent sonrió y aspiró el humo de su cigarrillo.

–¿Cómo se te ocurre? Además, últimamente no has hecho más que lanzarnos indirectas –bromeó.

–¡*Mam*, por favor! ¡Vamos! ¡Vamos! ¡Aquí dentro! –exclamó Christina, tomando la mano de su madre y obligándola a alejarse de la puerta de la calle de la casita de Pot Lane–. Tienes que entrar en el cuarto de estar..., y tú también, papá. ¡Oh, por favor, vamos!

Riendo, Audra depositó la cartera sobre una mesita próxima a la puerta y se dejó arrastrar hasta el cuarto de estar por aquella hija suya que era tan fuerte y decidida.

–Ahí –señaló Christina, empujándola con suavidad–,

siéntate ahí, *Mam*, en el sofá; y tú, papá, puedes sentarte en ese sillón.

–Muy bien –contestó Vincent obedeciendo–. Creo que esta hija nuestra puede llegar a tener vocación de general del ejército –comentó dirigiéndose a su mujer en voz baja.

Audra asintió divertida. Se reclinó contra el respaldo del sofá, se alisó la falda del vestido de algodón que tenía puesto y miró expectante a Vincent.

Él le devolvió la mirada con expresión inmutable de jugador de póquer; su rostro no revelaba absolutamente nada.

Christina corrió hasta el mueble antiguo del rincón y regresó con una serie de sobres en la mano.

–Aquí están tus tarjetas de cumpleaños, *Mam*. El cartero las trajo esta mañana después de que salieras para el hospital. Te las iré dando una por una. –Le entregó una tarjeta y se inclinó un poco hacia delante, espiando a su madre y tratando de ver cuál de las tarjetas tenía en la mano. Incapaz de seguir conteniendo su curiosidad, preguntó–: ¿De quién es?

–De tía Laurette y tío Mike. –Audra le mostró la tarjeta–. Pájaros azules posados en una rama, ¿no te parece preciosa?

Christina asintió.

–Si me la das, la pondré sobre la repisa de la chimenea..., oh, gracias, *Mam*. –Le ofreció otro sobre–. Ahora abre éste.

Audra advirtió el sello australiano y la letra de William.

–Bueno, todos sabemos muy bien quién me manda ésta, ¿no es cierto? –exclamó Audra con una risita.

–¿Puedo verla? –Christina se acercó a su madre y le puso una mano sobre el hombro, mientras miraba la tarjeta con ella–. Ésta también es bonita, *Mam*, pero todavía quedan muchas.

Las tarjetas le fueron entregadas una a una, abiertas,

comentadas entre exclamaciones y luego colocadas cuidadosamente sobre la repisa de la chimenea. Había otra procedente de Sydney, enviada por su hermano Frederick y su esposa Marion; algunas de distintos miembros del clan Crowther, y una de Gwen, quien todavía recordaba la fecha de su cumpleaños.

La última tarjeta fue entregada con un floreo por la solemne chiquilla, empeñada en que ése fuera un día muy especial para su madre.

–Ésta te la mandamos nosotros –susurró, acercándosele y acariciándole la mejilla con mucho amor–. En realidad la eligió papá, pero me llevó a la tienda y me permitió que le ayudara.

Audra abrió el sobre y sacó la tarjeta. Era la más cara de todas, en papel brillante, con una cinta amarilla atada en forma de moño. En el frente se veía un florero con rosas amarillas, colocado en una mesa frente a una ventana, y por encima del florero revoloteaba una mariposa colorada.

–¡Es preciosa! –exclamó Audra, antes de abrir la tarjeta para leer su contenido. Al hacerlo, vio un versito impreso, debajo del cual Vincent había escrito: «Con mucho amor, te desean toda clase de felicidades, tu esposo y tu hijita». Debajo de esas líneas, ambos habían puesto su firma.

–Gracias, es la tarjeta de cumpleaños más bonita que he recibido en toda mi vida –aseguró Audra, levantando la mirada para sonreírles, primero a Christina y después a Vincent.

Ellos le devolvieron la sonrisa con enorme expresión de felicidad.

–Iré a buscar tu regalo, *Mam* –anunció la pequeña.

Corrió hasta el mueble, sacó un paquete de uno de los cajones y se lo entregó.

–Éste es el regalo que te hacemos papá y yo –explicó con gran seriedad.

Audra desató la cinta y lo abrió, preguntándose qué le habrían comprado; se sentía muy feliz al ver la efusividad con que celebraban su cumpleaños. Estaba tan emocionada que durante algunos instantes ni siquiera pudo hablar. Dentro del paquete encontró una acuarela enmarcada. Al volverla levemente para verla mejor, sus ojos se agrandaron y contuvo el aliento, sorprendida y encantada. La pintura representaba un jardín veraniego, a la hora de la puesta del sol, y la escena se encontraba bañada en una luz dorada. Había algunas gotas de lluvia sobre un montón de hojas, como si antes de que el artista pintara el paisaje hubiese habido un pequeño chaparrón.

La acuarela era pequeña pero preciosa, aunque tuviese defectos y necesitara mucho más trabajo; uno de sus lados estaba sin terminar y se notaba que era la obra de un principiante; sin embargo, había algo muy particular en la escena, algo que llamaba la atención. «¡Qué fascinante! –pensó Audra entrecerrando los ojos para observar la pintura–. Curiosamente se parece a los trabajos de mi padre.»

Pero Audra sabía que era imposible que Vincent hubiera encontrado una de las primeras acuarelas de Adrian Kenton.

En una de las esquinas, Christina había escrito su nombre con desenfado y claridad; pero aunque no lo hubiese hecho, ella habría reconocido en ese cuadro la obra de su hija. Por infantiles que fueran ciertos aspectos de la pintura, Christina había conseguido una cosa: captar la luz sobre el papel. Y con esa nueva obra demostraba hasta qué punto había evolucionado. Desde los cuatro años, la niña mostró un notable talento para el dibujo y la pintura, pero con ese último trabajo demostraba poseer algo más que un simple talento. El suyo era un don extraordinario. Al comprobarlo, Audra sintió una enorme excitación y, a la vez, un inmenso orgullo.

Levantó la cabeza y vio que su hija la estaba mirando con sus grandes ojos grises nublados por la preocupación.

–¿No te gusta, *Mam*? –preguntó con labios temblorosos.

–¡Oh, Christie! ¡Por supuesto que me gusta! ¡Pero, por supuesto! Es realmente preciosa, querida. ¡Muchísimas gracias! –Audra abrazó con fuerza a su hija–. Siento no habértelo dicho enseguida, pero lo que pasa es que estaba demasiado entusiasmada admirándola.

Christina miró a su madre con ojos resplandecientes de alegría.

–Lo pinté especialmente para tu cumpleaños, *Mam*, y papá lo llevó a la tienda de Mr. Cox de Town Street para hacerlo enmarcar. Por eso el regalo es de los dos..., porque papá pagó el marco.

Audra dirigió una radiante sonrisa a su marido.

–Gracias, Vincent. Te aseguro que es el mejor regalo que podrías haberme hecho. Siempre lo guardaré. –Sostuvo con sus ojos azules la mirada de él–. Y valía la pena enmarcarlo, Vincent, ¿verdad?

–Sí, por supuesto. En cuanto Christina me lo mostró me di cuenta de que era una belleza. –Siguió hablando con una expresión de gran orgullo–. Eres una niña muy inteligente, mi amor.

Christina parecía muy complacida. En seguida se volvió hacia su madre.

–¿Dónde lo pondremos, *Mam*?

–Bueno, veamos..., te diré una cosa, va a ocupar el lugar de honor en esta casa –declaró Audra–. ¿Qué te parece si lo colgamos allí, sobre la repisa de la chimenea? Al menos de momento.

Mientras hablaba, Audra se puso de pie, se acercó a la chimenea y apoyó el cuadro sobre la repisa, entre las tarjetas de cumpleaños.

Se volvió para hacerle una pregunta a su hija.

–Y ese jardín, ¿de quién es? ¿Dónde lo pintaste?

–Es Calpher House..., fui a ver a Mrs. Bell para preguntarle si podía pintarlo..., y fui sola. Y ella dijo que sí, que podía pintar su jardín para regalarte el cuadro, así que elegí ese rinconcito tan bonito que hay cerca de los rosales..., y ella venía a cada rato a ver cómo iba el trabajo. Estaba muy interesada. Eso fue la semana pasada, *Mam*. Y cuando empezó a llover, me hizo entrar en la casa y me dio un vaso de leche y una barra de chocolate Cadbury; no, fueron dos, y cuando paró de llover, yo salí y empecé a pintar de nuevo. En ese momento me gustó más el jardín..., era como si resplandeciera.

Audra asintió.

–Y reflejaste maravillosamente lo que percibiste, Christina. Hasta el momento, este cuadro es tu mejor obra..., has dado un salto enorme.

La niña no cabía en sí de júbilo.

–Bueno, Christina, ¿y qué hay de ese té de cumpleaños? –preguntó Vincent–. ¿No te parece que ya es hora?

–¡Ah, sí! Ven, *Mam*, y tú también, papá.

Capítulo 27

Fue el té de cumpleaños más maravilloso.

No permitieron que Audra hiciera nada.

Así que se sentó a la mesa en la cocina-comedor de diario, observando a su marido y a su hija que, afanosos, preparaban todo. Ya había notado que ambos estaban de lo más acicalados; sin duda decidieron convertir su cumpleaños en una ocasión verdaderamente especial y ella no pudo menos que sentirse feliz y halagada. Lo único que lamentaba era no haber tenido tiempo para cambiarse de ropa, quitarse el vestido de algodón que usaba para ir a su trabajo y ponerse algo más apropiado para la ocasión, pero Christina no le había dado tiempo.

«Qué guapo está Vincent», pensó Audra, observando a su marido que se movía de un lado para otro de la estancia. Llevaba una blanquísima camisa, una corbata morada y pantalones de tono gris oscuro, y sin duda se había apresurado para que, al llegar del trabajo, le diese tiempo a volver a afeitarse y cambiarse de ropa para el té de cumpleaños de su mujer. También notó que tenía el negro cabello recién cortado, que se lo había cepillado cuidadosamente hacia atrás y que todavía se hallaba húmedo.

«En cuanto a Christina, está adorable –se dijo–. Sí, hoy está increíblemente bonita.»

Su hijita se había puesto su mejor vestido de fiesta de seda celeste, con adornos de puntillas blancas en el corpiño y la falda. También se había puesto calcetines blancos y sus mejores zapatos de charol negro. Una cinta azul rodeaba su cabeza y terminaba en un lazo múltiple a la altura de la coronilla. Vincent había logrado hacerle un moño bastante pasable.

Audra se apoyó contra el respaldo de la silla y observó la mesa con interés. Estaba cubierta con el mejor mantel de hilo que poseían y puesta con el mejor juego de porcelana de la casa, ése que sólo se usaba cuando tenían visitas. Observó que había una servilleta de hilo en cada plato y un centro de mesa de rosas amarillas cortadas del jardín. Volvió a sonreír. Supuso que esos detalles de decoración eran debidos a la mano de su hija.

Vincent se acercó a la cocina y apagó el fuego sobre el que humeaba el caldero del agua. Preparó abundante té en la tetera de High Cleugh; Christina sacó de la alacena platos repletos de manjares.

–Los emparedados pequeñitos están hechos como a ti te gustan, *Mam*, y son tus preferidos –explicó–. Los hemos rellenado con jamón y tomate con pepinos, y además papá compró una lata de salmón en el supermercado e hicimos muchos.

–Parecen todos deliciosos –aseguró Audra–. Has tenido que trabajar mucho, ¿verdad?

–Papá me ayudó –confesó Christina, ocupada en realizar varios viajes a la alacena de donde regresó con bizcochos de chocolate, buñuelos de pasas, rosquillas y dulce de frambuesa–. Abuelita también me ayudó haciendo los buñuelos y las rosquillas –explicó la pequeña, volviendo otra vez a la alacena–. ¡Fresas, *Mam*! –anunció, depositando el plato frente a su madre–. ¡Ah, y falta la crema! ¡Me olvidé de la crema!

–¡Vamos, Christina, ahora siéntate! –ordenó Vincent llevando la tetera a la mesa y sirviendo las tres tazas–. ¡Yo no sé qué sentirán mis dos chicas, pero yo estoy famélico!

Durante el té, Audra y Vincent conversaron amigablemente.

Ella habló de su día de trabajo en el hospital St. Mary, donde ya era enfermera principal, a cargo de los dos pabellones infantiles y del pabellón de maternidad.

Vincent habló sobre el trabajo temporal que Fred Varley y él habían conseguido, para edificar establos en la mansión Pinfold de Old Farnley. Estaban construyéndolos juntos, trabajando hombro con hombro, ya que Fred Varley no había podido reabrir su empresa después de declararse en quiebra. Por lo tanto, cada vez que podía, Varley aceptaba pequeños trabajos de construcción y por lo general contrataba a Vincent para que le ayudara.

–Pero pronto volverá a establecerse en forma permanente –aseguró Vincent–. Conseguirá hacerlo, no tengas miedo.

Audra asintió y cruzó los dedos por debajo de la mesa,

rogando que fuera cierto. A Vincent le encantaba su trabajo y las cosas eran mucho más fáciles entre ellos cuando él tenía empleo y ganaba dinero para mantener personalmente a su familia. Poco a poco Audra había llegado a comprender que la causa de la mayoría de sus problemas era la frustración de su marido cuando estaba sin ocupación.

Vincent empezó a hablar acerca de su hermano Frank, que estaba en el Noveno Regimiento de Lanceros, un regimiento de caballería, que se encontraba con el ejército británico en la India. Dentro de poco tiempo llegaría con licencia y Vincent había decidido que todo el clan Crowther debía ofrecerle una fiesta de bienvenida.

Christina, como siempre que se encontraba con sus padres, mantenía los oídos bien abiertos, mirando alternativamente al uno y al otro y sin perder palabra de la conversación.

Mientras escuchaba, mordisqueaba sus emparedados y ocasionalmente hacía algún comentario. Pero sobre todo escuchaba. ¡Su padre y su madre eran tan inteligentes! Le encantaba oírlos conversar. ¡Su *Mam* tenía una voz tan bonita, tan suave y musical!

Siempre disfrutaba en momentos como ése, cuando los dos se mostraban tan amistosos, y su madre sonreía casi constantemente y sus ojos se ponían muy, muy azules y brillantes. En cambio no le gustaba oírlos discutir. En esos casos su padre se iba dando un portazo y no volvía hasta muy tarde, cuando ellas estaban profundamente dormidas. Después, su madre seguía enojada con él durante varios días y lo observaba de reojo de una manera extraña y con los labios apretados.

Una vez, el año anterior, cuando ella era pequeña, y no mayor como en ese momento, después de una pelea, su madre esperó despierta a su papá. Esa vez se gritaron y su *Mam* le dijo dando alaridos: «Si eso es lo que sientes, regresa al lado de esa mujer estrafalaria que tienes». Y ella lo oyó todo, porque le sorprendió tanto oír gritar a su *Mam* que salió silenciosamente de su cuarto y se colgó de los barrotes de la escalera para escuchar.

Y después durante días le preocupó que su papá pudiera irse a vivir con esa mujer estrafalaria. Y se preguntó si ellas no serían bastante estrafalarias. Tal vez si consiguieran ser estrafalarias, él se quedaría, pero ella no sabía cómo hacer para lograrlo.

Por fin le preguntó a su abuela cómo era una mujer estrafalaria. Su abuela se sobresaltó, la miró muy fijamente y después le preguntó dónde había oído ese término, pero ella le contestó con una mentira. Le dijo «en el colegio». Hasta ese día no sabía por qué le había mentido a su abuelita, salvo que comprendía que no debía hacer comentarios acerca de lo que sucedía en su casa. Su *Mam* nunca los hacía cuando iba a visitar a su abuelita. Prácticamente no hablaba, y cuando estaba en la casa de su abuela no se parecía en nada a su *Mam*. De algún modo, era distinta.

Pero al final no tuvieron que ponerse nada estrafalarias, porque su papá no se fue. Al rato de haber tenido una de esas terribles peleas, su *Mam* y su papá volvían a ser todo sonrisas, se volvían cariñosos y no hacían más que darse besos en las mejillas y abrazarse. Entre ellos las cosas eran siempre así.

La repentina carcajada de su padre sacó a Christina de sus recuerdos.

Lo miró con expresión alerta.

Su expresión era alegre y sus ojos verdes relampagueaban como el collar que tenía puesto la tía Gwen el día en que fueron a tomar té a su casa de Headingley, sólo que ya no iban más a ver a la tía Gwen. Su madre también reía, y en sus ojos resplandecían luces azuladas, y ella supo que ese día su *Mam* era feliz.

Christina no comprendía por qué se reían así sus padres; había perdido el comentario que acababa de hacer su mamá. Pero ella también empezó a reír, porque quería participar de todo, ser parte de ellos, de su felicidad y su alegría.

Vincent habló sin dejar de reír.

–¡Ah!, y de paso, Audra, quería decirte que Mike compró entradas para el sábado en el Gran Teatro...; dan *Cavalcade*, de Noel Coward. Nos ha invitado, así que ése será otro regalo de cumpleaños para ti, mi amor.

–¡Qué bueno es Mike!

–¿Y el sábado por la noche, cuando vosotros salgáis, vendrá tía Maggie a cuidarme? –preguntó Christina.

–Por supuesto, mi amor.

–¡Qué suerte, papá! Siempre que viene nos divertimos muchísimo y me deja quedarme levantada hasta tarde.

–¿Ah, sí? –exclamó Audra.

–Ha llegado la hora de comer tus fresas, *Mam*, yo te las serviré –dijo Christina, saltando de la silla–. Y te daré la porción más grande porque es tu cumpleaños.

–No seas tonta –la reprendió Audra–. A los tres nos corresponde exactamente la misma cantidad; en esta familia todo se distribuye por partes iguales.

–No, a ti te tocan más –insistió Christina, mientras servía cuidadosamente la fruta en platos de vidrio que acababa de sacar del aparador.

Hacía mucho que no comían fresas porque eran demasiado caras y por lo tanto constituían un lujo muy especial. Así que nadie habló mientras las saboreaban lentamente; pero se miraban con ojos risueños. Y cuando terminaron, los tres estuvieron de acuerdo en que habían sido las mejores fresas que habían comido en su vida..., dulces y suculentas.

Pero el broche de oro de la fiesta de cumpleaños fue la tarta.

Christina y Vincent se afanaron sobre ella en la despensa, hasta que apareció la chiquilla llevándola con toda seriedad y mucho orgullo.

–¡Feliz cumpleaños! ¡Feliz cumpleaños! –exclamaron al unísono padre e hija.

Christina fue a pararse frente a su madre.

–Siento que tenga una sola velita, *Mam*, pero es la única que quedó de mi tarta de cumpleaños. Las otras estaban demasiado cortitas.

–¡Eso no importa nada, Christie! Es mejor una vela que ninguna.

–Es lo que yo le dije –acotó Vincent, sentándose frente a Audra–. Y también le dije que probablemente te gustaría más tener una vela que treinta.

Audra le dedicó una breve y triste sonrisa.

–¡Me cuesta creer que hoy cumplo treinta años! Vincent... ¿Adónde han ido a parar todos esos años?

Vincent meneó la cabeza, sonriendo levemente.

–No me lo preguntes, pequeña, porque no tengo la menor idea. Y dentro de nueve días yo cumpliré treinta y cuatro..., ¿o ya lo habías olvidado?

Antes de que Audra tuviese oportunidad de contestar, intervino Christina.

–¡Ah! ¡Te daremos una fiesta también a ti, papá!

Christina se arrodilló para rezar sus oraciones.

Audra, sentada en la mecedora, escuchaba. Después de finalizar con el largo ritual de pedir bendiciones para sus tíos de Australia y para todos los integrantes del clan Crowther, la niña trepó a la cama y se metió entre las sábanas.

Audra se puso de pie, se le acercó, la arrebujó bien con las mantas, enderezó la colcha y después se acomodó en el borde de la cama. Acarició la inocente mejilla de su hija y le sonrió.

–Fue una maravillosa fiesta de cumpleaños, Christie. Gracias.

La pequeña le sonrió a su vez.

–También a papaíto podemos darle una fiesta, ¿verdad? –preguntó enseguida con ansiedad.

–¡Por supuesto que sí! El mes pasado tú tuviste la tuya, y hoy ha sido la mía..., así que ahora le toca el turno a él.

Audra se inclinó para besar a su hija.

Christina tendió un par de bracitos regordetes y rodeó el cuello de su madre. Se acurrucó contra ella, con el placer de percibir ese olor tan familiar de piel fresca y el perfume de gardenia que Audra se ponía detrás de las orejas.

–Te quiero, *Mam*.

Christina no se durmió inmediatamente. Permaneció tendida en la cama, observando el cielo a través de la ventana. Esa noche la habían dejado quedarse levantada hasta mucho más tarde que de costumbre porque era una ocasión muy especial, y en ese momento afuera estaba muy oscuro.

El cielo, negro como tinta, estaba lleno de estrellas brillantes ¡tan lejanas!, y la luna era redonda como una moneda de plata e igualmente brillante. Luna llena, comentó su padre, justo antes de que la mandaran a la cama.

¡Oh, cuánto quería a su padre! Y a su *Mam*. Y lo que más le gustaba era estar los tres solos: su *Mam*, su papá y ella. Su papá había invitado a la tía Laurette y al tío Mike a la fiesta de cumpleaños. Pero se alegraba de que no hubieran podido asistir. No porque no los quisiera. Los quería. Quería a todos sus tíos y a sus tías y a su abuela. Y al abuelito. Especialmente al abuelito. Le gustaba el olor a cuero, y a pomada para el pelo que tenía, y también a esas pastillas de eucalipto que a veces le regalaba en secreto, cuando nadie miraba, y después la montaba sobre sus rodillas y le contaba historias de muchas cosas maravillosas. A ella no le importaba que su enorme bigote rizado le hiciera cosquillas cada vez que la besaba, ni que fumara esa pipa que llenaba de humo la cocina-comedor de diario de la abuelita y que la hacía lagrimear. Él la llamaba «mi espléndida calabaza» y no permitía que nadie la tocara, ni siquiera la tía Maggie a quien adoraba..., por lo menos eso era lo que decía su papá.

Pero a los que más quería era a su *Mam* y a su papá. Más que a todo el resto del mundo junto. Ellos le pertenecían. Y ella les pertenecía a ellos. No le hubiese gustado tener ninguna otra *Mam* y ningún otro papá. Los suyos eran especiales. Estaba convencida de ello.

Se acomodó en la cama y cerró los ojos. Lentamente fue quedándose dormida. Alcanzaba a oír el murmullo de las voces de sus padres que subía por el vano de la escalera..., voces cálidas, suaves, llenas de amor..., siempre se sentía segura cuando escuchaba esas voces...

–Es una criatura muy especial, Vincent –aseguró Audra, acomodándose contra el respaldo del sillón del cuarto de estar.

–Sí, es inteligente.

–Es más que inteligente, tiene algo que hasta va más allá del talento..., tiene un don excepcional, Vincent. –Audra dirigió la mirada a la repisa de la chimenea donde estaba el cuadro, rodeado por sus tarjetas de cumpleaños–. Antes del té dijiste que te impresionó tanto esa acuarela que decidiste hacerla enmarcar.

–Sí, no puedo negarlo, me impresionó. –Vincent miró el cuadro pintado por Audra años antes en Memory Place, y después observó el paisaje realizado por Adrian Kenton–. Christina lo ha heredado de ti y de tu padre, Audra; me refiero a su talento artístico.

–Sí, es cierto. Pero cuando sea mayor se convertirá en una artista mucho mejor que yo..., y posiblemente también sea mejor que mi padre. En ese cuadro hay indicios de ello.

–Ya no tendrás por qué dudar acerca de la identidad de tu verdadero padre, Audra –afirmó Vincent con una sonrisa.

–¡Oh, no lo dudo, y supongo que en realidad nunca lo dudé! Estoy convencida de que mi madre jamás habría hecho algo que pudiera herir a mi padre mientras él vivía. Ella no era capaz de hacer algo turbio. Creo que siempre supe que ella y el tío Peter fueron amantes mucho después, cuando ya era viuda.

Vincent asintió y tomó su vaso de cerveza. Se alegraba de que hubieran superado por fin ese viejo fantasma familiar.

Durante unos instantes, ambos permanecieron en silencio, cada cual perdido en sus propios pensamientos.

La noche de junio se había puesto fresca y mientras Audra acostaba a Christina, Vincent encendió la chimenea. En ese momento ella miraba fijamente las llamas, pensando en la niña dormida en el piso de arriba: esa criatura llena de talento, a quien siempre supo que le esperaba un brillante futuro.

De repente Audra se inclinó hacia delante, sobresaltando a Vincent con una exclamación.

–¡Sí, tenemos que hacerlo!

–¿Hacer qué? –preguntó él, mirándola con curiosidad.

No contestó directamente a la pregunta de su marido.

–He estado ayudándola todo lo que he podido durante los últimos dos años, y seguiré haciéndolo; pero mis conocimientos tienen un límite, no olvides que soy autodidacta.

–Sí –repuso Vincent.

–Cuando cumpla dieciséis años será necesario mandarla a estudiar arte. Antes no la aceptarán en la Escuela de Bellas Artes de Leeds. Después tendrá que estudiar en Londres. En el Slade... No; mejor en la Real Academia de Bellas Artes.

–¿Y cómo vamos a pagar todo eso? –preguntó él sobresaltado–. Jamás estaremos en condiciones de afrontar los gastos de una educación como ésa, ni siquiera en el caso de que termine la depresión y yo consiga un trabajo permanente. Costará miles de libras.

–Sí, ya lo sé, pero lo haremos –replicó ella con enorme firmeza–. Tenemos que hacerlo, Vincent, ¡es necesario! –En su tono de voz había una ansiedad y una excitación que hacía tiempo que él no oía–. Debemos brindarle a Christina todas las posibilidades –continuó diciendo Audra apresuradamente–. Me niego a frustrarla simplemente por falta de dinero. Posee un don..., que debe ser educado. Será una brillante pintora, una gran artista, Vincent.

–Bueno –dijo él con lentitud y un ligero matiz de depresión–. Realmente no sé...

Audra se enderezó y le dirigió una de sus miradas penetrantes.

–No puede haber vacilación por nuestra parte, Vincent, ninguna vacilación. Debemos luchar por llegar a esa meta, sin que nos importen los sacrificios que implique. Christina debe tener esa posibilidad. ¡Y yo, por mi parte, pienso asegurarme de que la tenga!

Capítulo 28

–Ya no sé qué hacer respecto a Audra, Mike, en serio que no lo sé. Se me acabaron las fuerzas –dijo Vincent con voz temblorosa.

Se levantó de un salto y se acercó a la ventana, donde permaneció observando el exterior, entrecerrando los ojos por la fuerte luz del sol de abril.

–Sí, ya sé que has estado muy preocupado –contestó Mike.

El joven médico frunció el entrecejo, dándose cuenta de la ansiedad de su amigo y también de su frustración por no poder conseguir trabajo. En esos días las emociones de Vincent se hallaban en carne viva y la postura de sus hombros indicaba hasta qué punto estaba tenso y angustiado esa mañana.

–Lo que yo podría hacer para ayudarte... –empezó a decir Mike, pero se interrumpió al ver que se abría la puerta de la sala de estar.

Laurette, llevando una bandeja, entró de espaldas en la habitación. Se volvió y se encaminó hacia la chimenea.

–Perdón por haber tardado tanto con el café –se disculpó con tono animoso–, pero tuve que ver cómo andaba el asado y las patatas al horno... –Laurette dejó la frase a la mitad al notar de repente la expresión preocupada de Mike y la tensión de Vincent.

–¡Ah! –exclamó enseguida–. ¿Os interrumpo? Será mejor que lleve mi taza de café a la cocina y que os deje en paz.

–No –contestó Vincent, volviéndose para instalarse junto al fuego–. No se trata de nada que no puedas oír. –Sacó un cigarrillo y lo encendió.

Laurette distribuyó las tazas de café y se sentó, mirando expectante a su hermano y esperando que continuara hablando. Durante un momento lo observó.

Vincent se había quedado con la mirada clavada en el fuego, con expresión cavilante, mientras fumaba su pitillo.

Por fin, para arrancarlo de ese estado, le hizo una pregunta.

–¿Adónde dijiste que habían ido Audra y Christina hoy?

–A Fountain Abbey –contestó él sin levantar la mirada–. Otra lección de pintura en el campo, un viaje a la campiña como Audra lo llama. –Por fin miró a Laurette y agregó–: Pero tú sabes de sobra que los domingos que no tiene que ir al hospital los dedica a llevar a Christie a alguna parte, para que pinte.

–Sí, y creo que es admirable que le muestre las pinturas de las grandes casas como Temple Newsam y Harewood. Audra está proporcionándole una buena base a Christina, Vincent, y tu hija estará muy bien preparada para ingresar en la escuela de arte.

Vincent asintió sin hacer comentarios.

–Acabas de decirme que ya no sabes qué hacer con Audra. Hablemos del asunto..., siempre es un alivio desahogarse y, en realidad, para eso has venido a vernos esta mañana, ¿verdad?

–Sí, es cierto, Mike. –Vincent se aclaró la garganta–. Lo que me preocupa es la salud de Audra. Actualmente está esforzándose más que nunca, y abusa de sus fuerzas hasta un punto que no tiene límite. Vosotros sabéis cómo es su horario laboral..., se desloma en el hospital y además acepta trabajos extra cada vez que se le presenta la oportunidad. Y todo para ganar un poco más de dinero. Después, cuando llega a casa, se ocupa de nosotros: cocina, limpia, lava y plancha. Y además se ha convertido en la preceptora de Christie en el mundo del arte. Y cuando no está ocupada con ninguna de esas cosas, se afana frente a esa maldita máquina de coser que le regaló Mrs. Bell. Y hace arreglos y cose ropa para sus clientas. Por otra parte, se priva de todo y ahorra para la educación de Christina.

Laurette y Mike lo miraban atentamente, con expresión comprensiva.

Vincent meneó lentamente la cabeza.

–Lo que me preocupa es esa desesperación por ganar dinero, y no tengo forma de impedirla. Me siento realmente impotente. –De pronto, la voz de Vincent volvió a temblar–. Y no me atrevo a intervenir, no me atrevo a decir una sola palabra... Antes, cada vez que lo hacía, Audra por poco me comía crudo... Tenía esperanzas de que tú aceptarías hablar con ella, Mike, ya sabes a lo que me refiero, a que le hables como médico. A ti te escucharía.

–Lo dudo, Vincent –contestó Mike desalentado–. Por supuesto que estoy dispuesto a intentarlo, pero creo que todo será inútil. Y lo mismo sucedería con Laurette, a pesar de ser tan amiga suya. Nada ni nadie va a detener a tu mujer. Ha tomado una decisión y tiene la cabeza dura.

–¡Vaya si lo sé! –murmuró Vincent–. Todo esto empezó hace años, cuando nació Christina. En ese momento le dije a Audra que se sentía impulsada por una terrible fuerza interior y no me equivocaba. –Se pasó la mano por el rostro cansado–. Comprendo que no tiene nada de malo ser ambicioso, querer lo mejor para una criatura. Pero lo que Audra ha estado haciendo durante estos últimos años..., bueno, yo diría que me parece bastante anormal.

–No sé si anormal es la palabra que corresponde, Vincent... –Se interrumpió para buscar el vocablo correcto para expresar el pensamiento que acababa de asaltarla, y por fin habló con lentitud y gran cuidado–. Somos testigos de un acto de fuerza de voluntad, de una actitud tan poco egoísta, tan poderosamente sentida que resulta..., bueno, pavoroso presenciarla.

–Lo que quieres decir es que da miedo –acotó Vincent, respirando hondo para tratar de suavizar su tono de voz–. Mira, Laurette, yo quiero todo lo mejor para nuestra Christie; te lo digo en serio. Pero hay un límite a lo que la gente de nuestra condición puede hacer. Audra pretende demasiado de esa criatura. Y de todos modos, no es justo para la chica; no tiene amiguitos, no se divierte. Yo amo a Audra... –Hizo una pausa y se aclaró la garganta–. No quiero que se derrumbe, ni que enferme. Lo único que hago es tratar de protegerla.

–Como te dije, no creo que nos haga ningún caso; pero mañana mismo hablaré con ella, Vincent –prometió Mike–. Tengo que ir al hospital a ver unos pacientes, y encontraré la oportunidad de decirle algunas cosas. Insistiré en que se haga un examen general, simplemente como una cuestión de rutina. Por lo menos eso te tranquilizará un poco.

–Sí, Mike, por supuesto que me tranquilizará. Muchísimas gracias.

Laurette sonrió a su hermano y le palmeó un brazo.

–Trata de relajarte un poco, querido; ya verás como todo saldrá bien.

Vincent asintió, se puso otro cigarrillo entre los labios y encendió un fósforo.

–Te quedarás a almorzar con nosotros –invitó Laurette–. Tenemos cordero al horno con patatas y repollo. Todo cosas que te gustan.

–No; pero gracias igualmente. Prometí encontrarme con Bill y Jack para tomar una copa en el Traveller's Rest de Hill Top; después probablemente los acompañaré de regreso a casa de mamá y comeré algo allí. –Miró a su hermana y le confió en tono cauteloso–: No quiero decirle nada a mamá, pero Bill está considerando la posibilidad de ingresar en la marina mercante.

Laurette se quedó mirándolo con ojos desmesuradamente abiertos.

–Eso no le gustará a mamá. Sobre todo ahora que Frank está en el ejército.

–Ya sé que no le gustará. –Vincent se volvió hacia su cuñado–. Va a haber guerra, Mike. Está claro como el agua. Hitler se ha puesto en campaña. En marzo invadió zonas de Checoslovaquia y ahora, hace apenas una semana, le planteó exigencias imposibles a Polonia...

–Justo antes de que llegaras, estaba leyendo un artículo acerca de eso en el *Sunday Express* –interrumpió Mike–. Territorialmente hablando, ese hombre cada vez tiene más ambiciones y ahora pretende que la ciudad libre de Danzig le sea cedida a Alemania. Parece que nos hemos comprometido a apoyar a Polonia en esta nueva crisis, y Francia también.

–La paz que gozamos en este momento es muy inestable, Mike, y no durará mucho tiempo..., antes de fin de año estaremos en guerra con Alemania, recuerda mis palabras.

–¡No digáis eso! –exclamó Laurette, mirando alternativamente a su marido y a su hermano–. ¿Los dos..., los dos os alistaréis si llega a haber una guerra?

–Sí –contestó Mike.

Capítulo 29

–¡Qué mañana tan preciosa! –exclamó Audra, asomándose por la puerta de entrada de Pot Lane para mirar hacia fuera levantando los ojos–. Y no hay una sola nube, Vincent.

–Sí, es un día precioso –corroboró él, reuniéndosele en la puerta, y siguiendo la dirección de la mirada de su mujer, que se dirigía a un extremo del jardincito donde Christina estaba sentada dibujando; al ver a su hija, sonrió de placer–. Demasiado bonito para quedarse dentro..., creo que esta tarde os acompañaré..., es decir, siempre que me aceptéis.

Audra lo miró estupefacta.

–Pero tú siempre vas al Caballo Blanco los domingos a la hora del almuerzo... –Se interrumpió para lanzar una carcajada y sus ojos azules brillaron de felicidad–. Pero nos encantaría que nos acompañaras. No iremos lejos, sólo hasta Temple Newsam. Quiero que Christina estudie algunos de los cuadros que se exhiben allí. Sobre todo los de los antiguos maestros.

Vincent le rodeó el cuerpo con un brazo, le dio un apretón en el hombro y le miró el rostro. Notó el cansancio que se perfilaba detrás de aquella súbita expresión radiante de su mujer, y se le oprimió el corazón. A pesar de la conversación que Mike mantuvo con ella en la primavera, Audra seguía esforzándose demasiado, y esto le preocupaba. Pero se negaba a escucharlo; por lo visto sus palabras no le hacían mella. Continuaba trabajando tanto como antes.

–Escucha, mi amor. Acaba de ocurrírseme una idea, una idea maravillosa –dijo Vincent apresuradamente–. Te propongo que nos preparemos y que vayamos ahora mismo a Temple Newsam. Bueno, podríamos salir dentro de media hora más o menos. ¿Sabes? Sería un día completo de vacaciones, Audra. Llevaríamos todo lo necesario para improvisar un picnic. Eso te ahorraría el trabajo de tener que luchar ante una cocina caliente para preparar el almuerzo del domingo. Vamos, ¿qué te parece la idea?

Audra asintió, sonriendo. Él no las acompañaba a menudo en estas excursiones dominicales de arte, y estaba encantada. Miró por encima del hombro el reloj de la repisa de la chimenea.

–Ya son las once y diez... ¡Pero sí! ¿Por qué no?

Se volvió hacia el jardín y protegiéndose los ojos del resplandor del sol, llamó a su hija.

–¡Christie, Christie, ven un minuto, por favor! Tu papá nos acompañará a Temple Newsam y llevaremos todo lo necesario para hacer un picnic, así que hace falta que ayudes.

–¡Oh! –exclamó Christina, poniéndose de pie, excitada ante la perspectiva de que su padre las acompañara.

–Lo primero es preparar los emparedados –decidió Audra, dirigiéndose a la despensa.

–¿Puedo yo ayudar en algo? –preguntó Vincent.

–En realidad, no. Pero podrías conectar la radio. Esta mañana sería agradable escuchar un poco de música.

–¡Hecho! –contestó él, acercándose a la radio y girando los mandos–. ¡Ah! Aquí tienes una melodía bien agradable..., pero si es *El Danubio azul*, Audra. Imagínate: el primer vals que bailamos juntos hace mil años en el salón parroquial.

Ella volvió la cabeza para dedicarle la más dulce de las sonrisas, pero frunció el entrecejo al notar que la música cesaba en seco.

–¡Dios mío! ¡No me digas que esa radio ha vuelto a estropearse!

–*Interrumpimos este programa para transmitir un mensaje del primer ministro* –decía un locutor de la BBC.

Vincent y Audra se miraron fijamente y permanecieron inmóviles mientras del aparato surgía la voz de Neville Chamberlain, comunicando al país que Hitler acababa de invadir Polonia y que Inglaterra estaba en guerra con Alemania.

–*Ahora, que Dios los bendiga a todos, y que Él defienda a los que están en la causa justa.*

La voz del primer ministro, tan grave y sombría, fue reemplazada por los acordes del himno nacional; y los sones familiares de *Dios salve al rey* resonaron en la cocina.

–Hoy es tres de septiembre –murmuró Vincent, mirando a Audra con ojos preocupados–. Suponía que iba a haber guerra, pero se ha declarado antes de lo que yo pensaba.

–Sí. –Audra se dejó caer en la silla más cercana, sintiendo que le fallaban las piernas a medida que iba asimilando las implicaciones del discurso del primer ministro.

Christina miraba alternativamente a su madre y a su padre, con expresión intrigada.

–¿Qué significa eso? ¿Qué va a suceder, papá?

–Significa que tendremos que luchar contra los alemanes, pero no te preocupes, nena, que al final todo saldrá bien.

–¿Y qué haremos respecto a Temple Newsam? –preguntó Audra de repente–. Después de todo, tal vez sería mejor no ir hoy.

–¡Oh, *Mam*, no digas eso! –exclamó Christina–. Justamente hoy, cuando papaíto dijo que nos acompañaría.

Christina parecía tan desilusionada y decaída, que Vincent no pudo menos que decir:

–¡Déjate de bromas, Audra, vayamos! Puede que sea la última posibilidad que se nos presente, durante mucho tiempo, de hacer algo los tres juntos.

–Es cierto –convino ella vacilante.

–¿Entonces iremos, *Mam*? –preguntó ansiosamente Christina.

–Sí. Corre arriba a cambiarte de vestido. Tu papá me ayudará a terminar de preparar el picnic.

–¿Te parece que me ponga el amarillo de algodón con los dibujos de flores?

–Como te parezca, querida.

Cuando quedaron a solas, Vincent dijo:

–No sé cuándo abrirán las oficinas de reclutamiento, supongo que mañana o el martes. –Hizo una pausa–. Pero en cuanto lo hagan pienso presentarme como voluntario.

–Sí –dijo ella–; sabía que lo harías si se declaraba la guerra.

–Lo mismo que todos los ingleses que valgan algo. Dios sabe que no deseo la guerra para ninguno de nosotros; va a ser el infierno en la Tierra; pero tal vez ahora pueda volver a ser un hombre.

Ella lo miró, estupefacta.

–Para mí siempre has sido un hombre, Vincent.

Vincent Crowther ingresó en la marina real el martes, y a fines de esa semana ya había sido enviado a los grandes cuarteles de Harwich para iniciar su entrenamiento.

Sin él, la casita de Pot Lane parecía silenciosa y vacía. Desde el día de su casamiento era la primera vez que se separaban, y Audra muy pronto se dio cuenta hasta qué punto lo añoraba.

Era la primera en admitir que su matrimonio era un tanto extraño en algunos sentidos, mas a pesar de sus diferencias y discusiones, se amaban. Y tenían ese premio rutilante que era Christina, la cual los había unido irrevocablemente.

Así que mientras realizaba su trabajo en el hospital y en su casa, Audra pensaba en Vincent, se preocupaba por él y se preguntaba cómo le iría en la marina real.

Pronto empezaron a recibir cartas semanales que él les enviaba, y ambas las leían detalladamente, conversaban acerca de él con amor y no veían la hora de que le dieran el primer permiso.

Debido a la ausencia de su padre, Christina tenía que cuidar de sí misma durante el día, mientras Audra trabajaba en el St. Mary.

–A mí no me importa, *Mam*. Puedo arreglarme sola. Te lo aseguro –le repetía constantemente la chiquilla. Y era cierto. Christina era excepcionalmente madura para sus ocho años, principalmente debido a su inteligencia y al entrenamiento doméstico que le había proporcionado su madre; pero también porque siempre vivía rodeada de adultos.

A quien quería especialmente era a su tía Laurette, y cuando Audra debía cumplir el turno nocturno en el hospital, Christina dormía en casa de ella. Mike Lesley se había alistado en el cuerpo médico y, ya que estaba sola, a Laurette la hacía muy feliz la compañía de su sobrina. Con la partida de Mike, Laurette reanudó su trabajo. Quería cumplir con su parte en el esfuerzo de la guerra, así que aceptó el puesto de secretaria del director gerente de una firma de ingenieros de Armley que en ese momento se dedicaba a la fabricación de bombas.

Todos los días, mientras su madre estaba en el hospital, Christina iba a almorzar a casa de su abuela, tal como lo hacía desde chiquitina, cuando su padre la llevaba en el cochecito. La alegre cocina de Eliza, pletórica de rosas, siempre había estado llena de risas y de jovialidad y del barullo de su numerosa familia. Pero en ese momento reinaba en ella un silencio de muerte.

Bill se había alistado en la marina mercante, Jack en el ejército y Maggie en el Servicio Auxiliar Territorial. Primero la enviaron por un mes a un centro de entrenamiento cerca de Reading, y después a un enorme campamento en Shropshire donde le enseñaban a manejar armas antiaéreas. Hal, el marido de Olive, estaba en la Real Fuerza Aérea, y en la casa sólo quedaban Alfred y Danny, que sólo tenía diecisiete años.

El clan Crowther de repente se convirtió en una familia de mujeres, por supuesto que con excepción de Alfred y su hijo menor, que todos sabían que también se marcharía en cuanto tuviese edad suficiente.

Los globos de protección, los reflectores, las alarmas antiaéreas, las señales de «pasó el peligro», las cortinas de oscurecimiento colocadas en todas las ventanas, las tarjetas de identidad, los refugios antiaéreos y las máscaras antigás se convirtieron en cosas de todos los días. Lo mismo sucedió con el racionamiento de los alimentos, los cupones para comprar ropa, la distribución limitada de combustibles y la escasez de todo tipo, así como los simulacros de ataques de la aviación dirigidos por integrantes de Defensa Civil. Mr. Trotter, el guardián de las incursiones aéreas para la zona de Pot Lane, se convirtió en un rostro familiar para Audra y Christina.

Por difíciles y angustiosos que fuesen esos tiempos, Audra siguió con su rutina de años e insistió en que su hija hiciera lo mismo. Aparte de sus tareas en la escuela, continuó enseñándole arte y esperaba que trabajara en sus pinturas todos los días.

Pero también tenían sus pequeños placeres, especialmente ir en ocasiones a ver las últimas películas norteamericanas y las producidas en el país. Y eran enloquecidas seguidoras de la radio, escuchándolo todo, desde noticieros hasta radioteatro y programas musicales. Sin embargo, la diversión preferida era el cine, al que iban una vez por semana y, en ocasiones, dos, por lo general en compañía de Laurette.

Un sábado por la tarde, a finales de octubre de 1939, Audra, Laurette y Christina se encontraban tomando el té en la cocina de la casita antes de ir al Picturedrome para ver la última película de Robert Donat, titulada *Adiós, Mr Chips*.

Laurette, que era una verdadera admiradora del cine y que leía todo lo que encontraba sobre las películas y las estrellas cinematográficas, había estado hablándoles sobre el film y comentando detalles del argumento.

–¡No nos cuentes más! –exclamó Audra–. Si no, nos quitarás todo interés en verla.

–¡Ah, perdón! –Se disculpó Laurette, y cambió de tema, pero siguió hablando–. La que me muero de ganas de ver es *Lo que el viento se llevó*. Estuve leyendo un artículo sobre esa película en *Picturegoer Magazine*, y parece ser que es maravillosa. En el número de la semana pasada hay una fotografía de Vivien Leigh, que está realmente preciosa, ¡y Clark Gable! ¡Ese hombre es increíble!

Audra sonrió.

–Si Mike te oyera se pondría celoso...

Miró por encima del hombro al oír que alguien golpeaba la puerta.

–¡Atenderé yo! –exclamó Christina, y salió corriendo a abrir la puerta–. Hola, Mr. Trotter –saludó, mirando al guardián de los ataques aéreos.

–Hola, preciosa. ¿Está tu mamá?

–Sí, Mr. Trotter –contestó Christina, abriendo más la puerta–. Pase, por favor.

Jim Trotter se quitó el casco de metal y entró en la casa.

–Buenas tardes, Mrs. Crowther –dijo, dirigiendo a Audra una cálida sonrisa–. Lamento mucho molestarla justamente cuando está tomando el té; pero pasé para hablar con usted acerca de Miss Dobbs, la que vive en la casita de la esquina.

–¿Qué pasa con Miss Dobbs? –preguntó Audra, mirando con curiosidad al visitante.

–Bueno, verá, la cosa es, Mrs. Crowther, que ella nunca participa en los ensayos antiaéreos, y no sé lo que le sucederá cuando tengamos un verdadero ataque.

Audra frunció el entrecejo.

–Se reunirá con nosotros en el refugio que tenemos en el fondo del jardín, Mr. Trotter. Mi suegro lo construyó; yo lo he acondicionado para que resulte relativamente cómodo y...

–Ah, pero es que ella se niega a entrar en un refugio antiaéreo, Mrs. Crowther –exclamó Jim Trotter, interrumpiéndola–. Acabo de hablar con Miss Dobbs acerca de esto y realmente, a pesar del trabajo que me tomé, le aseguro que me resultó una verdadera pulga en la oreja.

–¡Ah! –exclamó Audra, mirándolo sin comprender.

–Nunca creerá lo que me dijo –continuó explicando Mr. Trotter.

–Supongo que no –respondió ella–. ¿Qué le dijo Miss Dobbs?

–Bueno, me dirigió una mirada extraña, como si yo acabara de aterrizar de otro planeta y gritó: «¡Vaya a sentarse en ese agujero, allí detrás de su jardín! Siéntese debajo de la tierra. Pero yo no, muchacho. Cuando muera, estaré mucho tiempo bajo tierra, así que me quedaré aquí arriba mientras esté viva, y si me mata una bomba, ¡que me mate!». Éstas fueron sus palabras, Mrs. Crowther.

Audra hizo todo lo posible por conservar la seriedad; pero no lo consiguió. Christina y Laurette también comenzaron a reír.

Jim Trotter las miró de reojo y después volvió a dirigirse a Audra.

–No es cosa de risa, Mrs. Crowther –dijo con indignación.

–Ya sé que no –jadeó Audra–; pero en cierto modo comparto sus sentimientos con relación a sentarme en un agujero bajo tierra.

–¡Sinceramente espero que no sea así, Mrs. Crowther! –El rostro de Jim Trotter reflejó una súbita alarma–. Me angustiaría mucho que dos personas de esta manzana se mostraran difíciles.

Audra asintió, mordiéndose los labios y sin poder hablar. Tenía que hacer un gran esfuerzo para contener la carcajada.

–¿Qué voy a hacer con Miss Dobbs? –continuó diciendo Trotter–. Me refiero a que yo soy responsable de toda la gente que vive en estas casas de Pot Lane.

Audra comprendió de repente por qué había recurrido a ella. Le contestó con la mayor seriedad posible.

–Cuando haya un ataque, Mr. Trotter, haré todo lo humanamente posible por lograr que Miss Dobbs baje a nuestro refugio. Pero lo único que puedo hacer es intentarlo. No me es posible forzar a nadie a actuar en contra de su voluntad.

–Muchísimas gracias, Mrs. Crowther, le agradezco su cooperación. Buenas tardes.

Y el guardián se alejó apresuradamente.

Cuando los pasos del hombre se fueron perdiendo por el sendero, Audra consiguió recobrar su compostura.

–¡Pobre Mr. Trotter! Siempre creí que me tenía simpatía, pero creo que hoy debe de habérmela perdido. ¡Dios mío!

–¡No seas tonta! –dijo Laurette–. Tenías razón cuando dijiste que en estos tiempos espantosos tenemos que conservar el sentido del humor. Porque si no lo hiciéramos, creo que todos nos volveríamos locos.

Los ingleses se habían movilizado para la guerra, pero no sucedió mucho en el frente interno.

En realidad reinaba tal inactividad, tanto en el aire como en tierra, que esa etapa de la guerra recibió el nombre de «la guerra falsa».

Sin embargo, en el mar la lucha empezó casi inmediatamente, en septiembre; en octubre fue torpedeado el barco de guerra *Royal Oak* mientras permanecía anclado en Scapa Flow, supuestamente a salvo de todo ataque alemán. Y en noviembre, alrededor de sesenta mil toneladas de barcos británicos habían sido hundidos por las temidas y mortíferas minas magnéticas.

Cada vez que Audra cogía un diario o escuchaba la radio, su corazón se llenaba de temor. Las noticias de la guerra en el mar eran siempre desastrosas y ella se preocupaba constantemente por Vincent, que había sido destinado a un destructor y que se encontraba mar adentro. Cada carta que recibía de él le provocaba un suspiro de alivio, lo mismo que las enviadas a su madre.

Y aunque no le dieron permiso para la Navidad de 1939, pudo volver a su casa en enero de 1940, con un pase desde Hull, donde su barco estaba anclado después de patrullar el mar del Norte.

Audra pidió permiso en el hospital para poder estar con él durante todo el tiempo, y Mrs. Fox se sintió feliz de otorgárselo. Así que esa tarde de jueves fría y lluviosa ella lo esperaba en la casita. Se había puesto la blusa azul que a él tanto le gustaba y una falda gris oscuro.

En cuanto Vincent entró, Audra se dio cuenta de lo orgulloso que se sentía de estar en la marina real, de usar el uniforme. Se mantenía muy erguido, con los hombros echados hacia atrás, parecía más alto que nunca y tenía un nuevo aire de seguridad, una mirada confiada en sus ojos verdes.

Audra cruzó volando la habitación y él la abrazó con fuerza, la alejó un poco, la miró a los ojos y le dio un beso largo y lleno de amor en la boca.

–Es maravilloso estar de nuevo en casa, mi amor –dijo por fin, soltándola.

–¡Y parece un milagro tenerte de vuelta! ¡Te he añorado! ¡Te hemos añorado!

–Sí, a mí me sucedió lo mismo.

Minutos después, cuando se sentaron a tomar una taza de té, Audra le dio todas las noticias sobre el clan Crowther, y sobre sus hermanos y Maggie, que estaban ausentes, en servicio activo. Después, en voz suave, le contó lo preocupada que había estado durante los últimos meses.

–Las únicas noticias que leía eran desastres navales, Vincent. ¿Nunca lograremos una victoria?

–¡Ya logramos una en diciembre, Audra! –exclamó mirándola con fiereza–. ¡No me digas que has olvidado que tres cruceros británicos hundieron el barco de guerra alemán *Graf Spee* en la batalla del Río de la Plata!

–No, no lo he olvidado, pero pensaba en algo más cerca de aquí...

–El *Graf Spee* consiguió eludir a la marina británica durante meses, y el hecho de haber podido hundirlo significó una gran victoria... No creas que no ha tenido efecto desmoralizante sobre los alemanes, porque lo tuvo. –El rostro de Vincent resplandecía–. Winston está más que encantado, te lo aseguro.

Audra sonrió con indulgencia.

–No me digas que llamas por su nombre de pila al primer lord del Almirantazgo –bromeó–. ¿Mr. Churchill está enterado de lo amigos que sois?

Vincent sonrió.

–Le llamamos Winston a sus espaldas, por supuesto. Porque todos le tenemos un gran aprecio. –Se inclinó hacia delante con cierta ansiedad–. ¿Sabes cómo anunció su regreso al Almirantazgo en septiembre? Me refiero a la forma en que se le hizo el anuncio a toda la flota británica.

Audra meneó la cabeza.

–¿Cómo quieres que lo sepa?

Antes de contestar, Vincent aspiró profundamente el humo de su cigarrillo.

–Sólo con la frase: *¡Winston está de regreso!* Pero te aseguro que ésa fue una forma de halagarlo..., un saludo jubiloso. Sí, Churchill es un gran hombre, querida. Debería ser primer ministro. Y es probable que llegue a serlo; todo el mundo está insatisfecho con Chamberlain.

–¿Y te angustiaría perder a... Winston como primer lord del Almirantazgo?

–Sí, pero preferiría tenerlo a él a la cabeza de este país antes que a cualquier otro... Eso sin la menor duda...

Al oír la puerta que se abría, Vincent se interrumpió y miró hacia atrás.

–¡Papaíto!

Christina dejó caer su carpeta y corrió hacia su padre sin quitarse el abrigo ni el sombrero. Se arrojó en los brazos que le tendía. Permanecieron unidos en un prolongado abrazo hasta que Vincent se apartó para mirarla.

–¿Y cómo está mi hijita?

La niña miró aquel rostro tan familiar y tan querido y estalló en sollozos.

–Pero ¿qué es esto, mi amor? –preguntó Vincent, volviendo a abrazarla y pasándole una mano suavemente por el pelo.

Los hombros de Christina se estremecían y la pequeña tenía la respiración entrecortada mientras seguía abrazada a su padre.

–Yo... yo... creí que nunca... nunca... ¡volvería a verte! –sollozó–. ¡He estado tan preocupada, papaíto! Temí que hundieran tu barco.

–¡Pero qué tonta eres! –exclamó Vincent riendo–. A mí nunca me sucederá nada, pequeña. ¡Vamos! Quítate el abrigo para sentarnos a la mesa y tomar una riquísima taza de té que acaba de prepararnos tu *Mam*. Más tarde iremos a ver a tu abuelita. –E inclinándose hacia ella con los ojos chispeantes le dijo en voz muy queda–: Y mañana pienso llevaros a ti y a tu *Mam* al cine de Leeds. Eso te gustará, ¿verdad?

Christina asintió con los ojos resplandecientes.

Audra sonrió al verlos juntos. Vincent siempre había sido un padre cariñoso; eso era algo que no podía negársele.

Pero el permiso de Vincent llegó a su fin demasiado pronto.

El domingo por la mañana Audra se levantó a las cinco para preparar el desayuno de su marido mientras él se vestía y se afeitaba.

Los huevos eran un lujo, por lo escasos; pero Audra había conseguido dos. Cocinó uno para el té de Christina el día anterior y en ese momento frió el segundo para Vincent, junto con un tomate y un pequeño trozo de panceta que Eliza le facilitó.

Cuando Vincent vio el huevo en su plato, se angustió.

–¡No debiste hacer eso! –exclamó, mirándola con el entrecejo fruncido–. Tendrías que haberlo guardado para ti. Vamos, te daré la mitad para que lo comas con tu tostada.

Audra le impidió que dividiera el huevo.

–Gracias, pero no tengo hambre. Te pido por favor que lo comas, Vincent. Pasarán horas antes de que vuelvas a comer algo. Me dijiste que los trenes de transporte de tropas son muy lentos y no tienes la menor idea de cuándo llegarás a Hull.

–Eso es cierto.

A pesar de todo, comió el huevo con remordimiento, deseando que, ya que Audra no lo quería, lo hubiese guardado para Christina.

Ninguno de los dos habló demasiado durante el desayuno. Ambos tenían plena conciencia de que él volvía a luchar en una guerra, y que no sabían cuánto tardarían en volver a verse. Podían llegar a transcurrir meses, y tal vez años.

Cuando el reloj dio las seis, Vincent se puso en pie.

–Será mejor que me vaya. Mi tren sale a las siete.

–Sí.

Él volvió a hablarle mientras se ponía el abrigo del uniforme, cogía su gorra de marinero y acercaba el equipaje a la puerta.

–Fui a darle un beso a Christina antes de bajar a desayunar..., no quiero volver a subir; tengo miedo de despertarla. Despídeme de ella.

Audra asintió; la angustia le impedía hablar. Lo acompañó hasta la puerta y se puso de puntillas para besarlo. Él también la besó y la mantuvo abrazada un instante más.

–Por favor, cuídate, Vincent –consiguió decir ella con voz ahogada.

–Me cuidaré, no te preocupes, mi amor. Escribiré...

Al instante siguiente se había ido.

De repente ella se dio cuenta de que estaba parada en la cocina..., sola.

Corrió a la ventana, abrió las cortinas y a la luz difusa de ese amanecer de enero lo vio alejarse presuroso por el sendero.

En un ademán instintivo, se llevó la mano al corazón, temerosa por él, temerosa por su seguridad.

–Vuelve a mi lado –susurró en medio del silencio de la habitación desierta.

Y después que hubo perdido de vista a Vincent, Audra se quedó allí largo rato, enfrentándose a un hecho irrefutable. El amor que sentía por Vincent Crowther no había disminuido a pesar de todos los problemas que tuvieron a lo largo de los años.

Capítulo 30

Llegó la primavera, y con ella el fin de la «guerra falsa».

Durante las veladas, Audra permanecía pegada a la radio, mientras Christina hacía los deberes o dibujaba y pintaba. Y cuantas más noticias escuchaba más le preocupaba la suerte de su marido y del resto de sus familiares y amigos que estaban luchando contra el enemigo.

Los acontecimientos se sucedían con tanta rapidez que resultaba casi imposible seguirles la pista. El 9 de abril, Hitler invadió Dinamarca y Noruega. Dinamarca cayó enseguida, pero los valientes noruegos lucharon con heroísmo y apelaron a Gran Bretaña para que les ayudara. Los ingleses despacharon fuerzas navales y militares de inmediato.

Durante las tres semanas siguientes Audra se comportó como una sonámbula, haciéndolo todo de forma automática, como un robot. Sabía por los noticiarios de la radio que el destructor de Vincent estaba entre los barcos destinados a asistir a los noruegos. Ella se encontraba como petrificada de miedo y por una vez su naturaleza optimista la abandonó por completo. Cada día las noticias eran peores, y siempre que ella se disponía a leer un diario, sentía que el corazón le daba un vuelco.

La Luftwaffe casi había logrado demoler a las fuerzas británicas que acudieron en ayuda de los noruegos, pero, a finales de mes, la mayoría de los ingleses habían logrado ser evacuados. El barco de Vincent, averiado, pudo por fin volver a entrar en aguas territoriales británicas; milagrosamente él estaba sano y salvo. Las pérdidas sufridas eran enormes y muy pronto tanto Audra como el resto del país comprendieron con claridad que había sido desastroso no escuchar las advertencias de Winston Churchill.

–Gracias a Dios por fin lo han nombrado primer ministro –le comentó Audra a Laurette mientras permanecían cerca de la radio durante la velada del 13 de mayo. Esa mañana, Churchill había hecho su discurso inicial como primer ministro en la Cámara de los Comunes. A los pocos minutos se dirigiría a la nación.

–Vincent siempre ha dicho que Churchill es el único hombre que puede sacarnos de este lío y estoy convencida de que tiene razón –comentó Audra.

Laurette asintió.

–Estoy de acuerdo, pero a pesar de todo creo que la lucha será larga.

–Sin embargo, ahora tenemos un verdadero líder...

Audra se interrumpió, dio unas palmaditas a Christina en el hombro, le señaló la radio y se llevó un dedo a los labios.

Las tres permanecieron inmóviles, aguzando el oído para no perder una sola palabra, hipnotizadas por la voz y la retórica extraordinarias de Winston Churchill, que transmitía esperanza, valentía e inspiración al pueblo inglés.

Esa tarde se sintieron muy animosas; pero, a medida que transcurrían los días, Audra comprendió que su cuñada tenía razón. La guerra sería larga, y no sólo larga sino mortífera.

Primero fue el infierno de Dunkerque.

Millares y millares de soldados de las tropas británicas y aliadas quedaron desamparados en las playas francesas, cruelmente aprisionados entre el mar y el avance del ejército alemán. Inglaterra toda contuvo el aliento. Y entonces sólo a través de actos de desesperado heroísmo fueron rescatados por una armada heterogénea, compuesta por destructores y cruceros británicos, lanchas de placer, botes a remo, barcas de pesca, yates y hasta barcazas y lanchones. Los civiles respondieron así a la llamada de Winston Churchill de que quien tuviera algún tipo de embarcación ofreciera su ayuda para que la marina real pudiera rescatar a los muchachos que estaban en la playa. Al hacerlo salvaron cientos de miles de vidas..., e impresionaron a toda Inglaterra y a sus aliados con su extraordinario valor.

El acto épico de Dunkerque significó una inspiración para todos, y cuando Audra recorrió el pabellón general de adultos del hospital, del que era supervisora, comprobó que la moral de los pacientes era muy alta. Tanto hombres como mujeres la cogían de la mano y, con lágrimas en los ojos, hablaban de su orgullo y su patriotismo y mencionaban a Churchill con amor y reverencia.

Audra misma tenía una fe inmensa en Winston Churchill, ese hombre que pocas semanas antes les había dicho: «No tengo nada que ofrecerles, aparte de sangre, trabajo, sudor y lágrimas». Ella comprendía muy bien esa clase de palabras y también comprendía que Dunkerque no era más que el principio... El 4 de junio Churchill había advertido al pueblo inglés que sobre ellos se desencadenaría una tormenta terrible para probarlos. Y así fue.

Francia cayó. De repente, Inglaterra se encontró sola.

Y en agosto, el grueso de la Luftwaffe alemana atacó el país con bombardeos que continuarían durante meses.

Acababa de iniciarse la Batalla de Inglaterra.

Al principio, los bombardeos se centraron sobre Londres y los condados del Sur, pero pronto ampliaron su radio y convirtieron en blanco principal a muchas de las ciudades industriales y aeropuertos situados en el centro y norte del país.

Un domingo por la tarde, Audra cortaba rosas en su jardín, cuando el ronroneo del motor de la aviación y el tableteo de ametralladoras rompió el silencio de ese día tórrido.

Alzó la cabeza como presa de un espasmo. Entrecerró los ojos para que no la cegaran los reflejos del sol y vio que en el cielo azul de verano, justo encima de su casa y de su precioso mundo, se desarrollaba una desesperada lucha aérea.

Esa pelea entre la Real Fuerza Aérea y la Luftwaffe le resultó horripilante y espantosa. Y se quedó estupefacta de que pudiese tener lugar en plena Inglaterra y a mediodía. Permaneció como clavada en el lugar mirando al cielo con fijeza. Entonces uno de los aviones explotó y cayó envuelto en llamas.

–*¡Mam! ¡Mam!* –gritó Christina, tirando la paleta y los pinceles y corriendo hacia su madre.

La voz de la chiquilla despertó a Audra y la hizo entrar en acción. Tomó a la niña de la mano y se la llevó a la carrera al refugio antiaéreo.

–Me parece que es mejor que nos refugiemos aquí unos minutos, por si cae algún resto de los aviones –explicó Audra, dirigiendo una mirada tranquilizadora a su hija de nueve años, y esforzándose en sonreír–. También podríamos entrar en la casa, pero por lo visto, en estos tiempos, yo en seguida corro en busca de un refugio.

–Era una tarde tan maravillosa y todo sucedió tan de repente, ¿verdad, *Mam*?

–Sí.

Audra contempló, con una mirada abstraída, la pared de hierro corrugado del refugio, y murmuró en voz apagada:

–*Corazones en paz bajo un cielo inglés.*

–Eso es de Rupert Brooke y está en el libro que tu madre te regaló hace muchos años, ¿verdad *Mam*?

Audra asintió.

–Sí, y cuando hace algunos minutos levanté la vista para mirar nuestro hermoso cielo inglés, Christina, y vi esos dos aviones que se atacaban desenfrenadamente, recordé ese verso y no pude dejar de preguntarme exactamente cuándo volverían a estar en paz nuestros corazones.

Un relámpago de miedo asomó en los ojos de Audra.

–Bien podría haber sido Theo el que luchaba allá arriba... ¡Es tan joven! No tiene más que diecinueve años. Pero, claro, todos los chicos que están en la fuerza aérea son muy jóvenes. Yo rezo para que Theo esté a salvo, Christie; rezo por él todos los días.

–Sí, *Mam*, yo también rezo por él cuando rezo por papá y por tía Maggie y por tío Mike y por todos mis tíos y por todos los que luchan por nosotros.

No mucho después de ese incidente, los alemanes incrementaron sus bombardeos sobre Inglaterra y aunque Londres era el blanco principal, Leeds fue una de las ciudades del norte del país sometidas a un fuego más intenso.

Audra y Christina se encontraron viviendo casi todas las noches en el refugio antiaéreo. Pero eran las únicas ocupantes del lugar. Audra no pudo persuadir a la anciana Miss Dobbs de que se les uniera; los ocupantes de la tercera casita del callejón cerraron su hogar durante la guerra y se fueron a vivir al campo con unos amigos.

Si Laurette se hallaba de visita cuando empezaban a ulular las sirenas, Audra insistía en que se quedara a pasar la noche con ellas en el refugio. No permitía que Laurette caminara hasta su casa de Moorfield Road durante un ataque, aunque el cielo estuviese brillantemente iluminado por los reflectores. Audra estaba convencida de que había que obedecer las reglamentaciones, y la Defensa Civil les había advertido que debían permanecer dentro.

En ese momento, el refugio estaba bien equipado con catres, mantas, almohadas, velas, lámparas de parafina, una estufa de queroseno para caldear el ambiente, y un botiquín de primeros auxilios. Audra había almacenado también latas de alimentos y todos los días Christina y ella llevaban botellas de agua fresca al refugio por si se presentaba alguna urgencia.

Mas a pesar de los bombardeos, del perpetuo temor en que vivían, de la preocupación que les ocasionaban Vincent y el resto de familiares y amigos que estaban luchando y de las penurias en general, de alguna manera la vida continuaba su marcha.

Los diarios no hacían más que referirse al propósito de Alemania de invadir Inglaterra a fines de agosto, pero los ingleses se lo tomaban con su imperturbabilidad habitual.

La actitud de Audra pareció resumir el sentimiento de todos cuando un día de últimos de agosto le dijo a Christina:

–Invasión o no invasión, tú empezarás tus estudios en el colegio privado para señoritas de Miss Mellow, en septiembre, cuando se inicie el curso de invierno. Aterricen aquí los alemanes o no, debes completar tu educación. Además, como dijo Winston Churchill, si es necesario, lucharemos contra ellos en los setos y los demoleremos uno a uno.

–¡Eso quiere decir que a pesar de todo iré a la escuela de Miss Mellow! –exclamó Christina excitadísima.

Estaban sentadas en el piso superior de un tranvía que iba a Leeds, y Audra se volvió para mirar a su hija.

–¡Por supuesto que irás! ¿Por qué te sorprende tanto?

–Bueno, porque aunque pasé el examen de ingreso, últimamente no has mencionado el asunto. Creí que habías cambiado de idea.

–¿Y por qué iba a cambiar de idea, querida?

–Pensé que la abuelita podría haberte dicho algo, *Mam*.

–¿La abuelita?

–Sí. Oí que le decía al abuelo que tú no deberías mandarme a un colegio privado, que Christ Church era suficientemente bueno. Comentó que tenías grandes ideas acerca de mi futuro y que todo eso no haría más que crearme problemas. Entonces imaginé que te habría dicho a ti lo mismo y que tú le habrías hecho caso.

–Te aseguro que ese día no llegará –replicó Audra con un deje de acritud en la voz–. Y, por curiosidad, ¿qué contestó tu abuelo ante ese comentario de tu abuelita?

–Dijo que le parecía muy sabio que trataras de apoderarte de las estrellas, que te admiraba por eso, y que algún día yo llegaría a ser una gran artista.

Audra sonrió para sus adentros.

–Tu abuelo tiene toda la razón del mundo, cariño.

Christina enlazó un brazo con el de su madre.

–¿Y por eso vamos al centro, *Mam*? ¿Para comprarme el uniforme?

–Sí, a eso vamos. Y me emociona que empieces a estudiar en el colegio de Miss Mellow, Christie. Tienen un excelente programa de Bellas Artes, y yo he mantenido largas charlas con la profesora de pintura. Ella conoce nuestros planes y te preparará para la Escuela de Bellas Artes de Leeds.

–Y después de eso iré a la Real Academia de Bellas Artes de Londres, ¿no es verdad, *Mam*?

Christina miró a Audra con sus ojos grises brillantes de ansiedad.

Audra no pudo contener una carcajada.

–Por supuesto, te lo prometí, ¿no es cierto? Pero, como ya sabes, no te aceptarán hasta que cumplas veinte años. Y para eso todavía falta mucho.

Entre Christina y Audra siempre reinó una gran intimidad; pero durante los años de guerra estuvieron más unidas que nunca. Con Vincent embarcado quedaban ellas dos nada más, y aunque veían a Laurette por lo menos una vez por semana, casi siempre estaban solas.

El resplandeciente futuro que había planeado para su hija ocupaba casi todo el tiempo de Audra. Cuando no estaba ahorrando para pagar la educación de Christina, encontraba maneras de ampliar la mentalidad de su hija tanto en arte como en otras disciplinas.

Debido a la época de guerra que vivían, no eran muchas la compañías teatrales que llegaban a Leeds. Pero cada vez que se estrenaba una nueva obra, Audra siempre trataba de conseguir entradas; llevaba a Christina a conciertos de música clásica y a la ópera cada vez que se presentaba la ocasión. Pero aparte de estos placeres, los libros y especialmente los clásicos ingleses formaban parte del programa cultural de su hija, que, desde muy temprana edad, adquirió un gran amor por la lectura.

Y, como siempre, el cine fue el entretenimiento preferido de madre e hija, durante la década de los cuarenta. Ambas gozaban intensamente cuando iban a ver películas los sábados por la noche. Por lo general las acompañaba Laurette, porque Audra y ella se habían hecho más amigas que nunca, unidas como estaban por tantas ataduras familiares y lazos en común, pero sobre todo por el enorme cariño que se profesaban.

A medida que los años de guerra seguían arrastrándose, los permisos de los soldados eran cada vez más espaciados y menos frecuentes y entre el verano de 1941 y el invierno de 1942, tanto Vincent como Mike sólo pudieron volver una vez a sus respectivas casas.

Audra y Laurette vivían preocupadas por sus maridos y por el resto de los integrantes de la familia Crowther que militaban en las Fuerzas Armadas. Pero eran mujeres de carácter y aprendieron a vivir con constantes ataques aéreos, a pasar largas horas en el refugio, y soportar racionamientos y penurias, además del terrible miedo de perder a sus seres amados. Y lo sobrellevaron todo sin quejas, tratando siempre de mirar hacia el futuro, al día en que Gran Bretaña ganara la guerra y la vida retornara a la normalidad.

En octubre de 1944, Audra tuvo un maravilloso golpe de buena suerte. Margaret Lennox, a quien siempre idolatró desde sus días de Ripon, fue nombrada jefa de enfermeras del hospital de Leeds. Y casi de inmediato llamó por teléfono a Audra al St. Mary para ofrecerle el puesto de cabo enfermera, a cargo del quirófano principal. Audra aceptó el empleo por teléfono y sin pensarlo dos veces. El sueldo era mayor que el que ganaba en ese momento, y el trabajo significaba un desafío. Además Audra siempre soñó con volver a trabajar a las órdenes de Mrs. Lennox.

No tardó demasiado en adaptarse a la vida del hospital general de Leeds, aunque era un centro enorme y no tan acogedor e íntimo como el St. Mary. Pero el trabajo le resultaba estimulante y satisfactorio y, al zambullirse en sus tareas con su habitual energía y concentración, se dio cuenta de que eso la ayudaba a mantener alejado el miedo.

Para enorme alivio de Audra, a principios de 1945 empezaron a recibirse buenas noticias referentes a triunfos aliados en toda Europa. La marea cambiaba de rumbo y ya no cabían dudas acerca de quiénes iban a ganar la guerra. Era sólo una cuestión de tiempo.

Muy pronto Audra empezó a leer los diarios y a escuchar la radio con ansiedad; pero ya no con miedo. Al llegar la primavera, estaba llena de esperanzas, lo mismo que todo el resto del país, y el 27 de mayo los alemanes se rindieron incondicionalmente en Reims, Francia.

De repente la guerra europea había llegado a su fin. Audra y Christina apenas podían creerlo. Rieron y lloraron, estrechamente abrazadas en la casita de Pot Lane.

Dos días antes Christina había cumplido catorce años.

–Éste es mi mejor regalo de cumpleaños, *Mam* –le comentó en ese momento a Audra–, saber que la guerra ha terminado y que papá está sano y salvo.

–Sí, lo es, querida –contestó Audra.

Miró la colección de fotografías enmarcadas que se alineaban sobre el aparador: Vincent, su hermano William, que estaba en el ejército australiano, Mike, Theo Bell, y Hal, el marido de Olive. ¡Qué guapos estaban, y qué orgullosos parecían lucir sus distintos uniformes!

Se volvió hacia Christina.

–Gracias a Dios están todos a salvo –dijo en voz baja–. Qué suerte hemos tenido..., mucha más que la mayoría de las personas.

Capítulo 31

Durante los últimos años Audra Crowther había estado tan enfrascada en lo que hacía que prácticamente nunca tenía tiempo de detenerse, como no fuera para observar a su encantadora e inteligente hija.

Pero un día se encontró mirándose en el espejo de la cómoda..., y haciendo un inventario.

Era un cálido día de julio de 1951 y esa tarde Christina se graduaría con honores en la Escuela de Bellas Artes de Leeds. Era una ocasión sumamente importante en la vida de su hija y también en la de ella y en la de Vincent, así que, como era natural, quería tener el mejor aspecto posible.

Audra se acercó más al espejo, para inspeccionarse el rostro.

Tenía algunas leves arruguitas alrededor de los ojos y la tozudez y resolución que siempre marcaron su rostro eran más pronunciadas que nunca. Pero aparte de esos pequeños defectos, si así podían llamarse, y de un poco de gris en las sienes, decidió que no estaba mal, considerando que tenía cuarenta y cuatro años.

Su pelo castaño claro, que llevaba muy corto y que le enmarcaba perfectamente el rostro, todavía era espeso y hermoso; su tez cremosa se mantenía tan perfecta como siempre, y el azul de sus ojos no se había apagado.

«Y me he mantenido delgada», agregó para sus adentros, mientras cogía el frasco de la base para el maquillaje. Por lo general sólo tenía tiempo para empolvarse un poco la nariz y darse un toque de carmín en los labios antes de salir disparada para el hospital de Leeds, donde seguía trabajando y formaba en ese momento parte de la plana mayor. Pero ese día pensaba tomarse tiempo y maquillarse cuidadosamente, para lo cual había pedido prestados algunos de los productos cosméticos de su hija.

Después de aplicarse la crema base se puso polvos, se quitó el excedente, se dio un toque de colorete para destacar sus pómulos altos, y utilizó el delineador de ojos antes de pintarse los labios.

Segura de haber hecho todo lo posible por tener el mejor aspecto, Audra se echó hacia atrás y se miró al espejo.

Por un instante su propia imagen le provocó un sobresalto. El maquillaje destacaba sus ojos y su piel, lo mejor de su rostro. Su cara había adquirido un aspecto fresco; parecía más resplandeciente y llena de vida. Satisfecha con el efecto que acababa de lograr, se cepilló el pelo, se pasó un peine para dar los toques finales a su peinado y después se puso detrás de las orejas un poco de su perfume preferido, con aroma de gardenias.

Entonces se encaminó al armario del que sacó el vestido de seda azul marino que se había hecho la semana anterior. Era la copia perfecta de un modelo de tarde de Christian Dior que había visto en la revista *Vogue*. En esa oportunidad recortó la fotografía, cosa que hacía siempre que un vestido le gustaba, ya fuera para ella o para Christina.

Después de colocar el vestido sobre la cama, buscó su bolso azul, sus guantes blancos, el pequeño sombrero de paja azul adornado por una única rosa blanca, y el par de zapatos azules que acababa de comprarse el día anterior.

Una vez que se puso el vestido y los zapatos, Audra regresó a su coqueta, ante la que volvió a sentarse. Se puso el sombrero, los pendientes que Vincent le había regalado para Navidad, el anillo de compromiso de su madre y el reloj de pulsera; y después abrió el joyero que contenía las perlas de Laurette.

Audra levantó la tapa y las miró fijamente, con admiración. El collar tenía una sola vuelta, pero las perlas eran legítimas. Mike las había comprado en Greenwood's, la mejor joyería de Leeds, prácticamente en cuanto terminó la guerra, y a su cuñada le encantaban.

Audra lanzó un suspiro, repentinamente triste por su querida Laurette, muerta hacía ya tres años. Fue todo tan repentino que ella todavía no había logrado recuperarse. Y lo mismo les sucedía a todos. Laurette estaba espléndida en la primavera de 1948, pero ese verano enfermó, y en noviembre la enterraron. Fue un cáncer. Audra agradecía que sus sufrimientos no hubiesen sido prolongados. La echaba muchísimo de menos. En todos ellos había dejado un enorme vacío que jamás conseguirían llenar.

Al recordar esa época, Audra se enderezó en la silla. Tomó el hilo de perlas y se lo puso; después volvió a mirarse en el espejo y acarició el collar sonriendo con suavidad. Se olvidó de la tristeza, se olvidó de los recuerdos dolorosos de la muerte de Laurette. Lo último que ella hubiese querido era que Audra estuviera triste en un día como ése. Laurette siempre se sintió muy orgullosa de Christina.

Audra se puso de pie, se acercó a la cama, cogió los guantes y el bolso y bajó la escalera. Depositó sus cosas sobre la mesa del vestíbulo, cerca del teléfono, se detuvo para dirigir una mirada al reloj de pie, preguntándose con inquietud qué le habría pasado a Vincent. Le aseguró que estaría de vuelta a la una y media y ya eran las dos menos cuarto.

Aparte de la angustia y de la impresión que sufrieron con la muerte de Laurette, los últimos años habían sido buenos para los Crowther. Ya no vivían en la casita de Pot Lane. En 1949 se mudaron a una casa mucho más grande situada en Upper Armley. No quedaba lejos de Charlie Cake Park y tenía tres dormitorios, comedor y salón y una gran cocina-comedor de diario donde, como era habitual, se congregaba todo el mundo. Los cuartos eran bastante espaciosos y toda la casa estaba llena de luz y bien ventilada.

Lo que a Audra más le gustaba era el largo jardín trasero. Allí plantó gran variedad de rosales y de otras plantas florales. En verano, el jardín era un paraíso, con el césped que se extendía hasta dos árboles de sombra que crecían al fondo. Para Audra el jardín era un enorme entretenimiento, lo mismo que las flores y la pequeña huerta que plantó detrás de los árboles, cerca del cerco que lindaba con el vecino.

Vincent estaba en una posición más próspera. Al terminar la guerra, después de licenciarse en el ejército, se asoció con Fred Varley y su hijo Harry. Y por fin, después de haber hablado del asunto durante tantos años, se inscribió en la escuela nocturna de Leeds para estudiar arquitectura y obtener el título de aparejador. Ya no trabajaba con las cuadrillas en las construcciones, sino que dirigía la empresa junto con Fred; él era el encargado de confeccionar los planos, hacer los dibujos y manejar todo el papeleo. Varley y Crowther era una empresa pequeña, pero estaban permanentemente ocupados con proyectos y construcciones locales, y Vincent obtenía una cantidad de dinero respetable que le permitía mantener a su familia. El dinero que ganaba Audra en el hospital iba al banco, y lo destinaban a la educación de Christina y a comprarle ropa.

La guerra había cambiado a Vincent Crowther.

Su carácter turbulento y su modo de ser inquieto habían sido atemperados por la muerte y destrucción que tuvo que presenciar en la marina. Todavía le gustaba ir al bar los fines de semana y continuaba haciendo apuestas en las carreras de caballos, pero ya no le interesaban los lances amorosos con otras mujeres.

Eso no significaba que su relación con Audra hubiese cambiado. Pero después de vivir veintitrés años juntos, se habían acostumbrado el uno al otro. Su matrimonio parecía que iba a ser perdurable, y compartían un lazo que realmente los unía: el inmenso orgullo que les proporcionaba su hija, sin duda, había resultado una chica muy especial.

Mientras llenaba la tetera y la llevaba a la mesa, Audra pensaba en Christina y en la ropa que todavía tendría que hacerle. No le quedaban más que diez días antes de viajar a Londres para instalar a Christie en el pequeño apartamento-estudio que le habían alquilado. Bueno, en ese tiempo podría hacerle por lo menos un vestido más, y no tendría más remedio que mandarle el resto de la ropa por correo.

–Siento llegar tarde –se disculpó Vincent, entrando apresuradamente por la puerta trasera–. Había tanto tránsito que creí que no llegaría nunca... –Se interrumpió de repente y la miró entrecerrando los ojos–. ¿Qué te has hecho, Audra?

–¡Nada! –contestó ella, poniéndose tensa y a la defensiva. Le pareció percibir un tono de crítica en su marido.

Él ladeó la cabeza y la estudió con aire pensativo.

–Debe de ser el sombrero, o tal vez el vestido nuevo...

–¡Por amor de Dios, Vincent! Es el maquillaje –murmuró ella–. Me puse la crema base y el carmín de Christina.

–Me encanta cómo te queda –decidió él, sonriente–. Estás muy bonita. Encantadora, mi amor. Deberías maquillarte más a menudo.

Audra sonrió apenas y después se apresuró a mirar a otro lado. Bajo el inesperado escrutinio de su marido, de repente se sentía muy consciente de sí misma. Hacía años que Vincent no la miraba así.

–¿Quieres que te sirva una taza de té ahora? ¿O prefieres cambiarte antes de traje y de camisa?

–La tomaré después. Enseguida vuelvo.

Audra se quedó parada cerca de la mesa de la cocina y lo siguió con la mirada, pensando en lo buen mozo que era.

A pesar del paso de los años, Vincent apenas había cambiado y no había envejecido nada. Tenía cuarenta y ocho años, pero parecía mucho más joven. No tenía una sola cana y su rostro mantenía cierto aire adolescente que la piel tan lisa de sus mejillas y su frente y la frescura de su tez no hacían más que acentuar.

Audra se sentó a esperar que regresara, y pensó en él; se preguntó si en esa época viviría aventuras amorosas con otras mujeres... Años antes, ella sospechó que él veía a otras mujeres, aunque nunca hubo chismes ni comentarios y jamás tuvo una prueba segura de que así fuera. Pero en algunos momentos la relación entre ellos fue tan mala que supuso que él debía de encontrar solaz en brazos más cálidos que los suyos.

Muy a su pesar, lanzó un profundo suspiro y después meneó la cabeza, levemente irritada consigo misma. Ese día se le ocurrían pensamientos muy extraños. Primero estuvo a punto de llorar pensando en Laurette, percibiendo su falta, y en ese instante estaba allí cavilando sobre toda clase de suposiciones respecto a Vincent. Como si eso importara ya mucho.

–Ya estoy listo para esa taza de té, Audra –anunció Vincent, entrando en la cocina–. No tenemos tiempo que perder.

Se sentó frente a ella y asió la tetera.

–¿Nuestra Christie se fue contenta? –preguntó.

–Sí –repuso Audra–. Salió a mediodía. Dijo que tenía que revisar varias cosas en la galería de la escuela..., supongo que se referiría a la muestra. Siempre le da muchísima importancia a la luz que reciben sus obras..., ya sabes que es una perfeccionista. Todo tiene que estar impecable.

–Es igual a su madre –contestó él con una carcajada–. Vamos, mi amor, recoge tus cosas y salgamos ya. No quiero que nos perdamos la ceremonia. Es algo que has estado esperando durante los últimos veinte años.

Audra sonrió.

–Eso es muy cierto. Y tú también lo has ido esperando.

Mas tarde, mientras viajaban rumbo al centro, Audra colocó una mano sobre la rodilla de Vincent y se la apretó.

Él la miró de reojo.

–¿Qué pasa?

–Sé que llegará el día en que Christina será tan famosa como esos otros dos grandes estudiantes de la Escuela de Bellas Artes de Leeds: Barbara Hepworth y Henry Moore.

Vincent asintió. ¿Quién era él para contradecirla? Hasta ese momento ella siempre tuvo razón en lo concerniente a su hija.

Christina
(1951 a 1965)

Capítulo 32

A Christina le encantaba su apartamento de Londres.

Estaba en un edificio alto y angosto de la calle Chester, no lejos de Belgrave Square. La casa era de Irene Bell, y Christina y su madre se habían alojado en él varias veces antes, cuando iban a Londres en viaje de estudios, para visitar galerías y museos. Así que ya lo conocía bien.

Irene Bell les alquilaba el apartamento por cuatro guineas semanales. Audra lo consideraba baratísimo, y sin duda lo era, pero Christina sabía que a Mrs. Bell le resultaba odioso tener que cobrarle un alquiler a su madre. Hubiese preferido mil veces dejar que lo usara gratis. Pero, como ella misma le explicó en privado a Christina, ésa no era la forma de proceder de Audra.

–Tu madre es demasiado sagaz –comentó Irene Bell–. Si el alquiler no le parece justo, entrará en sospechas.

Christina coincidió con ella y entre las dos llegaron a una cifra que les pareció conveniente.

El apartamento estaba ubicado en el piso alto de la casa. En realidad era una buhardilla convertida en estudio y constaba de un salón, un dormitorio, baño y cocina. Tenía su propia entrada que daba a la calle y era algo así como otra vivienda dentro del inmueble.

Originalmente Irene Bell hizo construir ese estudio para que allí vivieran sus hijas en distintas etapas de sus vidas. Fue un *pied-à-terre* primero para ellas y después para Theo, cuando estudiaba Derecho en Cambridge y ocasionalmente pasaba fines de semana en Londres. Theo, que ya tenía treinta años y era abogado, acababa de casarse, y él y su esposa Angela ocupaban la casa. Algunas veces Irene Bell iba a quedarse con su hijo y con su nuera, pero no era frecuente. Ella ya tenía más de setenta años y, desde la muerte de su marido, hacía ya tres, pocas veces realizaba viajes largos. Le gustaba sentar sus reales en Calpher House y que sus hijos y sus múltiples nietos fueran a visitarla allí.

El día en que Christina y Audra llegaron de Leeds, la casa de Belgravia estaba desierta. Theo y Angela se habían ido de vacaciones a Francia, pero Mrs. Bell le entregó un juego de llaves a Audra y les dijo que se sintieran como en su propio hogar.

Eso hicieron y en ese momento, después de pasar una semana en Londres, Christina estaba perfectamente instalada en su estudio. Había desembalado su caballete, sus telas, pinturas, pinceles y libros que, lo mismo que la ropa y otras posesiones, estaban cuidadosamente guardados.

La ropa llenaba el enorme armario del dormitorio y cada vez que lo abría, Christina se admiraba ante la espectacular selección de modelos que su madre le había confeccionado.

Hacía ocho meses que le cortaba, cosía y probaba vestidos, pero al verlos colgados todos juntos, la joven comprendió la tarea ímproba que había sido para ella la creación de ese guardarropa tan a la moda.

–Voy a ser la chica mejor vestida de la Academia de Bellas Artes –le aseguró a Audra durante la tarde del viernes cuando se probó un vestido de seda gris y se miró en el espejo de cuerpo entero.

–Eso espero –contestó Audra riendo, desde la puerta del dormitorio–. Mi trabajo me ha costado.

–¡Por supuesto, mamá! ¡Me imagino el trabajo que debe de haberte dado! Y te agradezco todo este bonito vestuario, el tiempo que le has dedicado y el dinero que debe de haberte costado. Eres una maravilla, mamá.

–No estoy tan segura de eso –contestó Audra, haciendo a una lado con rapidez los agradecimientos y los halagos. Sin embargo, parecía contenta cuando entró en el dormitorio para sentarse en una de las camas gemelas.

Christina se volvió hacia ella, todavía con el vestido de seda puesto.

–¿Te parece que me lo ponga esta noche para ir al teatro, mamita?

Audra asintió en señal de aprobación.

Christina le dirigió una sonrisa resplandeciente y colgó el vestido en el borde superior de la puerta del armario.

–Tendré que pensar qué bolso y qué zapatos usaré para que hagan juego... Supongo que los negros. Y tal vez convenga que también lleve el chal de Dior que la abuelita me regaló para mi cumpleaños, por si refresca.

–No creo que refresque –opinó Audra–. Ha hecho un calor espantoso todo el día. Me parece que este fin de semana nos espera una ola de calor.

–¡No digas eso, mamá! –exclamó Christina haciendo una mueca de desagrado–. Justo este fin de semana, cuando el domingo tenemos planeado ir al castillo de Windsor a pasar el día. Y no me hace nada de gracia la idea de pasarme el día derritiéndome, bajo el sol de agosto, mientras recorremos el parque.

Audra sonrió y se recostó contra las almohadas mientras observaba a su hija preparando su vestuario para la noche, y pensaba en lo impresionante que era la muchacha.

El pelo casi rubio que Christina tenía durante la infancia hacía años, se había convertido en un castaño claro, y en verano siempre tenía mechones rojizos y dorados por la decoloración que le producía el sol. Era sorprendentemente parecida a su padre y, a pesar de no ser bonita a la perfección, tenía un rostro sumamente interesante, de facciones bien cinceladas y una tez impecable, como Audra. Sus inmensos ojos grises, de mirada suave, eran idénticos a los de Laurette y había heredado también la altura de la familia Crowther; medía uno setenta, descalza. Eso agradaba a Audra. A ella siempre le resultó odioso ser baja.

Aparte de su atrayente apariencia física y de sus indudables dones artísticos, Christina era una jovencita excepcional en otros sentidos. Eso era algo en lo que todo el mundo estaba de acuerdo. No obstante las predicciones de la abuela Crowther, que aseguraba que la escuela privada y las ideas grandilocuentes de Audra estropearían a su hija, no fue así. Christina no resultó una muchacha difícil, rebelde ni esnob; tampoco se volvió contra sus padres ni antepuso sus amigos a ellos. En realidad, muy al contrario. Era una hija cariñosa que adoraba a Audra y a Vincent con la misma intensidad con que ellos la adoraban a ella y, lo mismo que cuando era pequeña, disfrutaba de su compañía y estaba convencida de que eran seres muy especiales.

Audra Crowther había hecho un buen trabajo.

No sólo había proporcionado a Christina todo lo mejor, dentro de lo que estaba a su alcance, sino que le había entregado lo mejor de sí misma. Le enseñó a reconocer los valores humanos y le inculcó el sentido del honor, así como del deber y una notable fuerza de voluntad. Recordando su propia y esmerada educación, Audra le enseñó a tener consideración con los demás. Pero tal vez lo más importante de todo fue que le dio otra cosa de incalculable valor: un sentimiento de autoestima. Razón por la cual Christina se sentía muy segura de sí misma.

A pesar de que con Vincent, Audra muchas veces era poco comunicativa y no demostraba sus sentimientos, cosa que siempre fue la raíz de los problemas que surgían entre ellos, Audra pudo expresarle a su hija, tanto verbal como físicamente, el amor que le profesaba. Sin embargo, junto con ese amor incondicional, tanto el padre como la madre le enseñaron el significado de la palabra «disciplina». Particularmente Vincent fue muy estricto con ella durante su adolescencia, sobre todo en lo referente a sus amigos varones.

«Sí, no hay duda de que posee cierta gracia –se dijo Audra para sus adentros mientras seguía observando a su hija moverse por la habitación–. Pero no es de ninguna manera, perfecta. Y en todo caso, ¿quién lo es? Christina ha heredado el temperamento rápido y bastante violento de Vincent, sus gustos costosos, su amor por la ropa y las cosas buenas de la vida. Y además, a veces es impetuosa. Pero, en definitiva, no es ninguna malcriada.» Audra sonrió. Cuántas veces le había advertido Eliza: «Estás malcriando a esa chica, Audra, y Vincent también. Y no os alcanzarán los años de vida para lamentarlo...». Le parecía oír la voz de su suegra diciéndolo.

–Te has quedado pensativa, mamá. ¿Te pasa algo?

Audra se sentó, sobresaltada.

–No –esbozó una sonrisa burlona–. Si quieres que te diga la verdad, estaba pensando en tu abuela. No hacía más que decirme que los planes que yo tenía para tu futuro eran demasiado ambiciosos y de altos vuelos. Y que patatín y patatán... Ésa era su expresión favorita para todo lo que tuviera que ver conmigo cuando tú eras pequeña.

–¿Y crees que no lo sé? ¡Pobre viejecita! Es anticuada y está demasiado atada a su clase social. Pero sus intenciones son buenas, mamá, y conmigo siempre ha sido muy cariñosa. –Christina sonrió–. Pero, claro, soy la única hija de su adorado *Stormy Petrel.*

–*¿Stormy Petrel?*

–Sí, así llamaba a papá de recién nacido y mientras fue chiquitín. ¿Nunca te lo dijo?

–No. Pero tu abuela y yo nunca hemos sido demasiado compañeras, y tampoco hemos compartido los mismos puntos de vista. Decididamente sus ideas con respecto al lugar que debe ocupar la mujer en el mundo siempre me han sublevado.

–¿Qué quieres decir?

–Tu abuela ha creído durante toda su vida que las mujeres deben ser..., bueno, esclavas y sirvientas del hombre. Mucho antes de que tú nacieras, se horrorizó cuando yo manifesté que quería seguir trabajando como enfermera. Me dijo que mi deber era dedicarme a tener hijos, cocinar y servir a tu padre.

–Comprendo que lo dijera, mamá. No creo que esté de acuerdo en que yo viva en Londres e ingrese en la Real Academia de Bellas Artes. Por lo visto le parece un desperdicio de dinero. El otro día, cuando fui a despedirme de ella y del abuelo, chasqueó la lengua y comentó algo acerca del gasto terrible que iba a representar todo esto, cuando sin duda, en cuanto encontrara al primer hombre que me interesara, renunciaría al arte para casarme y tener niños.

Audra sonrió apenas.

–Eso es típico de Eliza... –Reflexionó unos instantes y después fijó en Christina sus brillantes ojos azules–. ¿Sabes, Christie? Me alegro de que seas ambiciosa, de que, aparte de lo demás, quieras poseer una carrera en la vida. Uno puede tenerlo todo, ¿sabes? Es realmente posible. La verdad es que no hay absolutamente nada que uno no pueda lograr si lo intenta con la fuerza necesaria, si trabaja con empeño y se propone llegar a una meta. Y te aconsejo que nunca, pero nunca te limites...

Christina la interrumpió sonriendo.

–Que es lo que siempre me has enseñado..., y recuerdo muy bien que aquel mes de septiembre en que me enviaste a la escuela de Miss Mellow, cuando la abuela se puso a protestar, como de costumbre, el abuelo le dijo que tenías toda la razón del mundo en querer atrapar las estrellas. Él siempre te ha admirado por tu manera de ser, mamá.

En ese momento sonó el teléfono y Christina lo atendió.

–¡Hola, papá! ¿Cómo estás?

Hubo una breve pausa mientras ella escuchaba atentamente. Después miró a Audra y asintió, muy sonriente.

–Sí, papá, comprendo.

Otra pausa.

–Sí, fuimos a almorzar al Fortnum y después al Tate, a ver los Turner. –Ante un comentario de su padre Christina rió, para agregar enseguida–: Bueno, ahora te pasaré a mamá.

Audra se levantó y se acercó a su hija para coger el aparato.

–¡Hola, Vincent! ¿Cómo andan las cosas? ¿Bien? –preguntó, e inmediatamente quedó en silencio mientras él le contaba todo en un torrente de palabras.

Christina salió del cuarto, sonriendo. Cruzó el minúsculo vestíbulo y entró en la cocina. Después de poner a calentar agua sacó de la nevera endivias, lechuga y tomates, y empezó a lavarlos.

A los pocos minutos Audra se le reunió en la cocina.

–Deja que te ayude –dijo.

–En realidad no hay mucho que hacer. –Miró a su madre por encima del hombro y comentó–: Honestamente, papá está convirtiéndose en un viejo exagerado. No hay vez que converse con él que no me diga que ande con pies de plomo; y repite constantemente: «Piensa en el futuro, mi amor, piensa en el futuro». No sé qué le pasa últimamente.

–Bueno, no olvides que todavía te considera su chiquitina, y supongo que le preocupa la perspectiva de que vivas sola en Londres.

–Hummm. –Fue el único comentario de Christina mientras empezaba a cortar un tomate; pero de repente lanzó una risita y agregó–: Dios, cuando vuelvas a casa vas a encontrarte con una cuenta de teléfono gigantesca, mamá. Papá no ha hecho más que llamarnos toda la semana. –Volvió a reír con una expresión traviesa en los ojos–. Creo que te ha empezado a cortejar de nuevo.

–¡No seas ridícula! –exclamó Audra.

Esa noche Christina llevó a Audra a ver a sus actores favoritos: Vivien Leigh y Laurence Olivier.

Formaban la pareja protagonista de *César y Cleopatra* de Bernard Shaw y de *Antonio y Cleopatra* de Shakespeare, que representaban en dos noches sucesivas durante el Festival Británico de Teatro.

Ésa fue la sorpresa que Christina le tenía preparada a su madre.

Audra sabía que iban al teatro, pero no tenía la menor idea de lo que verían; cuando, ya en el autobús, Christina se lo reveló, se sintió excitadísima.

–No tiene sentido ver una obra y no ver la otra, mamá, así que compré entradas para hoy y mañana.

–¡Oh, querida, eres tan extravagante como tu padre! –exclamó Audra, pero sus ojos brillaban de alegría.

–Teatralmente, mamá, esto es algo de primer orden. Sé que nos espera una noche maravillosa que no creo que olvidemos nunca –comentó Christina, feliz de poder brindar algo agradable a su madre.

Cuando ocuparon sus butacas, Audra apenas lograba contener la excitación que la dominaba y, tomando la mano de su hija, la apretó y le susurró:

–Gracias por ofrecerme este programa tan especial, Christina..., sé que nunca lo olvidaré.

Antes de que ninguna de las dos se diera cuenta del paso del tiempo, había acabado la segunda semana de la estancia de Audra en Londres.

Fue una época maravillosa para ambas. Aparte de instalar a Christina en el apartamento antes de que iniciara sus cursos en la Real Academia de Bellas Artes en el mes de septiembre, pudieron compartir días muy felices. Fueron a ver obras de teatro y también al cine, que a las dos les gustaba muchísimo; visitaron museos y todas las galerías de arte que pudieron.

Antes de que partieran de Leeds, Vincent entregó una suma de dinero a Audra y le pidió que salieran a comer en nombre suyo, cosa que hicieron, en un pequeño restaurante francés llamado Chez Jacques. Hubo días en que simplemente anduvieron dando vueltas por el apartamento y salieron a caminar por Green Park y por The Mall, o miraron escaparates en Bond Street o revisaron las estanterías de Hatchard's, la librería favorita de Audra. Pero cada minuto que pasaron juntas fue maravilloso, tanto para la madre como para la hija, y Audra nunca pudo olvidar aquellas dos semanas que vivió con Christina en esa época de la vida de su hija.

–¡Mi estancia en Londres ha sido fabulosa! –aseguró Audra en el taxi que las conducía a la estación ferroviaria de King's Cross, el viernes por la mañana en que emprendía el regreso.

–Para mí también, mamá –contestó Christina, y enseguida se encerró en el silencio.

De repente se dio cuenta de lo que echaría de menos a su madre y también comprendió que desde ese día en adelante viviría sola y por su cuenta.

Las dos estaban un poco tristes mientras se encaminaban por el andén hacia el tren que salía para Leeds, y justo antes de que Audra subiera a él, Christina la abrazó y le dijo con voz trémula:

–Nunca podré agradecerte bastante ni retribuirte todo lo que has hecho por mí, mamá. Has sido la madre mejor y más maravillosa del mundo.

Audra miró a su hija con expresión de sorpresa.

–¡Pero si no hice más que cumplir con mi deber! –afirmó.

Audra le dijo a Vincent que no fuera a buscarla a la estación de Leeds, y, austera como siempre, tomó el tranvía para llegar a Upper Armley.

Desde el instante en que puso los pies en su casa, percibió el silencio reinante; era un silencio que realmente la impresionó. Mientras depositaba la maleta en el vestíbulo y se quitaba el sombrero, sintió que las lágrimas que había contenido a lo largo del día le nublaban la vista. «Todo el sol se ha ido de mi vida», pensó, mientras buscaba un pañuelo en el bolsillo.

Esa noche, al volver de su trabajo, Vincent también acusó la ausencia de Christina. Pero dándose cuenta de la tristeza de su mujer, no hizo ningún comentario. En cambio la bombardeó a preguntas sobre el viaje, convencido de que eso la animaría. Y por un rato lo logró.

Pero después de comer, cuando se sentaron a tomar el café frente a la chimenea, Audra se encerró en sí misma. Vincent también, y durante un rato cada uno estuvo enfrascado en sus propios pensamientos.

De repente Vincent sintió que tenía que hablarle a Audra acerca de sus sentimientos.

–Resulta extraño no tener a Christie dando vueltas por aquí, ¿verdad? Está todo tan silencioso, Audra.

–Sí.

Vincent lanzó un suave suspiro.

–Bueno, pequeña, se nos ha ido. Supongo que nunca volverá..., me refiero a que no volverá a vivir aquí.

Audra lo miró, frunciendo el entrecejo.

–Y yo no quiero que lo haga, Vincent. Porque en ese caso, ¿de qué habría servido todo?

–Sí, es cierto. Cuando era una recién nacida, en el hospital de St. Mary, dijiste que le ofrecerías el mundo. Y lo has hecho, mi amor.

Vincent terminó de beber su café y después sacó un paquete de cigarrillos. Jugueteó con uno durante algunos instantes, antes de depositarlo sobre la mesita baja. Después miró fijamente a su mujer.

–Tú y yo hemos pasado muchas pruebas, Audra.

–Sí, es cierto. –Los ojos de ambos se encontraron, y de repente a ella se le ocurrió un pensamiento extraño; sin poder contenerse, se lo confió–. Creo que hemos sido puestos a prueba.

Vincent le dirigió una mirada intensa.

–Pero hemos conseguido sortearlo bien, ¿no lo crees? –agregó Audra.

Él asintió y después se aclaró la garganta.

–Estaba pensando si te gustaría salir conmigo a pasar el próximo fin de semana en alguna parte... Ahora que estamos solos no hay motivo para no hacerlo, ¿verdad?

Audra no salía de su asombro.

–¿Y adónde? ¿Adónde iríamos?

–¿Qué te parece la Bahía de Robin Hood?

–¿Por qué?

–Porque ése es el lugar donde fuimos a pasar nuestra luna de miel... –Vincent se detuvo y respiró hondo–. No es demasiado tarde para nosotros, ¿no es cierto, Audra? ¿No podríamos volver a empezar, como si fuese el principio?

–Tal vez lo sea –contestó ella.

Capítulo 33

Aunque echaba en falta a sus padres y con frecuencia se sentía muy sola, Christina pronto se acostumbró a su nueva vida de independencia.

Tanto la ciudad de Londres como todas las atracciones que ofrecía le resultaban estimulantes, pero se daba cuenta del esfuerzo enorme que había hecho Audra para llevarla a ese punto de su vida, y se esmeró por ser una excelente alumna.

No tenía la menor intención de caer en malos pasos, descuidando sus estudios y arriesgándose a desilusionar a su madre. Además, tanto por naturaleza como por ambición, era una gran trabajadora.

Desde el día de septiembre en que inició sus clases en la Real Academia de Bellas Artes de Kensington, el estudio le resultó estimulante y a la vez un desafío y se enfrascó en su trabajo con entusiasmo y dedicación.

En aquella época, principios de la década de los cincuenta, esa escuela empezaba a ser conocida como la meca artística del mundo y estaba llena de gente de talento; tanto profesores como alumnos, y en todas las disciplinas desde la pintura figurativa y los paisajistas hasta los escultores y terminando por los textiles, los creadores de vestuarios y escenógrafos.

Desde el día en que Christina presentó su solicitud para ingresar en la academia, acompañada de su mejor trabajo, y después a lo largo de las entrevistas que se le hicieron antes de aceptarla, los profesores apreciaron su extraordinario talento como paisajista. Desde la infancia Christina vio todo desde el punto de vista de la luz, que en sus obras ella derramaba a manos llenas, ya fuera la luz dorada del sol de un día de verano, la luz de tono peltre de una tormenta de invierno frente al mar de Yorkshire o el sol resplandeciente y luminoso que inundaba los Dales en primavera. Por su dedicación al trabajo y por la calidad de sus obras, pronto se convirtió en la preferida de su preceptor y de los profesores que veían en ella a la alumna ideal.

Por el hecho de ser una joven amistosa, abierta y sencilla, también se hizo popular entre sus compañeros y, a las dos semanas de estar en la escuela, ya tenía muchos amigos de ambos sexos. Pero la que le inspiraba más cariño fue una joven de su edad llamada Jane Sedgewick.

Jane era una muchacha bulliciosa, buena por naturaleza y un poco tarambana. Rubia, bonita y moderna, con ojos violáceos, y una de las chicas más simpáticas que Christina había conocido.

Una tarde de septiembre estaban pintando juntas en uno de los grandes estudios cuando Jane conquistó por completo a Christina.

Inesperadamente empezó a guardar sus cosas. Adoptando una postura trágica, exclamó con tono dramático y voz de desesperación:

–¡Comparado con el tuyo, mi trabajo no es más que una porquería! ¡Ay de mí! ¡Qué tragedia! ¡Pobre de mí! –Se detuvo, se llevó el puño cerrado al pecho y levantó los ojos al cielo–. No me queda otra alternativa que matarme. Pero antes de poner fin a esta vida tan dulce y tan joven, te ruego que me concedas un favor póstumo.

–Por supuesto, ¿de qué se trata? –preguntó Christina, siguiéndole el juego y riendo ante sus gestos histriónicos.

–Acompáñame a tomar un café después de clase.

Sin dejar de reír, Christina aceptó la invitación. Un poco más tarde vagaban por los alrededores del museo Victoria y Albert, charlando animadamente, rumbo a un café cercano. Y ninguna de las dos sospechó que ése era el principio de una extraordinaria amistad, que duraría toda la vida.

Frente a varias tazas de *express* cada una contó a la otra detalles de su vida. Después de que Christina narró parte de la suya, le tocó a ella el turno de escuchar y lo hizo con gran atención. Sufrió un sobresalto al enterarse de que Jane era la hija mayor de Dulcie Manville y de Ralph Sedgewick, un matrimonio de actores que, a su manera, eran tan famosos como los Olivier. Y entonces pensó: «¡Claro! Eso explica su actitud tan teatral».

Los Sedgewick habían protagonizado muchas películas producidas por Gainsborough Pictures durante los años cuarenta, y Christina y Audra las habían visto todas en el Picturedrome de Armley.

–¡Diablos! ¡Mi madre va a vibrar cuando se entere de que te conozco! Es una gran admiradora de tus padres, y yo también. Tanto que cuando ella estuvo aquí, en agosto fuimos al Haymarket a ver *Looer's Quarrel.* Nos morimos de risa; nos pareció simplemente maravillosa, la mejor comedia que hemos visto en años.

–¿Te gustaría conocerlos personalmente? –preguntó Jane–. Porque en ese caso te invito a pasar este fin de semana a casa. Nos encantaría que vinieras.

Christina la miró sorprendida.

–¿Pero estás segura de que ellos estarán conformes? Es una invitación muy de último momento, ¿no te parece? Lo digo por ellos. No te olvides que hoy ya es jueves, Jane.

–¡Ah!, eso no es problema. Nuestra casa es bastante loca. ¡Vamos! ¡Di que sí! Nos divertiremos, y el parque es bonito, así que, si tienes ganas, podrás pintar. Te prevengo que hay un solo problema. –Jane hizo un gesto de amargura–. Mis hermanos menores, los monstruitos, son absolutamente insoportables, pero me imagino que no tenemos que preocuparnos por ellos. Así que ¿vendrás?

–Sí, por supuesto, y muchísimas gracias –contestó Christina sonriendo–. Me encanta que me hayas invitado.

A la mañana siguiente Christina y su amiga viajaron a Kent en el desvencijado MG sport de Jane, pintado de un amarillo furioso.

Los Sedgewick eran propietarios de una antigua casa de campo llamada Hadley Court, ubicada en el bonito pueblo de Aldington. Poco después de pasar por él, Jane disminuyó la velocidad para señalar una hermosa mansión estilo Tudor, larga y baja, rodeada por grandes verjas de hierro y apenas visible desde el camino.

–Ésa es Goldenhurst, la casa del tío Noël –explicó Jane–. Él es mi padrino y, además, un encanto. El domingo por la mañana vendremos aquí a tomar una copa y un almuerzo dominical improvisado. El ambiente será bastante enloquecido, por supuesto; el tío Noël siempre tiene como huéspedes a la gente más escandalosa y extravagante. Pero por lo menos nos reiremos y nos libraremos de los monstruos por un rato.

Christina la miró intrigada.

–¿Qué tienen de malo tus hermanos y hermanas?

–Son unas bestias. Ya lo verás.

–Y tus padres, ¿cuándo vienen?

–El sábado, después de la función de la noche. Huyen del teatro sin quitarse el maquillaje y viajan a toda velocidad para llegar a medianoche. Entonces los conocerás, siempre que logres mantenerte despierta hasta esa hora para comer unos emparedados y tomar un café con ellos.

Jane entró en un sendero serpenteado, que recorría el parque y terminaba en la casa de la que Christina se enamoró a primera vista. En cierto modo la arquitectura de la mansión le recordaba a la de High Cleugh, donde su madre la había llevado a menudo cuando era pequeña. En esas ocasiones hacían una merienda campestre cerca de Memory Place y su madre le narraba historias sobre esa casa donde había nacido. Y después ella volvió a la colina sobre el río Ure para pintar High Cleugh y regalarle el cuadro a Audra.

Hadley Court era una antigua casa irregular, con cuartos de formas extrañas, grandes chimeneas, luminosas ventanas y muchísimo carácter. El entorno era pastoril y de aspecto romántico, con sauces llorones, un estanque lleno de lirios y plantas de flores diseminadas como al azar que le daban un aire de viejo mundo. Más tarde, cuando Christina paseó por los jardines, ardió en deseos de volcar toda esa belleza de verdes y la suave luminosidad de Kent en la tela que había llevado.

Tal como Jane le prometió, el fin de semana fue muy divertido.

Pero Christina recibió algunas sorpresas y pronto descubrió que su nueva amiga tenía tendencia a exagerar.

Sus repugnantes hermanos, como Jane los llamaba, no eran en absoluto repugnantes; tampoco eran pequeñas bestias. Hadley y Lyndon, los mellizos de once años eran muchachitos pecosos y bien educados con aspecto de querubines. Jane insistía en que causaban esa impresión porque ella los había aterrorizado con toda clase de amenazas para que ese fin de semana se portaran bien. La hermanita, Poppy Louise, de nueve años, era una niña encantadora, con enormes ojos violáceos como los de Jane y resplandeciente pelo de un dorado rojizo. Y cautivó a Christina con sus sonrisas y su fascinante conversación infantil.

En cuanto a Dulcie y Ralph Sedgewick, fueron amabilísimos con ella y la hicieron sentirse enseguida un miembro más de la familia. No se parecían en nada a lo que ella esperaba; no eran teatrales ni ostentosos. Ambos eran cultos e ingeniosos. Sobre todo Ralph, que era de lo más divertido. Christina decidió que la persona extravagante de esa familia era Jane.

El tío Noël resultó ser Noël Coward, y Christina quedó sin habla cuando el domingo entró en el salón de Goldenhurst y le presentaron a Laurence Olivier y poco después a Vivien Leigh.

En un momento en que hizo un aparte con Jane, Christina susurró:

–¿Qué quisiste decir con eso de que esta casa estaba llena de huéspedes extravagantes y escandalosos? ¡Debiste haberme advertido quiénes eran!

Su nueva amiga lanzó una risita y alzó sus ojos al cielo.

–Pero si hubieras sabido que venían Larry y Viv, la cosa habría perdido toda su gracia. –De repente se puso seria, tomó a Christina del brazo y la miró con ansiedad–. No estás enojada conmigo, ¿verdad? Me resultaría insoportable.

–No, por supuesto que no estoy enojada, Jane –contestó Christina con una sonrisa tranquilizadora.

Después de ese primer fin de semana, Christina se convirtió en uno de los huéspedes habituales de Hadley Court y en una visita constante en el apartamento de la familia Sedgewick, en Mayfair. Dulcie Manville Sedgewick le había tomado gran simpatía y estaba convencida de que ejercía una influencia positiva sobre la tarambana de su hija.

Por el hecho de ser hija única, Christina disfrutaba más del contacto con esa familia tan divertida y cariñosa que formaban los Sedgewick, y le encantaba conocer a las personalidades célebres que asistían a las fiestas que ofrecían: gente de teatro, escritores, periodistas y políticos.

Sin embargo ese mundo deslumbrante y lleno de excitación, a pesar de resultar cautivante, no mareó a Christina quien conservó los pies bien plantados sobre la tierra e intacta su dedicación a la pintura.

Y, como siempre, adoraba a sus padres, en especial a Audra. Durante el transcurso de los nueve meses siguientes su madre fue en dos ocasiones a quedarse con ella en el pequeño estudio de la calle Chester y muchas veces Christina viajaba a Yorkshire a pasar el fin de semana, y siempre iba cuando tenía vacaciones.

Christina sabía que su madre vivía para esos momentos en que estaban juntas, y le proporcionaba enorme placer contarle anécdotas acerca de los Sedgewick y sus amigos, y sobre las fiestas y comidas elegantes a las que asistía.

El orgullo que su hija le producía a Audra no tenía límites. Las calificaciones de Christina en la Real Academia de Bellas Artes eran brillantes, y su popularidad y éxito en los círculos sociales resultaba gratificante, y otro motivo de alegría para Audra. Sabía, por fin, que había cumplido la promesa que se hizo hacía años. Le había dado a su hija una vida mucho mejor que la que a ella le tocó vivir. Y se sentía satisfecha al comprobar que su propia vida y todo lo que había hecho por su pequeña estaba justificado.

Los dos primeros años de Christina en Londres se hallaron llenos de desafíos y nuevas experiencias, y fueron para ella períodos productivos. Una sola cosa empañaba su felicidad: saber que su madre seguía trabajando.

Aunque Vincent era socio de Varley y Crowther, y le iba bastante bien, todavía no ganaba lo necesario como para hacerse cargo de todas las cargas financieras de la familia. Audra continuaba ejerciendo su profesión de enfermera en el hospital, sobre todo para sufragar los gastos de la vida de Christina en Londres. Era ella la que pagaba la escuela, el alquiler, le proporcionaba una asignación mensual, compraba la tela para sus vestidos, y todo lo que su hija necesitaba. Christina era completamente consciente de que, sin esas obligaciones, su madre hubiera podido dejar de trabajar y dedicarse a vivir una existencia más fácil.

Así que, al terminar su segundo año de estudios, sugirió cautelosamente la posibilidad de buscar un empleo de media jornada para ayudar a solventar sus gastos. Audra se puso furiosa y se negó a considerar siquiera la propuesta, convencida de que eso la distraería y se interferiría en sus estudios. Pero no contó con la decisión y la tozudez de su hija. Christina tenía tanto carácter como su madre, y salió resueltamente a buscar los medios que disminuyeran el flujo de dinero de Leeds a Londres.

No se animó a ir en busca de un empleo, pero adoptó una forma de vida más frugal, y su primera decisión fue mudarse y compartir el apartamento de Jane. Era algo que su amiga le pedía desde hacía tiempo. Y, debido a que el apartamento donde vivía Jane era de su tía Elspeth, quien vivía en Montecarlo, el alquiler era simplemente nominal. Cuando Christina preguntó cuánto debía pagar, Jane le respondió:

–Oh, dame una libra por semana.

Christina también decidió que debía empezar a confeccionar su propia ropa. Porque aunque eso no fuese exactamente un ahorro, le quitaría trabajo a su madre. Jane, que tenía mucha facilidad para el diseño de prendas de vestir, la alentó. En realidad Christina había heredado la habilidad de Audra con las tijeras y la aguja; además había observado a su madre durante años mientras cosía ropa para ellas o para otra gente. En menos que canta un gallo reformó algunos de sus viejos vestidos, creó otros nuevos y se sintió muy satisfecha consigo misma.

Cosa que no le sucedía a Audra. Sin embargo, por fin tuvo que admitir que la costura no perjudicaba la atención de su hija en la Real Academia de Bellas Artes. Y tampoco tuvo más remedio que confesar que los vestidos pintados a mano, las chaquetas y los trajes sastre que confeccionaba eran elegantes y originales.

Durante el otoño de 1953 Christina encontró tiempo para hacerle a su madre una blusa pintada por ella y se la llevó cuando fue a pasar en Leeds las vacaciones de invierno.

El día de Navidad, al abrir la caja, Audra se emocionó, y enseguida prorrumpió en exclamaciones sobre la belleza del regalo y lo maravillosa que resultaba la combinación del tono azul de las espuelas de caballero con la seda celeste.

–Pero no debiste tomarte este trabajo –le reprendió–. Todo este asunto de la costura está alejándote de tus estudios.

–Nada de eso, mamá –contestó Christina, riendo y abrazándola–. Quería que tuvieras algo realmente bonito, algo que yo hubiera creado especialmente para ti.

Aquel mes de diciembre fue una época feliz para la familia Crowther. Pasaron una Navidad sencilla, en familia; y en enero Christina volvió a Londres a reanudar sus clases.

Se lanzó a su curso final con el inmenso entusiasmo y la extraordinaria dedicación que ya había demostrado anteriormente, convencida de que se graduaría en agosto. Quería que le fuera bien, no sólo por sí misma sino también por su madre.

Capítulo 34

Vincent vio a Christina antes de que ella lo viera a él.

Se bajó del tren de Londres en un extremo del andén y Vincent logró divisarla colocándose entre los otros pasajeros que se dirigían presurosos hacia la salida.

Qué bonita estaba con aquel abrigo de pelo de camello y los zapatos de tacón altísimo que siempre usaba. Caminaba con agilidad, con los hombros echados hacia atrás y la cabeza erguida; había en ella algo que emanaba seguridad en sí misma, y eso agradaba a su padre.

El mes siguiente Christina cumpliría veintitrés años. Era increíble. Le parecía que era ayer cuando la llevaba de un lado para el otro en el cochecito. Su hija había crecido para convertirse en una chica excelente e inteligente. Él tenía fe en su buen criterio. Cuando se fue a vivir a Londres, se desvelaba por ella, le preocupaba el juicio que se formaría acerca de las situaciones y de la gente y, sobre todo, respecto a los hombres. Entonces, un día se preguntó por qué se angustiaba así. La habían educado como corresponde; ella conocía perfectamente la diferencia entre el bien y el mal. A partir de ese instante, Vincent dejó de preocuparse. Sí, esa hija era un orgullo para ellos.

De repente Christina lo vio, lo saludó con la mano, aceleró el paso y su rostro se iluminó con la más resplandeciente de las sonrisas.

Vincent también se adelantó presuroso, sonriendo y saludando.

Se detuvieron uno frente al otro.

–¡Hola, papá! –exclamó ella, dejando caer la maleta.

–¡Hola, pequeña! –contestó él, tendiéndole los brazos.

Se abrazaron riendo y enseguida se separaron para mirarse. Era la tarde del Viernes Santo, y desde Navidad no se veían. Como hacían casi siempre después de una larga ausencia, se estudiaron con atención.

«Parece un poco cansado y envejecido», se dijo Christina sorprendida.

«Está más radiante que nunca», pensó Vincent, y se le oprimió el corazón. Sabía que su hija iba a angustiarse cuando le dijera lo de Audra y que su aspecto radiante se apagaría un poco. Se preguntó cuándo convendría que se lo comunicara. Bueno, decididamente tendría que hacerlo antes de llegar a la casa.

–Vamos, mi amor –dijo, alzando la maleta; cogió a su hija del brazo y se encaminó con ella hacia la salida–. Tu *Mam* te espera tan ansiosa como siempre.

–Yo también me muero de ganas de verla. ¿Dónde aparcaste el coche, papá?

–Justo enfrente de la estación, así que llegaremos a casa en seguida.

Mientras Vincent, al volante, tomaba Stanningley Road en dirección a Upper Armley, Christina le hablaba de sus planes para las vacaciones de Pascua.

–Pensé que pasaría el fin de semana en casa, con mamá, y después, si no os importa, me gustaría hacer una de mis excursiones al campo para dedicar algunos días a pintar.

–Me parece muy bien, Christie. ¿Adónde piensas ir?

–En un principio pensé en ir a la zona de los lagos; pero, como quiero pintar una marina, estoy dándole vueltas a la idea de acercarme a la costa este..., a Whitby, Scarborough, Flamborough Head o algún sitio por el estilo. ¿Qué te parece?

–Tus lugares preferidos de la infancia, ¿eh? Bueno, no me parece mal, pero ¿y qué me dices de los alrededores de Ravenscar? Hay vistas fabulosas desde los riscos y en las cercanías existe un hotel muy agradable. Ya sabes que nos gusta que estés cómoda cuando sales a hacer esos viajes por el campo.

–Vosotros dos me mimáis demasiado –contestó ella riendo–. Ojalá mamá pudiera conseguir un par de días de permiso en el hospital para acompañarme. ¿No te parece que le haría bien, papá?

Vincent permaneció en silencio. Estacionó el automóvil a un lado del camino, apagó el motor y se volvió a su hija.

–Tengo que decirte algo...

–¿Qué? –interrumpió ella, convencida por el tono de voz de su padre de que se trataba de algo terrible; la preocupación que sentía se reflejaba en sus ojos verdes–. Se trata de mamá, ¿no es cierto?

Vincent asintió.

–Me temo que sí, querida.

Ella tendió la mano para aferrarle el brazo y lo miró fijamente, con expresión ansiosa.

–¿Qué le sucede? –preguntó.

–Tu *Mam* ha estado enferma, gravemente enferma, Christie. Hace tres semanas se desplomó a causa de una neumonía vírica. Estuvo más de dos semanas internada en el hospital..., al principio hubo complicaciones; los médicos estaban preocupados por sus pulmones. No te asustes tanto, mi amor, porque ahora se encuentra bien. Está recuperándose en casa.

Christina quedó momentáneamente estupefacta.

Permaneció unos instantes con los ojos clavados en su padre, hasta que la asaltó un repentino enojo.

–¿Y por qué no me avisaste? Fue muy injusto que me mantuvieras al margen, papá. Yo debí haber estado con ella todo el tiempo, sobre todo desde la semana pasada, cuando volvió a casa. –Lo miraba cada vez con más rabia y agregó, ya furiosa–: ¡Debiste haberme avisado!

–No me atrevo a ir en contra de los deseos de tu madre, Christina –contestó Vincent en voz baja–. No quería angustiarla y eso es lo que habríamos conseguido si te hubiese hecho venir. Ella no quería que tú te preocuparas. Ya sabes cómo es tu *Mam*.

–No te entiendo, ¡realmente no te entiendo! –exclamó Christina, meneando la cabeza, perpleja–. No sé por qué escuchaste a mamá en este caso. Y de todos modos, ¿quién la ha cuidado desde que volvió a casa?

–Yo –contestó Vincent, poniendo el auto en marcha–. Me he tomado una semana de licencia. En este momento no tenemos demasiado trabajo; y de todos modos la firma me la debía de vacaciones.

–Yo podía haber venido la semana pasada –replicó Christie con impaciencia y una furia que no cedía–. Estuve haciendo tiempo en Londres, esperando que llegara el momento de venir. No tenía ninguna clase demasiado importante en la academia.

Vincent se dio cuenta de que era mejor no contestar.

Con los temperamentos tan parecidos que tenían no sería difícil que se enzarzaran en una discusión, y era lo último que deseaba. Aceleró y concentró su atención en la ruta.

Cuando estaban a mitad de camino, en Ridge Road, miró a su hija de reojo y le habló en voz suave, pero firme.

–Espero que se te haya calmado el malhumor, Christie. No quiero que entres en casa como una tromba furibunda y que angusties a tu madre.

–¡Dios mío, papá! ¡A veces eres imposible! ¿Cómo se te ocurre que voy a hacer una cosa así?

Los ojos de Audra parecían más grandes y más azules que nunca, y su rostro ojeroso, contraído y de mal color, reflejaba sus sufrimientos de las últimas semanas. Sin embargo, al ver a Christina se iluminó.

–Hola, querida –exclamó con voz débil, apoyándose en los codos para alzarse al ver que se le acercaba.

–¡Oh, mamá! ¡Mamá, querida! –susurró la joven, arrodillándose junto a la cama y abrazando tiernamente a Audra–. Debiste permitir que papá me avisara –murmuró al oído de su madre–, ¡realmente debiste permitirlo!

Se alejó un poco para observarla con detenimiento y comprobar su verdadero estado.

Audra levantó una mano para acariciar la cara de Christina.

–Tú tienes tus estudios, que en este momento son más importantes que cualquier otra cosa.

Aunque Christina no estuviera de acuerdo con eso, porque se hallaba convencida de que primero era la salud de su madre, asintió con la cabeza. Se puso de pie, acercó una silla y se sentó.

Vincent entró en el dormitorio y se quedó parado cerca de los pies de la cama.

–¿Cómo te sientes, mi amor? –preguntó–. ¿Estás bien? ¿Cómoda?

–Sí, gracias, Vincent.

–Entonces iré a poner agua al fuego –anunció él.

Cuando su padre abandonó la habitación, Christina se inclinó y dijo con voz alegre.

–Bueno, de todos modos ahora estoy aquí, mamá, y me voy a dedicar una semana entera a cuidarte. Pienso mimarte y malcriarte como te mereces.

Audra frunció el entrecejo.

–Cuando viniste para Navidad me dijiste que pensabas hacer un viaje a la zona de los lagos. Espero que mi enfermedad no te haya hecho cambiar de idea.

–No, no –repuso Christina con rapidez–. Mi profesor no cree que sea necesario. Ya tengo bastantes pinturas terminadas.

–Será muy agradable tenerte aquí toda una semana –murmuró Audra con expresión de felicidad, reclinándose sobre las almohadas–. ¿Cómo está Jane?

–Tan dulce como siempre, mamá, y te manda recuerdos.

–Me alegro de que os hayáis hecho amigas y de que compartas con ella el apartamento de la calle Walton. ¡Es un lugar tan bonito y acogedor! –Una sonrisa iluminó el rostro delgado de Audra–. Cuéntame todo lo que has estado haciendo..., ya sabes lo que me gusta enterarme de la vida excitante que llevas en Londres.

–Bueno, lo haré, pero primero quiero bajar a ayudar a papá... ¿Te gustaría comer algo con el té?

–No, querida, no tengo hambre, pero gracias de todos modos.

Christina bajó la escalera corriendo para advertir a su padre que había cambiado de planes antes de que él hiciera algún comentario delante de Audra.

Lo encontró en la cocina, abriendo un paquete de mantequilla. Levantó la mirada al oírla llegar.

–Ah, eres tú, mi amor. Hace algunas horas compré estos bollitos en la panadería. Pensaba enmantecar uno para tu madre.

–Acaba de decirme que no tiene hambre, papá.

–Ah, no te preocupes, igual comerá éste –contestó él, confiado–. Te consta que siempre le ha gustado comer un bollito caliente para Pascua. Para ella eso de comer un bollito el Viernes Santo es una especie de tradición que viene de su infancia en High Cleugh... –Abrió el bollo por la mitad y empezó a untarlo–. Es posible que pienses que tu madre tiene mal aspecto, pero te aseguro que está mucho mejor, Christie. Ahora realmente está saliendo a flote.

Christina asintió.

–Mira, sólo quería advertirte que no le dijeras nada acerca de ese viaje que pensaba hacer a la costa. Voy a quedarme aquí toda la semana y dedicarme a cuidar a mamá.

–¡Ah, pero eso no va a gustarle nada! ¡La angustiará!

–¡Ya se lo he dicho, papá! –replicó con firmeza–. Así que, por favor, no lo menciones. Acabo de explicarle que mi profesor no lo considera necesario.

–Está bien. –Levantó la mirada y la fijó con expresión de amor en su única hija–. Eres una chica excelente, Christie, y para tu madre será un verdadero tónico tenerte aquí durante un tiempo. Le beneficiará más que cualquier remedio.

Fue una semana muy ocupada para Christina.

Tomó a su cargo el manejo de la casa; limpiaba, hacía las compras, cocinaba, planchaba y cuidaba a su madre con la mayor eficiencia y con gran devoción.

Cuando terminó el fin de semana de Pascua, insistió en que su padre se integrara al trabajo y él la obedeció, aunque protestara a voz en grito por lo mandona que era con su madre. Una mañana, al pasar junto a la puerta de su dormitorio, Christina oyó que Vincent le decía a Audra:

–Siempre te dije que esa hija nuestra poseía la capacidad de mando de un general, y no me equivocaba. Acaba de demostrármelo. Te diré otra cosa, no me gustaría ser empleado suyo.

Christina sonrió mientras continuaba con sus tareas. Sabía muy bien de quién había heredado su naturaleza mandona: de su madre.

La posibilidad de actuar como enfermera de su madre, de mimarla y de satisfacer todas sus necesidades proporcionó una enorme satisfacción a la muchacha. Pero a medida que iba pasando la semana, se dio cuenta de que Audra estaba haciendo un tremendo esfuerzo para mostrarse alegre y sana delante de ella.

Y en ese momento resultaba evidente que ese esfuerzo le exigía una enorme tensión. Hacia el final de la semana, Audra parecía haber quedado sin fuerzas, y la preocupación de Christina aumentó.

El viernes, la última mañana que pasaba en casa de sus padres, comprobó con angustia que su madre no hacía más que mordisquear lo que ella le había preparado para el desayuno. No tocó el tocino con huevos, sólo comió media tostada y ni siquiera peló el melocotón.

–¡Mamá, estás comiendo menos que un pajarito! ¡Me iré enferma de preocupación!

–No seas tonta, querida. Lo que pasa es que en este momento no tengo hambre; y no te olvides, Christie, de que he estado muy mal. Mi apetito mejorará cuando recupere mis energías y pueda levantarme y andar.

–Creo que será mejor que me quede contigo otra semana.

–¡De ninguna manera! Ni siquiera quiero oír hablar de eso. Tienes que pensar en tus estudios. No debes descuidarlos, recuerda que estás cursando el último año.

Christina lanzó un suspiro, alzó la bandeja y la colocó sobre la cómoda. Se acercó a la cama, se sentó y cogió de una mano a su madre.

–¿Y si yo te pelara el melocotón, te lo comerías?

–Te lo agradezco; pero no –contestó Audra oprimiendo la mano de su hija–. Ha sido maravilloso tenerte aquí, querida; sin embargo, ahora debes regresar a tu vida en Londres, a la escuela, a tus amigos –afirmó sonriéndole.

Christina le devolvió la sonrisa, pero de repente se le apagó en los labios.

El sol de esa mañana de abril iluminaba claramente el rostro de su madre y por primera vez en años observó a Audra con total objetividad. Y mientras mantenía la mirada fija en esa cara desmejorada que tanto amaba, Christina quedó anonadada.

«Cómo ha envejecido en los tres últimos años –pensó–. Todavía no ha cumplido cuarenta y siete, pero parece una viejecita.»

Por su mente pasó como un rayo la vida de sacrificio y de lucha de su madre, y la imagen fue tan clara que de repente Christina se sintió taladrada por una tristeza terrible. Y después su corazón se llenó de ternura y de compasión por esa mujer pequeña y de aspecto tan frágil que para ella tenía una estructura gigantesca.

Sintiendo una inesperada sensación de ahogo, la joven se inclinó y abrazó a su madre para que no percibiera las emociones que la embargaban.

Y mientras se aferraba a Audra comprendió con total

claridad que no podía permitir que siguiera viviendo así. «No puedo, simplemente no puedo –se dijo para sus adentros–. Todo ese trabajo, esos sacrificios y esa lucha por mí deben finalizar.

»Yo les pondré fin.»

Capítulo 35

Ese mismo día, más tarde, sentada en el tren que la llevaba de regreso a Londres, Christina no podía apartar de su mente la imagen del rostro cansado de su madre.

Y lo que es más, sabía que ese pensamiento la acosaría durante mucho tiempo.

Mientras seguía malhumorada, mirando por la ventanilla, se preguntó qué iba a hacer. De una cosa estaba segura..., a partir del momento en que se graduara, ese verano, en la Real Academia de Bellas Artes, no podía permitir que su madre siguiera manteniéndola.

Christina lanzó un profundo suspiro y apoyó la cabeza contra el vidrio de la ventanilla. Tardaría años en crearse una posición como pintora paisajista, en hacerse un nombre, en empezar a vender sus cuadros y poder ganarse la vida. Lo mismo que todos los artistas jóvenes, tenía plena conciencia de eso.

Y Audra tampoco lo ignoraba. Cuántas veces le había dicho durante los últimos años:

–No te preocupes, Christina. Tú simplemente sigue pintando tus maravillosos cuadros y deja que yo me encargue de conseguir el dinero necesario.

Al recordar esas palabras de su madre, se sintió invadida por una sensación de frío y se estremeció. Eso era, por lo menos, en parte, lo crucial del problema: la decisión de su madre de seguir manteniéndola hasta que fuese famosa y sus cuadros tuvieran una gran demanda.

Christina volvió a estremecerse y se le erizó la piel. Fue como si alguien hubiera caminado sobre su tumba. ¿Estaría obligada su madre a seguir trabajando en el hospital de Leeds hasta que fuese una anciana para poder pagar su alquiler, comprar su ropa, poner alimentos sobre su mesa, pagar por todo lo que a ella le fuese necesario en su vida?

–¡No! –se dijo en voz baja–. ¡No! No permitiré que siga siendo una esclava para ganar dinero para mí. Me niego. Terminaré con esta situación, tal como lo prometí esta mañana. ¿Pero cómo? ¿Y qué voy a hacer? –Se refugió en un rincón del asiento y cerró los ojos–. ¿Qué voy a hacer? ¿Cómo resolveré este problema? –se preguntó.

Las ruedas del tren seguían girando, girando y girando sin cesar, y parecían machacar esa pregunta en el cerebro de la muchacha. Cuando llegó a la estación de King Cross, Christina tenía un fuerte dolor de cabeza, y se sentía un poco mareada. Se preguntó si no estaría incubando una gripe.

«Y por supuesto, tenía que estar lloviendo», pensó, sintiéndose sumamente desgraciada, mientras bajaba la maleta del enrejado.

Unos segundos después, cuando se apresuraba a recorrer el andén, decidió tomar un taxi hasta el apartamento de Walton Street, aunque en ese momento tuviera más necesidad que nunca de ser cuidadosa con el dinero. Pero le resultaba imperioso llegar al apartamento lo antes posible. Necesitaba estar sola y en un ambiente lleno de paz. Esa noche tenía muchas cosas en qué pensar y habría de tomar algunas decisiones difíciles.

Otras veces, al regresar de Yorkshire después de las vacaciones, Christina se sentía desilusionada si Jane no estaba en el apartamento esperándola. Pero en esa ocasión, al abrir la puerta, se alegró de que su amiga no regresara de Hadley Court hasta la noche siguiente.

Tenía que debatirse con sus problemas y encontrar una solución para cada uno de ellos. Pero antes de dedicarse a hacerlo, llamó a Leeds para hablar con su padre e informarle que había llegado bien.

–No molestes a mamá –dijo, después de mantener una breve charla–. Simplemente dale un gran abrazo y un beso de parte mía.

Después de cortar la comunicación, deshizo el equipaje y llenó la bañera.

Se quedó sumergida en el agua caliente unos buenos quince minutos, tratando de apartar de su cabeza todas las preocupaciones y haciendo lo posible por relajarse. En cuanto sintió que sus músculos se habían aflojado y que ya no estaba tan tensa, salió de la bañera y se secó el cuerpo con fuerza.

Más tarde, envuelta en un albornoz, se instaló cómodamente en la cama para beber una taza de Nescafé con crema y azúcar. Lentamente empezó a recorrer la habitación con la mirada..., en cada pared había uno de sus cuadros y sus ojos finalmente se detuvieron en el último, el que tenía por nombre *Lirios en Hadley.* Era un óleo del estanque de lirios de Hadley Court y en él abundaban varios tonos de verde..., el verde azulado del agua del estanque, el verde más suave del musgo del borde, el verde reluciente y brillante de las hojas de los lirios flotantes. Los únicos colores distintos eran el blanco puro del único lirio de pétalos maravillosamente definidos, sobre el que relucían cristalinas gotas de rocío, y el tono de la luz, un angosto y radiante corredor que se filtraba entre el follaje del fondo del cuadro. Esa luz tenía un tinte amarillento, al tocar el agua parecía reverberar y después se ampliaba en un efecto de lluvia y se perdía sobre el lirio.

Christina apoyó la taza de café sobre la mesa de noche, y se volvió hacia un lado y hundió la cabeza en la almohada. Le resultaba insoportable mirar ese cuadro y, para el caso, cualquiera de sus cuadros. Toda la alegría que le proporcionaba su arte había desaparecido de repente, había quedado extinguida por su inmensa pena.

El precio que exigió todo eso fue demasiado alto.

Los años de sacrificio de Audra, su trabajo brutal..., su salud..., todos los pequeños lujos y comodidades que podría haberse permitido..., tomarse vacaciones de cuando en cuando..., ropa nueva...

Christina sintió que se le formaba un nudo en la garganta. ¿Cuánto tiempo hacía que veía a su madre con el mismo abrigo azul marino? Invierno tras invierno, durante años y años. Entonces llegaron las lágrimas que surgieron a raudales de sus ojos, y lloró por Audra y por todos los años que había perdido en su vida, durante los que se esclavizó con tal de proporcionarle un futuro. Lloró hasta tener la sensación de que no le quedaban lágrimas en el cuerpo, y por fin se quedó adormilada.

Christina sintió que caía..., caía en un pozo negro. Abrió los ojos y se sentó sobresaltada, despertándose. Completamente desorientada, por un momento se preguntó dónde estaba, pero enseguida se dio cuenta de que se hallaba en su cama del apartamento de Walton Street. Miró el despertador. Era casi la una de la mañana. Había caído durante horas en un sueño de extenuación.

Apagó la luz, se recostó contra las almohadas y cerró los ojos. Su mente volvió a enfrascarse en el problema que se le presentaba. Estaba convencida de que no le resultaría difícil conseguir un empleo que le permitiera vivir decorosamente y seguir pintando, pero ésa no era la cuestión. Lo importante era poder saldar la deuda que tenía con su madre.

Esa repentina revelación le resultó tan clarificadora,

que volvió a sentarse en la cama. Y mientras clavaba la vista en la oscuridad de la habitación, comprendió qué era lo que la preocupaba desde hacía horas: la deuda que tenía con su madre. Eso era. Y quería pagarla.

«Si no lo hago, lo tendré sobre mi conciencia durante todos los días de mi vida –pensó–. Y eso me resultaría intolerable.»

Capítulo 36

–Escucha, Crowther, sé que desde hace varias semanas hay algo que te preocupa y esta noche vamos a conversar –planteó Jane en tono agresivo, señalando a Christina con un dedo en cuanto entró en el apartamento.

Christina la miró con fijeza, cerró la puerta y permitió que Jane la agarrara del brazo y la obligara a entrar en el salón.

Después de empujar a su amiga para que se sentara en el sofá, Jane ocupó un sillón frente a ella.

–Tengo razón, ¿no es cierto, Christie? –insistió–. Hay algo que te preocupa muchísimo, ¿no?

–Sí –admitió Christina–. Hay un problema que no se me va de la cabeza... En realidad son varios, y me habría gustado hablar contigo para quitarme un peso de encima; pero... –Hizo una pausa, meneó la cabeza lentamente y miró por la ventana, con una expresión perdida en sus hermosos ojos.

Jane se quedó mirándola y esperó pacientemente, porque sabía que Christina había resuelto confiar en ella. Se sentía aliviada. Durante los dos últimos meses, desde su regreso de las vacaciones de Pascua, su amiga no era la misma. Se la veía triste, distraída e irritable, y cada vez que Jane se le acercaba, ella negaba que tuviese algún problema.

Por fin Christina decidió hablar.

–Ante todo te pido disculpas, Jane –dijo, mirándola con cariño–. Sé que no debe de haber sido fácil vivir conmigo y que ha habido momentos en que he estado irritante y hasta grosera. Lo siento..., ¿me perdonas?

–¡No seas tonta! No tengo nada que perdonarte. Pero si eso te alivia, bueno sí, te perdono.

Una sonrisa fugaz cruzó por el rostro de Christina.

–He estado luchando por tomar algunas decisiones –continuó diciendo–, y no quería conversar contigo hasta haberlo hecho.

Jane dirigió a su amiga una mirada larga y pensativa, pero no hizo ningún comentario.

–He decidido abandonar la pintura –dijo Christina con voz suave.

–¡No puedes hablar en serio! –exclamó Jane, casi a gritos, poniéndose de pie.

–Completamente en serio.

–¡Pero yo no te lo permitiré! –aulló.

Christina meneó la cabeza con vehemencia.

–No podrás impedirlo. Y de todos modos, ¡miren quién habla! Hace seis meses tú me dijiste que ibas a dejar la pintura para dedicarte a diseñar decorados escénicos. Recuerdo que me explicaste que no tenías la menor intención de morirte de hambre en una buhardilla con la leve esperanza de que algún día alguien se decidiera a comprarte un cuadro. En realidad, hasta agregaste que los coleccionistas de arte que tienen dinero sólo compraban obras de artistas renombrados como Renoir, Van Gogh, Monet, Picasso, y otros.

–¡Pero tú eres mucho mejor que yo!

Christina ignoró el comentario.

–Varias de nuestras compañeras: Jamie Angers, Danielle Forbes y Patricia Smith van a dedicarse a otras disciplinas artísticas como diseño textil, decoración de interiores, escenografía y vestuario teatral, lo mismo que tú.

–¡Pero te repito que tú eres mucho mejor que nosotras! –volvió a decir Jane; recorrió la habitación con sus ojos de un violeta profundo y señaló dos de las pinturas de Christina que colgaban de las paredes–. ¡Mira! ¡Por favor, mira! ¿Cómo vas a renunciar a eso?

–Con toda facilidad –contestó Christina en voz tan baja que apenas resultaba audible–. Porque eso está costándole la vida a una mujer.

–¿A quién? –preguntó Jane.

–A mi madre.

Christina no le dio oportunidad a Jane de contestarle. Empezó a hablar lenta y minuciosamente y le explicó todo, la historia de la infancia y la juventud de Audra, sus años de duro trabajo y de sacrificio por ella. Y cuando terminó de hablar, Jane tenía los ojos llenos de lágrimas.

–¿Sabes, Jane? No me creo capaz de convencerla de que deje de trabajar, ni aun en el caso de que me graduara este verano –continuó diciendo–. Insistirá en seguir manteniéndome hasta que empiece a vender mis cuadros. Tiene la cabeza dura, casi te diría que es implacable. Cierto que yo podría conseguir un empleo y ganarme la vida mientras pinto, para devolver el dinero que ella me manda. Y supongo que con el tiempo la convencería de que soy capaz de pararme sobre mis propios pies, y entonces dejaría de trabajar. Pero eso no me basta, Jane.

–Creo que no te entiendo, Christie.

–Simplemente no me basta poder decirle: Gracias, ahora ya puedo cuidarme sola, mamá. –Meneó la cabeza–. No, tengo una necesidad, terrible, una necesidad imperiosa de proporcionarle alivio y comodidades en la vida. Quiero poder darle los lujos que nunca conoció. Y eso cuesta dinero, montones de dinero. Y en mi papel de artista luchadora tardaría muchísimos años en poder proporcionarle todo eso. No dispongo de tiempo; quiero que lo tenga cuanto antes, mientras todavía sea lo suficientemente joven para disfrutarlo.

–¿Pero cómo piensas ganar todos esos montones de dinero? –preguntó Jane, estupefacta.

–Voy a meterme en el mundo de los negocios, porque allí es donde está el dinero... Y me refiero a negocios con mayúscula. Pienso dedicarme al diseño de modas, pero mi meta es llegar a ser una creadora de modas rica y famosa..., y llegar muy, pero muy rápido.

–¿Y cómo vas a empezar?

–En realidad, con tu ayuda.

–¿Con mi ayuda?

–Bueno, más bien me refería a la ayuda de tu madre, si te parece bien que le hable del proyecto.

–Por supuesto que puedes hablar con ella, ¿pero cómo va a ayudarte mamá?

Christina se inclinó hacia delante y una repentina expresión de entusiasmo suplantó la anterior preocupación de su rostro.

–Tu madre me persigue constantemente para que le haga uno de mis vestidos de seda pintados a mano, y hace apenas algunas semanas, me dijo que si yo tuviera varios hechos, ella podría vendérselos a sus amigas como si fuesen pan caliente. Lo dijo riendo, pero estoy convencida de que es cierto. ¿Sabes? En esa fiesta que tu madre ofreció en honor de su agente norteamericano, tanto Polly Lamb como lady Buckley admiraron mi chaqueta de seda pintada. Las dos me preguntaron dónde la había comprado. ¿No comprendes, Jane? Mi ropa de fiesta pintada a mano es muy original, son modelos exclusivos y podrían ser un principio. Después podría hacer trajes sastre..., esos que todo el mundo admira tanto.

–¡Tienes razón! –exclamó Jane–. Debes hablar con mamá, pedirle sus medidas y después diseñarle el vestido. Y estoy segura de que a ella no le importará que se los ofrezcas a sus amigas, especialmente las que se mostraron tan interesadas.

–¡Cuánto me alegra que estés de acuerdo! Sin embargo, hay un problema. –Dirigió una mirada preocupada a Jane–. ¿Crees que tu madre me pagará la mitad del coste del vestido por adelantado? ¿Y que convencerá a sus amigas de que hagan lo mismo? Porque eso me ayudaría muchísimo. Podría utilizar el dinero para comprar telas y la pintura especial que necesito.

–Por supuesto que mamá te pagará la mitad por adelantado y no creo que haya problema en que sus amigas hagan lo mismo. –Jane se retrepó en el sillón con aspecto confiado, después frunció los labios en un gesto pensativo–. Pero ésa no es una verdadera solución, Christie. Si estás decidida a entrar en el negocio de la moda y quieres convertirlo en un gran negocio, necesitarás capital.

Christina lanzó una carcajada hueca.

–¿Y crees que no lo sé? Pero no tengo dinero ni para empezar.

–¡Pero yo sí! –anunció alegremente Jane–. Tengo cinco mil libras que me legó mi abuela Manville, y ese dinero está sentadito en el banco Lloyds dándome un interés que no sirve para nada. Voy a prestarte mis cinco mil libras.

–Jane, tu gesto es maravilloso y me emociona, pero no podría permitir que me dieras tu dinero –protestó Christina.

–Vas a aceptarlo..., te obligaré a aceptarlo. Si estás respaldada por un capital decente, tu negocio crecerá con mucha mayor rapidez y todo te irá mejor. Podrás tomar una costurera, o tal vez dos, y alquilar un pequeño taller.

–Sí, tienes razón. En realidad, te confieso que había hecho esa clase de planes –contestó Christina, poniéndose de pie y acercándose a la chimenea; se pasó la mano por la boca y meditó durante algunos instantes–. Por supuesto que no pensaba hacerlo así hasta el año que viene, cuando hubiera ganado un poco de dinero. –Clavó en Jane una mirada directa y clara–. Si tú me prestaras tus cinco mil libras, es cierto que podría hacerlo más rápidamente. Así que..., gracias, acepto tu ofrecimiento y te lo agradezco muchísimo, querida.

Se acercó al sillón ocupado por su amiga, se inclinó y la abrazó.

Jane se puso enseguida de pie y estrechó a Christina, con la cara iluminada por una enorme sonrisa. Después le tendió la mano.

–¡Choca los cinco, socia! Mañana a primera hora sacaré el dinero de mi caja de ahorros y *voilá!*, podrás ponerte en marcha.

Se quedaron en el centro de la habitación, estrechándose las manos.

–Y te ayudaré en todo lo que pueda..., buscaré clientas...

Se interrumpió y se le ensombreció el rostro.

–¿Qué te pasa? –preguntó Christina.

–¿Cómo diablos vas a darle esa noticia a tu madre? Quedará hecha un trapo cuando le digas que vas a abandonar la pintura. ¡Dios mío, Christie, va a angustiarse muchísimo!

–Sí, ya sé –aceptó Christina, poniéndose triste de repente–. No creas que no pienso en eso desde hace semanas, porque te aseguro que es un problema que me ha quitado el sueño. Pero he llegado a la conclusión de que sería mejor no decirle nada por el momento. Una vez que me haya graduado en agosto, la dejaré creer que estoy pintando a todo gas, y a los cuatro o cinco meses, digamos, alrededor de Navidad, le diré que he vendido algunos trabajos y que ya puedo mantenerme sola.

–¿Y te parece que te creerá? –preguntó Jane.

–Espero que sí, Jane, sinceramente lo espero.

Capítulo 37

El talento artístico no era lo único que Christina había heredado de Audra.

Tenía también la resistencia de su madre para el trabajo duro, su energía y empuje, su tozudez y decisión de triunfar en cuanto emprendía.

Y todas esas características entraron en juego durante los primeros seis meses de su vida en el mundo de los negocios y resultaron fundamentales para el extraordinario éxito que tuvo en un tiempo relativamente corto.

Christina también descubrió que tenía buena cabeza para los negocios, algo que ignoraba, y eso contribuyó a que se elevara al estrellato en el mundo de la alta costura.

Aun así, tal vez su mayor fuerza residió en su don de trasladar el arte a la moda en exquisitos vestidos de noche elaboradamente pintados y en abrigos y chaquetas que en definitiva se convertían en su signo distintivo y que a lo largo de su carrera siempre serían buscados.

Una tarde, conversando con ella, Jane reflexionó:

–Fortuny adquirió renombre por sus vestidos Delfos de faldas plisadas, Chanel por sus trajes de chaqueta, Dior por su originalidad y Balenciaga por su corte perfecto. Tú adquirirás renombre por trasladar el arte a la costura, por tus increíbles pinturas sobre seda. Esos vestidos pronto se convertirán en clásicos, lo mismo que los trajes de fiesta con lentejuelas de Poiret. La gente conservará tus modelos durante años y años.

Christina aceptó el cumplido que le hacía su socia y amiga, convencida de que las palabras le salían del corazón. Pero de repente lanzó una carcajada.

–También se me recordará por mi resistencia para trabajar dieciocho horas diarias, los siete días de la semana y seguir ese ritmo de modo interminable.

–Sí, eso es cierto –admitió Jane, sonriente. Durante los últimos meses has trabajado como una esclava condenada a las galeras, pero reconozcámoslo: el esfuerzo ha valido la pena. Estamos invadidas de pedidos. –Jane dirigió una mirada divertida a Christina–. Cuando le comenté a mamá que hoy en día era como si tú trabajaras en las minas de sal, ella me contestó que sin duda yo debía referirme a las minas de oro. Y escucha, ya que hablamos de los pedidos que se nos amontonan, ¿no deberíamos buscar otra costurera?

Christina asintió.

–Sí, y ya he hecho correr la voz. Elise y Germaine están haciendo averiguaciones entre sus amigas de la comunidad francesa y estoy segura de que hallarán a alguien bastante rápido.

–Ojalá la encuentren, porque si no seremos nosotras las que tendremos que sentarnos frente a las máquinas de coser, por no hablar de las costuras a mano. ¡Y es lo único que nos faltaba, después de tener que pintar esos malditos vestidos!

–Escucha, estoy muy agradecida de que me hayas ayudado con esas mangas estilo mandarín para los dos trajes de terciopelo de Mrs. Bolton. –Miró a su amiga con expresión divertida–. Tienes la nariz manchada de pintura rosa..., pero no hay nadie en la ciudad que pinte mariposas como tú.

Jane lanzó una risita y se palpó la nariz.

–Me alegro de poder ayudarte. Ojalá pudiera hacer más. En general me siento bastante inútil...

–No seas tonta, Jane, ¡si eres invalorable! Te encargas de la contabilidad y en realidad haces un poco de todo, además, si no fuera por ti, no habría negocio. No nos olvidemos de tus cinco mil libras.

–Que fueron una excelente inversión, Crowther. Estuve muy sagaz cuando decidí respaldarte.

Jane hizo girar los ojos con gestos de villano, y después fue a vaciar la cafetera en la pequeña cocina que había junto a la oficina.

Christina se puso de pie, se desperezó y se acercó a la ventana. Desde allí observó el patio trasero de «la fábrica», como ella llamaba al taller.

Encontró esas instalaciones en agosto, no mucho después de graduarse en la Real Academia de Bellas Artes. Anteriormente habían sido el negocio y vivienda de un verdulero, y el edificio estaba situado en un extremo de King's Road; aparte de que le pidieron un alquiler razonable, ella lo consideró el lugar perfecto para sus actividades por varias razones.

Por las ventanas entraba mucha luz natural, cosa indispensable para la pintura y la confección de las prendas; además, el espacio era sumamente adecuado y hasta les permitía crecer, ya que la parte correspondiente a la vivienda ofrecía lugar más que suficiente para que tomaran más personal si llegaban a necesitarlo.

La parte de tienda en sí, donde hasta hacía poco se vendían las verduras, había sido transformada en una pequeña zona de recepción. Allí las clientas podían esperar el momento de las pruebas. Christina y Jane pintaron de blanco todas las paredes interiores salvo el salón de recepción donde utilizaron un suave gris perla para las paredes y cubrieron las ventanas con una cortina de seda gris. Esa cortina impedía que los transeúntes miraran hacia dentro y ofrecía cierta intimidad a las clientas que se veían obligadas a esperar. Dulcie les proporcionó una alfombra oriental, varias sillas, una mesa y una lámpara, todos objetos que habían sido descartados de Hadley Court. Con el agregado de un par de macetas y algunos dibujos hechos por ellas que colgaban de las paredes, las muchachas crearon un ambiente alegre.

El salón, detrás de la tienda, fue convertido en oficina general; en el piso superior, uno de los dormitorios era cuarto de costura, el segundo, un poco más pequeño, quedó dedicado a camarín de pruebas; mientras el tercero, el más amplio de todos constituía el estudio donde trabajaba Christina. Allí pintaba las telas para los trajes de noche, y Jane y un par de ex compañeras de escuela la ayudaban a veces a decorar las mangas. Y debido a que la parte artística de los vestidos y los abrigos llevaba la firma de Christina, ella no permitía que fuera ningún otro quien los pintara.

En ese momento, mientras miraba por la ventana en esa tarde gris de 1955, se puso a pensar en las telas ornadas a mano. De repente se volvió para mirar de frente a Jane.

–Escucha, ya sé que estamos ganando mucho dinero con la ropa de noche, pero yo creo que habría que empezar a diseñar otras prendas y a ampliar nuestro radio de acción.

–Estaba esperando que dijeras eso..., la pintura te lleva mucho tiempo, Christie. Creo que siempre tendrás que seguir haciendo ropa pintada a mano, porque es una especie de marca de fábrica tuya, pero tal vez convenga no realizar tanta cantidad.

–Sí, y empezaré a diseñar los trajes sastre y los vestidos que tu madre admira tanto..., ella es excelente juez de lo que se venderá, Jane.

–Es cierto, y hablando de mamá, será mejor que me vaya –murmuró poniéndose en pie–. Se pondrá furiosa si llego tarde a la cita que concerté con ella y con Gregory Johnson, y primero tengo que pasar por casa para cambiarme. Así que, Crowther, ¿no vas a desearme buena suerte?

–Por supuesto que sí, y estoy segura de que a él le gustarán tus bocetos de vestuario..., porque son algo que está fuera de este mundo.

Mientras cogía la cartera y el abrigo, Jane le guiñó un ojo.

–Es una gran cosa que a la estrella le gusten, ¿no te parece? Gracias a Dios que mi madre, la actriz, sea tan dada al nepotismo. –Al llegar a la puerta, Jane se detuvo–. Y no te quedes ahí hasta que las velas no ardan, Crowther, porque estás empezando a tener cara de cansada.

–No, no me quedaré hasta tarde. Nos veremos después en Walton Street.

En cuanto estuvo sola, Christina subió al primer piso y encendió las potentes luces que había hecho instalar en el estudio para poder trabajar de noche. Miró la tela que acababa de pintar esa mañana y asintió satisfecha.

Eran calas blancas sobre terciopelo negro y ella trabajó en la pieza de tela antes de empezar a diseñar el vestido. Eso era lo que pensaba hacer al día siguiente: trazarlo y cortarlo para que se ajustara al motivo pintado. Muchas veces adoptaba ese sistema; otras, creaba primero el estilo del vestido o del abrigo, preparaba la tela, cortaba el delantero y la espalda de la prenda y después pintaba sus flores dentro del marco del vestido. Jamás se limitaba, siempre dejaba una puerta abierta para su arte, y en cierto sentido permitía que fuese el arte el que dictara el estilo de la prenda. Por ese motivo, sus vestidos pintados a mano nunca se parecían unos a otros.

Christina supervisó otras piezas y enseguida regresó a su oficina de la planta baja, donde se sentó ante el escritorio. Sacó una hoja de papel y empezó a escribir a sus padres. Siempre les enviaba una carta por semana y los llamaba por teléfono todos los domingos sin falta, y ese día le tocaba escribirles.

Suspiró mientras empezaba a llenar las páginas con mentiras..., mentiras acerca de los cuadros que estaba vendiendo..., mentiras sobre sus actividades sociales..., mentiras sobre su vida en general. No le quedaba más remedio que inventar, porque en ese momento no tenía vida personal, y tampoco salía con ningún muchacho desde su último romance, bastante poco entusiasta, con un compañero de estudios, que terminó en nada, lo mismo que todos los que mantuvo durante los últimos años.

Apoyó un codo en el escritorio y la cabeza sobre la mano, devanándose los sesos por inventar algo excitante que pudiera contar a su madre. A Audra le encantaba enterarse de su activa vida social con Jane, la familia Sedgewick y todas las celebridades que le presentaban en las fiestas que ellos organizaban.

Se reclinó contra el respaldo del sillón y soltó la pluma, pensando en Dulcie Manville. ¡Qué buena amiga era y qué bien se portó con sus padres cuando ellos viajaron a Londres para asistir a su graduación! En aquella ocasión, Jane se mudó del apartamento de Walton Street y se marchó por unos días a casa de sus padres en Mayfair, para que Vincent y Audra pudieran alojarse con ella. Les encantó poder vivir con su hija y el viaje que hicieron fue un éxito rotundo en todos sentidos.

Los Sedgewick ofrecieron una fiesta en honor de Jane y de ella, para festejar la graduación. Dulcie quedó impresionada al conocer a Vincent y, en ese momento, Christina sonrió para sus adentros al recordar la reacción de la madre de Jane. La llevó aparte para comentarle:

–¡Christie, podrías haberme avisado que tu padre se parecía a Robert Taylor! ¡Dios mío! Si fuese actor, su cara valdría una fortuna, querida.

Esa noche, ella les repitió el comentario a sus padres, y a Vincent le hizo muchísima gracia, pero en cambio Audra pareció desconcertada y hasta irritada, y en ese momento descubrió que su madre estaba terriblemente celosa de Vincent.

–¡Ay, esos dos! –susurró Christina en voz baja, volviendo a tomar la pluma–. Con ellos yo siempre estoy en una especie de montaña rusa, porque permanentemente están peleando o caen uno en brazos del otro.

Pensó en sus padres con una súbita oleada de cariño. Los adoraba, y siempre trataba de ser imparcial con ellos, ayudándolos en cierto sentido a mantener el equilibrio y esmerándose en no tomar partido para no herir a ninguno. «Y creo haber tenido éxito –pensó, mientras intentaba terminar aquel paquete de mentiras que era la carta que estaba escribiendo–. Pero éstas son mentiras blancas e inofensivas», concluyó.

Eran ya las nueve de la noche cuando Christina por fin abandonó la «fábrica» y echó a andar por King's Road en dirección a Slonae Square. Mientras caminaba con paso ágil, no dejaba de pensar en su madre. Había logrado convencerla de que no le enviara más dinero, pero sólo insistiendo con vehemencia en que ya vendía bien sus obras. Pero le preocupaba que Audra siguiera trabajando en el hospital. «Se niega a escucharme, hija mía –le explicó su padre cuando ella le habló del tema durante las vacaciones de Navidad–. Tu madre ha sido siempre muy cabezota, y yo soy la última persona en el mundo capaz de hacerle cambiar de idea.» Audra tampoco la escuchó a ella, y por fin Christina abandonó el asunto.

«Bueno, por lo menos tengo la satisfacción de saber que está guardando para sí el dinero que gana –pensó Christina, dejando caer la carta en el buzón de la oficina de correos de Slonae Square–. Es un gran alivio saber que ya no trabaja simplemente para mantenerme a mí.»

Desde que abandonó la pintura de paisajes, Christina no había vuelto a pensar demasiado en el asunto. Por lo que a ella se refería, su decisión era irrevocable y no lo lamentaba en absoluto. Forjarse un futuro en el mundo de la alta costura y hacerlo a lo grande, se había convertido en la ambición más poderosa de su vida. Estaba convencida de que sólo ganando dinero, grandes cantidades de dinero, podría saldar la inmensa deuda que tenía con su madre, rodeándola de comodidades y de todos los lujos imaginables. Y esperaba poder hacerlo pronto.

En ese momento, mientras se apresuraba a recorrer Slonae Square, asegurándose la bufanda con la que se cubría la cabeza para protegerse del viento de marzo, Christina pensó en el enorme encargo de ropa que acababa de recibir de la actriz Miranda Flower, la cual partía dentro de tres meses hacia Nueva York donde iba a protagonizar una obra de teatro en Broadway y le había pedido a Christina que le confeccionara cuantos vestidos de noche pudiera.

«¿Cómo me las arreglaré para terminarlos a tiempo?», se preguntó Christina, mientras entraba en su apartamento de Walton Street. Y esa noche, mientras comía un emparedado y bebía un vaso de leche, empezó a tomar notas, enfrascándose en los diseños con su habitual concentración.

Durante los días siguientes, Christina tuvo la sensación de que la inspiración le surgía por las puntas de los dedos.

Su cuaderno de dibujo pronto estuvo lleno de los primeros bocetos del vestuario de Miranda Flower, y las ideas fluían dentro de ella sin cesar, mientras en su fértil imaginación visualizaba la ropa. Formas, modelos, cortes, estilos, colores, ramilletes de flores, telas, bordados..., todo pugnaba por surgir a un primer plano en su imaginación. A los diez días ya había concretado sus ideas y dibujos iniciales, tenía los bocetos completos y había empezado a elegir las telas que utilizaría.

Durante varios días vivió entre terciopelos, sedas, satenes, brocados y crespones, en un abanico de colores. Lentamente, también fue eliminando algunos hasta que se decidió por sedas, finos terciopelos y gasas rizadas para los trajes de noche, un satén pesado para los pijamas de vestir y para un abrigo largo de fiesta, y brocado para confeccionar dos chaquetas que la actriz usaría con pantalones de seda.

Cuando Miranda llegó para que le tomaran las medidas, quedó encantada con los dibujos y las telas; Christina le explicó que, si iba a crearle un guardarropa completo de ropa de noche, no todos los modelos podían ser pintados a mano. La nueva cliente encontró aceptable el argumento.

Trabajaba veinticuatro horas diarias, mientras que sus dos asistentas francesas cosían como enloquecidas para terminar a tiempo el guardarropa de la célebre estrella de comedias musicales. Varias semanas después de iniciar el trabajo, Christina contrató a otra francesa, una amiga de Germaine, llamada Lucie James, la cual le había sido muy recomendada y, aparte de ser una excelente modista, tenía fama de buena cortadora y había trabajado en el salón de Balenciaga antes de la guerra y de su matrimonio con un inglés, en 1938. Anteriormente a eso, Lucie trabajó para Michael, el diseñador con salones en Carlos Place. Christina no tardó en comprender que con Lucie había hecho una verdadera adquisición. Sabía que su nueva empleada estaba en condiciones de quitarle de los hombros parte del peso de cortar prendas, lo cual significaba que ella quedaría en libertad de dedicarse a pintarlas.

Tener la ropa lista para la fecha requerida por Miranda Flower representó un esfuerzo supremo para todas, y también un logro monumental. En realidad, Christina estaba un poco adelantada en el trabajo, y una tarde de fines de mayo, llevó a Jane arriba para que contemplara el vestuario que colgaba en el estudio.

Apretó el interruptor, inundando la estancia de luz, quitó la sábana que cubría el perchero y exclamó:

–¡La revelación! ¡Ta-ta...! ¡Ta-ta...! Y antes de mostrarte cada exquisita y elegante creación, permíteme que te diga esto: en cuanto Miranda Flower me pague, estaré en condiciones de devolverte tus cinco mil libras. ¿No te parece una noticia fabulosa, Jane?

–Sí, pero en realidad no tengo ninguna prisa –dijo Jane, antes de caer en éxtasis ante la belleza de los modelos creados por su amiga.

Cuando las dos muchachas regresaron a la oficina, Christina anunció:

–Mira, en agradecimiento por todo lo que han trabajado, esta noche he invitado a mis tres maravillosas empleadas a salir a cenar, un programa muy especial para ellas. ¿Por qué no nos acompañas, Jane? Después de todo eres parte de la familia.

–Te lo agradezco muchísimo, pero realmente estoy muerta de cansancio –contestó–. He estado trabajando como loca en el vestuario para la obra de teatro y esta noche tengo que resolver el problema de las malditas golas. Se niegan a permanecer erguidas, y si les pongo apresto les raspan el cuello a los actores. ¡Dios mío! ¿Por qué se le habrá ocurrido a mi madre interpretar el papel de Elizabeth Tudor?

Ante la expresión de su amiga, Christina no pudo menos que lanzar una carcajada, y señaló:

–Tal vez te haría bien acompañarnos..., te quitaría esas golas de la mente.

Jane meneó la cabeza, manteniendo su negativa.

–Gracias, pero no. Trabajaré un rato, me prepararé un emparedado de huevo frito y me acostaré temprano. –Le dirigió una mirada un poco malhumorada y su bonita boca se torció en una sonrisa burlona–. Qué vida tan romántica llevamos nosotras dos hoy en día, ¿verdad?

–Nos resarciremos cuando seamos ricas y famosas.

–Ya lo creo que sí –contestó Jane con expresión socarrona–. Y escucha, Crowther: esta noche no entres en el apartamento dando golpes y haciendo un ruido de todos los demonios. Hablo en serio cuando te digo que pienso acostarme temprano.

–Mañana puedes dormir hasta tarde..., es domingo.

–No tengo demasiadas esperanzas –contestó tomando su carpeta–. Que disfrutes de tu comida, querida.

Esa noche, poco después de las once, tras comer con sus tres empleadas, Christina se encaminó a su apartamento de Walton Street.

De repente se sentía cansada.

Habían sido meses muy duros y por primera vez tenía una noche para relajarse, para dejar de lado las tensiones; la comida rica en calorías del restaurante Ox on the Roof y el vino tinto también le habían hecho un efecto estimulante. No veía la hora de desvestirse y meterse en la cama.

Recordó que Jane le había asegurado que pensaba dormirse temprano y se sorprendió al ver que todas las luces del salón estaban encendidas. Se detuvo frente a la casa de la que ocupaban el último piso, y miró las ventanas, frunciendo el entrecejo.

«Supongo que Jane se ha olvidado de apagar las luces», pensó; abrió la puerta de la calle y subió la empinada escalera hasta el piso donde vivían.

Parada frente a la puerta del apartamento, Christina buscaba la llave en su llavero, cuando de repente la puerta se abrió de par en par.

Se sobresaltó y dirigió una mirada relampagueante a Jane.

–Francamente me sobresaltaste... –empezó a decir, pero se interrumpió cuando su compañera la tomó del brazo.

–Tus padres están aquí –siseó Jane–, y tu madre se halla furiosísima..., no les quita los ojos de encima a los cuadros que tú pintaste y que están colgados de las paredes.

–¡Dios mío! –susurró Christina, palideciendo–. ¡Qué imbécil soy!

Capítulo 38

La frialdad de los ojos azules de Audra la cegó.

Vaciló en la puerta. En ese preciso momento perdió toda su fuerza y se sintió presa de un tremendo temblor interno.

Sus padres estaban sentados, uno junto a otro, en el sofá. Ambos parecían petrificados.

Nadie habló.

A sus espaldas, en alguna parte del vestíbulo, Jane esperaba, nerviosa.

Christina no conseguía avanzar ni retroceder. Estaba tan petrificada como los recién llegados.

Por fin recuperó la voz.

–Hola, mamá; hola, papá... ¡Qué sorpresa!

–Ya lo veo –contestó su madre en un tono gélido acorde con la expresión de sus ojos.

Christina tragó con fuerza.

Vincent le dirigió una mirada relampagueante. De repente Audra se puso en pie, sobresaltándolos. Empezó a recorrer la habitación con rapidez, deteniéndose brevemente frente a cada uno de los cuadros pintados por Christina y nombrándolos con una voz tensa y fría:

–*Olmos en invierno*..., *El cielo en Gunnerside*..., *Houghley Beck*..., *Las espuelas de caballero de Edith*..., y a través de la puerta abierta de tu dormitorio. –Suspendió el final de la frase, se volvió para contemplarla de frente, y dirigiéndole una mirada cargada de rencor, continuó–: Alcanzo a ver *Lirios en Hadley*. Me dijiste que habías vendido todos esos cuadros. Me mentiste, Christina. ¿Por qué? ¿Y cómo te las arreglas para vivir? ¿Cómo pagas tus cuentas? Aquí hay algo que está mal, muy mal. ¡Y exijo que me digas en seguida lo que sucede! Enseguida, ¿me oyes?

Christina se adelantó, galvanizada por las palabras furibundas de su madre, sabiendo que tenía que pasar ese mal trago de una vez por todas.

Se detuvo junto a Audra. Respiró hondo.

–Mamá, tengo que comunicarte algo, algo que hace años que estoy deseando decirte... –Bajó la mirada para observar a su madre, tan frágil, e instantáneamente se sintió intimidada por su fuerte personalidad, por el carácter indomable que se le reflejaba en el rostro. No pudo seguir. Le faltó valor.

Los brillantes ojos azules de Audra se clavaron en los suyos.

–Estoy esperando, Christina.

Entonces se lo explicó en una catarata de palabras.

–Abandoné la pintura. Me he convertido en diseñadora de modas. Decidí que no valía la pena luchar tanto para conseguir el reconocimiento público como artista. Verás, yo quiero ganar dinero. La ropa de diseño es preciosa: en realidad es bellísima. Sé que te gustará...

–¿Renunciaste al arte para convertirte en modista? –jadeó Audra, estupefacta, y se quedó mirando a Christina con la boca abierta; estaba blanca como el papel y en sus ojos había una expresión de total incredulidad–. ¡Renunciaste al arte! –repitió–. Tiraste a la basura el maravilloso don que recibiste de crear belleza por... ¡una aventura comercial! ¡No puedo creerlo! ¡Simplemente no puedo creerlo!

Audra movió la cabeza de lado a lado como para negarse a creer esa realidad atroz.

De repente exclamó:

–¡Y después de todo lo que hice por ti! ¡Después de lo mucho que me esforcé para poner en tus manos la posibilidad de dedicarte al arte! ¡Dios mío! Cuando pienso en todos mis años de trabajo extenuante, de sacrificios, de ahorrar y de negarme cosas para dártelas a ti, de entregarme yo misma hasta que no me quedó nada para dar, y anteponiéndote siempre a ti, anteponiéndote a tu padre, descuidándolo...

Audra no pudo continuar.

Se volvió hacia Vincent. Le dirigió una mirada de tremendo sufrimiento, mezclada con una tristeza sobrecogedora y sus ojos, oscurecidos por el dolor, de repente se llenaron de lágrimas.

–¡Oh, Vincent...! –exclamó.

Le tendió los brazos cegada por el llanto que ya no podía contener.

Él estuvo a su lado con la velocidad del rayo.

La rodeó con sus brazos y la sostuvo contra su cuerpo con ademán protector, mientras le palmeaba suavemente el hombro, con un gesto reconfortante. Bajó los ojos para mirarla, lanzó un leve suspiro y después levantó la cabeza.

Vincent miró a su hija sin pestañear. La miró como si nunca la hubiese visto.

Ante el duro y frío escrutinio de su padre, Christina vaciló. Empezaron a temblarle los labios.

En el agradable rostro de Vincent se pintó una expresión desdeñosa, y sus ojos eran de un verde acerado, inconmovibles.

–Acabas de destrozar el corazón de tu madre –dijo con voz temblorosa.

Sin agregar palabra, sacó de la habitación a la sollozante Audra.

Christina observó en silencio y con la mirada fija la salida de sus padres. Pero de repente se adelantó presurosa y los alcanzó en el vestíbulo.

–¡Papaíto..., espera! –exclamó, tendiendo una mano para agarrarlo de la manga.

Él se liberó con rudeza de la mano de su hija y la miró por encima del hombro.

–¡No me llames papaíto! –ordenó de mal modo–. Ya te he aguantado bastante por una noche, Christina. ¡Jamás creí que viviría para verte herir con tanta crueldad a tu madre!

Ante esas palabras, Christina retrocedió y se quedó como enraizada junto a la puerta del apartamento mientras sus padres cruzaban el corredor y bajaban juntos la escalera.

A sus espaldas, Jane susurró:

–¡Oh, Dios, Christie! ¡Fue espantoso! ¿Estás bien?

Al ver que Christina no respondía, Jane la rodeó con un brazo y la obligó a entrar en el apartamento. Con la otra mano cerró la puerta de un empujón y condujo a su amiga hasta el salón donde la obligó a instalarse en el sofá.

Christina empezó a temblar incontrolablemente y miró a Jane con expresión indefensa.

–Debo ir tras ellos –empezó a decir, pero enseguida estalló en sollozos.

–¡No, querida no lo hagas, no lo hagas! –murmuró Jane, con voz consoladora, mientras también se sentaba en el sillón y le cogía la mano–. No puedes ir tras ellos. De todos modos, esta noche no ganarías nada si lo hicieras. –Le dio un fuerte abrazo, se levantó y salió.

Enseguida regresó con un enorme pañuelo en la mano.

–Bueno, sécate las lágrimas –dijo, entregándoselo a Christina– mientras yo preparo una copa. Creo que a las dos nos haría bien un poco de coñac.

Después de secarse los ojos y sonarse la nariz, Christina aceptó el coñac que Jane le ofrecía y bebió un largo trago.

–Tal vez lo mejor sería que los llamara por teléfono dentro de un rato. Deben de estar hospedados en el estudio de la casa de Theo. Les han dado carta blanca para que se alojen allí en cualquier momento en que...

–No, están en un hotel –intervino Jane; pero enseguida hizo una mueca de disgusto–. ¡Maldición! ¡Qué imbécil soy! Cuando hablamos del asunto debí haberles preguntado en qué hotel estaban.

–¡Oh, Jane! –Christina se desplomó contra el respaldo del sofá, sintiéndose más desgraciada a medida que transcurrían los minutos–. Yo daba por descontado que se hallarían en la casa de Chester Street. ¡Y ahora no podré encontrarlos durante este fin de semana!

–Tal vez mañana te llamen por teléfono –dijo Jane, y su rostro se iluminó ante el solo pensamiento–. Sí, estoy segura de que te llamarán.

–Lo dudo. Mamá ha quedado destrozada y mi padre no pudo estar más furioso conmigo. –Se pasó la mano por sus ojos cansados–. Cuéntame bien lo que sucedió antes de mi llegada.

–Llegaron alrededor de las diez y cuarto. Yo ya me había metido en la cama, pero el teléfono no hacía más que sonar. Y eran llamadas de lo más tontas..., primero telefoneó Gregory Johnson para quejarse porque uno de los trajes que diseñé para mamá desentonaba con uno de los almohadones que hay en el escenario. ¡Ese tipo es un papanatas! Después me llamó ella, preocupada por las malditas golas isabelinas. Apenas había colgado cuando llamó Harry Manderville para invitarnos a uno de esos estúpidos bailes artísticos que están organizando para el mes que viene. Completamente desesperada, decidí descolgar el teléfono. Enseguida me quedé dormida. Al rato me despertó el timbre del portero electrónico que sonaba a más no poder.

Era tu padre, para decirme que estaban abajo. Como es natural, les pedí que subieran. ¿Qué otra cosa podía hacer? Además, estaba medio dormida y ni siquiera pensé en los cuadros.

–¡Oh, Jane, pero yo no te culpo de nada! –exclamó–. ¡Por supuesto que tenías que pedirles que subieran! Pero ¿no te dijeron por qué estaban en Londres? Por lo general no se les ocurre venir a la ciudad, y sobre todo, así, sin avisar.

–Por lo visto a tu padre se le ocurrió la brillante idea de traer a tu madre a Londres para que te viera... Todo un acontecimiento. Querían darte una sorpresa; por eso no te avisaron que venían.

–Si lo hubieran hecho, podríamos haber retirado los cuadros, los habríamos guardado en la fábrica y jamás se habrían enterado de nada.

–Muy cierto –convino Jane, mirando a Christina con aire culpable–. Debo admitir que me siento un poco responsable. Si yo no hubiese descolgado el teléfono, habrían podido llamar y hubieran hablado conmigo..., cosa que trataron de hacer antes de venir. Al comprobar que estaba constantemente ocupado, salieron a comer a alguna parte y después volvieron a llamar. Cuando la operadora les informó de que el teléfono no funcionaba, se preocuparon y decidieron venir. ¡Diablos! Si yo hubiera podido hablar con ellos, los habría tranquilizado diciéndoles que todo estaba bien, impidiéndoles venir hasta mañana, y en este caso habríamos hecho todo lo necesario, sobre todo retirar los cuadros.

–¡Por favor, Jane, no te consideres culpable! ¡Te lo pido por favor! Si yo no hubiera invitado a comer afuera a las empleadas habría estado aquí. La vida está siempre llena de una serie de si, sólo, pero y tal vez. Lo sabes tan bien como yo.

Christina recorrió el cuarto de estar con la mirada.

–Supongo que mi madre vio los cuadros enseguida –comentó en voz baja.

–¿Y necesitas preguntarlo? ¡Por supuesto que sí! Te consta que ella nunca pierde detalle. ¿Cómo iba a dejar de ver eso? ¡Si son más grandes que la vida misma! Yo me di cuenta inmediatamente de que habíamos sido un par de imbéciles y corrí a la cocina a poner agua al fuego... Me sentía completamente enferma y lo único que se me ocurrió fue prepararles una taza de té. Te aseguro que fue una hora de mucha tensión, eso de estar aquí con ellos, esperando que tú regresaras.

–¿Y ella te hizo muchas preguntas... acerca de lo que yo estaba haciendo?

–No me hizo ninguna pregunta, y tu padre tampoco.

Christina miró su reloj.

–Trato de convencerme de que me llamarán, pero eso es sólo una sugestión de deseo. Sé que no lo harán.

–Ya verás como te llaman mañana.

Asintió, a sabiendas de que Jane sólo trataba de que se sintiera un poco mejor. También sabía que su amiga estaba equivocada.

Christina no pudo dormir.

Ni siquiera lo intentó. Se quedó tendida en la cama, pensando en su madre y esperó que llegara la mañana.

A las siete encendió la lámpara de la mesita de noche, tomó la guía telefónica y buscó el número de Mike Lesley. A la madrugada se le ocurrió que el único que podía saber dónde estaban alojados sus padres era el tío Mike. Y considerando que ya era una hora razonable para llamarlo, marcó el número de Leeds con rapidez.

–Habla el doctor Lesley –contestó él, enseguida, con voz de estar completamente despierto.

–Hola, tío Mike. Soy Christie.

–Sí, ya sé. Buenos días, querida.

–Siento molestarte tan temprano, pero pensé que a lo mejor sabías en qué hotel están mamá y papá. Anoche tuvimos un encontronazo bastante desagradable y...

–Sí, tu padre acaba de contármelo hace un rato.

–¡Ah! Entonces debes de saber dónde están.

–Sí, se alojan en Brown's, Christie. Pero tu padre me llamó hace alrededor de media hora y estaban a punto de salir para regresar en auto a Yorkshire. Ya no los encontrarás.

–¡Maldición! –exclamó ella–. Tenía esperanzas de poder verlos esta mañana para explicarles... –Ahogada por la desilusión, dejó la frase sin concluir.

–Tal vez sea mejor que ya hayan salido, Christina querida. Creo que convendría mucho más que hablaras con tu madre más adelante. Dentro de varias semanas, cuando se haya calmado.

–¡Ah, no! No estoy de acuerdo, tío Mike. Tengo que hablar con ella mañana o pasado. Anoche estaba angustiadísima y sumamente dolida. ¿Papá te explicó lo sucedido?

–Sí, Christie, me lo explicó.

–¿Así que estás enterado de que he abandonado la pintura para ser diseñadora de modas?

–Sí.

–¿Y tú tampoco estás de acuerdo?

–Se trata de tu vida, Christina, y debes vivirla como te parezca mejor... Estoy convencido de que debes de tener motivos para hacer lo que has hecho, buenos motivos.

–Sí, tío Mike, te aseguro que los tengo. Y debo lograr que mamá los comprenda. Verás, no podía permitir que siguiera manteniéndome, realmente me resultaba imposible. De ahora en adelante tengo que cuidar de mí misma. Me resultaba intolerable saber que seguía esclavizándose en el hospital para ayudarme económicamente. Tengo verdadero talento para el diseño de modas y vi la posibilidad de hacer una gran carrera y de ganar dinero. No sólo dinero para mí, sino también para mi madre. Quiero pagarle la enorme deuda que tengo con ella.

–¡Oh, Christie...! –Hubo un silencio en el otro extremo de la línea hasta que Mike siguió diciendo con voz suave–:

Tu madre no lo hizo esperando una recompensa, Christie. Su recompensa es el orgullo que le produces.

–Eso será bastante para mamá; pero a mí no me basta, ni por asomo. Quiero que ella tenga mucho más..., en realidad quiero que tenga todo lo mejor que pueda comprarse con dinero, y no descansaré hasta haberlo conseguido.

–Sí, me doy cuenta –contestó él, empezando a comprender el punto de vista de la muchacha–. Te pareces demasiado a Audra. Pero me pregunto si ella llegará a entender alguna vez que tú estás repitiendo el molde de lo que te enseñó.

–¿Qué quieres decir? –preguntó Christina, apretando con fuerza el receptor–. No te comprendo, tío Mike.

Mike Lesley no contestó a su pregunta de una manera directa.

–Hace años tu padre vino a hablarme acerca de tu madre. Estaba preocupado por su salud, por lo mucho que trabajaba, agotándose hasta el límite de sus fuerzas. Fue durante la primavera de 1939. Recuerdo bien el año porque en septiembre se declaró la guerra. De todos modos, tu padre dijo que lo que tu madre estaba haciendo para asegurarte un futuro brillante, era anormal. Laurette comentó que no le parecía que «anormal» fuese la palabra adecuada. Y después nos dijo, a tu padre y a mí, que éramos testigos de un acto de fuerza de voluntad. Sí, un acto de fuerza de voluntad con motivaciones tan poderosas y tan poco egoístas que resultaba casi aterrador presenciarlo.

A Christina se le saltaron las lágrimas, parpadeó y se pasó la mano por los ojos.

–Y era exactamente eso, ¿verdad? –preguntó.

–Sí, querida. Y ahora tú estás cometiendo tu propio acto de fuerza de voluntad, y tu madre no podrá detenerte, así como tu padre no pudo detenerla a ella.

–¿Y por qué estás tan seguro de que no comprenderá mi actitud, tío Mike?

–Porque jamás aceptará que hayas renunciado a la pintura para pagarle una deuda a ella. Le parecerá completamente descabellado. Y si le dices que ése es el motivo por el que has decidido entrar en el mundo de los negocios, su respuesta será muy simple, Christie. Insistirá en que vuelvas a pintar, porque ella no quiere nada de lo que pueda comprarse con dinero.

Christina guardó silencio.

–Sí –dijo después de una breve pausa–. Tal vez tengas razón. Pero yo no tengo más remedio que hacer lo que creo que debo hacer.

Entonces fue Mike el que permaneció en silencio. Mientras esperaba que le respondiera, Christina lo oyó suspirar en el otro extremo de la línea.

–Así sea –dijo Mike por fin–. Y que Dios te bendiga, Christie.

Capítulo 39

–Quiero llegar a tener una gran empresa –dijo Christina–. Y realmente me refiero a una gran empresa. Y hacerlo enseguida. Ahora.

Jane la miró con sorpresa, se sacó de la boca un par de alfileres y se los señaló a Christina.

–Me encantaría que no me hicieras esos importantes anuncios cuando tengo la boca llena de alfileres. Casi me los trago.

–¡Ah, perdón!

Jane sonrió.

–Muy bien, así que quieres tener una gran empresa. Soy toda oídos. Cuéntame más, Crowther.

–Eso es lo que pienso hacer dentro de un minuto –contestó Christina, cruzando el estudio para acercarse al rincón donde Jane trabajaba en un traje de teatro para Dulcie.

Era una tarde tórrida de julio, y en un esfuerzo por vencer el calor, Jane se había atado la blusa rosada de algodón debajo del busto, dejando su estómago al aire, cambió su falda por unos pantaloncitos cortos de algodón blanco, se quitó los zapatos y las medias y se ató el largo pelo rubio en lo alto de la cabeza.

Christina no pudo menos que pensar en lo bonita que estaba su amiga a pesar de su pelo despeinado, del maquillaje algo corrido y de haberse comido el lápiz labial. Tuvo conciencia de la admiración y del profundo afecto que sentía por Jane Sedgewick. ¡Qué suerte tenía de ser su amiga!

–¿Te apetece un vaso de limonada? –preguntó Christina, depositando sobre una mesa la bandeja que tenía en las manos y destapando la botella–. Debes de estar sofocada Jane; aquí hace un calor espantoso.

–Ya sé. Creo que tendremos que comprar otro ventilador. Y gracias, me encantaría tomar un vaso de ese brebaje. –Se alejó del maniquí, estudió el traje de teatro de la época Tudor en el que estaba trabajando, después se volvió, se sentó en un banquito y tomó el vaso que Christina le ofrecía–. Sigue contándome –pidió–, háblame de tus planes. Como te conozco, supongo que lo tendrás todo pensado al detalle.

–Más o menos –admitió Christina, apoyándose en un extremo de la mesa–. Hace diez meses que estamos metidas en este negocio, y nos ha ido fabulosamente. Pero podríamos vender el doble de la ropa que vendemos si fuésemos capaces de producirla. Estoy convencida de que debemos expandirnos, que, como acabo de decirte, la empresa debe crecer.

–¿Y cómo?

–Contratando más cortadoras y modistas, además de personal de oficina, y alquilando un local en el West End.

–Eso costará mucho dinero. Aunque mis cinco mil libras quedaran en la empresa, no te bastarían, Christina.

–Ya sé. En realidad necesito alrededor de cincuenta mil libras.

Jane lanzó un silbido.

–¿Tanto como eso? ¡Diablos! Pero sí, creo que tienes razón.

–Por supuesto –aseguró Christina–. He hecho las cuentas minuciosamente con papel y lápiz. Aparte de los sueldos necesitaremos una considerable cantidad de telas y otros artículos..., y además habrá que contar con el alquiler del local. Durante la semana pasada he visto varios, y son caros, especialmente los de Mayfair, que es donde creo que debería estar el nuestro.

–Cuando hablas de una gran empresa, significa grande en serio, ¿no?

–Sí, y además completamente a la moda. Con respecto a las cincuenta mil, Jane, creo que podríamos pedir un préstamo al banco aunque ninguna de las dos podemos ofrecer una garantía..., pero si tu madre accediera a ser nuestro aval..., ya sabes a lo que me refiero, a salir de fiadora por el préstamo, creo que no tendríamos dificultad en que nos lo otorgaran.

Jane meneó la cabeza, frunció el entrecejo y se mordió los labios.

–No me parece una buena idea..., me refiero a eso de recurrir a un banco. Prefiero mil veces pedirle prestado el dinero a mi madre, y creo que ella por lo menos nos daría la mitad. Y estoy segura de que mi tía Elspeth pondría el resto, porque una vez me preguntó si no te hacía falta capital para tu empresa. Así que estoy convencida de que ella entraría. Además, es una gran admiradora tuya y de tu ropa.

–Jane, sería maravilloso que pudiéramos lograrlo..., ¿crees realmente que correrían el riesgo de prestarme esa suma?

–Creo que sí. Además prestarte dinero a ti no es un riesgo, y todos lo sabemos de sobra.

–Si ellas no tienen inconveniente, me gustaría que fuese un préstamo que yo fuese devolviendo con intereses. No nos hace falta tener demasiados socios, ¿verdad?

–No, en eso tienes razón. No porque crea que mamá y la tía Elspeth se entrometieran en la marcha del negocio, pero estoy de acuerdo contigo, preferiría que nos prestaran el dinero.

Jane saltó del banquito.

–Te propongo que bajemos a la oficina y llamemos ahora mismo a mamá por teléfono –exclamó, llena de entusiasmo por el plan de Christina–. Sé que está en casa estudiando el libreto, y una vez que hayamos hablado con ella, llamaré a tía Elspeth a Montecarlo. ¡Oh, qué excitante es todo esto, Christie! Estoy segura de que aceptarán enseguida, ya verás... La semana que viene estaremos en marcha. Pero en marcha a lo grande, como tú quieres, encaminándonos hacia un éxito de campanillas.

Christina la siguió con más tranquilidad, divertida por la exuberancia de su amiga y cruzando los dedos para que Jane tuviera razón.

La tenía.

Dulcie Manville y su hermana, Elspeth D'Langer, proporcionaron el capital que Christina Crowther necesitaba para ampliar su empresa de alta costura y mudarse al West End.

Cuatro días después de recibir la llamada telefónica de Jane, Elspeth voló de Francia a Londres. Ella, su hermana y las dos muchachas tuvieron varias reuniones con los abogados de Dulcie. Durante éstas, Dulcie y Elspeth decidieron que Christina necesitaría más efectivo para poder afrontar algún imprevisto. Así que aumentaron el préstamo a cien mil libras, poniendo cincuenta mil cada una.

Ésa fue la suma que Christina depositó en su cuenta bancaria antes de que finalizara el mes de julio, después de haber redactado los documentos necesarios que todos firmaron.

En cierto sentido, la parte difícil empezó después. Christina descubrió que tendría que dividirse en dos. De día era una empresaria. Entrevistó personal de oficina, costureras, cortadoras, modistas, bordadoras y planchadoras; y, como siempre, contrató a las mejores en cada especialidad. Lucie James, a quien había ascendido a jefa de taller, le proporcionaba buenos consejos y sugerencias. Tenía gran cantidad de amigos dentro de la comunidad francesa de Londres y le presentó a Giselle Roux, postulándola como jefa de vendedoras del salón. Giselle, lo mismo que Lucie, estaba casada con un inglés, y vivía en Londres desde 1952. Era una mujer elegante y sofisticada de poco más de treinta años, había sido vendedora en el salón de Pierre Balmain de París, poseía experiencia y era responsable. Christina dejó la selección del resto de las vendedoras en manos de Giselle, confiando por completo en su juicio. Y cuando no estaba entrevistando o contratando personal, Christina andaba en busca de posibles salones, recorriendo edificios a lo largo del West End de Londres y sintiéndose cada vez más desalentada.

Justo cuando abandonaba la esperanza de encontrar el local idóneo, descubrió una casa pequeña pero elegante situada en la calle Bruton, en Mayfair.

El empleado de la inmobiliaria le mostró la propiedad durante la mañana de un sábado húmedo y lluvioso de últimos de agosto, pero a pesar del mal tiempo, Christina comprobó que era muy ventilada, especialmente en los pisos superiores.

La alquiló de inmediato, convencida de que era lo ideal. La casa estaba en buenas condiciones y prácticamente no había que arreglarla.

En sus seis pisos había espacio más que suficiente para oficinas, talleres y un estudio para ella, además de dos amplias salas de recepción que daban a un vestíbulo central y que resultarían perfectas para salones de exhibición.

Éstas se encontraban en el segundo piso, tenían techos altos, chimeneas, amplios ventanales franceses que daban a pequeños balcones; y eran de generosas dimensiones. Mientras caminaba por las dos habitaciones llenas de luz, Christina imaginó lo encantadoras y elegantes que quedarían decoradas en sus tonos favoritos gris y blanco, con espesas alfombras y grandes arañas resplandecientes.

Por la noche, dejaba a un lado su personalidad de empresaria y se convertía en la artista creativa.

Mucho después de que todo el mundo abandonaba «la fábrica» de King's Road, Christina trabajaba en los diseños de la primera colección que presentaría bajo el sello de su nombre: Christina. Era una colección de verano y pensaba presentarla ante el público y la prensa a primeros de 1956. Tenía sólo cinco meses para crear los sesenta y cinco modelos que quería exhibir, así que estaría muy escasa de tiempo. Ésa sería realmente su primera colección, porque durante los diez meses anteriores había mostrado bocetos y telas a sus clientas y después les confeccionaba las prendas a medida.

La necesidad de confeccionar una línea completa de ropa con personalidad propia, a Christina le resultaba un desafío tremendo, y esa excitación, el estímulo que significaba aquel inmenso esfuerzo creativo, era lo que alimentaba su natural energía y le permitiría seguir adelante a paso redoblado. Porque aparte de diseñar los modelos en sí, tenía que diseñar o seleccionar los accesorios que los acompañarían. Para ella un vestido, un traje o un abrigo no estaba terminado hasta contar con todos los accesorios, incluyendo el último detalle. Porque consideraba que todo formaba una unidad.

Aunque Christina vibrara al verse lanzada tal como ella deseaba, y su trabajo le proporcionara grandes satisfacciones artísticas, algo empañaba su felicidad. El alejamiento de su padre y de su madre.

Después de la terrible escena del mes de mayo, los llamó repetidas veces, otras fue a Yorkshire a visitarlos y les escribía con regularidad. Su padre cedió un poquito, pero su madre continuaba tan fría y distante, que Christina decidió seguir el consejo de su tío Mike. En consecuencia no divulgó las verdaderas razones que la llevaron a renunciar a su vida de artista: su irresistible deseo, su genuina necesidad de proporcionar a su madre una vida sin estrecheces como una forma de retribuirle la deuda que tenía con ella.

Alentaba la esperanza de reconciliarse con su madre pronto. Sabía que Audra la quería demasiado para seguir indefinidamente enojada. Y también esperaba que su padre ya estuviese ejerciendo alguna influencia sobre ella.

Mientras tanto, estaba haciendo todo lo humanamente posible para que ambos se sintieran orgullosos de la hija que tenían.

Capítulo 40

Christina estaba parada en el vestíbulo que unía los dos salones de recepción, y miró primero a la derecha y después a la izquierda.

Cada habitación era una réplica exacta de la otra: paredes gris perla y alfombras a tono, chimeneas pintadas de blanco, arañas y apliques franceses de cristal y antiguos espejos venecianos.

Tal como ella había planeado, los dos cuartos fluían uno dentro del otro de una manera maravillosa. Asintió en señal de aprobación, apreciando la sensación de tranquilidad y frescura que producía el gris perla con los toques de blanco. Esa decoración monocromática no estaba rota por ningún otro color..., y eso había sido buscado a propósito.

–Christina no quería que nada distrajera la atención de su clientela, alejándola de su ropa, y tampoco que hubiese algo que compitiera con los modelos que creaba. En esas dos habitaciones ni siquiera estaban permitidas las flores, que sólo destacaban en los vestíbulos de la casa de la calle Bruton.

Christina se volvió para contemplar el arreglo floral colocado sobre la consola estilo Luis XVI del vestíbulo. Estaba hecho enteramente con flores blancas, y una vez más la joven asintió, convencida de que era perfecto para ese determinado lugar.

Enseguida entró presurosa en el más amplio de los salones gemelos y miró a su alrededor por centésima vez, controlando cada uno de los detalles del lugar.

Una pasarela dividía el salón en dos y a cada lado había hileras de sillas tapizadas. Christina experimentó una oleada de excitación, y vibró emocionada. En menos de una hora presentaría al mundo su primera colección de alta costura. Al pensar en la ropa que había diseñado sintió una repentina aprensión que le hizo respirar hondo y entrelazar las manos con fuerza.

–Mademoiselle...

Al volverse se topó con la jefa de vendedoras, apoyada contra el marco de la puerta que conducía a los vestuarios del fondo, donde en ese momento se preparaban las modelos para la exhibición que debía comenzar a las tres de la tarde.

–¡Giselle!

–Vine a desearle *bonne chance*, Mademoiselle, buena suerte –deseó la francesa con una cálida sonrisa.

–Gracias, Giselle –contestó Christina, sonriendo también. Pero de repente le dirigió una mirada penetrante–. Usted considera que la colección es buena, ¿verdad?

La jefa de ventas se llevó la punta de los dedos a los labios, se los besó y luego sopló como para que el beso remontara vuelo.

–No se trata de que esté bien, Mademoiselle, es soberbia, ¡simplemente soberbia! Cuando trabajaba en Balmain, siempre le decía a Monsieur que si existía mucha excitación en el taller, habría truenos en el salón de exhibición... –se detuvo, señaló las hileras de sillas doradas y agregó con enorme confianza–: Y en casa de Mademoiselle Christina hay excitación en el taller, así que puede estar segura de que aquí los aplausos serán atronadores.

Una joven asistente se asomó por la puerta del otro extremo de la estancia.

–Perdón por la interrupción Miss Christina, pero necesitan a Madame Roux.

–Excúseme, Mademoiselle –se disculpó la jefa de vendedoras, alejándose presurosa.

Christina se acercó a la chimenea, contra la que se apoyó. Miró todo el salón, la parte visible del vestíbulo y recorrió con los ojos ambas pasarelas. En su imaginación vio a las modelos caminando, volviéndose, girando, deteniéndose, adoptando distintas actitudes y luciendo de la mejor manera la ropa que ella presentaba. Christina amaba cada una de las prendas que había diseñado y sólo rogaba que al público le sucediera lo mismo. Se preguntó cómo lo había logrado, cómo pudo terminar esa colección en tan poco tiempo, y tuvo que confesarse que no tenía la menor idea. «Con sangre, trabajo, sudor y lágrimas», se dijo en voz baja, pensando en la famosa frase de Winston Churchill, pronunciada durante los años de guerra, cuando ella era pequeña.

Se volvió para mirarse en el espejo veneciano de encima de la chimenea. Poco antes había tenido la impresión de que tenía aspecto de cansada y tensa y se había maquillado más de lo habitual. Pero era como si su piel hubiese absorbido todo el maquillaje. Estaba pálida de nuevo. Tal vez fuese el vestido negro que le quitaba color al rostro. Siempre tenía que maquillarse más cuando se vestía de negro.

Retrocedió para observarse, ladeó levemente la cabeza y estudió su vestido. Era una obra de arte, por lo maravillosamente cortado y cosido que estaba. Su único adorno consistía en una gardenia blanca que llevaba prendida a la altura de un hombro: la gardenia blanca que había elegido para que se convirtiera en su motivo distintivo, una especie de marca de fábrica.

Christina alzó una mano para alisarse el pelo.

Durante un instante pensó que su imaginación estaba jugándole una mala pasada. No pudo pronunciar palabra. Simplemente permaneció allí parada, mirando con fijeza, incapaz de moverse.

Su madre se adelantó unos pasos y después se detuvo en seco.

–Teníamos que venir..., no era posible que nos quedáramos al margen –explicó Audra–. Hoy no podíamos faltar.

–¡Oh, mamá...!

–¡Christina, querida...!

Ambas se movieron al mismo tiempo. Se encontraron en el centro del salón.

Audra miró a Christina y se le llenaron los ojos de lágrimas.

–Te he echado tanto de menos...

Christina abrazó a su madre con una fuerza tal que era como si hubiera decidido no soltarla nunca.

–¡Oh, *Mam*! Yo también te he añorado. ¡Nunca te imaginarás cuánto!

De repente se les reunió Vincent y rodeó a cada una de ellas con un brazo. Los tres lloraron un poquito y después rieron. Y por fin Christina retrocedió para mirar a sus padres, y la felicidad que sentía se reflejó en sus ojos brillantes, en su sonrisa jubilosa.

–¡Me alegra tanto que hayáis venido! ¡Pero tanto, tanto! Nunca comprenderéis lo importante que es para mí teneros aquí conmigo. –Se interrumpió y miró a Audra, para preguntarle, casi en un susurro–: ¿Me has perdonado, mamá?

–No hay nada que perdonar, Christie –contestó Audra con voz suave y cariñosa–. Estaba enojada y angustiada por tu decisión y terriblemente, pero terriblemente, herida. Pero ahora comprendo que hice mal en alejarme así de ti. Como hace poco nos dijo a Vincent y a mí tu tío Mike: tú has de conducirte como crees que debes. –Una hermosa sonrisa iluminó su rostro–. Es posible que yo te haya proporcionado la posibilidad de vivir mejor, pero no puedo vivir esa vida en tu lugar. Cuando me di cuenta de eso, supe que tenía que hacer las paces contigo, querida.

Christina se inclinó y besó a su madre en la mejilla.

–Ahora que papá y tú estáis aquí, hoy será para mí un día inolvidable.

Se volvió hacia Vincent, lo agarró del brazo, le dio un afectuoso apretón y después lo besó en la mejilla.

–Eso es por haberla traído, papá, y por haber venido tú también. Os quiero mucho a los dos.

Vincent rodeó con su brazo los hombros de Christina.

–Nosotros también te queremos, Chris, y cuando llegó la invitación acompañada por esa notita tuya, le dije a tu madre que no podíamos perdernos este día tan importante para ti.

Capítulo 41

De la noche a la mañana, Christina Crowther se convirtió en una superestrella del mundo internacional de la moda.

El éxito que obtuvo su colección fue tan resonante e instantáneo, los encargos tan impresionantes, que a las veinticuatro horas supo que tenía que buscar más espacio, contratar más mano de obra y comprar más telas... Y de inmediato. No había tiempo que perder.

Elise, Germaine y Lucie manejaron todos los detalles con rapidez y eficacia, mientras Giselle Roux y su equipo de vendedoras se encargaban de la clientela que entraba a raudales por las puertas de la casa de la calle Bruton.

La clientela privada de Christina, junto con innumerables clientas nuevas, adquirió numerosos modelos de la colección, pero también hubo pedidos gigantescos realizados por tiendas que no sólo dejaron confusa a Christina sino también a la más experimentada Giselle.

La encargada de compras de Bergdorf Goodman de Nueva York quedó tan encandilada por la ropa, que prácticamente compró la colección completa, lo mismo que la encargada del compras del salón de alta costura de Harte's de Knightsbridge. Fue ella quien anunció a todo el mundo que Christina constituía el descubrimiento de la década en el mundo de la moda y señaló que no recordaba un suceso comparable desde que Christian Dior inauguró su propio salón en 1947 e introdujo su entonces llamado New Look.

Giselle se mostró de acuerdo con esa opinión.

–Es exactamente lo mismo, *vraiment*, *Mademoisselle*, ¡se lo aseguro! –Y Christina la creyó.

Las órdenes de compra representaban cientos y cientos de miles de libras. De un solo salto Christina acababa de entrar en el mundo de las grandes empresas, pasando de una ex verdulería de King's Road a la elegante mansión de Mayfair. Era un salto gigantesco.

La causa de toda esa excitación y furor era la colección que ella llamó: «La línea de las flores». Y sin duda de eso se trataba exactamente, el tema de las flores era una constante en todos los modelos.

La ropa de noche era exquisita y extraordinaria y representaba toda clase de flores, desde la exótica orquídea hasta los capullos más sencillos. Cuando meses antes concibió la colección, se dio cuenta de que le sería imposible pintar todas las telas personalmente. Le hubiese requerido demasiado tiempo. Así que contrató a varios artistas capaces para que copiaran sus pinturas y diseños, insistiendo en que fuesen una réplica exacta del original.

Pero también mandó imprimir algunos de sus adornos florales en ciertas telas y esos *chiffons* y *georgettes* románticos y flotantes causaron tanta sensación como las prendas pintadas a mano. Los vestidos de fiesta y de cóctel confeccionados en esas telas estaban llamados a tener una venta masiva, seguirían siendo usados a lo largo de los años y con el tiempo reportaría a su autora millones de libras y de dólares de ganancia.

Otros trajes de noche, de seda más pesada, estaban concebidos con un motivo floral único pero dominante. Podía estar colocado en la parte delantera o trasera de la falda, en la blusa o en un hombro del modelo; a veces se repetía en la falda y en el cuerpo. Pero esa única flor siempre estaba pesadamente bordada en piedras y adquiría el aspecto de una enorme alhaja. Aquellos trajes de fiesta también fueron comprados instantáneamente y nadie cuestionó su alto costo.

Toda la gama de noche de la Línea Floral era espléndida y muy femenina y al ver los modelos por primera vez, la gente lanzaba exclamaciones de admiración. Los colores iban del blanco y los pasteles delicados al rojo vivo, amarillo, zafiro y negro, uno de los predilectos de Christina.

El tema de las flores era una constante que aparecía en toda la línea, hasta en la ropa de calle; en ese caso ocupaba los ruedos de los vestidos.

Tanto los trajes sastre como los abrigos y vestidos tenían faldas estrechas tubulares; pero, de la cintura para arriba, las blusas eran levemente grandes, lo mismo que los hombros, aunque éstos eran suavemente redondeados, y nunca cuadrados. La forma de todos esos modelos sugería una flor sobre un tallo delicado.

Los modelos de ropa de calle en algunos casos eran austeros, de corte y confección impecables, hasta el punto de que a veces hasta proporcionaban una sensación arquitectónica y en todos los casos eran elegantes.

Las telas solían ser livianas e incluían sedas, algodones, hilos y crepes de lana de textura fina. Los colores eran claros, nítidos, con profusión de rosados, lilas, azules y verdes que iban del esmeralda brillante al lima suave. Y cada una de las prendas, fuese para usar de día o de noche, tenía su línea completa de accesorios, que Christina insistió en presentar para que sus modelos tuvieran un *look* completo.

Aparte de ser aceptada por el público, Christina se convirtió en la mimada de la prensa. El periodismo la adoptó. Las redactoras encargadas de las secciones dedicadas a la moda de *Harper's Bazaar*, *Vogue* y *Queen* eran mujeres sofisticadas que lo habían visto todo. Ninguna de ellas era fácil de engañar, y así como reconocían lo falso aplaudían el verdadero talento. Supieron en el acto que Christina no era una estrella fugaz, sino una luminaria que seguiría creciendo en el firmamento de la moda.

En cuanto a los diarios populares, de consumo masivo, también la adoptaron.

Para ellos, la historia de Christina era maravillosa. Una creadora recién descubierta, joven, bonita, llena de talento..., y procedente de una familia como tantas, una chica provinciana. Eso le proporcionaba un atractivo especial, porque las lectoras podían identificarse con ella, lo mismo que con Vincent y Audra, que fueron profusamente fotografiados con su hija el día de la presentación de la colección.

Christina disfrutaba de su éxito y se enorgullecía un poco de él. Pero seguía teniendo los pies fijos en la tierra. En lo profundo de su corazón comprendía que lo más importante de todo era el orgullo que sus padres sentían por ella. Jamás olvidaría sus expresiones al ver los maravillosos modelos que desfilaban por la pasarela, acompañados por estruendosos aplausos e iluminados por la luz resplandeciente de arañas y focos.

Como comentó Jane aquella noche después de que los tres Crowther comieran con los tres Sedgewick:

–Tus padres estaban fuera de sí de felicidad y de orgullo, Christina. Durante el desfile se pusieron tan anchos que creí que iban a reventárseles las costuras de la ropa, y en un momento me pareció notar que tu padre tenía los ojos llenos de lágrimas.

Christina sonrió y asintió, y después le repitió a Jane la frase maravillosa de su madre.

Esas palabras continuaron resonando durante semanas en la mente de Christina. En el curso de la recepción que se ofreció después del desfile, Audra se le acercó con una copa de champán en la mano y con una sonrisa tímida, como disculpándose, le dijo:

–Lo que acabamos de ver es mucho más que un desfile de modas, Christie. Esto es arte.

Aunque Christina había prometido acompañar a Jane a los Alpes franceses en febrero para pasar las vacaciones de invierno, en definitiva sólo pudo pasar con ella un fin de semana largo en el refugio de esquí. En su casa de modas reinaba una actividad febril y ella no podía descuidar su floreciente empresa.

Pero los cuatro días que pudo pasar con Jane en Alpe d'Huez fueron un verdadero descanso y las dos chicas se divirtieron muchísimo. Tenían muchos admiradores atractivos que las invitaban a tomar copas o a comer *fondue* por las noches, y después a veces iban a bailar en alguno de los rústicos bares alpinos.

Christina no esquiaba y tampoco pensaba intentarlo, pero disfrutaba observando a su atlética amiga deslizándose por la nieve. Jane era una excelente esquiadora y una experta patinadora. Y el domingo por la tarde, mientras Christina la observaba con admiración, se le ocurrió una idea... Pensó que las mujeres necesitaban ropa suelta y cómoda y que les permitiera gran facilidad de movimientos. Y así empezaron a germinar varias ideas nuevas para su colección de invierno. Esa habilidad para adelantarse a las corrientes de la moda futura, sería otro de los secretos de su éxito. Porque fue esa visión la que elevó a Christina Crowther del rango de una diseñadora de talento a la estratosfera de las personalidades verdaderamente brillantes.

En cuanto regresó a Londres, las ideas que se le habían ocurrido en los Alpes fueron volcadas en sus mesas de dibujo del estudio del piso superior de la casa de Bruton Street. Christina tenía plena conciencia de que debía comenzar a producir su colección de invierno en mayo para que estuviera lista para exhibirla en septiembre de ese año.

Así que agachó la cabeza y trabajó afanosamente en lo que quedaba de febrero y durante todo el mes de marzo. Jane hizo lo mismo.

La carrera de Jane como figurinista de teatro era floreciente.

La ropa que diseñó para su madre y el resto del elenco de *Elizabeth Regina* tuvo un éxito clamoroso, y acababa de iniciar los bocetos destinados a otra producción para el West End. Durante la primavera de 1956, le encargaron el vestuario íntegro de una película en los Estudios Elstree, y una vez que hubiese completado ese trabajo pensaba viajar a Nueva York donde pasaría varios meses. Acababa de firmar contrato para crear los trajes de un *show* de Broadway, una comedia musical que se preveía iba a ser espectacular. Como era natural, Jane lo consideraba un gran desafío y esperaba con ansiedad su viaje al otro lado del Atlántico.

A pesar de todo el trabajo que tenían, las dos amigas conseguían llevar también una profusa vida social y, en muchos sentidos, los meses de aquella primavera y de aquel verano fueron los más agitados que ambas habían vivido.

A principios de mayo, Ralph Sedgewick las invitó a que fueran en junio a descansar en la villa que él y Dulcie habían alquilado en el sur de Francia.

–Me encantaría que fuésemos –dijo Jane–. Las dos necesitamos tomarnos unas vacaciones, pero especialmente tú, y Beaulieu-Sur-Mer es una belleza. Y escucha, Crowther, después de que nos tomemos unos cuantos días de descanso y nos hayamos recuperado, podríamos alquilar un auto para ir a Grasse, donde tendrías ocasión de investigar esa idea que tienes de los perfumes.

–¡Qué buena idea! –exclamó Christina–. Me parece perfecto. Y me encantaría ir. Llamaré a tu padre para agradecerle la invitación y aceptarla.

Durante las semanas siguientes, Christina estudió la idea del perfume que deseaba comercializar con la marca de su casa de alta costura. El nombre de Christina ya había adquirido prestigio y distinción en ambos lados del Atlántico y ella estaba convencida de que el perfume sería aceptado.

En realidad la idea fue de Giselle Roux, quien se la transmitió a raíz del éxito del mes de enero.

–Usted debe tener un perfume propio, Mademoiselle –aseguró la jefa de vendedoras–. Ha sido siempre la tradición de los grandes *couturiers*... Dior, Chanel, Balmain, Balenciaga, Givenchy. Sí, sí, es necesario que lo tenga; es importante, Mademoiselle.

–Pero ¿cómo lo logro? –preguntó Christina. La idea le gustó enseguida y comprendió las inmensas posibilidades que ofrecía.

–Ante todo, Mademoiselle, debe considerar las fragancias..., las que le proporcionan placer..., el aroma especial de las flores..., de sus flores favoritas. Tal vez las rosas..., o los lirios del valle..., o los jazmines. Después debe ir a Grasse. Es el centro de la industria de la *parfumerie* francesa, y allí crearán para usted el *parfum* especial Christina.

Le dio las gracias y prometió estudiar el proyecto.

Estuvo demasiado ocupada diseñando la colección de invierno como para enfrascarse en seguida en ese tema, aunque se lo comentó a Jane. Pero encabezaba la lista de sus proyectos posteriores.

Y en ese momento, con el viaje al sur de Francia que harían en junio, Christina le pidió a Giselle que hiciera los arreglos necesarios para conseguirle una entrevista con alguno de los creadores de perfumes que trabajaban en Grasse. La jefa de ventas se apresuró a escribir a uno de sus contactos en París.

–*¡Gardenia!* –exclamó Christina, dirigiéndose a Jane en el auto que habían alquilado para viajar a Grasse–. Tiene que ser gardenia. Es la única fragancia a la que siempre vuelvo..., me resulta muy evocadora..., tal vez sea porque cuando yo era pequeñita mi madre siempre se ponía esencia de gardenias. El perfume se llamaba «Esencia de flores de gardenia» y Mrs. Bell lo compraba en Harrod's para regalárselo.

–A mí también me gusta el perfume de las gardenias –contestó Jane–. Pero tienes que pensar en un nombre mejor. No puedes llamarle simplemente Gardenia. Es demasiado terrenal. Tienes que encontrar un nombre más sugestivo.

–Gardenia azul –sugirió Christina.

–No, hubo una película con Alan Ladd llamada...

–Ésa era *La dalia azul* –contestó de inmediato Christina, sonriendo–. Escucha, Jane, a mí me gusta mucho Gardenia azul. Suena bien y además mi madre tiene los ojos más azules...

Jane sonrió.

–Entonces debes ponerle Gardenia azul. En realidad a mí también me gusta, sobre todo si eliges ese nombre por tu encantadora madre. –De repente empezó a husmear el aire que entraba por la ventanilla–. Ya empiezo a oler las flores. Debemos de estar llegando –dijo, aminorando la velocidad.

–Sí, ya casi estamos –exclamó Christina–. Mira, allí a lo lejos se ve la ciudad de Grasse. En cuanto entremos será mejor que me mantenga atenta para encontrar el hotel... Nos alojaremos en uno que me recomendó Giselle: Le Regent.

Christina y Jane pasaron tres días en la bonita ciudad de Grasse, situada en los Alpes marítimos, sobre la ciudad de Cannes. Era un lugar encantador, antiguo y rodeado de maravillosos campos de flores y magníficas rosaledas. Allí nació Fragonard, el gran pintor francés, y había un museo Fragonard, al que las chicas visitaron en cuanto tuvieron el primer rato libre. También fueron a ver la espléndida catedral gótica y muchos jardines famosos.

Pero dedicaron casi todo su tiempo a recorrer perfumerías, oliendo esencias y conversando con los químicos. Por fin, Christina se decidió por dos fragancias que serían fabricadas especialmente para ella y que lanzaría al mercado al año siguiente. Una sería a base de gardenias, y la otra a base de rosas, y se llamarían, respectivamente, Gardenia azul y Christina.

Capítulo 42

–Creo que nunca he visto Hadley Court tan bonito como esta noche –aseguró Christina, volviéndose hacia el padre de Jane–. Las flores y la luz de las velas crean un efecto mágico dentro de la casa, y aquí afuera, el jardín..., bueno, parece etéreo al reflejar la luz de la casa.

El famoso actor, alto, delgado y con aspecto de profesor, observó el parque de su casa solariega de Arlington, Kent.

–Sí, los jardines tienen algo muy especial, sobre todo cuando uno los mira desde esta terraza..., son como la cámara negra de un escenario..., demasiado perfectos para ser reales. Pero supongo que no hay nada tan bonito como un atardecer de verano en Inglaterra, después de un glorioso día de sol.

La voz suave de Ralph resonaba en el aire cálido.

Era una de las figuras más famosas del teatro inglés, y Christina jamás se cansaba de escucharle.

–Pronunciaste la palabra mágica, Christie, y creo que la velada entera ha tenido un toque mágico. ¡Todo ha salido tan bien! Y ahora, aquí afuera, el aire es fragante y no sopla ese viento espantoso que tantas veces nos azota. Sí, tuvimos suerte; ha sido un día de julio perfecto para la fiesta de Jane.

Ralph se volvió para mirar directamente a Christina y le hizo una pregunta con aire paternal.

–¿Y tú, te has divertido, querida?

–Oh, sí, por supuesto, Ralph, muchísimas gracias. Ha sido una noche maravillosa. Pero me entristece un poco que Jane se vaya a Nueva York por cuatro o cinco meses... Voy a echarla muchísimo de menos. ¡Dios mío! ¡Qué egoísta parece esta frase! Me consta que tú y Dulcie también la añoraréis.

–Por supuesto –admitió él–; pero tengo la esperanza de poder hacer una obra en Broadway mientras ella esté allí. Nuestro representante en Norteamérica nos ha comentado que David Merrick nos ofrece un contrato para estrenar una nueva comedia. De todos modos, Christie, ¿no planeabas viajar a Estados Unidos en octubre? Al menos creo que eso es lo que me dijo Dulcie. ¿O me equivoco?

Christina ahogó una sonrisa divertida. La distracción de Ralph era un antiguo tema de broma en la familia Sedgewick, y Jane siempre decía que lo único que su padre alcanzaba a recordar perfectamente era su papel en las obras que representaba.

–No, no te equivocas, Ralph. Pienso viajar a Norteamérica en esa fecha –confirmó Christina–. Mi ropa se ha vendido bien en Nueva York y Bergdorf Goodman me ha invitado a exhibir mi colección de invierno, por supuesto después de mostrarla en Londres.

–Te felicito, Christie, eso es maravilloso. –Le apretó el brazo y le sonrió–. Debo admitir que estoy orgullosísimo de ti y de mi pequeña Jane... A las dos os ha ido muy bien desde que os graduasteis en la Academia de Bellas Artes...

–¡Así que estabais aquí! –exclamó Jane, acercándose.

Christina y Ralph se volvieron para mirarla.

Ella salió a la terraza por los ventanales franceses como flotando en una nube; esa noche se sentía excepcionalmente feliz y su aspecto era esplendoroso. Su modelo Christina estaba confeccionado en tul y puntillas, y la falda era amplia, decorada con lentejuelas plateadas y perlas, y flotaba a su alrededor como una suave nube rosada con luces iridiscentes.

–Os he estado buscando por todas partes. Y os hallabais aquí, chismorreando, sin duda. ¿Qué me he perdido? No, no os molestéis en decírmelo. Vosotros dos deberíais estar dentro, bailando.

Les sonrió y entrelazó su brazo con el de su padre.

–Debo decir, papá, que la orquesta que contrataste es espléndida. Tiene un ritmo fabuloso y han creado un ambiente sumamente animado. Vamos allá a mover un poco las piernas –propuso con tono alegre.

Ralph le dedicó una sonrisa indulgente.

–Creo que ya estoy un poco viejo para esas cosas –manifestó–, y dentro hace mucho calor. Por eso Christina y yo hemos salido a tomar el aire un poco.

Se volvió de nuevo a mirar los jardines, apoyó su copa de coñac sobre la balaustrada de piedra y sacó una pitillera de oro del bolsillo de su chaqueta.

Después de encender un cigarrillo, preguntó:

–Y a todo esto, ¿dónde anda tu madre? No me digas que está saltando por ahí como una cabra loca... Espero que no se le ocurra, con este calor y a su edad.

Jane lanzó una risita.

–Honestamente, papá, oyéndote da la impresión de que mamá sea una anciana. Por amor de Dios, ¡si sólo tiene cincuenta y un años! Pero no, no está bailando sino conversando con Miles, que llegó hace un ratito. Y además..., solo... –Jane hizo una pausa dramática y alzó los ojos al cielo.

–¡No me digas que vino Miles! –exclamó Ralph con alegría.

–No te quepa la menor duda –contestó una voz masculina desde los ventanales.

–¡Miles! ¡Qué maravilla que hayas podido venir después de todo!

Ralph se apresuró a saludarlo, con la mano tendida. Los dos hombres se dieron un apretón de manos, sonriendo. Hacía poco que eran amigos, pero se tenían una enorme simpatía.

–Siento no haber podido llegar a tiempo para la comida, Ralph; pero me atraparon en Londres..., y no pude evitarlo. Ya sabes cómo son las cosas.., en mi posición...

Dejó en suspenso la frase, como sugiriendo que había sido retenido por un importante asunto de gobierno que no podía revelar. Algo supersecreto. Miles sabía que no tenía ninguna necesidad de dar explicaciones por la demora. Aunque no se les perdonara nada más, en general a los políticos se les disculpaba ese pequeño pecado social.

Entonces Miles miró a Jane, a quien ya había saludado dentro de la casa y le hizo una pequeña inclinación de cabeza.

–¿Estás seguro de no querer comer algo? –preguntó Ralph–. Sé que el buffet todavía está abierto. Lo que decididamente debo ir a buscarte es una copa. ¿Qué te gustaría beber? –Ralph se detuvo al darse cuenta de que la atención de Miles estaba fija a sus espaldas–. ¡Ay, Christina, querida, qué poco cortés he estado! –exclamó en tono de disculpa–. No te quedes ahí atrás. Ven, quiero presentarte a Miles.

–Sí, es necesario que conozca a Miles –exclamó él mismo pasando a la terraza.

–Discúlpeme –dijo Jane–, pero voy a buscar una copa de champán.

Christina se adelantó con lentitud, percibiendo la mirada azul y radiante de los ojos que la observaban con tanta intensidad. De repente sintió una especie de opresión en el pecho.

Mientras la miraba acercarse, Miles Sutherland pensó que en su vida había visto una joven tan bonita. Tenía el pelo castaño recogido bien alto y formando una corona de rizos. Era un estilo antiguo, que recordaba al de la década de los cuarenta; sin embargo, le quedaba muy bien. Su vestido era sencillo. De terciopelo. Color gris pálido, y de estilo griego. Llevaba un hombro al descubierto. Lucía una gargantilla y pendientes haciendo juego. Eran de piedras grises y se parecían al tono de los ojos, que resaltaban en su rostro. ¿Serían ópalos? ¿Adularias? No estaba seguro.

Sonrió porque presentía cierta timidez en ella y quiso que se sintiera cómoda.

Ralph se aclaró la garganta.

–Christina, quiero presentarte a Miles Sutherland, uno de nuestros más brillantes políticos, como supongo que sabrás. Y Miles, aquí tienes a Christina Crowther, la amiga más querida de Jane, que comparte con ella el apartamento y a quien en realidad consideramos otra integrante de la familia.

–Mucho gusto –dijo Christina.

Miles tomó en la suya la mano fría de la muchacha y la sostuvo con fuerza. Poco a poco fue aumentando la presión de sus dedos, sin querer soltarla. Supo enseguida que la deseaba. Y haría todo lo posible por poseerla.

–Me alegro mucho de conocerla –dijo por fin, y a regañadientes, liberó la mano–. Mi hermana me ha hablado mucho de usted. Es clienta suya.

–¿Su hermana? –repitió ella, sintiéndose una completa imbécil por no saber quién era la hermana de Sutherland.

–Sí, Susan Radley –aclaró él.

–¿Lady Radley? –preguntó Christina, sintiéndose cada vez más tonta.

Él sonrió, divertido.

–Sí. –Miró a Ralph–. No rechazaría esa copa que me ofreciste. Si me indicaras dónde está el bar, yo...

–No, tú te quedas aquí, Miles –insistió Ralph–. ¿Qué quieres que te traiga?

–Whisky, creo. Con un chorrito de soda. Gracias, Ralph.

Ralph Sedgewick miró a Christina.

–Tú ni siquiera has probado tu coñac, querida. ¿Tal vez preferirías tomar otra cosa?

–Sí, por favor..., me encantaría una copa de champán.

De repente deseó que Ralph no se fuera dejándola sola con ese hombre que continuaba mirándola tan fijo con sus ojos curiosamente hipnóticos.

Quedaron solos en la terraza.

Miles esbozó una sonrisa perezosa, le dirigió una mirada penetrante, como si estuviese contestándose una pregunta interior, por fin sacó una cajetilla de cigarrillos. Le ofreció uno en silencio. Ella hizo un movimiento negativo con la cabeza.

Después de encender un fósforo y aspirar el humo, volvió a hablarle con aquel tono divertido y de superioridad.

–Las fotografías suyas que aparecen en los diarios no le rinden justicia, ¿sabe...?, además la hacen parecer mucho mayor..., y dígame, ¿cómo se las arregla para manejar a nuestra prensa nacional? Hay veces en que yo los encuentro bastante pesados.

Christina ignoró el disimulado elogio que encerraban sus palabras.

–Muchas gracias, yo encuentro que la prensa es maravillosa –dijo expresándose con mucho cuidado–. Conmigo son decididamente muy decentes; pero, claro, yo no soy un brillante político que siempre es noticia nacional.

–*Touché!* –exclamó él, acercándosele, apoyándose contra la balaustrada con aire indiferente–. Esa gargantilla que se ha puesto, ¿es de adularias?

–No, son simples cuentas de vidrio, pero me gustó el efecto que producen, así que las compré.

–¿Alguna vez ha usado ópalos?

Ella negó con la cabeza.

Miles le clavó los ojos con mirada especulativa, atrevida, admirativa.

Christina se descubrió devolviéndosela sin pestañear. Por fin él habló de nuevo.

–Debería usarlos, ¿sabe? Los ópalos le quedarían muy bien junto a esa piel extraordinaria que tiene... y al lado de esos ojos maravillosos.

Christina se sobresaltó. No pudo contestarle. Le temblaban las rodillas. Se sentó sobre la balaustrada.

Miles Stuherland no podía dejar de mirarla. Le emocionaba como hacía años que no se emocionaba y sintió una briosa vibración en el fondo de su ser. Además esa muchacha le provocaba una tremenda y urgente excitación.

Para inmenso alivio de Christina, en ese momento Ralph salió a la terraza con las bebidas que le habían encargado.

Ella permaneció bebiendo sorbos de champán mientras oía el rumor de las voces de ambos que hablaban sobre la política del país. Pero en realidad no los escuchaba. Estudiaba a Miles Sutherland, preguntándose qué sería lo que la atraía tanto de aquel hombre. ¿Su presencia? ¿La fuerza de su personalidad? ¿Su carisma? No estaba segura. No era el hombre más guapo que ella había conocido; pero tenía un rostro atractivo: delgado, inteligente, anguloso. Su pelo era de un color rubio oscuro con un toque de gris en las sienes. De huesos pequeños, no era mucho más alto que ella; en realidad sólo le llevaría unos centímetros.

Lo que la hipnotizaba eran sus ojos, de un celeste que le recordaba el cielo de Inglaterra en un día de verano.

Los dos hombres continuaron conversando un rato, y ella escuchaba, se dejaba inundar por el tono de voz de Miles, la absorbía y registraba en su memoria. Estaba llena de matices y de inflexiones. Se lo imaginó hablando en la Cámara de los Comunes.

Y de repente Miles se encontraba de pie frente a ella, despidiéndose.

–Me alegro de haberla conocido –aseguró en tono indiferente.

Christina se bajó de la balaustrada, tomó la mano que le ofrecía y la estrechó.

–Yo también me alegro mucho de conocerle –dijo, obligándose a hablar en tono alegre.

Más tarde, al acostarse, se preguntó por qué se sentiría tan desilusionada y deprimida.

Capítulo 43

–¡Qué coraje tiene! ¡Venir a meterse aquí y tratar de seducirte! –exclamó Jane.

–No vino a meterse –corrigió Christina–. Me llamó a Bruton Street. Y no trata de seducirme.

–¡Por supuesto que es lo que está haciendo!

–¡No seas tonta, Jane...! ¿Durante el almuerzo?

Christina comenzó a reír.

–Después de almorzar –aclaró Jane con fiereza–. Los franceses lo llaman *matinée*.

–Pero no estamos en París, sino en Londres, ¿recuerdas?

–¡Dios mío! A mamá le daría un ataque... Si lo supiera se pondría furiosa. Después de todo, lo conociste en Hadley y por mediación nuestra.

–Me imagino que no se lo dirás –dijo Christina.

–Por supuesto que no pienso decírselo –contestó Jane, mirándola de reojo–. ¡Dios mío, Crowther, qué tonta eres a veces! Y decididamente serías más que estúpida si salieran con Miles Sutherland.

–¿Por qué?

–Porque es un tipo peligroso. Emocionalmente peligroso. Lo siento en los huesos.

–La que en este momento está comportándose como una tonta eres tú. Y lo que dices es algo cogido por los pelos. ¿Por qué va a ser peligroso para mí? –preguntó Christina.

–Para empezar, porque está casado.

–Pero está separado de su mujer. Todo el mundo lo sabe. Hace años que lo publicaron los periódicos.

–Pero no está divorciado, Christie.

–No sé por qué estás actuando así, Jane, en serio que no lo sé. Miles me parece un hombre agradable y estoy segura de que también es decente y honorable.

Jane lanzó una risotada.

–Apuesto a que es un sinvergüenza.

Christina la miró estupefacta.

–No sé qué te pasa hoy. ¡Estás prejuzgando con tanta seguridad!

Jane miró de frente a su querida amiga.

–Muy bien, repasemos unos cuantos hechos. Miles Sutherland es un buen mozo y encantador y en las fiestas siempre causa sensación. Eso te lo concedo. Pero no olvidemos que también causa sensación en la Cámara de los Comunes y que es un político brillante y ambicioso.

–No sé qué es lo que me quieres decir con eso, Jane.

–¡Por Dios, Christina, no seas tan torpe! Sucede que ya hay una mujer en su vida, una mujer que se llama Cándida Sutherland, que es su esposa y madre de sus tres hijos. Y que casualmente también es la hija, la única hija, de uno de los industriales más importantes de Inglaterra. Tiene montones y montones... y montones de dinero, y si...

–Todo eso ya lo sé.

–Y puedes estar más que segura de que Miles Sutherland sabe de sobra dónde está su pan con manteca, querida. ¡Ah, sí! Cuando un hombre es miembro del Parlamento y una de las cabezas del Partido Laborista, y tiene una carrera futura asegurada, el dinero de su mujer le viene muy bien. Y tú crees que va a poner en peligro todo eso...

–¡Basta, Jane! –gritó Christina–. ¡Lo que dices es un disparate! –Dejó escapar una risita y miró a Jane con curiosidad–. Por tu manera de hablar cualquiera diría que Miles y yo estamos viviendo una aventura salvaje, cuando...

–Apuesto a que eso le encantaría. Miles Sutherland me parece un tipo bastante lujurioso.

–... cuando apenas lo conozco. Además, lo único que ha hecho es invitarme a almorzar.

Jane la miró entrecerrando sus ojos violáceos.

–Cuando un hombre como Miles Sutherland invita a almorzar a una mujer como tú, tiene una sola cosa en la mente, y ciertamente no es pagarle un buen almuerzo.

–A pesar de todo lo que digas, Jane, estoy decidida a salir a almorzar con él –aseguró Christina con firmeza.

–Ojalá no lo hicieras... No sabrás manejar la situación.

–¿De qué situación estás hablando?

–Del maldito y fatal encanto de este tipo, de sus palabritas suaves y de todas sus artimañas. No te olvides de que es un político, y mamá dice que los políticos tienen el don de la locuacidad.

–Yo sé cuidarme, Jane.

–No, no sabes.

Entonces Christina habló con lentitud, casi reflexivamente.

–En una época mi madre tenía una amiga: Gwen. Yo, cuando era pequeña, la llamaba tía Gwen. De jóvenes eran íntimas, las dos trabajaban como enfermeras en el hospital de Ripon. Pero a Gwen papá no le gustaba demasiado y, naturalmente, mamá se puso furiosa. Y después Gwen se casó con un tipo llamado Geoffrey Freemantle. De alguna manera, Geoffrey también las separó, lo mismo que en cierto modo había hecho mi padre.

Christina hizo una pausa y respiró hondo.

–Y no quiero que eso nos suceda a nosotras, Jane, te lo digo en serio. Así que te propongo que hagamos un pacto ahora mismo. Prometamos que nunca permitiremos que los hombres nos separen. Tratemos de estar por encima de todas esas cosas. ¿Qué te parece?

–¡Oh, Christina querida, por supuesto que estoy completamente de acuerdo! No podemos permitir que los hombres de quienes nos enamoremos abran una brecha entre las dos.

Esa noche, Christina y Jane fueron a comer en Le Matelot en Belgravia.

A las dos les gustaba el pequeño restaurante francés decorado con temas náuticos y con un ambiente poco convencional. Les recordaba el viaje que habían hecho el mes anterior al sur de Francia.

Mientras bebían sus vasos de vino blanco, esperando que les sirvieran el primer plato, Jane preguntó:

–¿Y qué le sucedió?

–¿A quién?

–A esa amiga de tu madre, Gwen.

–Diablos, Jane, en realidad es una historia bastante triste. Su vida no fue demasiado feliz con ese Geoffrey. Para empezar, resultó ser uno de esos tipos a quienes les gusta pegarles a las mujeres.

–¡Dios mío, qué espantoso! –exclamó Jane, horrorizada.

–Sí, fue espantoso. –Christina se inclinó apoyando los codos sobre la mesa–. Cuando yo era pequeña, mamá empezó a sospechar que sucedía algo raro en ese matrimonio, por lo menos eso es lo que me dijo mucho después. Verás, la pobre tía Gwen siempre sufría accidentes terribles..., se caía por la escalera que llevaba al sótano o cosas por el estilo, y mamá empezó a preocuparse. Al principio pensó que Gwen tendría alguna enfermedad, un tumor cerebral o algo así, hasta que por fin se dio cuenta de lo que sucedía. Interrogó a su amiga. Por supuesto, ella lo negó, y por esa época dejamos de ir a visitarla.

–Y al final, ¿qué le sucedió a Gwen? –preguntó Jane.

–Fue a vernos durante la guerra. Inesperadamente. Recuerdo muy bien aquel día porque me llevó de regalo un collar de cuentas de vidrio muy bonito. En esa época yo debía de tener alrededor de diez años. Fue a casa a tomar el té y se quedó a comer, y después de que yo me acostara le contó todo a mi madre. Creo que para entonces ya no aguantaba más. Mamá consiguió convencerla de que dejara a su marido y volviera a vivir con sus padres, aunque creo que le costó mucho trabajo hacerla entrar en razón.

–Sigue... –pidió Jane–. Te aseguro que te mato si no me cuentas el final de la historia.

–Mi madre habló con Charlie, el hermano de Gwen –explicó Christina–, y él le advirtió a su cuñado que no volviera a rozar a su hermana. Y Geoffrey obedeció.

–Y Gwen consiguió el divorcio.

–No, pero Geoffrey Freemantle murió durante la guerra. Fue en 1944. No estaba en el ejército, pero había venido a Londres por negocios y murió durante un bombardeo.

–¿Y ahora, dónde está Gwen? ¿Cómo termina su historia?

Christina sonrió y sus ojos se iluminaron.

–En realidad, Jane, la historia tiene un final feliz. En 1953, Gwen se casó con mi tío Mike. Él había enviudado y estaba muy solo. Y una noche mamá le convenció de que comiera con ellos y con Gwen. Porque debes saber que años antes ellos salían juntos. Así que supongo que podría decirse que retomaron la historia donde la habían dejado.

–No me parece exactamente así –contestó Jane, riendo–. Pero me alegro de que su vida haya dado un giro de ciento ochenta grados... ¡Pobre mujer! –Tras una corta pausa, agregó–: Christie, con respecto a Miles...

–¿Qué pasa con Miles?

–¿Cuándo almuerzas con él?

–El viernes..., pasado mañana –contestó Christina.

Jane se echó hacia atrás y sonrió, pero miró a su amiga con preocupación.

–Ése es el día en que salgo para Nueva York, y ya que tengo pasajes para el vuelo de las diez, te pido que me llames más tarde y me cuentes lo sucedido. Seré toda oídos.

Christina estalló en carcajadas.

–¡Oh, Jane, eres imposible! ¡No va a suceder nada...!, pero te llamaré de todos modos para asegurarme de que tú estás bien, y de que has llegado sana y salva al viejo Manhattan.

–¿Miles te resulta irresistible, Christie? Es decir, ¿te sientes locamente atraída por él? –preguntó Jane.

–Es bastante atractivo –murmuró Christina, tratando de expresarse con la mayor indiferencia y sin animarse a confiarle a Jane sus verdaderos sentimientos.

En el último momento, él canceló el almuerzo.

–Lamento muchísimo tener que hacer esto –dijo en un tono de voz apesadumbrado, cuando la llamó por teléfono el viernes por la mañana–; pero no me puedo encontrar contigo como habíamos acordado. Ha surgido algo..., y las cosas se han complicado bastante. ¿Me perdonas, Christina? ¿Podremos vernos otro día, quizá?

–¡Ah! –exclamó ella, que estaba sentada detrás de su escritorio de la casa de la calle Bruton. Apretó con más fuerza el teléfono.

–¡Pero acaba de ocurrírseme una idea mucho mejor! –exclamó Miles como si le viniera en ese momento a la cabeza–. ¿Por qué no cenamos juntos la semana que viene? Al mirar mi agenda veo que estoy ocupado todos los días a la hora del almuerzo... ¿Te gustaría cenar conmigo el martes por la noche?

–Me encantaría, Miles, pero no puedo –contestó Christina, que realmente lo lamentaba–. El lunes viajo a París.

Él lanzó una carcajada llena de incredulidad.

–París en julio. Encontrarás que todos los parisinos han huido. Sólo te toparás con turistas norteamericanos.

–Yo voy por negocios –explicó ella con suavidad.

Era tan profunda su desilusión por el almuerzo cancelado que sentía un nudo en la garganta.

–Sea por negocios o por placer, sigue siendo una de mis ciudades favoritas. ¿Cuándo piensas regresar?

–Más o menos dentro de diez días.

–Entonces volveré a llamarte... ¿Te parece dentro de dos semanas?

–Sí, me encantará, Miles.

Después de colgar se quedó mirando el teléfono durante largo rato. Le preocupaba que él despertara en ella sentimientos tan fuertes.

Capítulo 44

Aunque ya no pintara paisajes, Christina continuaba viendo todo en función de la luz.

Y en la primera semana que pasó en París le pareció que cada día estaba lleno de luz gloriosa. Mientras se dirigía desde el hotel Ritz, donde se alojaba, a sus distintas entrevistas, levantaba la mirada y se maravillaba del cielo resplandeciente que pendía como un dosel sobre esa ciudad, la más hermosa del mundo.

El tiempo era perfecto, tibio, soleado y sin la humedad que convertía a Londres en un lugar tan insoportable. Sin embargo, a pesar de admirar el cielo radiante, el sol que se reflejaba sobre el Sena y se abría paso entre la cúpula de hojas verdes de los árboles, dejando caer su brillo dorado sobre los anchos bulevares y los antiguos edificios, Christina no tenía el menor deseo de llevar a la tela lo que veía.

El día en que renunció a la pintura, se prometió que no volvería a anhelarla como actividad y que tampoco lamentaría su decisión, y así fue.

En cierto modo, representaba para ella un alivio no tener que luchar para superar a los pintores más renombrados del mundo, cosa que su madre siempre la creyó capaz de hacer. Sería imposible que alguien superara a J. M. W. Turner, el más importante de los pintores paisajistas ingleses del siglo XIX, quien había logrado captar tan bien la luz en sus cuadros. O a Van Gogh, o a Renoir y Monet que habían hecho lo mismo.

En verdad, Christina disfrutaba de su trabajo como diseñadora de modas, le resultaba un desafío constante, y saboreaba tanto el aspecto empresarial como el creativo que su trabajo le exigía.

Y, como era natural, los extraordinarios aplausos que recibía le proporcionaban enorme placer, y a la vez, el dinero que ganaba no se limitaba a ser gratificante..., era emocionante. Sabía que a fin de año estaría en condiciones de devolver los préstamos que le hicieron Dulcie y Elspeth. Pero lo más importante de todo era que su madre, por fin, había dejado de trabajar en el hospital de Leeds y consintió en aceptar el cheque mensual que ella le enviaba. Fue una batalla que consiguió ganar, en gran medida gracias a la intervención de su padre, quien la apoyó sin restricciones. Vincent comprendió todo lo que eso significaba para ella.

Aquella semana, a pesar de asistir a sus entrevistas con los creadores de perfumes y a reuniones en las fábricas textiles y de atender en general todos los asuntos de su empresa, encontró el tiempo necesario para comprar regalos a sus padres. Para su madre adquirió un par de suavísimos guantes de cabritilla, una bufanda de seda y varias blusas; para su padre compró corbatas de seda, camisas de batista y un elegante encendedor. Tampoco se olvidó de Jane, para quien adquirió en Hermes un maravilloso chal de seda para noche, confeccionado en una mezcla de los rosados que su amiga adoraba.

Y en ese momento, un viernes por la tarde, cuando estaba a punto de finalizar su primera semana en París, mientras cruzaba lentamente la Place Vendôme rumbo al hotel Ritz, Christina pensó en Jane. No le parecía posible que hubiera viajado a Nueva York apenas una semana antes. Tenía la sensación de que había transcurrido muchísimo más tiempo.

La añoraba mucho, cosa que le parecía completamente natural porque habían sido inseparables durante los últimos cinco años. Era su mejor amiga, en realidad la única amiga íntima que tenía. Durante su infancia y su adolescencia su madre la mantuvo tan ocupada con la pintura que no le quedó demasiado tiempo para dedicar a compañeras de juego ni amiguitas. Su vida siempre se redujo a clases de pintura, viajes a pintar el campo, visitas a museos y galerías y a alimentarse de arte, arte y más arte. Y en ese momento, al contemplar retrospectivamente todos esos años, comprendió que prácticamente no se separó nunca de Audra, hasta su partida hacia Londres para ingresar en la Real Academia de Bellas Artes.

Mientras atravesaba las puertas del Ritz, sonrió para sus adentros, recordando con cierto afecto el hotelito Des Deux Continents donde ella y Jane se hospedaban cuando iban a París en sus días de estudiantes. Existía una enorme distancia entre aquel alojamiento y el elegante edificio preferido por Hemingway y donde iban la realeza y los astros y estrellas de cine. Deseó que Jane pudiera estar con ella en ese viaje, albergándose allí... ¡Cómo se habrían divertido!

Su *suite* estaba en el ala opuesta del Ritz, la que daba a la rue Cambon, y tenía que atravesar una larga galería de tiendas para llegar al más pequeño de los vestíbulos. Pero no se detuvo a curiosear los establecimientos, como solía hacer; estaba demasiado ansiosa por llegar a su *suite*, quitarse los zapatos y pedir que le subieran el té. Acababa de pasar un día de enorme actividad, durante el que caminó muchísimo porque casi todos los lugares a los que tenía que ir estaban cerca unos de otros.

Al entregarle la llave de su *suite*, el conserje le sonrió amablemente y, contestando a su pregunta le dijo que no, que no había mensajes para ella. Christina le devolvió la sonrisa, le dio las gracias y se volvió para encaminarse hacia el ascensor.

En ese momento lo vio. Se detuvo en seco, mirándolo con fijeza.

Él tenía los ojos clavados en ella. Se levantó del sillón y se le acercó con pasos ágiles.

Christina se sintió transportada por aquellos ojos azules y radiantes.

–¡Hola! –La saludó cuando estuvo a su lado.

–¡Miles! –Después de una pausa pudo volver a hablar y consiguió decir–: ¿Qué haces aquí?

La sonrisita que ella recordaba tan bien apareció en la comisura de sus labios.

–Vivo en este hotel –contestó–. Siempre me alojo en el Ritz cuando vengo a París.

–¡Ah!

Él le tomó el codo con una mano y la escoltó hasta el ascensor. No hablaron mientras subían y Miles se apeó en el mismo piso en el que estaba la habitación de Christina. Cuando llegaron a la puerta de la *suite*, ella, en su nerviosismo, dejó caer la llave.

Miles la cogió, la colocó en la cerradura, la hizo girar y mantuvo la puerta abierta para que ella pasara; después la siguió. Se apoyó contra la puerta para observarla caminar delante de él, tan frágil y delgada. Tenía unas piernas maravillosas. ¿Cómo no lo había notado antes? ¿Pero de qué modo lo iba a descubrir? En Hadley tenía puesta una larga túnica griega. Sin embargo, enseguida supo una cosa. Volvía a ser presa de la excitación, lo mismo que la noche en que la vio por primera vez, a principios de mes.

Y en definitiva por eso estaba allí, ¿no?

Después de cruzar el *foyer* hacia la sala de estar, Miles se apoyó contra el pomo de la puerta, sin dejar de mirarla, fascinado. Estaba impaciente por tomarla en sus brazos, por hacerle el amor. Le habría gustado que ocurriera en aquel mismo momento. Sin embargo, sabía que jamás podría adoptar una actitud de ese tipo. Era un caballero y no quería asustarla, lanzándose sobre ella como un depredador. Tenía la sensación de que era cándida e inexperta, por lo menos en lo que a hombres se refería. Pero, aparte de todo eso, él quería llegar a conocerla un poco mejor, saborearla, disfrutar imaginando el momento en que la poseyera totalmente.

Christina depositó su bolso y su portafolios en un sillón y se volvió tan repentinamente que lo sobresaltó.

–Esto no es una coincidencia, ¿verdad? –preguntó.

–Por supuesto que no, Christina.

Se adelantó hasta el centro de la habitación, se detuvo junto a ella, le tomó una mano y la sostuvo con fuerza, apretándola entre sus dedos. Con el rostro cerca del de la joven, le dirigió una mirada profunda.

–Decidí que no quería esperar dos semanas para invitarte a salir a cenar. Por esa razón estoy aquí..., para cenar contigo. Esta noche..., espero. ¿Estás libre?

–Sí. –Lo observó, con el entrecejo fruncido–. ¿Y además no tienes negocios aquí? Quiero decir..., no me dirás que volaste de Londres a París simplemente para salir a cenar conmigo..., ¿no?

–Es justamente lo que hice.

–¡Ah!

Christina sintió que se le subía la sangre al rostro, y de nuevo la asaltó esa extraña sensación en el pecho. Quiso mirar para otro lado, pero descubrió que le resultaba imposible. Los ojos de él la hipnotizaban, lo mismo que en Hadley Court.

Miles esbozó una extraña sonrisita y le soltó la mano, se acercó a la ventana, apartó la cortina y miró los jardines. Después se volvió para mirarla de frente.

–Si no estuviéramos en julio y en la estación turística, esta noche te llevaría a comer a Maxim's, pero dado que lo es, y además que yo no traje ropa de etiqueta, que allí es obligatoria los viernes por la noche, ¿te parece bien que comamos aquí, en los jardines del hotel?

–Donde quieras. Sí, me encantaría que cenáramos aquí.

–Entonces nos encontraremos abajo en el bar americano a las... –Levantó el puño de la camisa para mirar su reloj de pulsera–. ¿A las ocho? ¿Te parece bien? Eso te dará una hora para cambiarte y vestirte.

–Tendré tiempo de sobra, gracias.

Él cruzó la habitación, se detuvo al llegar al lugar donde se encontraba ella y enseguida, por segunda vez en pocos instantes, volvió a mirarla profundamente a los ojos. Le tomó la mano y le besó las puntas de los dedos.

–Por supuesto que vine a París por ti –repitió–. Créelo porque es cierto. Pues has de saber que me ha resultado imposible dejar de pensar en ti desde la noche en que nos conocimos en Hadley.

Y se fue antes de que Christina pudiera responder una sola palabra. Cruzó la sala de estar, el vestíbulo y salió de la *suite*. No miró atrás como ella esperaba.

Christina se quedó sola, de pie en el centro de la habitación.

Parpadeó, y por un instante no pudo asimilar todo lo que había sucedido en el lapso de..., ¿cuánto tiempo? ¿Quince minutos, como máximo? Él la siguió a París en cuanto pudo..., esa noche estaba esperándola en el vestíbulo..., y, por supuesto, como dijo Jane tan concisamente, lo que tenía en mente era mucho más que ofrecerle una buena comida. Pero daba la casualidad de que a ella le sucedía lo mismo.

Durante las dos últimas semanas no había podido dejar de pensar en Miles Sutherland y su desilusión por la cancelación del almuerzo fue tan profunda que le duró varios días. Mientras se encaminaba al dormitorio y se desabrochaba el vestido de hilo negro, se permitió pensar en Miles Sutherland.

Era distinto a todos los hombres que había conocido en su vida. Y lo consideraba todo un hombre. No como aquellos estudiantes con quienes salía al principio o como los jovencitos que frecuentó durante los dos últimos años.

Después de todo, Miles Sutherland era un hombre de mundo. Pensando en él, se estremeció al quitarse el vestido y acercarse al armario. Volvió a estremecerse al recordar la mirada intensa y apasionada que le dirigió mientras le cogía una mano y, después, cuando le besó la punta de los dedos. Por un instante ella creyó que iba a tomarla en sus brazos, y era tan grande su deseo que se sintió débil. Su excitación y la anticipación que sentía por lo que sucedería esa noche se aceleraron. Y mientras empezaba a prestar atención a la ropa que colgaba frente a ella, se preguntó qué clase de noche resultaría.

Por fin, se decidió por un vestido de cóctel de terciopelo estriado en una mezcla de lilas y violetas que se entremezclaban hasta disolverse en el más claro de los grises. No tenía mangas, la blusa estaba adornada por volantes y tenía un escote en uve muy pronunciado, tanto en el frente como en la espalda, y una falda amplia y drapeada.

Christina no ignoraba que ese vestido la hacía sumamente seductora. Quería resultarle tan irresistible a Miles Sutherland como él le resultaba a ella.

Algunos instantes después, mientras se recogía el pelo antes de bañarse, se contempló en el espejo del cuarto de baño. En ese momento vio el rostro de él con tanta claridad en sus recuerdos y sintió su presencia con tanta fuerza, que era como si estuviese parado detrás de ella.

–¡Oh, Miles! –exclamó en voz alta–. ¡Yo tampoco he podido dejar de pensar en ti!

Capítulo 45

Al verla, los latidos de su corazón se aceleraron.

Estaba de pie en la entrada del bar, con un vestido color lila, la gargantilla de piedras grises le rodeaba el cuello, y llevaba el pelo peinado hacia arriba, formando una coronilla de bucles, lo mismo que la noche en que se conocieron en Hadley.

Se puso de pie de inmediato y cruzó la mitad del bar antes de que ella alcanzara a verlo; cuando lo descubrió su rostro se iluminó en una sonrisa y se le acercó apresuradamente; al encontrarse, Miles alcanzó a percibir su perfume, algo liviano y fresco y con olor a verde que evocaba praderas de verano llenas de sol.

Ninguno de los dos habló. Se miraron, y los ojos de ambos quedaron como prendidos durante una fracción de segundo.

Entonces él la tomó del brazo y la condujo a la mesa del rincón más lejano donde los esperaba una botella de Dom Perignon en un cubo de hielo, y donde se consumía el cigarrillo de Miles apoyado en un cenicero junto al vaso de whisky con el que fortalecía su ánimo mientras la esperaba.

Se sentaron frente a frente, y él apagó el cigarrillo, alzó la cabeza y le sonrió con una sonrisa muy profunda; Christina respondió con otra idéntica.

En cierto sentido, a Miles le alegraba que hubiera una mesa entre los dos. Era una barrera cuya presencia agradecía porque le impedía hacer tonterías, como hubiera sido tomarla en sus brazos y besarla allí mismo convirtiéndose en un espectáculo público. Y, de todos modos, quería mirarla, estudiar su rostro, reforzar la imagen de ella que lo había perseguido durante semanas.

–Observé que en Hadley bebías champán, así que ordené que nos trajeran una botella –explicó, y notó que hablaba con voz ahogada, lo cual le sorprendió; desde que decidió viajar a París estaba cada vez más tenso, y esa última hora en que tuvo que esperar que ella se cambiara y se reuniera con él le resultó intolerable–. ¿Te parece bien? –preguntó, tratando de relajarse y haciéndole una seña al mozo para que descorchara la botella.

–Sí, Miles, gracias, me encanta –contestó ella–. Lo único que bebo es vino blanco o champán, pero nunca licores fuertes. De todos modos, el champán es una bebida... festiva y me parece que ésta es una ocasión muy especial.

–¿Ah, sí? –preguntó él, mirándola con expresión alerta.

–Completamente.

–¿Por qué? –quiso saber Miles, y se inclinó un poco sobre la mesa.

–Porque los célebres políticos ingleses a mí no me invitan a menudo a salir a comer..., y ninguno ha cruzado en avión el Canal de la Mancha para eso.

Miles notó la expresión divertida de los ojos de ella, la risa que bullía debajo de su superficial seriedad. De repente se dio cuenta de que estaba burlándose de él y sintió ganas de reír; pensó: «¡Gracias a Dios, tiene sentido del humor!».

–El viaje valió la pena –replicó Miles, dirigiéndole una mirada apreciativa–, aunque sólo fuera para disfrutar del panorama que se aprecia desde donde estoy sentado ahora..., es precioso.

–Gracias.

El mozo les sirvió el champán. Miles lo probó y asintió, y entonces el camarero llenó ambas copas. Miles levantó la suya y la entrechocó con la de ella diciendo:

–Por la primera velada que pasamos juntos.

–Sí..., y por nuestra comida. Probablemente sea la más cara que has tenido que pagar en tu vida, si incluyes tu pasaje en avión y el precio de tu alojamiento en el Ritz. Por supuesto, a menos que hagas esto con frecuencia, en cuyo caso no debe resultarte nada excepcional.

Miles la miró con intensidad, preguntándose si ella estaría insinuando algo acerca de otras mujeres, pero enseguida se dio cuenta de que sus palabras no tenían segundas intenciones. Su expresión era de total inocencia.

Entonces Christina se echó a reír divertida.

Miles observó su expresión alegre y sus ojos, que parecían bailar, y también soltó una carcajada. La risa les ayudó a aliviar su tensión, aunque no demasiado. Hacía dos semanas que la deseaba, había fantaseado tanto sobre la posibilidad de hacerle el amor, que sentía una urgencia terrible. Y ahora que por fin estaba con ella, toda su atención se centraba en Christina, y el deseo de poseerla le provocaba una tensión casi insoportable. Sabía que si no le hacía el amor, explotaría antes de que finalizara la noche.

Christina bebió algunos sorbos de champán y lo estudió, intrigada.

–¿Miles, qué habrías hecho si esta noche yo hubiera tenido otro compromiso? –preguntó.

Él se echó hacia atrás, sacó un cigarrillo, lo encendió y de sus resplandecientes ojos azules no desapareció la expresión de risa divertida.

–Debo confesar que se me ocurrió esa posibilidad.

Se inclinó por encima de la mesa en un gesto de intimidad y le explicó:

–Te habría invitado a comer mañana o el domingo, y si también hubieras tenido compromisos, te habría invitado a almorzar o te hubiera propuesto que saliéramos juntos a tomar una copa alguno de estos días. Y, en definitiva, posiblemente me habría conformado con que tomáramos juntos una taza de té o un desayuno, que saliéramos a caminar un rato por el *bois* o cualquier cosa que hubieras estado dispuesta a hacer conmigo. Como verás, estaba decidido a conocerte mejor, Christina, y puedo llegar a ser un hombre sumamente, pero sumamente, insistente.

–Sí, ya lo sé.

–¿Y cómo lo sabes? –preguntó, alzando una ceja.

–Por lo que he leído acerca de ti en los diarios durante los últimos años. Tienes fama de ser terco y decidido..., nunca dejas de atacar a los *tories* y los tienes permanentemente en ascuas en la Cámara de los Comunes, ¿verdad?

Él sonrió y aspiró el humo de su cigarrillo.

–Ése es el deber de los integrantes del gabinete secreto..., mantener cierta inestabilidad en la oposición, ¿sabes?

Miles se reclinó contra el respaldo y la estudió con expresión pensativa.

–Lo que te dije en Hadley es cierto –continuó–; esas fotografías tuyas que he visto en los diarios y en revistas decididamente no te hacen justicia. Sobre todo las de los diarios en las que pareces mucho mayor. –Hizo una pausa–. ¿Cuántos años tienes, Christina?

–Cumplí veinticinco en mayo.

Se sorprendió. Pensaba que tendría veintisiete y hasta veintiocho. No porque los representara, sino porque había que tener en cuenta su enorme éxito como modista; además, había cierta reserva en su modo de ser, cierta cautela que era casi prudencia, y eso para él de alguna manera significaba madurez. Veinticinco. En realidad era tan joven..., apenas una muchacha.

–Soy mucho mayor que tú..., tengo treinta y ocho –dijo Miles.

–Cuarenta.

Él echó hacia atrás la cabeza y rugió de risa.

Christina se apoyó contra el respaldo de la silla y lo miró con ojos llenos de picardía.

–Bueno, bueno, ¿qué te parece mi exhibición de vanidad masculina? ¿Y cómo supiste mi verdadera edad? Creo que los diarios nunca la mencionaron, por lo menos en los últimos tiempos.

Christina había acudido a la biblioteca para consultar un libro de referencias sobre políticos, pero no tenía la menor intención de admitirlo. Así que decidió mentirle.

–Supongo que debe de habérmelo dicho Jane.

–¡Ah, sí, por supuesto! Mi hermana es muy amiga de Dulcie. Pero eso lo sabes, porque fue Dulcie la que te presentó a Susan..., para que admirara tu estupenda ropa. –Sirvió más champán en las copas de ambos–. Has tenido muchísimo éxito en tu carrera de diseñadora de modas, te has convertido en una celebridad..., y todo en muy pocos años. Admiro a las mujeres triunfadoras e inteligentes..., y quiero conocer toda tu historia, y saber cómo lo lograste, Christina. ¿Me lo contarás?

–Sí; si te interesa...

–Me interesa muchísimo.

Ella le hizo un relato sucinto sobre su infancia en Yorkshire, su encuentro con Jane en la Real Academia de Bellas Artes y, por fin, le contó su decisión de convertirse en *couturière*. Pero no le reveló los verdaderos motivos que la llevaron a renunciar a la pintura y prefirió que él creyera que lo hizo porque el diseño de modas había sido su primitiva vocación.

Habló alrededor de quince minutos.

–Y ésa es la síntesis de toda mi vida –concluyó; tomó su copa y bebió un largo trago.

–Has tenido un éxito meteórico. Te felicito –comentó él, dirigiéndole una mirada de sincera admiración.

Había disfrutado escuchándola. Christina tenía una voz agradable y bien modulada, y de repente Miles se sentía curiosamente relajado. Tal vez porque sabía que ella sería su cautiva durante las horas siguientes y en ese tiempo podían suceder muchas cosas.

La joven le sonrió.

–Ahora te toca a ti el turno de contarme toda tu vida, Miles.

La información que obtuvo en el libro de referencias era breve y quería saber todo lo posible acerca de él.

–No tengo nada demasiado excitante que contarte –contestó con una sonrisita y un leve encogimiento de hombros–. Nací en Londres. Me crié allí y en Suffolk. Fui a Eton y a Oxford, estudié Derecho y durante un corto tiempo practiqué la abogacía. Pero, como sabes bien, prefería la política. Gané mi primera elección a los veintisiete años. Me convertí en integrante del Parlamento, y a lo largo de los años he conseguido ser reelegido. Por fortuna mis votantes son muy leales. Gracias a Dios, mis padres todavía viven y tengo una sola hermana. No poseo ningún *hobby* y ningún interés verdadero, aparte de la política, la cual es realmente mi vida. –Apagó su cigarrillo–. Y ésa es la síntesis de mi biografía. Soy un tipo bastante aburrido, ¿no te parece?

Ella hizo un movimiento negativo con la cabeza.

–Al contrario –contestó, mientras pensaba: «Pero no mencionó a su mujer».

Como si le hubiera leído el pensamiento, Miles acercó su cabeza a la de ella, la miró con intensidad y le habló en voz muy baja y repentinamente tensa.

–¡Ah! Y de paso te diré que estoy separado de mi mujer.

–Ya lo sé.

–¿Te lo dijo Jane?

–No, leí una nota en la columna de William Hickey en el *Daily Express* en la época en que os separasteis.

–¡Pero eso fue hace dos años! –Miles la miró asombrado–. ¡Qué extraño! Los dos hemos leído mucho acerca del otro y lo recordamos. –Se detuvo y esbozó una sonrisita divertida–. ¿Crees que eso significará algo especial? –preguntó en tono de broma.

–Sí, significa que los dos tenemos una memoria excelente para recordar la basura que leemos en las columnas de chismes.

Miles sonrió, cada vez más divertido, después tomó una mano de ella entre las suyas.

–Creo que significa más que eso –declaró.

–¿Qué quieres decir?

–Te lo explicaré después. –Llamó al mozo y sacó la cartera del bolsillo de su chaqueta–. Creo que ya es hora de que vayamos a cenar al jardín. No quiero perder la mesa que he reservado.

Capítulo 46

La tensión, que había desaparecido de su interior cuando se hallaba en el bar, volvió a hacer presa de él mientras comían.

Le sucedió tan inesperadamente que se sobresaltó; y, para su sorpresa, pensó que iba a empezar a temblarle la mano, así que depositó el tenedor en el plato, se echó hacia atrás y la miró.

Entre ellos, sobre la mesa, había un farol con una vela y, a la luz temblorosa de la llama, el rostro de Christina adquiría una expresión misteriosa; cada vez que se movía, una sombra le oscurecía la boca. Miles estaba deseando besar esa boca, aplastarla bajo la suya, apretarla contra sí, amarla con todas las fuerzas de su cuerpo. Se preguntó por qué estarían perdiendo el tiempo allí, en el restaurante.

Christina tomó su copa de Montrachet, bebió un sorbo, miró a Miles por encima del borde y sintió más que nunca la fuerza de su presencia. Aparte de ser carismático, era un hombre bien vestido, y eso le gustaba. Lo estudió con disimulo, pensando lo estupendamente que le quedaban el traje gris a rayas y la camisa celeste que destacaba el color de sus ojos.

De repente notó que esos ojos irresistibles cambiaban, se oscurecían como si él tuviera problemas, y en su cara angosta e inteligente se reflejó una expresión inquieta, mientras apretaba visiblemente los labios.

¿Qué le sucedería? ¿Lamentaría lo que había hecho? ¿Después de todo, estaría arrepentido de haber volado a París? Sintió un nudo de angustia en la boca del estómago. ¿Y si después de comer se despedía de ella con toda amabilidad dejando las cosas así? Tal vez la mirada que creyó ver en sus ojos en Hadley Court, y hacía un rato en el bar, no fuesen más que imaginaciones. Quizá sólo se debiera al deseo por parte de ella. No quería que la dejara sola después de comer. Le apetecía estar con él. Lo deseaba.

Incapaz de contenerse, se inclinó para preguntarle:

–¿Te sucede algo, Miles?

–No, por supuesto que no –contestó, apartando de sí los pensamientos eróticos que ella le provocaba; tomó su copa y bebió–. ¿Por qué lo preguntas?

–Porque pareces angustiado –exclamó ella; pero enseguida se detuvo al ver la expresión divertida de Miles.

–¿En serio? –Depositó la copa sobre la mesa y sacó un paquete de cigarrillos del bolsillo de su chaqueta–. ¿Te molesta que fume? –preguntó mirándola inquisitivamente, y ella hizo un gesto negativo con la cabeza–. Me temo que no tengo mucha hambre –continuó diciendo él.

–Yo tampoco.

–Ya lo veo –murmuró Miles, mirando el plato de Christina.

Lo mismo que él, no había hecho más que juguetear con los medallones de ternera. Apenas había probado bocado.

En este momento, Miles levantó la cabeza. Sus ojos se clavaron en los de ella. Y en esos ojos vio algo que le sobresaltó. La mirada de Christina era diferente, como si tuviera más conciencia de su presencia, y también la notó teñida por un reflejo de sexualidad. Miles siempre supo que le interesaba. En Hadley Court vio que, al estudiarlo, una curiosidad mezclada con especulación le iluminaba el rostro. ¿Pero en ese momento estaría sintiendo exactamente lo mismo que él? ¿Sería posible que ella lo deseara tanto como él la deseaba?

Miles se inclinó para hablarle en voz muy baja y sin preámbulo alguno.

–Cuando me conozcas mejor, descubrirás que puedo llegar a ser brutalmente franco; pero conmigo, al menos siempre sabrás exactamente dónde estás parada. Y ahora quiero ser así de sincero contigo para decirte esto... Me gustaría que esta noche no nos portáramos como un par de adolescentes. Somos adultos, y tú sabes tan bien como yo por qué vine a París. –Tendió la mano por encima de la mesa y tomó con fuerza una de las suyas–. Quiero estar contigo, Christie, quiero tenerte en mis brazos, hacerte el amor y que tú me lo hagas a mí. ¿Me deseas en ese sentido?

–Sí, Miles, te deseo –susurró ella.

–Entonces no creo que sea necesario que sigamos torturándonos. Pediré la cuenta y nos iremos de aquí.

En cuanto entraron en la *suite* de Christina, él la tomó en sus brazos y cerró la puerta con el pie.

La atrajo hacia sí con rudeza, apoyó su boca con fuerza sobre la de ella y la besó apasionadamente, le abrió los labios, le metió la lengua y comenzó a saborear la de ella. Entonces la apretó contra su cuerpo, para que percibiera la dureza de su erección creciente, y ella sintió que él se estremecía.

Christina pensó que estaba disolviéndose en Miles, que estaba convirtiéndose en parte de su ser, y se aferró a él con fuerza, temerosa de que le fallaran las piernas. Entonces, inesperadamente Miles se separó de ella, la alzó y la condujo al dormitorio.

La cama era inmensa y la blancura de las sábanas resplandecía a la luz que se colaba desde el cuarto de estar. La depositó sobre el lecho, se quitó la chaqueta, que arrojó sobre una silla, y se libró de los zapatos con un par de puntapiés.

Cuando dio un paso hacia la cama, Christina abrió los brazos y él percibió la intensidad y el deseo que se reflejaban en su rostro. Su corazón latió apresuradamente presa de tremenda excitación. Le quitó las sandalias, las arrojó al suelo y se acostó al lado de Christina, la cual le volvió a abrir los brazos. Miles se refugió en ellos, mientras la abrazaba y la apretaba con fuerza contra su pecho.

–¡Christie! ¡Oh, Christie! –exclamó, apoyando la boca contra su cuello–. ¡Te deseo tanto! Te he deseado desde el momento en que te vi aquella noche en la terraza de Ralph.

–Oh, Miles, lo sé. Yo te deseo, hace tiempo que te deseo...

Él se apoyó sobre un codo y bajó los ojos para observarle el rostro; le acarició la mejilla con suavidad. La estudió intensamente.

–¡Querida mía, si supieras cómo me has perseguido!

La besó. Fue un beso largo, lento, en el que pareció fundirse en ella. Christina le entregó su boca. Todos los sentidos de Miles se concentraron en aquella joven. En ese momento, poseerla era lo único que le importaba.

Con una mano le acarició el rostro y el cuello, después deslizó sus dedos dentro del escote del vestido para tocarle el pecho y experimentó una sensación emocionante al comprobar que no usaba sujetador.

Inclinó la cabeza sobre ella, deslizó la mano por debajo de uno de sus senos, lo levantó para sacarlo por el escote y se apoderó del duro pezón con la boca. Le levantó la falda de terciopelo y le recorrió la pierna con una mano, descubriendo que la sensación sedosa de la media le resultaba erótica, y cuando su mano se detuvo sobre la piel desnuda del muslo de Christina, alzó la cabeza, lanzó un profundo suspiro y después apoyó la boca con suavidad sobre la de ella. Por fin sus dedos se detuvieron entre las piernas de ella y, al introducirlos dentro de las bragas de seda, percibió que estaba mojada, supo que realmente lo deseaba con la misma pasión y ansiedad que él a ella.

–Quítate el vestido, querida –le susurró al oído. Enseguida se puso de pie y también empezó a desvestirse.

Christina lo imitó, sin sentir el menor pudor frente a él. Terminó de desnudarse primero. Se acostó y lo miró acercársele. Miles tenía un cuerpo delgado y musculoso sin un gramo de grasa, y cuando la tomó con firmeza entre sus brazos y la envolvió con sus largas piernas, ella percibió su dureza de atleta y su fuerza.

Miles le tomó la cabeza entre sus manos y le quitó las horquillas del cabello, el cual cayó como una cascada alrededor de su rostro. Entonces volvió a hundirle ambas manos en el pelo, le sostuvo la cabeza con fuerza y empezó a besarle el rostro, el cuello y la boca.

Pero de repente se detuvo en seco y dijo con una voz urgente, baja y en la que se traslucía un deseo incontenible:

–Tengo que poseerte ya mismo, no puedo evitarlo. Lo siento. Tengo que estar dentro de ti, Christie.

–Sí, sí, ya sé.

Él se apoyó sobre ambas manos, bajó la vista para mirarla, experimentando las sensaciones increíbles. E instantáneamente la vio radiante, comprobó la alegría y el deseo que se pintaban en sus ojos maravillosos y supo todo lo que necesitaba y necesitaría saber.

Christina alzó una mano para acariciarle el pelo, después se la pasó por la mejilla tensa, y le clavó los ojos con mirada penetrante.

–¡Oh, Miles! –suspiró–. ¡Miles!

Él se apoyó sobre el cuerpo de ella y metió las manos debajo de sus nalgas para acercarla aún más. Al entrar en ella, sintió que una tremenda excitación le recorría todo el cuerpo, hasta llegarle al corazón y a la mente. La penetró aún más hondo, con rapidez y experiencia, y ella se movió contra él. Los ritmos de ambos en seguida concordaron y sus cuerpos se alzaban y caían al unísono. Y Miles pensó, triunfante: «Lo sabía. Sabía que con ella sería perfecto, que estábamos hechos el uno para el otro, que sería como si fuésemos una sola persona».

Y, mientras se aferraba a él, Christina se dijo: «Nunca creí que pudiera ser así. Quiero poseerlo íntegramente, gozar cada parte de su cuerpo. Deseo estar siempre ligada a él, hallarme siempre en sus brazos. Ahora le pertenezco. Esta noche me ha hecho suya. Irrevocable y completamente suya».

De repente Miles se sintió presa de una fortísima oleada de pasión que no podía contener.

–¡Oh, mi amor, mi amor! ¡Lo siento pero no puedo evitarlo! ¡Voy a acabar, por favor, acaba conmigo querida! –le susurró al oído.

–Yo también, Miles. ¡Yo también! ¡Oh, Miles!

–¡Ahora, Christie! ¡Oh, mi Christie! ¡Oh, Dios mío!

Cuando Miles encendió un cigarrillo, la luz del fósforo relampagueó en la penumbra de la habitación. Inhaló profundamente el humo y después se volvió hacia ella.

–Lo siento. Fue demasiado rápido. La próxima vez lo haré mejor –dijo con suavidad.

–No seas tonto, Miles..., fue maravilloso, eres maravilloso.

–Ah, lo que pasa es que no eres imparcial, mi amor.

–Es cierto, pero a pesar de todo, lo que acabo de decir es verdad –le sonrió.

Miles le devolvió la sonrisa. Fue una sonrisa muy tierna. Después, la rodeó con un brazo y la acercó a su cuerpo para que apoyara la cabeza contra su pecho.

–¿Puedo hacerte una pregunta, Miles?

–Por supuesto.

–¿Qué quisiste decir con eso de que habiendo leído cada uno cosas acerca del otro en los diarios, el hecho de que las recordáramos significaba algo especial?

–De repente se me ocurrió en el bar que quizá nos hayamos sentido atraídos el uno por el otro aun antes de conocernos en la fiesta de Jane.

Ella, apoyada contra su pecho, sonrió.

–Creo que eso es exactamente lo que me sucedió a mí.

–Me parece que... a mí también –admitió él.

–Cuando te vi llegar a la terraza en Hadley sentí un dolor terrible en el pecho, una tensión realmente espantosa y de repente tuve la sensación de estar temblando.

Miles sonrió. ¡Era tan abierta e ingenua! Pocas mujeres se hubieran animado a confesarle algo tan revelador a esa altura de la relación. Pero se alegraba de que ella lo hubiese hecho. Confirmaba su opinión de que era una muchacha sincera e inocente a pesar del círculo sofisticado de amistades en que se movía.

Y eso le gustaba. Se alegraba de que su pureza no hubiese sido empañada por otros hombres.

–Si eso te hace sentirte mejor, Christie, tú también provocaste en mí una fuerte reacción. Supe que tenía que volver a verte. –Aspiró el humo del cigarrillo–. Y me enojé muchísimo cuando en el último momento tuve que cancelar el almuerzo.

–Yo también..., bueno, en realidad me sentí desilusionada, Miles. ¿Cuándo decidiste venir a París?

–A principios de semana. Por lo general los viernes no hay demasiada actividad en la Cámara de los Comunes. Habitualmente se dedican a temas que ni se discuten, y yo sabía que podría retirarme temprano, así que reservé pasaje en el avión...

–Y obviamente llamaste a la calle Bruton para averiguar dónde me alojaba.

–Es exactamente lo que hice.

–Me sorprende que mi secretaria no me lo haya dicho.

Miles lazó una risita.

–Dije que llamaba en nombre de Susan Radley, que ella quería mandarte flores y que necesitaba saber en qué hotel estabas en París. Le pedí que no te lo dijera, porque se suponía que las flores serían una sorpresa. Y agregué que yo era el florista.

Christina lanzó una carcajada.

–¡Qué hábil eres! –exclamó en tono de broma–. ¿Y por qué no querías que supiera que venías a París? Pues, por lo que acabas de decir, está claro, no lo deseabas.

–Tenía intención de darte una sorpresa.

–¿Y cómo sabías que no vine aquí a encontrarme con alguien? ¿Con un hombre especial? ¿Un amante?

–Deseaba y rogaba que no fuese así. –Apagó el cigarrillo, se inclinó sobre ella, le besó una ceja y murmuró–: ¿No te alegras de que haya decidido venir?

–Sí, Miles, me alegro mucho.

Lo rodeó con sus brazos y se besaron en silencio, y después Christina colocó sus manos sobre el pecho desnudo de él y lo empujó con suavidad para mirarlo.

–¿Te quedarás aquí mañana también? –le preguntó.

–Por supuesto que sí. En realidad pienso quedarme todo el fin de semana. No me iré hasta el lunes a primera hora de la mañana, cariño.

En su boca apareció una sonrisa perezosa. Asió a Christina por los hombros, obligándola a reclinarse sobre las almohadas. Entonces se arrodilló sobre ella y empezó a acariciarle el pecho y después el vientre, mientras murmuraba:

–Ahora quédate quieta, no digas una sola palabra... Quiero hacerte el amor de una manera muy especial.

A medianoche se levantaron y salieron.

A Miles le encantaba el jazz y la llevó a uno de sus sitios predilectos, el Club de Marte, a poca distancia de los Campos Elíseos. Era un lugar oscuro, íntimo y lleno de humo, y se sentaron apretujados uno contra el otro en una banqueta, cogidos de la mano, mientras él bebía whisky y ella un vaso de vino blanco helado. Y entre pieza y pieza hablaron de jazz, y él le contó todo lo referente a Bix Beiderbecke, Charlie Parker, Fats Waller, Django Reinhart y Louis Armstrong.

De tanto en tanto, él la besaba inesperadamente en la mejilla y le daba un apretón en la rodilla o la miraba sonriente y, a medida que transcurrían los minutos, Christina se sentía cada vez más enamorada de Miles Sutherland.

Más tarde se dirigieron al viejo mercado de Les Halles a comer la famosa sopa de cebollas en uno de los pequeños cafés y mientras la devoraban, hambrientos, y disfrutaban de los trozos de pan francés tostado y del queso semiderretido que flotaba en los platos, él habló de su niñez, de sus años de adolescencia en la vieja mansión de campo de Suffolk que había sido durante generaciones el hogar de sus antepasados. Ella lo escuchaba atentamente, pendiente de sus palabras, disfrutando de lo que contaba de su infancia, de su padre y de su madre. Eran casi las seis de la mañana cuando regresaron al Ritz de la mano, riendo completamente desvelados y excitados por haberse descubierto en la vida.

Miles abrió la puerta de la *suite* de Christina y entró con ella.

–¿Supongo que no pensarás echarme? –preguntó, quitándose la chaqueta, aflojándose la corbata y despojándose de los zapatos–. Puedo dormir aquí contigo, ¿verdad? Por favor no me exilies...

Por toda respuesta, ella le sonrió. Fue una sonrisa larga y lenta, y después le ofreció su mano. Él la tomó y, juntos, entraron en el dormitorio.

Miles cerró la puerta, le echó llave y la tomó en sus brazos repitiendo su nombre una y otra vez mientras la alzaba y la conducía a la cama. Y volvieron a hacer el amor, y durmieron, y de nuevo hicieron el amor y así siguieron viviendo el resto del fin de semana.

Capítulo 47

–No hay remedio –le dijo Miles a Christina el domingo a la noche–. Me espera una semana horrenda.

Estaban cenando en La Coupole, en la Rive Gauche, y ella lo miró y depositó su tenedor sobre el plato. No le había hablado en serio durante todo el fin de semana. Y en ese momento lo hacía.

–¿Qué quieres decir? –preguntó, tomando su vaso de vino.

Miles se inclinó para hablarle más de cerca.

–Hugh Gaitskell va a atacar con fuerza a Anthony Eden por los problemas con Nasser y el Canal de Suez. Y yo voy a tener que luchar con toda el alma contra la oposición, especialmente por ser uno de los protegidos de Hugh. Pero supongo que todo el gabinete informal se lanzará al ataque. Va a ser un lío terrible.

–No creerás que va a haber guerra en Oriente Medio, ¿verdad?

Miles asintió, y de repente en su rostro apareció una expresión de gran seriedad.

–Me temo que sí..., en Egipto..., debido a los problemas del Canal. Pero no hablemos de eso esta noche. ¿Cuándo piensas regresar a Londres, Christie?

–El sábado. Mi abogado Bitoun me necesita aquí para poner punto final a los tratos con el fabricante de perfumes.

Miles le tomó la mano y le dirigió una mirada pícara.

–¿Quieres que vuelva el sábado que viene... para estar aquí contigo?

–¡Oh, Miles! ¿Podrías? –El rostro se le enrojeció y sus ojos resplandecieron–. ¿Sería maravilloso, no crees?

–Es exactamente lo que pienso –contestó él, sonriendo.

Después de comer caminaron un rato y entonces tomaron un viejo taxi desvencijado, el único que encontraron para regresar al hotel.

–¡Juro por Dios que navega a toda vela! –susurró Miles al oído de Christina mientras permanecían tomados de la mano en el asiento trasero y el conductor zigzagueaba entre el tránsito.

Más tarde, en la cama, con ella entre sus brazos, Miles dijo con su voz baja e intensa:

–Me temo que estoy enredándome mucho contigo, Christie.

–Y yo contigo, Miles.

–Sé que no debería, que no deberíamos, pero por lo visto me resulta imposible detenerme, y supongo que tampoco podría detenerte a ti.

–¿Y por qué detenernos? –preguntó Christie, acercándosele. Pasó una pierna sobre su cuerpo y lo abrazó con más fuerza.

Miles lanzó un profundo suspiro y durante algunos instantes no respondió; después contestó en voz muy baja:

–Porque no tengo nada que ofrecerte..., ella jamás me concederá el divorcio...

–No me importa.

–Es posible que algún día te importe, Christina.

–¿Y por qué no? Quiero decir, ¿por qué se niega a concederte el divorcio?

–En realidad nunca la comprendí. Te diré: ella no me desea, pero tampoco quiere que me tenga ninguna otra.

–¿Y yo sí? Quiero decir: ¿yo te tengo? ¿Tengo por lo menos un poquito de tu persona?

Él sonrió. Le había llegado el turno a ella de sonsacarle alguna declaración. Miles había estado haciéndolo durante todo el fin de semana en una serie de formas distintas y por momentos se sentía tan tonto como un escolar muerto de amor.

–Sí tienes... un poquito de mi persona, como acabas de decir. –Se inclinó para besarle el pelo–. Pero, de todos modos, te aprecio demasiado como para jugar contigo, mi amor. Yo quiero esto, quiero que estemos juntos, quiero tenerte. Sí, quiero desesperadamente que lo que hemos iniciado este fin de semana continúe..., lo deseo con todo egoísmo. Pero de continuar, tendría que ser clandestinamente. Y eso no me parece justo para ti. Si Cándida llegara a enterarse, armaría un escándalo espantoso. Y ése es un lujo que yo no puedo permitirme..., por mi carrera política. ¿Comprendes?

–Sí, comprendo. Pero yo también quiero que estemos juntos, Miles. Te deseo. Mira, podemos ser prudentes. No es necesario que salgamos..., que nos mostremos en público. A mí no me importa que sea un amor secreto.

–Algún día te importará, Christie.

–Te aseguro que no, Miles.

Él no contestó. La abrazó con fuerza y poco a poco fueron quedándose dormidos.

A la mañana siguiente, Miles partió para Londres.

Durante la semana pensó mucho en esa conversación que había mantenido. Lo pensaba mientras viajaba de su apartamento de Knightsbridge a la Cámara de los Comunes, y cuando se encaminaba de un lado al otro a cumplir con sus deberes. Y se preguntó una y otra vez si no tendría que tomar el asunto en sus manos y simplemente poner fin a la relación. Miles Sutherland era un hombre responsable y no se parecía en nada al sinvergüenza que Jane Sedgewick imaginaba en su mente juvenil. En realidad, era justamente lo opuesto: un hombre honorable, un hombre que respetaba sus compromisos. Estaba deseando verse libre de su neurótica esposa; no tenía el menor interés en su dinero ni en el de su suegro, sobre todo considerando que él mismo poseía una abundante fortuna.

«Pon punto final al asunto ahora mismo, antes de que se te escape de las manos», se decía constantemente; pero después, a la noche, llamaba por teléfono a Christie al Ritz, tal como le había prometido; y, al oír su voz, olvidaba por completo todos los buenos propósitos de tomar determinaciones razonables. Deseaba a esa mujer de una manera en que jamás había deseado a otra en su vida entera. Lo quisiera o no, ya se encontraba profundamente ligado a ella. Le resultaba imposible modificar sus sentimientos.

Así que el viernes por la tarde volvió a viajar a París. En el instante en que entró en la *suite* y vio a Christina, sintió que su corazón perdía un latido y que su espíritu se elevaba, y comprendió que él jamás sería el que pondría fin a esa historia de amor. Ella era para él lo mismo que el aire, la luz y el sol.

Christina le había adivinado el pensamiento. Antes de que él tuviera oportunidad de decirle que no tenía ganas de salir a comer a un restaurante, informó que había ordenado que les llevaran a la *suite* salmón ahumado, queso Brie, pan francés y fruta fresca y que harían una especie de picnic.

–En la cama –agregó con una alegre carcajada, mientras le tendía un vaso de whisky con hielo y un chorro de soda, preparado exactamente como a él le gustaba.

Cuando terminaron de beber sus copas, Miles metió la mano en el bolsillo y sacó una cajita de cuero rojo.

–Son para ti, Christie. Ópalos..., ¿recuerdas que la noche en que nos conocimos dije que deberías usar ópalos?

–¡Oh, Miles, son una belleza! –exclamó ella, y lo miró con ojos resplandecientes–. Nunca he visto piedras con tanto fuego...

–Sí, y te quedarán soberbias. Ven, quiero vértelas puestas.

La condujo hasta el espejo; ella se puso los pendientes y los admiró, mientras él la admiraba a ella por lo bien que le quedaban, y ambos rieron, felices de estar juntos de nuevo. Y después Christina corrió al dormitorio y regresó con un paquete.

–Esto es para ti –dijo.

Él rasgó el papel del envoltorio, sonriendo de placer.

–¡Dios mío! ¡No deberías haber hecho esto! –exclamó meneando la cabeza, mientras contemplaba la pitillera de oro de Cartier que tenía en la mano–. Mira, niña...

Lo calló con un beso.

Mucho, mucho más tarde, cuando hicieron el amor, Miles tuvo la sensación de que nunca antes la había tocado. Cada parte del cuerpo de Christina le parecía fresco, nuevo y más hermoso que nunca. En un momento determinado, enardecido por su pasión, en pleno éxtasis, exclamó:

–¡Te amo, Christie! ¡Me he enamorado de ti!

–¡Y yo te amo a ti, Miles! ¡Oh, querido, te amo tanto!

Era un amor extático.

Los dos se hallaban obsesionados. No era cuestión de que uno estuviera más enamorado que el otro. Estaban los dos como locos. Se sentían profunda e intensamente ligados en todos los niveles. Para ella era la primera historia de amor; y aunque Miles fuera un hombre mundano que había vivido otras aventuras, se dio cuenta de que era la primera vez que estaba verdaderamente enamorado.

En un momento de ese fin de semana, a Miles se le ocurrió la brillante idea de que ambos volvieran a París todos los viernes. Allí, lejos de miradas curiosas, se sentía más seguro. Así que durante el mes de agosto viajaron todos los fines de semana.

–Pero deberíamos empezar a ir a otro hotel –dijo Christina cuando el mes estaba concluyendo–. No podemos seguir alojándonos en el Ritz..., estamos convirtiéndonos en una pareja permanente y la gente empieza a notar nuestra presencia.

Así que comenzaron a ir al Georges V, al Prince des Galles, al Lancaster y al Raphael. Durante un tiempo les resultó gracioso y fue motivo de bromas entre ellos, pero después Miles decidió que sería mejor que no siguieran yendo y viniendo a París en avión porque eso también los ponía en evidencia.

–Tendremos que encontrar algún rinconcito donde ocultarnos en alguna parte de Inglaterra –le dijo a Christina durante el último viaje que hicieron a la capital de Francia–. ¿Por qué no te encargas de buscarlo la semana que viene, mi amor?

Capítulo 48

Llovía a cántaros.

Soplaba un fuerte viento que arrojaba las gotas de lluvia contra las ventanas y resonaba como si miles de cabezas de clavos se estrellaran contra los vidrios.

Pero en la biblioteca de la casita de Cotswolds todo era calidez, luces tenues y tranquilidad en ese día frío de principios de noviembre.

Christina estaba tumbada en el sofá, escuchando la lluvia. Le resultaba un sonido extrañamente tranquilizante y se descubrió vagando con sus pensamientos y disfrutando del ocio de esa tarde de domingo.

Le dirigió una mirada disimulada a Miles, cosa que se descubría haciendo a cada instante. Lo amaba muchísimo, más de lo que creyó posible amar a un hombre. Su carrera le importaba y trabajaba con empeño. Pero en ese momento de su existencia él era el único objeto de su vida.

Sólo existía esperando los fines de semana. Eran los mejores momentos..., estar juntos a solas en esa recoleta casita de las afueras de Cirencester, que ella encontró accidentalmente a principios de octubre. Estaba en alquiler por seis meses, y como ya estaba amueblada, no tuvieron más que mudarse y comprar provisiones de comestibles.

Vivían envueltos en una aventura extremadamente secreta. Pero a ella no le importaba. No necesitaba otra gente, sólo a Miles. Durante la semana estaban juntos cada vez que a él le era posible; y como no podían salir, por lo general se quedaban en el apartamento de la calle Walton. Y, puesto que él solía estar preocupado por lo que sucedía en la Cámara de los Comunes, los fines de semana eran los momentos más relajados. No hacían demasiado..., leían y conversaban..., salían a caminar..., a ella le encantaba cocinar para él, cuidarlo, compartir sus pensamientos, sus sentimientos, su extraordinaria pasión y su vibrante sexualidad. Y su ternura. Porque Miles era una perfecta mezcla de todo eso.

Se hallaba sentado en un sillón junto al fuego, frente a ella, enfrascado en la lectura de *The Observer*. Los restantes diarios del domingo estaban diseminados a sus pies, porque iba descartándolos después de leerlos con atención, murmurando y maldiciendo en voz baja y, a veces, lanzando sonoras carcajadas o exclamando: «¡Maldición!». Después, la miraba con aire contrito, le daba explicaciones y compartía sus pensamientos. Siempre compartía todo.

En ese momento, tenía el rostro tenso. Christina sabía que estaba preocupado por la situación en Oriente Medio. Estaban en plenas hostilidades con Egipto porque el presidente Nasser acababa de nacionalizar el Canal de Suez. Gran Bretaña y Francia e Israel habían bombardeado El Cairo, y Miles continuaba enfurecido y hacía oír sus puntos de vista en la Cámara de los Comunes.

Como si de repente hubiera tomado conciencia de que ella estaba observándolo, levantó la vista y la miró por encima del periódico.

–¿Qué pasa, Christie? –preguntó.

–Nada, querido –contestó ella, al tiempo que se incorporaba y ponía los pies en el suelo–. Estaba simplemente admirándote.

–¡Ajá! –exclamó él, mirándola con expresión traviesa–. En ese caso, si tanto me admiras, ¿qué te parece si subimos para retozar un rato juntos en la cama en esta dulce tarde de domingo? ¿Qué mejor que hacer el amor en un día de lluvia?

–Honestamente, Miles, ¡eres imposible!

–Eso no es lo que me dijiste anoche..., anoche estabas encantada.

Por toda respuesta ella se le acercó, le quitó el diario de las manos y se sentó sobre sus rodillas. Se inclinó y le dio un beso en la mejilla.

–Bueno, anoche estuviste fabuloso.

Él esbozó su sonrisita divertida, se quitó las gafas y se restregó los ojos.

–Creo que ya he terminado con la prensa..., no me molestaría tomar un poco de aire. ¿Quieres que salgamos a caminar? Aparte de mí mismo y, por lo visto, de la reina, eres la única persona que conozco a quien le gusta caminar por el campo bajo la lluvia.

–¡Sí, salgamos, Miles!

Christina se puso de pie y le ofreció su mano.

Miles la tenía en sus brazos, la miraba, observaba el juego de luces sobre su rostro. A veces pensaba que la quería demasiado.

Christina abrió los ojos y lo miró con fijeza. Después sonrió.

–Estás malcriándome..., estás siempre haciéndome el amor, Miles...

Le acarició lentamente la mejilla.

–Hummm, eso es muy cierto –contestó él empujándola hacia abajo en la cama para envolverle el cuerpo con sus largas piernas–. Estoy convirtiéndome en un tipo bastante egoísta, ¿verdad? Pero siempre podemos corregir ese defecto. Mejor dicho: puedes corregirlo tú, ¿sabes? En este momento de mi vida estoy muy disponible.

Apoyó su boca contra la de ella y la besó con suavidad, con dulzura, hasta que empezó a excitarse y el corazón empezó a latirle apresuradamente y su pasión aumentó con rapidez. Sintió las manos de Christina sobre su pelo, sobre su nuca, sobre sus hombros. La deseaba. Por lo visto la deseaba cada día más y más. Nunca se cansaba de poseerla.

Cuando le habló lo hizo en voz baja y con tono emocionado.

–Bésame, Christie, por favor, ¡bésame, mi amor!

Ella se sentó, se arrodilló por sobre el cuerpo de él y lo miró con intensidad. ¡Había aprendido a amar tanto ese rostro! Borraba todos los demás pensamientos y la imagen de Miles llenaba totalmente su mente hasta el punto de abrumarla.

Le pasó las manos por el pecho y por el vientre plano y

duro. Tenía la piel tan suave y seca como el mármol lustrado, y aquí y allá, donde la débil luz se reflejaba sobre el vello rubio de su cuerpo delgado, relampagueaba algún toque dorado. Christina se movió hasta quedar arrodillada entre las piernas de Miles y cuando le colocó las manos sobre los muslos sintió que él se estremecía.

Levantó la vista para mirarlo y vio que él la observaba, con una expresión llena de deseo y de amor. Sintió que se le formaba un nudo en la garganta y que el corazón le latía desordenadamente cuando se inclinó hacia él buscando ansiosamente con la boca el centro de su pasión, como él acababa de hacer con ella pocos instantes antes.

Cuando la boca de Christina entró en contacto con su cuerpo, él lanzó un gemido.

–Oh, Dios, Christie, ¿qué estás haciéndome?

Ella se llenó la boca con el sexo de su amante, y sus labios se detuvieron en él con amor.

En ese momento Miles era verdaderamente suyo, tendido frente a ella, inmóvil y sin aliento, ofreciéndosele en una entrega llena de amor. Y ella tomaba posesión de lo más íntimo de su cuerpo, de la esencia de su vida, de su alma, y en ese instante él le pertenecía por entero.

Miles le pasó los dedos por el pelo espeso y despeinado, le acarició los hombros, después bajó las manos y las entrelazó suavemente con las de ella que descansaban sobre su vientre. Le rodeó los dedos con fuerza. De su garganta surgió un quejido.

Christina levantó la mirada y notó un relampagueo pasajero de angustia que oscurecía el azul brillante de los ojos de Miles.

De repente él se movió, le rodeó la cara con las manos y se la alzó. Se inclinó hacia ella, la besó con dulzura y después tiró suavemente para que se acostara a su lado.

–Te deseo, Christie, quiero estar dentro de ti –dijo–. Debo estar rodeado por tu maravillosa calidez, mi amor.

Y de repente estaba encima de ella, flotando sobre ella, y Christina sintió que se ahogaba en el azul de medianoche de sus ojos. La penetró casi con rudeza y ella empezó a temblar al sentir su acometida. Era como si se encendieran el uno al otro, moviéndose a un ritmo que pronto crecía en intensidad. La pasión de Miles remontaba cada vez más alto y ella lo acompañaba, elevándose con él, convertidos ambos en un solo ser. Ya no había separación alguna entre ellos.

Miles abrió los ojos, la miró y exclamó:

–¡Oh, Dios! ¡Oh, tú! ¡Oh, yo...!

Apretó su boca contra la de ella y le devoró los labios y la lengua.

–Quiero poseer cada parte de tu cuerpo y de tu ser –susurró contra el cuello de Christina–. Toda tu esencia, tu aliento, ¡quiero poseerte íntegramente!

Christina sintió algo así como si él hubiera estirado una mano para tocarle el corazón. Y después, como desde larga distancia, sintió que alguien lo llamaba por su nombre. Pero era ella quien gritaba:

–¡Miles! ¡Miles! ¡Te amo!

Se aferraron uno al otro con una especie de desesperación, se fundieron juntos en un abrazo primitivo y necesario. La boca de él buscó brevemente la de ella y mientras absorbía en su cuerpo toda la fuerza de Christina, la penetró hasta el fondo...

Y ella lo oyó exclamar:

–¡Christie! ¡Christie! ¡Te amo, te amo, no puedo vivir sin ti, no me dejes nunca! ¡Oh, Dios! ¡Voy a acabar, ven a mí, mi amor!

Miles permaneció inmóvil, con la cabeza apoyada sobre el hombro de ella.

Christina se sentía aturdida. Observó el rostro de su amante y los ojos se le llenaron de lágrimas. ¿Qué tenía esa cara que tanto la conmovía, que tocaba un punto interior tan sensible de su memoria que a veces le daba ganas de llorar?

Miles abrió los ojos.

–¿Qué nos sucede cuando estamos juntos así? –preguntó.

–No lo sé. Creo que nos vamos flotando a alguna parte. Por lo menos es lo que me sucede. ¿No lo has notado en mí, Miles?

–No, pero lo que ocurre es que yo estoy donde estás tú, Christie.

–¿Y alguna vez has estado allí antes, con alguna otra persona?

–No. –Se aclaró la garganta y después explicó con suavidad–: Creo que sé lo que nos sucede, querida..., cuando el acto sexual es tan perfecto como lo es entre nosotros, esa combinación de intenso placer físico y de éxtasis, acompañado por una conexión mental y emocional perfecta, convierte la experiencia en algo trascendental. Somos transportados a un nivel de conciencia más alto.

–Sí, Miles, creo que es así.

Él le acarició el pelo, le volvió la cara para que lo mirara y murmuró:

–«Colócame como un sello sobre tu corazón, como un sello sobre tu brazo, porque el amor es tan fuerte como la muerte...» –Se detuvo y frunció el entrecejo–. Ahora lo he arruinado todo porque no recuerdo más.

–«Los celos son tan crueles como la tumba» –apuntó Christina.

–Sí, era eso. ¿Y después cómo sigue?

–Yo tampoco me acuerdo, pero sé un trozo del verso siguiente. «Muchas aguas no pueden extinguir el amor, así como las inundaciones no logran ahogarlo.» Como verás, yo también conozco la Biblia.

–Sí... –Miles vaciló antes de volver a hablar–. Christie, hay algo que no te he dicho... Mientras estuviste en Nueva York para asistir a tu desfile hace un par de semanas hice algo...

Al ver que no terminaba la frase y notándolo tan serio, y hasta grave, ella se sentó con rapidez y lo miró con atención.

–¿Qué hiciste?

Miles también se sentó, tomó un cigarrillo de la mesa de noche y lo encendió. Aspiró una profunda bocanada de humo, se quedó contemplándola y dijo, de modo lento y significativo.

–Hice algo que había jurado no volver a hacer nunca. Fui a ver a Cándida. Para pedirle el divorcio.

–¿Y qué?

–Me dijo que no. Se me arrojaron muchos noes a la cara, junto con una serie de amenazas acerca del escándalo que crearía si yo volvía a sacar el tema. –Exhaló el humo–. Fui a verla porque quiero casarme contigo, Christie. No me apetece seguir escondiéndome en los rincones, imposibilitado de exhibir mi amor públicamente. Quiero que seas mi esposa. –Movió la cabeza con tristeza–. Pero por lo visto no puede ser.

–No me importa –exclamó ella, arrojándose en sus brazos–. No tiene importancia. Con tal de que estemos juntos, nada importa, Miles.

Capítulo 49

–¿Qué pasa, mi amor? –preguntó Miles, cruzando el salón del apartamento de Walton Street–. ¿No te gusta el collar?

La miró entornando los ojos, tratando de adivinar por qué se mostraba tan angustiada.

Christina se llevó las manos al cuello para tocar la fina red de delicadas cadenas de oro con incrustaciones de brillantes y ópalos; después bajó los ojos para mirar el collar.

–Es el regalo más bonito que me han hecho en la vida, Miles. Me encanta.

–¿Entonces, a qué se debe esa cara larga, Christie? –Se sentó junto a ella en el sofá y le tomó una mano entre las suyas–. ¿Es porque no puedo pasar la Navidad contigo? Porque si es así trataré de solucionarlo. Mira, se me ocurre una idea. Pasaré contigo el 24 de diciembre –explicó, improvisando con rapidez–. Después, esa misma noche, viajaré en automóvil a Suffolk para cenar con los chicos y con mis padres. Pasaré el día de Navidad con ellos y volveré enseguida a la ciudad para...

–No, Miles. No permitiré que te dividas en dos de esa manera, ni que tengas que modificar tus planes tan a última hora. Además, a mí me resultaría imposible modificar los míos. Mis padres se sentirían muy mal si no fuera a Yorkshire. Llevan mucho tiempo haciendo planes para esa fecha y, como bien sabes, últimamente no los he visto demasiado.

–Si eso es lo que te preocupa, Cándida no va a estar con mi familia. En realidad ella va a llevar a Mónica a Escocia. Irán a acompañar al padre de Cándida a su coto de caza. –Miles meneó la cabeza–. Jamás sabré por qué dijo de repente que podía pasar la Navidad con los chicos. No me lo explico.

Christina siguió con la vista clavada en el fuego de la chimenea.

Miles le tomó el rostro con una mano y la obligó a mirarlo.

–Te juro por Dios que es la verdad, querida. Cándida no estará en Broxley Hall. –Al ver que ella seguía en silencio, exclamó–: Me crees, Christie, ¿verdad?

Ella percibió la ansiedad del tono de su voz y vio la alarma que se reflejaba en su rostro. Entonces le apretó la mano.

–Miles, sé muy bien que nunca me mentirías; no está en tu naturaleza.

Miles le dirigió una mirada profunda. Las emociones de Christina siempre se le notaban en los ojos. Por lo general esos ojos le decían todo. Notó que seguía perturbada pero decidió no continuar insistiendo por el momento. Tendrían que dejar de verse durante más de una semana, el tiempo más largo que habían estado separados en los últimos seis meses. Él quería que ésa fuese una noche especial y no tenía la menor intención de estropearla.

Como si le hubiera enviado un reflejo telepático de sus pensamientos, Christina se puso de pie de un salto con una resplandeciente sonrisa.

–Querido, te propongo que eches un par de leños en la chimenea y que abras la botella de champán, así nos dispondremos a pasar una noche maravillosa. Iré a buscar tus regalos..., después de todo, ésta es nuestra noche de Navidad.

–Muy bien –aprobó él, poniéndose de pie y sonriéndole. La acercó y le besó el cuello–. ¡Te amo muchísimo!

Christina se liberó de sus brazos con suavidad y corrió al dormitorio. Al llegar a la puerta se volvió. Él, de pie, la observaba atentamente. Ella le tiró un beso.

Miles estaba enfrascado en la tarea de descorchar el champán cuando Christina regresó a la habitación cargada de paquetes.

–No serán todos para mí, ¿verdad? –preguntó él.

Ella le sonrió y los llevó hasta la chimenea.

–Un viaje más y termino –explicó.

Miles meneó la cabeza, rió con ella y sintió que su corazón rebosaba de amor. No existía ninguna mujer en el mundo que se pareciera a su Christie.

–Siempre has deseado tener esto –comentó ella, entregándole un gran paquete de papel marrón–. Y yo tengo especial interés en que sea tuyo. Y te lo doy con todo mi amor, querido.

Miles tomó el paquete, seguro de que contenía uno de los cuadros pintados por ella. Pero dado que los admiraba todos, no sabía cuál sería. Le sonrió.

–Gracias, Christie. Por la forma, sé que se trata de uno de tus cuadros. ¿Cuál es?

–Quítale la envoltura y compruébalo tú mismo.

Ella se detuvo de espaldas a la chimenea observándolo, mientras él llevaba el paquete al sofá y le arrancaba el papel que lo cubría. Cuando tuvo el cuadro en las manos, lo levantó exclamando:

–¡Oh, Christie! *¡Lily en Hadley!* ¡Qué generosidad que me regales justamente éste! Me consta que es tu favorito. ¡Muchísimas gracias!

Al comprobar que él estaba tan contento, Christina se alegró.

–Se convirtió en mi cuadro favorito después de que nosotros nos conociéramos en Hadley Court..., y por eso quiero que lo tengas tú, para que siempre que lo mires me recuerdes.

La sonrisa desapareció del rostro de Miles y la miró con el entrecejo fruncido.

–¿Piensas irte a alguna parte?

–¡No, tonto! ¿Por qué lo preguntas?

–Por la forma en que dijiste «para que siempre que lo mires me recuerdes»..., como si necesitara recordarte, cuando siempre estarás conmigo.

–Por supuesto que estaré contigo Miles. ¿Y ahora, qué te parece si bebemos una copa antes de que veas el resto de tus regalos?

Miles sirvió el champán.

–Recibí una tarjeta de Navidad y una notita de Ralph y Dulcie. Por lo visto piensan quedarse en Nueva York durante un tiempo, sobre todo ahora que tienen que filmar esa película en Hollywood y con la posibilidad de hacer una obra en Broadway... Y últimamente ¿qué has sabido tú de Jane?

–Ayer, cuando me llamó por teléfono a la oficina, se quejaba porque los monstruitos van a pasar la Navidad en Nueva York. Pero aparte de eso no tenía demasiadas noticias. Va a encargarse del vestuario de la nueva obra que pondrá Hal Prince en Broadway, y dijo que se quedaría allí otros seis meses.

–Me alegro por ella. Jane es una chica de talento. –Miles acercó las bebidas y ambos entrechocaron sus copas–. ¡Feliz Navidad, mi amor!

–Feliz Navidad, Miles.

Se sentaron frente al fuego y bebieron lentamente la botella de Dom Perignon mientras Miles abría, uno a uno, los paquetes de sus regalos y se los agradecía profusamente, lanzando exclamaciones al ver los libros, los discos de jazz, las corbatas y la bata de seda.

Pero lo que lo dejó estupefacto fue el par de gemelos de zafiros.

–¡Son extraordinarios! –exclamó por fin, sosteniéndolos en sus manos para admirarlos mejor–. Eres demasiado extravagante.

–¡Mira quién habla! –contestó ella, arrodillándose junto al sillón que él ocupaba y mirándolo con ojos llenos de adoración–. ¿En serio te gustan?

–Te consta que sí.

–A mí también me gustan..., hacen juego con tus ojos.

Él sonrió, se metió la mano en el bolsillo y sacó una cajita.

–Y éste es otro regalo de Navidad para ti.

Era un anillo, un gran ópalo rodeado de diamantes. Hacía juego con el collar que le había dado un rato antes y era igualmente exquisito.

–Muchísimas gracias, Miles. ¡Es precioso!

Se lo puso en el dedo anular de la mano derecha y estiró el brazo para mirarlo.

–Te has equivocado de mano, querida –comentó Miles quitándole el anillo y poniéndoselo en el mismo dedo de la mano izquierda–. Digamos que prefiero vértelo ahí... –Se interrumpió y la miró con gran atención: tenía los hermosos ojos grises llenos de lágrimas y le temblaban los labios–. Christie, ¿qué te pasa?

Ella sacudió la cabeza, se enjugó los ojos con una mano y tragó con fuerza.

–Miles...

–Sí, mi amor, ¿qué? ¿Qué sucede?

Christina le dirigió una mirada intensa, sosteniendo la de él.

–Estoy embarazada.

Notó el instantáneo relámpago de felicidad y de orgullo que cruzó por los ojos de su amante, la sonrisa repentina y feliz que él no pudo sofocar, y que tanto revelaba. Y entonces de su rostro desapareció aquella expresión, como si se tratara de una pizarra que acababa de ser borrada.

–¡Oh, Christie! –exclamó, meneando lentamente la cabeza–. Oh, Christie...

Y ella no pudo dejar de percibir el tono de desconsuelo, la mirada desgraciada y la preocupación que lo embargaba. Lo conocía demasiado bien.

–¡Pero hace un instante te alegraste! –exclamó, tomándole una mano–. ¡Estoy completamente segura de que te alegraste!

–Por supuesto que sí; pero...

No pudo continuar. Miles tragó con fuerza y en el fondo de su corazón supo que nunca la había amado tanto como en ese momento.

–No pensaba decírtelo esta noche –aclaró ella–. Y si no me hubieses quitado el anillo de la mano derecha para ponérmelo en la izquierda, no lo habría hecho.

–Me alegro de que me lo hayas dicho..., estamos juntos en esto. No puedes cargar sola con un peso como éste, Christie.

–Pero no quería preocuparte, sobre todo tan cerca de la fecha de Navidad. No quise estropeártela..., bastante poco ves a tus hijos.

Él le tocó la mejilla.

–¡Tú siempre tan considerada, mi preciosa Christie! –Se reclinó contra el respaldo del sillón–. Bueno, esto sí que nos plantea un problema, ¿verdad, querida?

Ella asintió.

–Miles, no quiero hacerme un... aborto. Realmente no quiero. Comprendo que a ti te resultaría muy difícil manejar este asunto de un hijo, pero estaba pensando...

–Christie, un bebé no sería difícil, sería imposible. Yo tampoco quiero que te hagas un aborto. –Frunció el entrecejo–. Pero en este momento no sé cuál puede ser la solución.

–¿Y qué me impide tener un bebé, Miles? ¿Quién va a saber que es tuyo? Sólo tú y yo... Tengo buenos ingresos económicos; puedo hacerme cargo de todo, y...

–No estoy seguro de que eso diera resultado –interrumpió él con rapidez–. ¿Y si llegara a saberse algo...? Mi carrera política...

–Sí, ya sé. Hay que considerar muchísimas cosas, ¿verdad?

–¿Cuándo te enteraste?

–Hace cuatro días.

–Debiste habérmelo dicho antes. Me resulta insoportable pensar en lo espantosamente preocupada que debes de haber estado, Christie. Hiciste mal en no confiar en mí.

–No quería angustiarte antes de Navidad.

–¿Y cuánto tiempo llevas embarazada?

–Seis semanas.

La tomó en sus brazos, la estrechó con fuerza y le acarició la cabeza.

–Ya encontraremos la solución apropiada –murmuró–. Trata de no preocuparte, querida. Nos replantearemos esto después de las vacaciones.

Capítulo 50

A pesar de que Miles le había dicho que no se preocupara, Christina no pudo hacer otra cosa durante las siguientes veinticuatro horas, mientras se preparaba para viajar a Yorkshire a fin de pasar la Navidad con sus padres.

Se preocupaba por Miles. Se preocupaba por sí misma. Se preocupaba por el bebé. O, más precisamente, se preocupaba por la decisión que debía tomar respecto al bebé.

Christina sabía que Miles Sutherland la amaba con todo su corazón y que no quería que ella se hiciera un aborto. Y también sabía, desde el fondo de su ser, que ella quería tener ese hijo, el hijo de ambos. Sin embargo, era una mujer demasiado pragmática como para no comprender que la carrera política de Miles era como una espada de Damocles que pendía sobre sus cabezas.

Una vez él le dijo, y no inspirado por el calor de la pasión, sino tranquilamente durante una de las largas caminatas que compartían por el campo: «Tú eres mi vida, Christie». Pero eso no era estrictamente cierto. Su vida era la carrera política. Y Christina jamás podría pedirle que renunciara a eso por ella. Para vivir abiertamente con ella. Para poder tener el hijo de ambos.

Si se lo pidiera, él lo consideraría, y hasta quizá lo hiciera. Pero algún día lo lamentaría y ella lo lamentaría más aún. Pedirle a ese hombre a quien amaba tan desesperadamente que sacrificara su carrera, significaría que no lo amaba en absoluto.

La política y Miles Sutherland estaban demasiado ligados como para poder separarlos. Él languidecería sin sus votantes, sin sus colegas políticos, sin la Cámara de los Comunes y sin su vida en esas lides combativas y excitantes. Winston Churchill dijo en una ocasión que él era hijo de la Cámara de los Comunes. Miles Sutherland también lo era.

«Y yo estoy frente a un dilema, realmente lo estoy», pensó Christina la tarde siguiente mientras entraba en su casa después de haber estado en su oficina de Bruton Street. Esa mañana Miles había partido rumbo a Broxley Hall, en Suffolk, tan cariñoso y preocupado como cuando ella le dio la noticia. Christina terminó de comprar sus regalos de Navidad, después fue a la oficina a firmar cheques, a entregar los regalos de la casa de modas y a asistir a la fiesta que Giselle organizó para el personal.

Y en ese momento, aparte de preocuparse, no tenía nada que hacer hasta la mañana siguiente, cuando tomara el tren a Leeds. Después de colgar su abrigo, acercó un fósforo a los leños de la chimenea que la criada había dejado preparados, y se apresuró a ir a la cocina. No tenía demasiado apetito, pero sabía que debía comer algo, así que abrió una lata de sopa de crema de tomates. Y mientras esperaba que se calentara, se preparó un emparedado con el salmón ahumado que les sobró de la comida de la noche anterior.

Diez minutos más tarde, Christina puso su frugal cena en una bandeja y la llevó al cuarto de estar, donde ya ardía un alegre fuego en la chimenea. Analizó mentalmente las distintas posibilidades que tenía. Podía tener al bebé y tal vez arriesgarse a perder a Miles. Podía hacerse un aborto. Podía desaparecer, mudarse a otro país, tener a su hijo y vivir allí durante el resto de su vida. De vez en cuando Miles podría visitarla.

Se levantó de un salto del sillón y empezó a pasearse por la habitación. «¡Qué imbécil soy! –pensó–. Ninguna de esas posibilidades daría resultado. No existe más que una solución: Miles debe obligar a Cándida a que le conceda el divorcio para que podamos casarnos. ¡Por supuesto!» ¿Por qué no lo habrían pensado la noche anterior? Sólo porque a los dos les habían hecho creer que ese divorcio era imposible. Pero, después de todo, tal vez pudieran pensar en alguna manera de conseguirlo. Christina regresó al sillón junto al fuego y se relajó por primera vez en varios días.

Apoyó las manos sobre su vientre y pensó en el bebé. El hijo de ambos. El hijo de Miles. Se emocionaba al pensar que, en ese momento, parte de Miles crecía dentro de ella. Iba a tener a su hijo. Se casaría con Miles. Todo saldría bien.

El estridente timbre del teléfono la hizo incorporarse sobresaltada. Se acercó a atender.

Oyó la voz de él.

–Hola, mi amor, ¿cómo estás?

–¡Miles, estoy maravillosamente! Acaba de ocurrírseme una idea brillante.

Él lanzó una carcajada.

–A mí también. Pero cuéntame primero la tuya.

–Tienes que ir a ver de nuevo a ya sabes quién y obligarla a que te conceda tu libertad.

–Bueno, siempre supe que te quería por una cosa, que obviamente es tu inteligencia. Y por lo visto, las grandes inteligencias razonan igual. Yo pensé lo mismo esta tarde y no pude esperar hasta después de comer para llamarte. En cuanto Cándida vuelva de Escocia iré a verla, Christie. Ya verás como le encontraremos una salida a esto. Todo saldrá bien.

–De repente me siento muchísimo mejor. Después de todo, esta Navidad no será tan difícil para mí.

–No, y el fin de semana que viene estaremos juntos. Escucha, querida, ¿estás segura de que no deseas que te llame por teléfono a Leeds?

–Creo que es mejor que no lo hagas. No quiero tener que empezar a explicar quién eres. Tú sabes lo que son los padres.

–Sí, claro que lo sé, querida. Te amo, Christie.

–Te amo, Miles.

–¿Adónde va, señorita? –preguntó el taxista después de guardar la maleta de Christina en el portaequipajes del coche.

–A King's Cross, por favor.

–Perfecto, señorita.

Christina se apoyó contra el respaldo del asiento, se alisó la falda del abrigo y miró por la ventanilla. Acababa de empezar a nevar. No eran más que pequeños copitos, pero por lo visto duraría. Se preguntó si la de ese año sería una Navidad blanca y si estaría nevando en Yorkshire.

Miró su reloj. Tenía tiempo de sobra para alcanzar el tren con coche restaurante de las diez y treinta que iba a Doncaster, Leeds y Harrogate. Era el mejor tren de la mañana de la línea que se dirigía hacia el norte y que llegaba a Edimburgo. «Escocia», pensó, y mentalmente imaginó a Cándida. Miles lograría su libertad. Se casarían. Ella tendría al hijo de ambos. Se pasó la mano por el vientre. Estaba plano. Todavía no se le notaba nada. Pero en unos cuantos meses su embarazo resultaría evidente. Tendría que empezar a pensar en diseñarse un guardarropa de modelos para maternidad...

Ni el taxista ni Christina alcanzaron a ver el enorme camión que patinaba por la calzada resbaladiza a causa de la nieve y la llovizna. El camión chocó con fuerza contra la puerta trasera del taxi e hizo rodar el vehículo a lo largo de la calle hasta que se estrelló contra un poste de alumbrado.

Christina fue arrojada del asiento. Se golpeó la cabeza contra el vidrio que separaba al conductor de los pasajeros y acabó en el suelo, hecha un ovillo. Cuando lograron sacarla del vehículo y la pusieron en una ambulancia que partió rumbo al hospital Middlesex, estaba inconsciente. Milagrosamente, sus heridas no tuvieron importancia, no fue más que una leve conmoción cerebral y algunas magulladuras. Pero una hora después de ingresar en la sala de guardia, perdió al bebé.

Capítulo 51

Después de haber perdido al niño, Christina se sintió vacía y desolada durante semanas. Miles también quedó destruido, y la trató con bondad y con amor; pero ella había sufrido una herida moral que tardaría largo tiempo en cicatrizar.

Poco a poco, con lentitud, empezó a retomar los hilos de su vida y a dejar de lado la tristeza provocada por el aborto. Su trabajo era exigente y la ayudaba a seguir adelante. Pero a principios de 1957, no era sólo la pérdida de su hijo lo que preocupaba a Christina. Estaba convencida de que ella y Miles siempre se encontrarían trabados por una esposa que se negaba a conceder el divorcio. En circunstancias normales podrían haber vivido abiertamente juntos, pero un político era demasiado vulnerable, especialmente tratándose de un hombre como Miles, y nunca podrían dar ese paso.

Él volvió a ver a Cándida en febrero para pedirle de nuevo su libertad. Una vez más ella se negó. Y Miles regresó a Walton Street con el aspecto de un hombre vencido y humillado. Esa noche Christina lo quiso más que nunca.

Mientras bebía el whisky con soda que ella le preparó, Miles le dijo:

–Literalmente me arrodillé ante ella y le supliqué. ¡Esa mujer es de piedra!

Y entonces, a fin de mes, explotó la bomba. La hermana de Miles le dijo que los habían visto juntos en los Cotswolds. A partir de ese momento, hasta la casita de fin de semana, siempre tan reconfortante para los dos, se convirtió en una prisión. La relación entre ambos se hizo más secreta y restrictiva que nunca.

Por primera vez desde que se enamoraron, Miles y ella empezaron a pelearse. Eran peleas pequeñas e insignificantes, sin duda, pero de alguna manera la armonía y la tranquilidad de la que siempre habían disfrutado, desapareció.

En abril, Christina sólo estaba segura de tres cosas: Miles nunca lograría liberarse de Cándida, salvo quizás a través de la muerte; su carrera política estaba antes que nada; y ya no soportaba esa manera de vivir. Todo lo habían construido alrededor de él, de sus necesidades, de las circunstancias de su vida y de la existencia que vivía antes de que ambos se conociesen. A ella le resultaba imposible continuar así.

En julio de ese año, Christina comprendió con claridad que su problema no tenía más que una solución. Debía abandonar Inglaterra y vivir durante una larga temporada en Estados Unidos. Sólo poniendo distancia entre ellos podría abrigar la esperanza de romper la relación que los unía. Lo amaba tanto que sabía que si se quedaba en Londres nunca tendría la fortaleza ni la fuerza de voluntad necesarias para renunciar a él. Y era preciso que lo hiciera para salvar su propia vida. El dolor que experimentaba era un precio demasiado alto para pagar por algunos momentos robados. Además, ella quería todas las cosas que siempre dijo que algún día habría de tener: una vida normal, un marido, hijos..., y dignidad. Ya no soportaba eso de arrastrarse por los rincones con Miles. Y el hecho de tener que ocultarse en el campo fue la gota que desbordó el vaso.

No le consultó acerca de sus planes ni tampoco se los confió. Sabía que él jamás la dejaría ir. Tendría que decírselo cuando fuese un hecho consumado. Su primer paso consistió en nombrar a Giselle Roux directora de su casa de alta costura de Londres por el plazo de un año. Les entregó a sus padres las llaves del apartamento de la calle Walton y les pidió que lo usaran una vez por mes. El otro juego de llaves se lo dio a Liz, su secretaria, para que se encargara del correo y demás asuntos de rutina, ya que ni Christina ni Jane deseaban dejar el apartamento. E hizo los arreglos necesarios para inaugurar una sucursal de su casa de alta costura en Nueva York. Contaba con dinero más que suficiente para financiar el proyecto y una larga lista de leales clientas norteamericanas. Y además estaba su querida Jane, la cual esperaba su llegada con impaciencia. Tiempo atrás, Christina había confiado en Jane, y cuando decidió romper con Miles volvió a apoyarse en su antigua amiga.

La última persona con quien habló fue con Miles.

–¡Estabas tan hermosa esta noche, Christie! –exclamó él cuando se sentó en el apartamento de la calle Walton y aceptó el vaso de vino blanco que ella le ofrecía–. Fresca como la proverbial rosa –agregó, dirigiéndole una mirada a la vez cariñosa y admirativa.

Ella se apresuró a dirigirse a la cocina con el pretexto de buscar hielo, repentinamente sobrecogida por el amor que sentía por él. Esa noche estaba muy guapo, con su traje de verano color beige. Los colores suaves siempre le favorecían. Mientras llenaba el balde de hielo, comprendió que no podía pasar la noche a su lado, como pensó. Tenía que decírselo enseguida. Inmediatamente. Le resultaba demasiado excitante estar con él.

–Siempre me ha gustado cómo te queda el verde limón, Christie; pero con ese vestido deberías haberte puesto los ópalos que te regalé. –Frunció el ceño–. Últimamente no te los he visto. ¿Ya no te gustan?

–Claro que me gustan, Miles, me encantan. Pero son tan valiosos que los guardo en la caja de seguridad. –Se aclaró la garganta, se sentó en el borde de un sillón y lo miró–. Miles, tengo que decirte algo –consiguió decir con voz más o menos tranquila.

Instantáneamente él se dio cuenta del tono de seriedad con que le hablaba y supo que estaba a punto de sucederle algo espantoso.

–Me voy al extranjero, Miles. No puedo seguir viviendo aquí, en Inglaterra. –Él trató de interrumpirla, pero ella lo silenció con un gesto de la mano–. No, Miles, debes dejarme terminar, realmente es necesario que termine de decirte esto. Tú no puedes irte, eres miembro del Parlamento; pero yo sí puedo y he decidido instalarme en Nueva York. Salgo mañana. Y por lo menos me quedaré un año.

–Pero, querida, ¿por qué? Por amor de Dios, ¿por qué? –preguntó desesperado, con el rostro pálido y los ojos desorbitados.

–Porque nuestra vida juntos es insoportable, Miles. Te amo mucho, muchísimo, querido, pero no puedo seguir así. ¿No comprendes que debo poner distancia entre nosotros para poder empezar una nueva vida?

–¡Volveré a pedirle el divorcio a Cándida!

–No dará resultado, Miles. Lo sabes tan bien como yo. Ella jamás te lo concederá. Y yo debo irme para salvar mi propia vida.

Miles se puso de pie y cruzó la habitación, la obligó a pararse y la tomó en sus brazos.

–Te amo, Christie. Tú eres mi vida. Por amor de Dios, ¡te pido, por favor, que no me dejes!

–Yo no soy toda tu vida, Miles..., sólo parte de tu vida. Tienes tu carrera política y tienes a tus hijos, pero lo que más pesa es tu carrera. No te resultará fácil..., pero estarás bien...

No pudo continuar. Se desembarazó de sus brazos y se acercó al fuego.

Miles la miró fijamente. Pensó que había llegado el fin del mundo. El fin del mundo para él.

–Miles, si me amas me dejarás ir..., me dejarás en libertad... –dijo con los ojos llenos de lágrimas, que le era imposible controlar–. Si me amas tanto como aseguras, me darás esta oportunidad. Nunca te pongas en contacto conmigo, nunca vuelvas a verme. Déjame vivir en paz.

–¡Christie! –exclamó él, desesperado–. ¡Por favor, querida! ¡Encontraremos un camino, una solución!

Ella hizo un movimiento negativo con la cabeza.

–En este momento para nosotros sólo hay un camino, Miles. Debes dejarme ir.

Por la mente de él cruzaron millones de pensamientos. Tantas cosas que jamás le había dicho, que nunca compartió con ella, tantas palabras de amor que no pronunció, tanto que todavía le quedaba para darle. La amaba con cada fibra de su ser. Y justamente por eso tenía que concederle esa oportunidad que ella le pedía. Ya era demasiado tarde para actuar de otra manera. Demasiado tarde con respecto a ella.

Miles dio un paso tembloroso hacia Christina y enseguida se detuvo. No podía besarla. No se atrevía.

–Adiós, querida mía –dijo, y salió a trompicones de la habitación.

Mientras bajaba corriendo por la escalera, se sintió cegado por las lágrimas y supo que jamás volvería a amar así.

Christina lloró durante toda la travesía sobre el Atlántico. Jane la esperaba en el aeropuerto y después de dirigirle una sola mirada la introdujo en la limusina que las aguardaba.

–Menos mal que se han inventado las gafas oscuras –comenzó Christina, tratando de actuar con normalidad frente a Jane; pero enseguida volvió a estallar en sollozos.

Jane la abrazó, le dio palmaditas en la espalda y le dijo que llorara todo lo que quisiera, y Christina sollozó durante todo el camino hasta Manhattan, mientras su amiga trataba de consolarla con ruiditos comprensivos y cariñosos.

Las lágrimas eran interminables. Pero de alguna manera consiguió dedicarse a su empresa, sumergirse en el trabajo. Era un trabajo que le encantaba y la ayudaba a mantener sus penas a distancia. Estaba sufriendo mucho por Miles. Y en alguna de las ocultas regiones de su corazón también comprendía que siempre sufriría por él. Miles fue su primer amor verdadero y se habían querido muchísimo.

Pero a medida que las semanas se iban convirtiendo en meses fue logrando sobreponerse hasta que una noche se quedó dormida sin derramar una sola lágrima.

Al día siguiente, durante el desayuno, le comentó a Jane:

–Creo que estoy curándome. Anoche me quedé dormida sin llorar.

–Me alegro, Christie –contestó Jane en voz baja.

Ella comprendió desde el principio que su amiga estaba atravesando un momento de gran dolor, que tenía el corazón destrozado, así que durante todo ese tiempo fue muy bondadosa con ella y la apoyó. Además nunca pronunció una sola palabra contra Miles. Pero en ese instante murmuró:

–Ha pasado mucho tiempo, ¿sabes?

–¿Qué quieres decir? –preguntó Christie, mientras removía su té, dirigiendo una mirada intrigada a Jane.

–Estamos a principios de diciembre, y tú llegaste a Nueva York en julio. ¡Seis meses de lágrimas! ¡Dios mío! ¡Es un récord!

Christina lanzó una carcajada.

Jane también rió.

–Ahora sé que realmente estás en camino de curarte, Crowther. Y tal vez me ayudes a planear mi fiesta de Navidad..., nuestra fiesta de Navidad.

–¿Vamos a ofrecer una fiesta navideña?

–Así es..., quiero que conozcas a Simon, ese tipo que es actor y espero que lo apruebes porque estoy pensando en casarme con él.

–¿Y cuánto hace que andas en eso? –preguntó Christina–. Porque yo no lo he visto por aquí, ¿no es cierto?

–Ah, no, es nuevo..., y adorable.

–Los actores son pésimos maridos, Jane.

–¿Estás difamando a mi padre? –preguntó Jane, un poco indignada–. Eso a mamá no le gustaría nada.

–Ralph es distinto –se defendió Christina.

–Alex Newman también.

–Creí que dijiste que se llamaba Simon.

–Y así se llama, Christie. Alex Newman es para ti.

Christina levantó una mano.

–¡Ah, no...! Todavía no estoy preparada para volver a enredarme con los hombres.

Pero no contaba con Alex Newman.

En cuanto lo conoció se dio cuenta de que realmente era distinto. Su distinción lo destacaba de los demás y no tenía nada que ver con su apostura ni con su encanto.

Jane se le acercó para presentárselo y, al estrecharle la mano, Christina ni se imaginó que al mirarla, él había decidido que se casaría con ella.

Toda la noche se mostró encantador, y durante la fiesta no hizo más que estar pendiente de sus menores deseos. Consiguió que riera mucho, y Christina disfrutó de su ingenio. Descubrió que iba tomándole cada vez más simpatía. Pero cuando él la invitó a salir juntos la noche siguiente, ella hizo un movimiento negativo con la cabeza.

–Muchas gracias, pero creo que preferiría no salir.

–¿Todavía no estás preparada? –preguntó él en voz baja.

Ella retrocedió levemente.

–¿A qué te refieres?

Se preguntó si Jane le habría hablado de sus problemas, de su infelicidad; pero enseguida comprendió que su amiga era incapaz de hacer una cosa así.

–No te sientas tan agredida –dijo Alex, sonriendo–. Percibo instintivamente que has sido herida hace muy poco tiempo. Por un hombre. Y pensé que eso quizás explicaría tu renuncia a aceptar mi invitación a cenar. –Le dirigió una sonrisa bastante adolescente–. Pero obviamente el problema es que yo no te gusto.

–Al contrario, Alex, me gustas mucho –contestó Christina–. Y bueno, sí, saldré contigo mañana por la noche.

Él sonrió y se alejó para ir en busca de una copa para ambos, y después se sentaron durante un largo rato junto al fuego, conversando sobre innumerables temas, descubriendo que tenían mucho en común.

–Jane comentó que tu salón de alta costura se inaugurará a principios del año que viene, así que supongo que eso significa que vivirás aquí permanentemente, ¿no?

–No, no lo creo –contestó ella con rapidez–. En la casa central de Londres soy necesaria, así que supongo que viajaré constantemente de acá para allá. Me puse un plazo de un año para poner en marcha todos mis asuntos en Estados Unidos.

–Comprendo. Pero con el tiempo tu empresa va a ser más grande aquí, ¿no crees? Me imagino que en Nueva York podrás vender casi el doble de lo que vendes en Londres.

Sabiendo que era banquero, Christina lo miró con interés y durante el resto de la velada hablaron de negocios. Y más tarde, después de que se fue todo el mundo, y mientras ella ayudaba a Jane a limpiar los vasos y los platos, se descubrió pensando en Alex Newman y en sus fascinantes ideas sobre comercialización.

Mientras lavaban las copas de cristal, Christina de repente confesó:

–Es cierto que me gustó Alex. Tenías razón, es un tipo distinto y encantador.

–Y rico –acotó Jane, sonriéndole–. Aunque eso a ti te da lo mismo.

–Sí, pero que no se te metan ideas raras en la cabeza, Jane Sedgewick. Alex sólo me interesa como amigo. Me agradaron las ideas que me dio sobre la empresa y me aseguró que en cualquier momento se alegraría de poder ayudarme.

–¡Y apuesto a que es cierto! –exclamó Jane, poniendo los ojos en blanco y lanzando una carcajada–. Y, aparte de ser encantador, buen mozo, rico e inteligente, también es soltero.

–Por lo visto es la encarnación del tipo perfecto –comentó Christina–. Y entonces ¿por qué no se ha casado?

–Creo que es divorciado.

Christina meneó la cabeza y dio la impresión de hundirse en la pared, enseguida se volvió y regresó al salón.

Jane corrió a reunirse con ella.

–Oh, Christie, querida, lo siento. No quise angustiarte.

–Y no me angustiaste, Jane, te lo digo en serio. Lo que pasa es que creo que todavía no estoy preparada para salir con otros hombres.

–Pero te aconsejo que mañana salgas con Alex. Es un tipo estupendo y sé que lo has conquistado. ¡Por favor! Hazlo por mí.

Así que a la noche siguiente Christina se encontró con Alex Newman en La Pavillon para cenar juntos. En ese momento ignoraba que él se encargaría de cicatrizar sus heridas y de volver a convertirla en una mujer completa.

Capítulo 52

–Mamita, ¿por qué no me cuentas lo que hemos comprado a la abuela para su cumpleaños? ¡Quiero saberlo!

Christina miró a su hija de seis años.

–¡Chissst, Kyle! ¡No grites en la calle!

–Pero ¿por qué no me lo dices? –aulló Kyle.

–Porque eres incapaz de guardar un secreto y tu papá y yo no nos atrevemos a confiar en ti, dado que éste es un regalo muy especial. Tenemos miedo de que se te escape algún comentario, y entonces dejaría de ser una lindísima sorpresa para la abuelita.

–¡Pero, mamá, no diré nada! –protestó Kyle, indignada–. No soy una pequeñaja como Clarissa, la hija de la tía Jane.

Agarrando con fuerza la mano de su hija, Christina la condujo a lo largo de Grosvenor Square en dirección a

South Audley Street. Era un resplandeciente día de junio de 1965 y esa semana Audra cumpliría cincuenta y ocho años. Aquella noche ella y Alex ofrecían una comida en su honor en el apartamento de Eaton Square, y hacía días que Kyle le daba la lata con la cuestión del regalo de su abuela.

–¡Por favor, dímelo, mamá!

–Haré un trato contigo, Kyle –dijo Christina, conteniendo su exasperación–. Siempre que no vuelvas a mencionar el tema en la calle, te lo diré cuando lleguemos a casa, ¿de acuerdo?

–¡Ah, sí!

Para enorme alivio de Christina, siguieron caminando en silencio. Estaba preocupada por su empresa y se preguntaba si debía detenerse un momento en Bruton Street para conversar con Alex y con Giselle sobre la colección de invierno que estaba en plena producción. Decidió que no lo haría. Sus padres, Jane y Simon, su marido, y el matrimonio Sedgewick llegarían alrededor de las seis y media.

Y eran las cuatro. Tal vez fuese mejor que regresara a Eaton Square.

Estaba pensando en el vestido que iba a ponerse para la velada cuando lo vio bajar de un auto conducido por chófer.

Durante una fracción de segundo vaciló, pero enseguida reanudó la marcha al paso de tortuga de Kyle.

Él se bajó del coche, volvió la cabeza y miró en su dirección. La vio inmediatamente. Se detuvo en el centro de la acera como petrificado por la sorpresa y ella se dio cuenta de que estaba esperándola.

Seguidamente él empezó a caminar hacia Christina con mucha lentitud, con la mirada clavada en su rostro.

«Qué extraordinario, no ha cambiado nada en ocho años –pensó Christina–. Tiene las sienes un poco más canosas, pero aparte de eso está idéntico.» En ese momento era famoso. El Partido Laborista había ganado las elecciones de 1964, lo nombraron ministro y era sumamente importante en el gobierno. Había quienes aseguraban que algún día llegaría a ser primer ministro. Cándida se había divorciado de él hacía seis años para casarse con un noble francés arruinado, con un título importante; un duque o un conde, Christina no recordaba bien. De vez en cuando, en las columnas de los diarios se topaba con el nombre de Miles ligado con el de otras mujeres; pero nunca volvió a casarse.

A medida que iban acercándose, el corazón de Christina empezó a latir como enloquecido y se le secó la boca.

–Hola, Christina –saludó él con suavidad, cuando por fin estuvieron uno frente al otro.

–Miles...

Por unos instantes ella no pudo decir nada más. Estaba cegada por la radiante luz de sus ojos, ensordecida por el ruido que le hacía el corazón dentro del pecho. Por fin pudo seguir hablando:

–Es una maravilla volver a verte después de tantos años.

–Sí..., ocho años, Christie, un tiempo muy largo.

–Sí. Felicitaciones, Miles..., por todos tus maravillosos éxitos y por haber llegado a ser ministro del gabinete.

–Y yo te felicito por los tuyos, Christina. Veo tu nombre por todas partes: en perfumes, ropa, gafas de sol, lencería, sombreros...

Miles estaba sobrecogido. Se mantenía absolutamente inmóvil, temeroso de ceder a la tentación de agarrarla del brazo y arrastrarla con él a alguna parte, a cualquier parte donde estuvieran solos, donde pudiera tomarla en sus brazos y decirle lo mucho que continuaba amándola.

Ninguno de los dos podía seguir caminando, ni apartar los ojos del otro. El tiempo se había detenido para ambos.

Un millón de recuerdos inundó la mente de Christina y, al mirarlo, supo que él también estaba recordando muchísimas cosas.

–¡Mamita!

La voz de la chiquilla rompió el hechizo.

Miles bajó la mirada. Se aclaró la garganta.

–Yo soy Miles –explicó–. ¿Tú cómo te llamas? –preguntó con su voz resonante, ofreciéndole la mano.

Ella la tomó, lo miró sonriendo y un par de hoyuelos se formaron en sus mejillas.

–Yo soy Kyle.

–¿Y cuántos años tienes, Kyle?

–Seis.

Miles levantó la cabeza.

–¡Oh, Christie! –murmuró.

Ella notó que sus ojos se llenaban de lágrimas y reflejaban un dolor intenso. Y había tanto anhelo en su rostro delgado e inteligente, que Christina supo que nunca había dejado de amarla y que estaba pensando en el hijo de ambos, el que ella perdió. Y también supo que no había vuelto a casarse por causa de ella.

Christina tenía los ojos arrasados de lágrimas.

–¡Miles, oh, Miles! –exclamó con voz temblorosa.

–No sigas –dijo él, temblándole también la voz, y le apoyó una mano sobre el brazo–. Por favor, no sigas, querida, todo esto ya me resulta demasiado difícil de soportar. Cuídate, Christie..., adiós, Kyle.

Se volvió y caminó rumbo a la casa frente a la que seguía estacionado su coche y subió con agilidad los escalones de entrada. Ella esperó hasta que la puerta se cerrara tras él antes de volver a empezar a caminar.

–¿Por qué lloras, mamita?

–No lloro.

–Sí, estás llorando.

–Es el viento que me hace lagrimear.

–No hay viento, mamá.

–Soy más alta que tú, y aquí arriba sopla viento.

–¡Ah!

–Buscaremos un taxi –exclamó Christina, secándose con la punta de los dedos las mejillas mojadas y apresurando la marcha.

–Me prometiste que cuando llegáramos a casa me dirías qué vamos a regalarle a la abuelita –dijo Kyle en cuanto entraron en el apartamento de Eaton Square.

Christina la miró y asintió.

–Sí, Kyle, es cierto, te lo prometí. Sin embargo, no te aclaré a qué hora te lo diría. Te enterarás más tarde, al mismo tiempo que tu abuelita.

–¡Eso no es justo!

En aquel momento apareció Nanny Frazer, la maravillosa escocesa que cuidaba a Kyle, y se la llevó al cuarto de los juguetes.

Christina cruzó el vestíbulo y se dirigió a su dormitorio, dejó caer la cartera sobre la cama y pasó al baño. Cerró la puerta con llave, abrió los grifos del lavabo, tomó una toalla de mano y enterró en ella el rostro. Luego, se apoyó contra la pared y sollozó hasta que no le quedaron lágrimas dentro del cuerpo. Lloró por el hijo perdido y por el amor perdido. Y lloró por Miles, por su soledad, por las trágicas circunstancias de su vida y por todo lo que él también había perdido al perderla a ella.

Cuando por fin logró tranquilizarse, se lavó la cara y volvió al dormitorio para maquillarse y vestirse para la comida de cumpleaños de su madre. Ese día, más temprano, había decidido ponerse un vestido de seda violeta, zapatos haciendo juego y todas las alhajas de ópalos que Miles le había regalado. Quedaban muy bien con los distintos tonos de lila. Y al tenerlas en la mano, pensó en lo extraño que era que hubiera decidido ponérselas esa noche, que las hubiera sacado esa misma mañana de la caja de seguridad del banco. Durante todos los años que pasó viajando entre Londres y Nueva York, nunca se había encontrado antes con Miles.

Una vez vestida, abandonó el dormitorio y se dirigió al salón para inspeccionarlo antes de la llegada de sus invitados. En el vestíbulo de entrada alcanzó a oír la voz aguda de Kyle que llegaba desde el estudio de Alex, y hacia allí se encaminó, deteniéndose en la puerta. Entonces oyó que la niña decía:

–Y después que él se fue, mamita empezó a llorar.

Alex levantó la mirada y sonrió. Pero en sus ojos había una expresión de perplejidad cuando se le acercó.

–Hola, mi Chris-Chris –dijo–. Esta noche estás preciosa. ¡Realmente preciosa!

Ella se acercó para encontrarlo a mitad de camino, le tendió las manos y lo miró a los ojos, con expresión de amor. ¡Se alegraba tanto de estar casada con él!

Alex le besó la mejilla y se volvió a su hija.

–¿Oye, nena, no deberías ir a tu cuarto a cambiarte? En cualquier momento llegarán tus abuelitos.

En cuanto estuvieron solos, Alex la tomó en sus brazos y la apretó con fuerza. Le habló apoyando la boca en su pelo.

–Así que, después de tantos años, finalmente te tropezaste con Miles Sutherland.

–Sí. –Hubo un breve silencio–. ¡Me dio lástima, Alex! Por eso lloré cuando se fue; no hubo otra razón.

–Lo comprendo, Christie. Sospecho que debe de ser un hombre muy solitario, a pesar de toda la gloria y el poder que ha conquistado.

–Sí. –Y enseguida repitió–: Fue realmente el único motivo de mi llanto, ¿sabes?

Alex se alejó, le sonrió y meneó la cabeza.

–¿Crees que no sé dónde piso después de siete años de matrimonio?

–¿Era Miles? –preguntó Jane, dirigiéndole una mirada–. Me refiero al hombre con quien te topaste esta tarde.

Christina asintió y frunció los labios.

–Así que ese monito también te lo ha contado a ti..., creo que ni siquiera dejó de contárselo a tus padres.

Jane le apretó el brazo.

–No te enojes con ella, Christie. Ya sabes cómo son los chicos, y de todos modos nadie le ha prestado atención.

Christina lanzó una carcajada hueca.

–¿Quieres que apostemos algo? –Condujo a Jane hacia el ventanal y ambas salieron a la terrraza–. Hace un rato se me acercó mamá para preguntarme con quién nos encontramos esta tarde, quién era el hombre. Y después tuvo la desfachatez de preguntarme si era feliz con Alex.

–Lo eres, ¿no es cierto? –De repente, Jane parecía preocupada–. Supongo que no seguirás pensando en Miles, ¿verdad?

–Por Dios, Jane, ¿cómo puedes hacerme justamente tú una pregunta como ésa? Te consta hasta qué punto adoro a Alex. Tengo el mejor marido del mundo, lo mejor de todo. –Christina bebió un sorbo de champaña, miró atentamente a Jane y agregó–: Y ahora me ha llegado el turno de hacerte una pregunta, una pregunta que hace años tengo en la punta de la lengua... ¿Qué tenías contra el pobre Miles? ¡Porque siempre lo atacabas tanto!

Jane esbozó una sonrisita avergonzada.

–Creo que me sentía bastante atraída por él y estaba furiosa porque Miles jamás notó siquiera mi existencia. Y después, cuando empezó a perseguirte, me preocupé, Christie. Realmente pensé que ibas a terminar maltrecha. –Bajó la voz–. Y así fue.

–Pero como ves no fue irreparable.

–Gracias a Dios. –Jane caminó hasta el borde de la terraza, contempló los jardines del centro de Eaton Square y después se volvió–. Entre Simon y yo todo anda bien, Christie. Lo de la semana pasada no fue más que una tormenta en un vaso de agua... Bueno, tú siempre me advertiste que era peligroso casarse con un actor.

Christina sonrió, tomó a su amiga del brazo y volvió a conducirla hacia el salón.

–Estaba segura de que la cosa terminaría bien. Y ahora creo que sería mejor que entráramos. Sé que Alex quiere que le diga un pequeño discurso a mamá, y enseguida le daremos su regalo para poder mandar cuanto antes a la cama a la señorita Correveidile.

Alex se aclaró la garganta.

–¿Puedo pedirles un ratito de silencio, por favor? Christie tiene algo que decir.

Todo el mundo dejó de hablar y Christina se situó en el centro de la habitación, con Kyle de la mano. La niña, que se había puesto uno de sus mejores vestidos de fiesta, tenía en la mano un paquete.

Christina sonrió a sus invitados y después miró a Audra.

–El año pasado se me ocurrió una idea, mamá, y se la confié a Alex –empezó a decir–. A él le gustó tanto como a mí..., era una idea respecto al regalo que te haríamos este año para tu cumpleaños..., un regalo de los tres. Te lo damos con todo nuestro amor, y esperamos que lo disfrutes tanto como nosotros creímos que lo disfrutarías cuando te lo compramos hace algunos meses.

Kyle miró a su madre y Christina le hizo un gesto de asentimiento con la cabeza.

–Sí, Kyle, adelante. Entrégale nuestro regalo.

–Aquí lo tienes, *abue* –dijo la chiquilla; rodeó con sus

brazos el cuello de Audra y le besó la mejilla, después se apoyó contra ella y pidió–: Por favor, ábrelo enseguida, *abue*, porque no quisieron decirme lo que es..., mamá cree que no soy capaz de guardar un secreto.

Todo el mundo soltó la carcajada.

Audra, con el rostro arrebolado de felicidad, desató la cinta azul, quitó el papel plateado y alzó la tapa de la cajita que quedó al descubierto. Miró lo que había dentro y después frunció el entrecejo.

–¿Qué es esto? –preguntó mirando intrigada a Alex y a su hija mientras sacaba una vieja llave de hierro; miró de reojo a Vincent, que estaba sentado a su lado–. ¿Sabes para qué es esta llave? –le preguntó a su marido.

Vincent meneó la cabeza, aunque lo sabía de sobra. Estuvo en el secreto desde el principio y participó en toda la confabulación.

–Es la llave de tu nueva casa, mamita... –explicó Christina–, de la nueva casa tuya y de papá. Alex y yo hemos comprado High Cleugh para vosotros. Ése es tu regalo de cumpleaños..., el hogar de tu infancia.

Audra abrió la boca. Pero no consiguió emitir ningún sonido. Miró la llave que tenía en la mano, después miró a Vincent y se levantó del sofá con gestos inseguros. Había palidecido y tenía los ojos particularmente brillantes cuando se acercó a su hija y a su yerno. Movió la cabeza y volvió a mirar la llave.

–Nunca creí que volvería a tener esta llave en mis manos... Gracias, Christie y Alex, ¡muchísimas gracias por devolverme esa casa!

Tendió la mano para apoyarse en el brazo de Christina, temerosa de que le cedieran las piernas. Se le llenaron los ojos de lágrimas y, sosteniéndose contra su hija, susurró:

–¡Oh, querida, gracias, gracias!

Y entonces Audra sonrió y no dejó de sonreír en toda la noche.

Christina apoyó la cabeza sobre el pecho desnudo de Alex y escuchó su suave respiración mientras le pasaba una mano por el brazo.

–¿Te parece que mamá ha disfrutado de su comida de cumpleaños y que está contenta de ser dueña de High Cleugh?

Alex sonrió.

–Sí a las dos cosas. En realidad, creo que te quedas corta al emplear la palabra «contenta»... Yo más bien diría que estaba en éxtasis o sobrecogida.

Christina rió y le rodeó el cuerpo con sus piernas.

–Oh, Alex, fue una velada maravillosa y te agradezco que hayas ayudado a hacerla posible.

Él, sin decir nada, le acarició el pelo y le sostuvo la cabeza con ternura. Amaba muchísimo a su mujer. La amó desde el momento en que posó sus ojos en ella, en aquella fiesta que ofreció Jane en Nueva York. La vio en el otro extremo de la habitación y su corazón dio un vuelco. A partir de ese instante supo que se casaría con ella. De repente deseó que su hija no le hubiese contado el encuentro de esa tarde. Hubiera preferido no saber que Christina se había encontrado con Miles Sutherland. Todo eso era historia muy antigua, pero a él le había producido muchísimo dolor. Después se acusó de egoísta. Era mejor que lo supiera, por si Christie necesitaba confiarle sus pensamientos. Ella nunca le dijo demasiado acerca de Miles, pero durante la luna de miel en París, Alex se enteró de que ese hombre la afectó muchísimo y que ella había estado enamorada de él. Sin embargo, no tenía que olvidarse de que él también había amado a otra mujer antes de conocer a Christie. Todo el mundo tenía una historia y un pasado. Pero no suponía que Christie le hablara demasiado acerca del político inglés. Era muy reservada respecto a Miles; aunque le confiaba todos sus pensamientos y sentimientos que refirieran a otros asuntos. Compartían todo..., y ése era uno de los motivos por los que el matrimonio entre ambos era tan excelente, uno de los motivos por los que trabajaban tan bien juntos. Formaban el mejor de los equipos. Él había tomado en sus manos la casa de alta costura de Christina y logró convertirla en una empresa internacional que valía miles de millones. Ella aportaba su talento artístico; él, sus conocimientos financieros, y, otorgando licencias con su nombre, ella se convirtió en una verdadera magnate.

–¿Eres feliz conmigo? –preguntó Christina de repente.

–Te consta que sí, mi Chris-Chris.

–¿No lamentas que no pueda tener más hijos? ¿Te habría gustado que te diera otro, Alex?

–No, con Kyle me basta y sobra –aseguró él, y en seguida, en son de broma, lanzó un quejido de espanto–. Imagínate lo que sería tener dos como ella.

–Te hablo en serio.

–Yo también... Para mí, todo es perfecto como está, querida. Con tal de que tú seas feliz, Christie. Y lo eres, ¿verdad?

–Sí, lo soy. ¿No lamentas no haber tenido un hijo varón? Ya sabes a qué me refiero: un heredero...

–No, y de todos modos tenemos una hija que es nuestra heredera y eso me basta.

Presintió que su mujer sonreía, se inclinó sobre ella, le movió lentamente la cabeza y bajó el rostro hacia el suyo.

Encontró con los labios la boca de Christina y la besó con suavidad. Lentamente empezó a hacerle el amor, acariciándole el pecho y el cuerpo, haciéndole saber hasta qué punto la amaba y diciéndole de mil maneras silenciosas que él nunca le causaría ningún dolor.

Con delicadeza y experiencia la condujo a nuevas alturas de pasión, y al notar que ella se ponía tensa y empezaba a tener espasmos, la penetró con rapidez y la hizo suya. No sólo por esa noche, sino para siempre.

EPÍLOGO

Kyle, Audra y Christina
(1978)

–Yo no quiero pintar vestidos como ella, quiero pintar cuadros –explicó Kyle a su abuela.

Ante esas palabras, Audra vaciló. «No hay nada mejor que llegar al fondo del asunto –pensó–. ¡Pero qué brutales son los jóvenes!»

–Ya sé que durante los dos últimos años has querido pintar, ser una artista, Kyle, querida, pero no creo que hayas enfocado este asunto de la mejor manera..., me refiero a la forma de planteárselo a tus padres.

–No se trata de papá. A él no le importa si entro en la estúpida empresa o no. ¡Se trata de ella!

–Mira, Kyle, no permitiré que hables de tu madre en ese tono. Creo que eres muy injusta.

Kyle dirigió a Audra una mirada de arrepentimiento, pero en su boca apareció un gesto enfurruñado.

–De todos modos, no sé por qué defiendo a papá. Él acostumbra a ponerse de su lado. Siempre ha sido así. Desde que me acuerdo han estado los dos contra mí..., hasta cuando era pequeñita me sentía excluida. Ellos formaban el mejor de los equipos. Lo decían constantemente y no eran más que ellos dos, abuela. A mí nunca me incluyeron.

Audra miró a Kyle, estupefacta, y lanzó un profundo suspiro. Tuvo ganas de sacudir a su nieta, y si no hubiesen estado en el restaurante del hotel Carlyle tomando café después del almuerzo, sin duda lo habría hecho.

–Te equivocas, Kyle. Recuerdo con toda claridad que cuando viajaron a Inglaterra en 1965..., tú no hacías más que pasearte por todas partes diciendo: «Somos el mejor equipo, el mejor equipo, mamaíta, papaíto y yo». Lo recuerdo bien porque fue el año en que tus padres me regalaron High Cleugh. Tenías seis años. Y ellos nunca te dejaron fuera. Jamás. Siempre te incluían en todo. Han sido unos padres maravillosos y te quieren muchísimo.

–Se quieren entre ellos mucho más de lo que me quieren a mí.

–¡No seas ridícula! –exclamó Audra, realmente enojada–. Por supuesto que ellos se quieren..., en realidad siempre han estado muy enamorados. Y tú deberías dar gracias a tu buena estrella por ese amor, Kyle. ¿Qué te hubiera gustado ser? ¿La hija de un matrimonio mal avenido?

–No interpretes así lo que he dicho –replicó Kyle rápidamente, con expresión apenada–. ¡Pero estoy tan angustiada, abuela! ¡Odio el negocio de la moda y todo lo que a él se refiera! No quiero dedicarme a diseñar ropa, sentarme detrás de un escritorio, vivir preparando desfiles y tener que lidiar con modelos imbéciles que no hacen más que vivir famélicas hasta el punto de correr el peligro de morir de inanición, y que todos los días se tapan la cara con una capa de maquillaje de dos centímetros. ¡Yo quiero pintar lo que veo!

De repente la expresión petulante desapareció de su rostro juvenil, que adquirió un aire gloriosamente vital, y perdió todo rastro de rebeldía. Kyle se inclinó hacia delante, ansiosa, y sus ojos oscuros relampaguearon.

–Quiero pintar paisajes de campo y de mar, como hacía el año pasado cuando estuve en Yorkshire contigo, abuela. Oh, fue una maravilla estar en High Cleugh y poder ver la Bahía de Robin Hood y a los Dales, sentarme en silencio frente a mi caballete y volcar en la tela lo que veía..., desde mi particular ángulo de visión. ¡Fui tan feliz contigo el verano pasado, abuela! Más feliz que en ningún otro momento de mi vida. Y después tuve que volver aquí, a Nueva York, y salir a recorrer los caminos con mamá. ¡Esos desfiles de modas imbéciles! ¡Los detesto! Lo mismo que detesto el Instituto de la Moda.

Audra tendió la mano y tomó la de su nieta.

–Ya sé que últimamente las cosas te han resultado difíciles, querida.

–Estoy tan frustrada y me siento tan infeliz que es como si ya no pudiera seguir funcionando bien como ser humano. –Respiró hondo–. Y lo único que hace falta para que sea realmente feliz es que me permitan ingresar en la Real Academia de Bellas Artes en Londres por un par de años y después dedicarme a pintar paisajes. Pero ella jamás comprenderá eso. Lo único que le interesa es ganar dinero.

Los ojos de Audra se llenaron de lágrimas.

–¡Oh, Kyle, eso no es cierto! –exclamó, tomando su bolso del que sacó un pañuelo.

Kyle, acongojada, apretó el brazo de su abuela.

–Lo siento, *abue*. No quise ser desagradable. También lamento haberte herido, porque después de todo ella es tu hija.

–Y es tu madre, Kyle. ¡La mejor madre del mundo! –exclamó Audra–. Puedo asegurártelo. Quiere todo lo bueno para ti. Si hasta estaría dispuesta a dar su vida por que fueras dichosa. Yo he estado de tu lado todo el tiempo, pero no seguiré estándolo mucho más si decides jugar a la chiquilla mal criada y hablas de tu madre de esa manera tan desagradable y poco respetuosa. –Audra fijó sus penetrantes ojos azules en Kyle–. ¿Está claro? –preguntó en tono severo y con aire de reprimenda.

–Sí, *abue* –contestó la chica con mansedumbre, pues siempre le había temido un poco a Audra.

–Muy bien. Ahora escúchame y te aconsejo que lo hagas con mucha atención... Tal vez cuando haya terminado de hablar logres comprender las motivaciones de tu madre y llegues a comprenderla a ella y a entender por qué le tiene tanto cariño a su empresa. ¿De acuerdo?

Kyle asintió.

–Tu madre fue pintora paisajista y sacrificó el arte por el negocio de la moda. En una época tuvo en la mano lo que tú tanto deseas. Y era una artista brillante, Kyle. Pero renunció a todo por mí..., por ganar dinero para mí..., para darme a mí las comodidades y los lujos que ella creía que yo tenía derecho a tener. –Tomó la mano de Kyle y la apretó con fuerza–. Te lo contaré todo..., Christie debió haberlo hecho..., pero como no te lo ha dicho, ahora te enterarás por mí.

Kyle prestó toda su atención a las palabras de su *abuela* y, a medida que Audra hablaba, gran parte del enojo y la irritación que su madre le había provocado durante un año fueron desapareciendo. Y cuando Audra terminó de hablar, también los ojos de Kyle estaban llenos de lágrimas.

–¡Qué cosa tan extraordinaria hizo mamá por ti, *abue*! Ojalá me lo hubiera dicho. –Kyle se mordió los labios–. ¿Crees que añora la pintura? ¿Te parece que ése será el motivo por el que no tiene muchos cuadros en el apartamento de Nueva York ni en la casa de Connecticut? Lo que quiero decirte es que casi todas sus obras las tienes tú en High Cleugh, y la tía Jane también tiene algunas. Tal vez ella no quiera que le recuerden la pintura a la que tuvo que renunciar.

Audra hizo un gesto de dolor. La honestidad de Kyle por momentos era punzante.

–Tal vez eche de menos..., en realidad no lo sé. Nunca hablamos del tema. No conversamos de ello jamás, ni siquiera al principio. Pero en eso yo me equivoqué, Kyle.

Ella y yo debimos hablar del asunto. –Se recostó contra el respaldo del diván con gesto reflexivo. «Siempre tuve miedo de decir algo equivocado, de angustiarla –pensó–. Sí, me equivoqué en muchísimos sentidos.»

–Yo no sé qué hacer, abuela –murmuró Kyle–. Me siento espantosamente mal. Hace muchos meses que he estado portándome como una cretina con mamá. Debo de haberla herido muchísimo.

Audra le palmeó la mano.

–No tendrás problemas con tu madre... Yo conozco muy bien a mi hija. ¡Te quiere! Aceptará tus disculpas y te perdonará enseguida.

–¿Te parece, *abue*?

–Lo sé. –Se inclinó para acercarse más a su nieta y sonrió por primera vez en muchos días–. Creo que he descubierto la posibilidad de una componenda entre vosotras dos. Estuve rompiéndome la cabeza toda la semana y me parece que he encontrado una solución, querida Kyle.

–¡Oh, Dios! ¡Espero que sí, abuela! ¿Cuál es?

–En cuanto lleguemos al apartamento voy a hablar con tu madre. Si ella sigue insistiendo en que entres en la empresa, le pediré que te conceda una tregua. Te advierto, que tú tendrás que prometer que más adelante le dedicarás tres años a la firma de modas si ella te da tres años ahora para que la semana que viene regreses conmigo a Londres. Haremos en seguida una solicitud de ingreso para la Real Academia de Bellas Artes y mientras tanto, hasta que te acepten, puedes vivir a mi lado en High Cleugh y pintar todo lo que te dé la gana. ¿Qué te parece?

–¡Brillante, *abue*! ¡Brillante!

–Pero ¿estás de acuerdo en mantener tu parte del compromiso?

–¡Sí! ¡Estoy de acuerdo! ¡Completamente de acuerdo!

La cara de Kyle resplandecía.

Cuando abandonaron el hotel Carlyle, recorrieron algunas manzanas por la avenida Madison.

Era una preciosa tarde de sábado de fines de mayo y gracias al buen tiempo eran muchos los transeúntes que miraban escaparates y entraban en las galerías de arte.

–Creo que me gustaría ir hasta Park Avenue y allí tomar un taxi para regresar al apartamento –dijo Audra, agarrándose del brazo de su nieta–. Hay demasiada gente en la calle.

–Pero ¿te encuentras bien? –preguntó Kyle, mirando a su abuela con preocupación.

–De repente me siento un poco cansada.

Kyle llamó a un taxi en Park Avenue y ayudó a subir a su abuela. A los diez minutos se bajaban frente al edificio de Sutton Place, donde vivían los Newman.

–Y ahora déjame hablar a mí –insistió Audra con firmeza mientras subían en el ascensor–. Por una vez en la vida trágate la lengua. Y cuando yo haya terminado, podrás pedirle disculpas a tu madre por tu reciente comportamiento. ¿Comprendido?

–Sí.

Al entrar en el vestíbulo Audra se sintió desilusionada. El enorme apartamento se encontraba terriblemente silencioso y parecía desierto. Sabía que Alex tenía un compromiso a la hora del almuerzo; pero esperaba que su hija estuviera en la casa. Entonces Audra oyó pasos en la galería de mármol que daba al vestíbulo.

De repente, Christina estuvo frente a ellas, sonriente, con un aspecto increíblemente juvenil, vestida con vaqueros, una camisa de seda blanca y gran cantidad de pesadas alhajas de oro. Aparecía radiante. La preocupación, la ansiedad y la furia que tuvieron su rostro tenso durante la última semana habían desaparecido por completo. Era como una persona nueva. O más bien, había vuelto a ser la de antes.

–¡Hola! –exclamó con voz alegre mientras se les acercaba sonriente–. ¿Estuvo rico el almuerzo? ¿Tuvisteis una buena conversación?

–Sí, gracias, Christie.

–Me alegro, mamá –agregó Christina.

–Me gustaría conversar contigo –anunció Audra con bastante brusquedad.

–Entonces te propongo que vayamos a mi estudio –decidió su hija volviéndose para dirigirse a su cubículo.

Kyle miró interrogativamente a su abuela. Audra se encogió de hombros como respuesta a la pregunta no expresada pero obvia. Ambas estaban intrigadas por el cambio de Christina y se apresuraron a seguirla.

Ella se detuvo en el centro del estudio, esperándolas.

–¿De qué querías hablarme, mamá? –preguntó.

Kyle se instaló en el brazo del sofá y Audra se sentó en un sillón.

–Christie –dijo–, creo que he encontrado una solución para el problema de Kyle y...

–¡Un momento! –exclamó Christina, alzando una mano–. Antes de entrar en eso, mamá, quiero contarte los planes que he hecho para celebrar tu próximo cumpleaños. El día que cumplirás setenta y uno.

–¡Realmente, Christie! –interrumpió Audra, enojada–. Mi cumpleaños no me interesa. Esta tarde tengo un asunto más serio que solucionar. Kyle es más importante que...

–Insisto en hablar de tu fiesta, mamá –replicó Christina con un tono de voz fuerte y firme–. Y también quiero darte dos de tus regalos hoy mismo.

Audra estaba furiosa y apretó los labios. Pero conocía a su hija demasiado bien como para interrumpirla.

Kyle también estaba enojada, pero controló su irritación.

A pesar de todo lo que decía su abuela, su madre era insoportable.

Christina caminó hacia la chimenea y apoyó una mano sobre la repisa.

–El primer regalo que voy a darte, mamá, es lo que sé que realmente quieres en el fondo de tu corazón..., una nieta que viva en Inglaterra y que estudie en la Real Academia de Bellas Artes.

Audra y Kyle clavaron los ojos en Christina y después se miraron. Estaban estupefactas.

–Durante los últimos días me he analizado profundamente y comprendo lo equivocada que estuve respecto a Kyle... –Miró a su hija y le sonrió con cariño–. Ella debe tener la oportunidad de seguir su propia vocación. Tal como me lo dijiste hace años y me repetiste el otro día, los hijos sólo son un préstamo. Así que quiero que haga lo que quiera con su vida..., después de todo, le pertenece.

Audra miró a su hija, incapaz de articular palabra.

–¡Mamá! ¡Mamá! ¿Lo dices en serio? –gritó Kyle, levantándose de un salto del sofá y corriendo hacia Christina para tomarla de un brazo.

–Sí, querida, completamente en serio. Nunca debí tratar de obligarte a entrar en la empresa contra tu voluntad.

–Mamá, he sido grosera, cruel y desagradable contigo. ¡Lo siento muchísimo! ¿Podrás perdonarme, mamá?

–No tengo nada que perdonarte, Kyle. Simplemente quiero que volvamos a ser amigas y que tengas todo lo que te haga feliz.

–¡Mamá!

La joven arrojó los brazos al cuello de su madre y la besó; después se apartaron para mirarse y volvieron a besarse.

Observándolas, Audra pensó: «¡Gracias a Dios, gracias a Dios! Al final todo saldrá bien».

–Y ahora pasemos a tu segundo regalo de cumpleaños, mamá –exclamó Christina–. Voy a buscarlo.

Y salió apresuradamente de la habitación.

–¿Por qué crees que habrá cambiado de idea, *abue*? –preguntó Kyle en cuanto quedaron solas; estaba arrebolada y excitada y apenas lograba contenerse.

–No tengo la menor idea, pero tu madre siempre tuvo los pies sobre la tierra, aparte de un gran sentido común, y tal vez al fin se dio cuenta, como una vez me sucedió a mí, de que no puede vivir la vida de otro y que...

–Hola, Audra, mi amor...

Al oír la voz tan familiar, Audra volvió la cabeza con rapidez y abrió los ojos sorprendida. Se puso de pie y se acercó a él.

–¡Vincent, por amor de Dios! ¿Cómo has llegado hasta aquí?

–En el Concorde –contestó Vincent, y volvió su apuesta cabeza canosa hacia Alex, que estaba de pie detrás de él, sonriendo–. Nuestro hijo político se encargó de hacer todos los arreglos. Esta mañana temprano fue a buscarme al aeropuerto, me hizo entrar subrepticiamente en la casa mientras vosotras dormíais y después cuando Kyle y tú salisteis, me llevó a almorzar. –Vincent le sonrió–. Alex y Christie querían darte una sorpresa. He venido para tu cumpleaños, mi amor..., para darte un beso.

Él le sonrió, la rodeó con un brazo y la acercó a él.

–Me alegro tanto de verte –murmuró Audra–. Esta última semana te he echado mucho de menos, Vincent, ¡muchísimo!

–Yo también a ti, Audra. –Vincent miró a Kyle–. Y ahora, mi amor, ¿no te parece que debes darle un beso a tu abuelo?

Ella voló hacia él. Se abrazaron en medio de la habitación y después, con los brazos entrelazados, caminaron hasta el sofá y se sentaron. Siempre habían sido muy amigos, y de pequeña, cada vez que Kyle viajaba a Londres, pasaban mucho tiempo juntos.

Audra se volvió hacia Alex.

–Gracias por traer a Vincent a Nueva York, Alex; ha sido un gesto maravilloso. Y ahora que lo pienso, mi cumpleaños no hubiese sido lo mismo sin él..., hace exactamente cincuenta años que pasamos esta fecha juntos.

Alex rodeó con su brazo los hombros de su suegra, y con el otro los de su mujer.

–La idea fue de Christie –confesó.

–¡No es cierto! ¡Fue tuya! –contradijo Christina sonriéndole y con sus ojos grises brillantes de amor.

Alex se inclinó y besó la frente de Christina.

–No importa quién lo pensó primero..., siempre que todo el mundo se sienta feliz.

–Sí, eso es cierto –aprobó Audra.

Miró a Vincent y a Kyle, que seguían sentados en el sofá, y detuvo su mirada en su nieta. Enseguida se volvió hacia Christina.

–Kyle es la realización del propósito de la vida..., de mi vida y de la tuya. Ella recibe el beneficio de todo lo que nosotras sacrificamos una por la otra, y eso no es malo, ¿verdad?

Christina miró a su madre.

–No, mamá, al contrario..., es maravilloso.

Audra tomó una mano de Christina entre las suyas y, mientras le hablaba, sus ojos azules irradiaban felicidad.

–Al dejarla ir, la has conservado para siempre.

Índice

Título de la edición original: *Act of Will*
Traducción del inglés: Valeria Watson,
cedida por Plaza & Janés Editores, S. A.
Diseño e ilustración: IDEE

Círculo de Lectores, S.A. (Sociedad Unipersonal)
Travessera de Gràcia, 47-49, 08021 Barcelona
www.circulolectores.com
3 5 7 9 9 9 0 4 8 6 4

Depósito legal: B. 4235-1999
Fotocomposición: gama, s.l., Barcelona
Impresión y encuadernación: Printer industria gráfica, s.a.
N. II, Cuatro caminos s/n, 08620 Sant Vicenç dels Horts
Barcelona, 1999. Impreso en España
ISBN 84-226-7500-5
N.º 07724